孝

효행 은所
행복의 마중물

유성은 · 오원균 공저

비즈프레스

머 리 말

홍익인간(弘益人間)은 우리나라 건국이념으로 민주주의의 기본 정신과 부합되는 인류공영의 이념이며, 우리 민족정신의 정수(精髓)이다. 우리 민족의 근본 가르침인 홍익인간의 마음에 대하여 환웅께서 하늘을 여실 때 "도(道)는 하늘(天)에 있고, 덕(德)은 땅(地)에서 나오며, 도와 덕을 받아들인 사람에게 예(禮)가 나온다. 하늘이 도를 잃으면 참 하늘이 아니고, 땅이 덕을 잃으면 참 땅이 아니며, 사람이 예를 잃으면 참 사람이 아니다. 도는 정직함으로, 덕은 사랑으로, 예는 겸손함으로 우러나는데 그런 사람이 홍익인간이다. 하늘에 도리가 있고, 땅에 덕이 넘치고 사람에게 예가 충만한 세상을 이화(理化)세계라 한다." 라고 강조하였다. 이는 우리 선조들이 가장 소중하게 여겼던 삶의 존재 이유였으며, 미래 모든 인류가 공유할 평화의 중심 가치이다.

우리나라는 예로부터 '동방예의지국'으로 불리어 왔고, 공자는 '동이(東夷)에 가고 살고 싶다'라고 말했을 만큼, 예의가 바른 나라였다. 예의가 바르다는 것은 인간관계가 바르다는 얘기가 된다. '부모님께 효도하고, 자식들에게 자애롭고....' 만사에 근본이 되는 가정의 평화는 '효'에서부터 온다. 부모에게 효순하고 공경하기를 극진히 한다면 복을 받게 됨을 모든 성인들이 강조한 것은 효성(孝誠)이 바로 만복(萬福)의 원천이기 때문이다. 그러니 사람이 살아 있음은 정신이 살아 있음을 의미하며, 정신이야말로 사람의 근본이다.

효(孝, HYO)란 부모와 자식 사이의 질서를 밝힌 도덕규범으로 자녀가 부모에 대하여 사랑과 공경의 마음을 바탕으로 행하는 모든 행위이므로 '효행' 이란 효도와 예절의 함축된 의미이다. 따라서 "효" 는 동서고금을 막론하고 전 인류가 지켜야 할 가장 기본적 덕목으로 숫타니파타는 "자기 자신은 즐겁고 풍족하게 살면서 늙은 부모를 모시지 않는 사람이 있다. 이것은 파멸의 문이다." 라고 강조하였다. 또 소크라테스는 "자기 부모를 섬길 줄 모르는 사람과는 벗하지 말라. 왜냐하면 그는 인간의 첫 걸음을 벗어났기 때문이다." 라고 효를 인간의 첫 걸음이라고 말했다.

또 우리는 예전부터 뿌리 없는 나무가 없고, 부모 없는 자식이 있을 수 없다고 하였으니 이는 낳아서 길러 주신 부모의 은혜는 하늘같이 높고, 그 은덕은 넓은 땅덩어리와 같이 두텁다는 뜻이었다. 그래서 우리 선조들은 다섯 가지 윤리(오륜) 가운데 효(孝)를 으뜸으로 가르쳐 왔다. 논어에는 "사람의 행실은 이 다섯 가지 윤리를 벗어나지 않아야 하지만 오직 효도가 모든 행실의 근원이다." 라고 하였고, 도덕 교과서였던 동몽선습은 사람이 지켜야 할 다섯 가지 윤리 가운데 가장 소중한 것이 "효"라고 하였다. 또한 효경은 천지간에 사람이 가장 존귀하고, 사람의 행실은 효도보다 더 큰 것은 없다고 가르쳤다.

효행은 예로부터 인간으로서 가져야할 지극히 높은 가치덕목으로서, 선(善) 가운데 최고의 선이라고 가르쳤다. 공자는 효제(孝悌)를 인의(仁)의 근본이라 하였고, 퇴계는 효를 백가지 행동의 근원이라고 했으니 인간의 올바른 행실은 모두가 효심에서 우러나온다는 뜻이기도 하다. 그러나 오늘날 급변하는 사회 환경 변화에 따라 핵가족화로 전통적인 가치관인 효친순조(孝親純祖)의 사상이 서서히 퇴색해가는 것은 안타까운 일이다. 비록 미물인 새끼 까마귀가 자라서 늙은 어미 까마귀에게 먹이를 물어다 먹이는 것을 본받으라는 반포지효(反哺之孝)의 의미를 되새겨볼 필요가 있다.

효와 예절은 동전의 양면과 같은 것으로, 효는 예의 시작이고 효의 표현은 예절로 나타난다. 이는 오늘날 절실히 필요한 인성교육의 근간이 된다. 따라서 효와 예절을 제대로 가르쳐야 명문가가 되고 명문사회가 된다. 그러나 요즘 세상이 급속도로 무너지면서 중국에서는 2,500년 전 공자를 깨워 정신문화를 강조하며 불효자를 입학시키지 않겠다는 방침을 추진하고 불효자를 처벌하는 법을 제정하기에 이르렀다. 우리나라도 2008년도부터 "효를 국가차원에서 장려함으로써 고령사회가 처하는 문제를 해결하고 국가발전의 원동력으로 삼는다(제 1조, 목적)."는 '효행장려 및 지원에 관한 법률(제 8610호)'이 시행 중에 있고, 이 법에 '유치원, 초·중·고등학교, 평생교육기관 및 군 등에서 효행교육을 실시하도록 노력해야 한다(5조)'고 명시하고 있다.

우리가 추구하는 보편적 가치인 행복한 가정을 위해서는 어른을 공경하며 도덕을 중시하는 '예(禮)' 와 '효(孝)' 를 소홀히 해서는 안 된다. 또 효(孝)는 부모와 자식이 서로를 생각하고 위하는 원초적 관계이기 때문에 효는 `인륜질서(덕)의 근본이며, 모든 가르침이 그로 말미암아 출발한다.'고 여기는 것이다. 그리고 예부터 우리민족은 `부모님께 효도하는 사람은 남을 업신여기거나 미워하지 않고, 교만하지도 않으며 남들과 다투지도 않는다.'고 생각해 왔다. 그러니 행복을 얻고자 하는 이는 효를 근본이며 보물로 삼아야 한다.

효도는 행복해지는 습관 가운데 으뜸 덕목이기 때문에 본 책의 제목을 21세기를 지탱할 정신적 토대인 '효행' 이라는 귀한 보배를 받치는 마음인 모탕(장작을 올려놓고 패거나 목재를 자를 때 받쳐 놓은 나무 받침)은 행복을 끌어 올리는 마중물(펌프로 물을 끌어 올릴 때 먼저 붓는 한 바가지의 물)의 역할을 한다는 사실을 강조하기 위하여 "효행 은(所) 행복의 마중물" 로 정하였다.

본서는 물질만능주의와 성과주의 늪에서 혼선을 겪고 있는 대한민국의 생존과 발전의 정신적 터전을 만들고 사회에 새로운 활력을 불어 넣을 수 있기를 바라는 취지로 시작하였다. 이 책은 안타까운 세상에 여러 신문과 방송 등 언론기관의 각종 자료, 다양한 책과 연구소 자료, 포털사이트의 블러그나 카페의 자료 등 훌륭하신 선배들의 고견을 참고하고 인용하였다. 이 자리를 빌려 저자의 부족한 지식과 지혜를 보충하는데 바탕이 되어준 현자들께 감사한다. 그들의 식견과 지혜를 벤치마킹한 것은 이 책이 우리 사회의 근간을 바로 세우는데 작은 역할이라도 할 수 있으리라는 기대감 때문이다.

또 이 책이 출판되기 까지 여러모로 부족한 자료를 기꺼이 출판해 주신 비즈프레스의 추일재 사장님과 편집에 수고해 주신 박미옥선생님 그리고 표지 도안에 동참해 준 김영은양에게도 감사드린다.

2011년 4월 15일

유성은 / 오원균

목 차

들어가는 말

동서고금 남녀노소를 막론하고 자신을 귀하게 존중하고 대접하는 상대를 싫어할 사람이 어디 있으며, 또 자신을 함부로 대하는 상대에게 호감을 가질 사람이 어디 있겠는가? 특히 조선의 선비(학자)들에게 인품과 자존심은 존재의 이유처럼 중요한 덕목이었다. 사회생활을 하면서 한 공간에서 살아가는 사람들끼리 상생의 지혜를 실현하려면 존중과 배려라는 예절을 소중히 하여야 하고, 집안의 부모님과 지혜를 가진 사회의 어른을 소중히 모시는 효행을 근본으로 하여야 함은 자연스러운 이치인 것이다.

행복한 삶을 위한 사회 질서의 기본은 가족질서이며, 그 가족의 질서가 무너지면 사회의 모든 질서가 서서히 붕괴되는 것이다. 따라서 인간에게 행복한 삶의 기본 바탕이 되는 것은 가족이라는 공동체를 바르게 유지하는 것이다. 대다수의 사람들이 가정을 소중하게 생각하고 가정을 위하여 최선을 다하고 있다. 이것은 자식에 대한 내리 사랑과 개인의 행복을 성취하겠다는 욕구에서 비롯된 개인주의적인 사고를 바탕에 두고 시작된 것이다.

공자는 논어에서 말씀하시기를 '군자무본(君子務本) 본립이도생(本立而道生)' 이라 하였다. 군자(책임성이 있는 사람)란 근본(義務, 本分)에 힘쓴다. 근본이 서야 바른 도리가 생겨난다는 말을 우리의 정서에 맞게 표현하자면 사업가든, 군인이든, 교사든, 농부든, 학생이든, 주부든 기본에 힘써야 한다. 기본을 충실히 해야 매사에 흔들리지 않는 질서가 생기고 모든 사업이 성공을 이룬다는 말이다. 성공을 이룬 자는 기본이 잘된 자이고, 기본이 잘된 자란 기본이 충실할 때 생기는 적응능력이 뛰어난 자이다.

우리의 조상들은 사람됨의 그릇을 재는 척도로 효를 으뜸으로 꼽았다. '효경' 에 보면, 어버이를 사랑하지 않으면서 타인을 사랑하는 것은 어긋난 덕이요, 어버이를 공경하지 않으면서 타인을 공경하는 것은 어긋난 예라고 했다.

또 '명심보감' 을 보면, '자식을 길러본 다음에야 비로소 부모의 은혜를 알 수 있고, 출세한 다음에야 비로소 다른 사람의 고생을 알 수 있다고 했다.

효는 사랑을 공유하는 것이다. 어버이의 사랑을 따라 배우고, 다시 그 자손에게 사랑을 물려주는 것이다. 사랑을 베풀지 못한 사람이 자식에게 사랑을 물려줄 수 없다. 따라서 스스로 어버이에게 효도를 다하지 못했다면 자손에게도 효도를 기대할 수 없다. 옛날에는 무조건 부모의 명을 따르는 것을 효라 생각했지만 효는, 무조건적인 사랑이긴 하나 무조건적인 추종은 아니다. 효 중에서도 부모의 이름을 부끄럽지 않게 하는 것을 가장 으뜸으로 여긴다. '어른은 기다릴 줄 알아야 하고, 젊은이는 철이 들어야 한다.' 기다릴 줄 알아야 한다는 것은 먼저 스스로를 돌아보는 여유를 가져야 한다는 것이고, 철이 든다는 것은 '때(時)'에 이르렀다는 말이다.

20세기는 '바르게 살자' 보다 '잘살아 보자' 에 집중하다보니 대망의 국민소득 2만 불 시대를 열었을 정도로 가난은 벗었지만 삶의 정도(正道)는 잃어가고 있는 결과를 낳았다. UN에서 21세기를 '문화의 세기' 로 선포하였으니 우리의 정신문화를 살려 기본을 바로 세우고 민족동질성을 회복하여 완전한 통일을 이룩해야 한다. 이를 위해서는 가정의 윤리이자 가족 사랑인 효(孝), 사회의 윤리이자 서로사랑인 예(禮)」의 가치를 교육과 리더십에 연계하여야 하며 우선 효행공화국을 건설함이 시급하다.

인륜도덕이 무너졌다는 얘기가 된지 오늘날민의 문제는 아니다. 노인이 공경 받는 사회는 아름답다. 그러나 오늘날의 많은 젊은이들은 기성세대에게 정말 공경 받을 만한 어른이 있느냐고 반문한다. 공경 받지 못할 삶을 살고도 어른을 공경하라는 논리로는 젊은이들을 설득할 수 없다. 따라서 이제는 효의 개념도 새롭게 바뀌어야 한다.

겉으로는 가정이 화목하고 행복한 것 같고 사회는 예의와 범절을 지키고 친절한 것 같지만 속으로는 분명하게 '너는 너', '나는 나' 라는 생각이 기본이 되고 극히 이기적이다. 또한 그것이 당연하다고 생각한다. 내가 없어도 남을 돕는 것이 당연하다고 생각하던 우리들의 정은 사라지고, 남을 배려하지 않는 사회가 되었으며 인간성을 찾아볼 수 없는 삭막한 세상이 되어버렸다.

우리에게 급속도로 유입된 서구문명의 최대의 폐해는 가족 공동체를 붕괴시킬 수밖에 없는 개인주의이다. 서구문명을 받아들이면서 우리 사회가 갈망했던 민주주의와 자유주의는 어느 정도 받아들여졌지만 그것이 개인화로 변모해 가며 공동체를 붕괴시키는 과정을 밟고 있다.

오늘날 우리 사회를 주도하고 있는 자유주의 현상은 개인화이며 이러한 개인의 절대화는 인간의 삶을 황폐하게 만들고 있다. 개인주의는 결국 공익을 희생시키더라도 개인의 이익을 위하여 골몰하는 천박한 이기주의로 변질되었고 그러한 개인의 권리를 절대화하는 자유와 평등은 인간사회의 상호신뢰를 침식시키는 심각한 사회문제를 발생시키고 있다. 결국 서구 사상인 개인의 절대주의는 공동체를 중시하는 우리의 "효"사상을 밀어내고 사회의 기본단위인 가족의 진정한 의미를 퇴색시키고 말았다.

자기 자신 이외에는 대체로 믿으려 하지 않고 수단과 방법을 가리지 않는 극단의 이기주의로 나가면서 자신의 이익을 위하여 합리화를 일삼는 행태들은 오늘의 정치사회를 비롯한 일부 종교단체나 시민단체에서도 그 흐름이 포착되고 있다. 개개인의 정체성이 토대가 되어 우리 사회의 정체성이 되는 그 기본 단위는 가족이다. 가족 안에서 개개인의 인격이 존중되고 공동선을 이루며, 상호간의 질서를 보장받는 공동체에서만이 참다운 인격이 형성되고, 참다운 우리 사회 일원으로서의 자격을 습득하게 되는 것이다.

현대사회의 다양한 가치들을 인정한다고 할지라도 우리 사회에 무엇이 더 중요하고 어떤 가치가 인간의 삶의 터전인 우리 공동체에 참다운 의미를 갖게 하는가를 생각하고 상호 인식을 같이 하는 것이 매우 중요하다. 이에 대하여 우리는 개인적인 차이를 인정한다 하더라도 모든 사람들이 함께 보편적인 진리로 받아들이고 공감할 수 있는 사상을 찾아, 함께 실천함으로써 인간의 정이 흐르는 아름다운 사회를 만들어야 한다.

지난 2001년 베이징의 런민(人民)대에 세워진 높이 3.3m의 청동 공자상은 중국의 공자 르네상스를 알리는 신호탄이었다. 이듬해 산둥(山東)대에서 좀 더 큰 대리석 공자 상(像)을 세웠다. 런민대는 한 걸음 더 나아가 2005년 9월 '국학원(國學院)'을 세워 철학 · 역사 등 전통 학문 전문가를 길러내기 시작했다. 칭화(淸華)대, 베이징대도 잇따라 국학원을 만들었다. 그들은 "서방의 경영이론은 스킬(Skill, 術)일뿐 정신(sprit, 道)이 없어 중국에 안 맞는다." 라는 주장과 함께 공자아카데미 등 중국문화 세계화의 기치를 드높이고 있다.

중국은 작년에 350억 원을 들여 블록버스터 영화 '공자'를 만들었고, 중국 언론은 잇따라 '공자 신드롬' 특집을 쏟아냈다. 지난 2008년 베이징올림픽 개막식은 공자 부활의 정점이었다. 공자의 3000명 제자들이 논어를 외우며 등장하는 장면은 장관이었다. 21세기 '국학 열풍'의 특징은 공자와 유교뿐 아니라 불교와 도교까지 범위가 확대되고 있나. 1911년 신해혁명 이후 100년 동안 서방으로부터 마르크스주의와 자본주의를 배워온 중국이 이제 전통적 중화문명으로 유턴하고 있는 셈이다(조선일보. 2011.01.19).

중국은 지금 공자를 앞세워, 서구의 물질문명에 맞서며 전통 중화문화로 회귀하는 공자 르네상스(정신문화)를 진행하고 있다. 이는 최근 소황제라 불리는 한 자녀 가정과 경제발전에 따른 도시화 등으로 가족의 뿌리가 무너지는 대안으로 등장한 것이다.

효도(孝道)란 도덕(道德)을 일관되게 하는 최고의 이념으로 삼는 유교의 중심사상인 인(仁)을 행하는 주춧돌로서 모든 행실의 근원이며, 만 가지 교화(敎化)의 근본으로서 반드시 행해야 하는 일이다. 따라서 주자의 십후회(十後悔)에 도 생전에 효도를 못하면 돌아가신 뒤에 후회를 한다는 교훈이나, 정철의 시(詩) 어버이 살아 실제 섬기기 다 하여라. 지나간 후면 애닯다 어찌하리..... 는 모두 생존 하실 때 효도를 다하라고 권하는 말이다.

"효" 사상은 천지인(天地人)이 합일(合一)하는 인간과 인간의 화해가 될 것이며, 인간과 자연의 화해가 될 것이고 지식과 삶의 화해, 종교와 종교 간의 화해가 될 것이다. 인간에게 "효"가 실종되어가는 것은 자기 배반의 삶인 것이다. 본능적인 자식 사랑에만 몰입하고 올리 사랑인 부모를 공경함에는 게을리 하면 인성이 타락하고 사회의 기본인 가정이 붕괴되는 것이다.

자기를 낳아준 부모도 잘 모시지 못하면서 무슨 일을 제대로 할 수 있겠는가? 효 운동은 가정 행복의 시작이며 인류평화의 시작이다. 효도하려는 생각을 매일 되풀이 한다면 "효"는 시작된다. "효" 사상은 오늘의 황폐한 인간사회를 치유하는 중심 사상이 될 것이며, 인간이 인간답게 살아갈 수 있는 인격 수양에 최선의 길이 될 것이고 새로운 인류사회를 창조할 수 있는 지침이 될 것이다. 또한 효는 인간성과 도덕성을 회복하는 가장 좋은 교육 방법이다. 이는 모든 성현들의 한결같은 간곡한 가르침이다. 부모를 사랑하는 사람은 남을 미워하지 않으며, 부모를 공경하는 사람은 남을 얕보지 않는다.

"효"는 창조의 질서이며 하늘이 인간의 행복을 위해 내린 계명으로 인간이 인간이기 위하여 지켜야 할 근본 도리이고 사회의 모든 관계와 질서를 바르게 이끌게 하는 보루이다. 효는 사람을 사람답게 하는 최선의 길이며 선하고 바른 행동의 원동력이 되는 행위이다. 또 "효"는 자기를 낳아준 부모를 공경하는 당연하고 소박한 가정윤리이지만 그 소박한 "효"는 인간을 가장 바르고 참되게 교화하는 획기적인 교육 프로그램이며 우리의 안식처인 가정의 근본 요건이다. 인류역사를 돌아보면 사회의 모든 폐해는 인간성과 도덕성 실종에 있었다. "효" 운동은 이 시대가 절실하게 요구하는 인간성과 도덕성 회복운동이다.

각 개인의 삶을 행복하게 영위하기 위해 공동체 속에서 도덕적 질서를 찾아야 하며 그 길은 가족이라는 기본적인 공동체 속에서 찾아가는 것이 합당하므로 "효"는 21세기 인류사의 궁극적 비전이다.

제 1 부

우리의 행복을 위하여

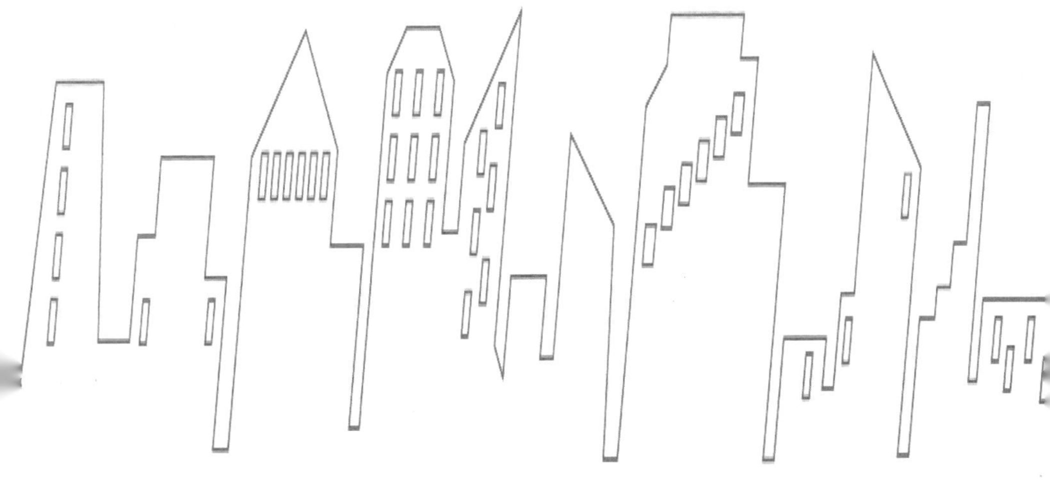

제1부 우리의 행복을 위하여

Ⅰ. 주춧돌이 무너진 우리사회.

Ⅱ. 가족과 가정의 소중함.

Ⅲ. 행복(幸福)이 무엇인가요?

Ⅳ. 행복에 관한 한국인의 가치관.

Ⅴ. 우리가 정말 행복해 지려면.

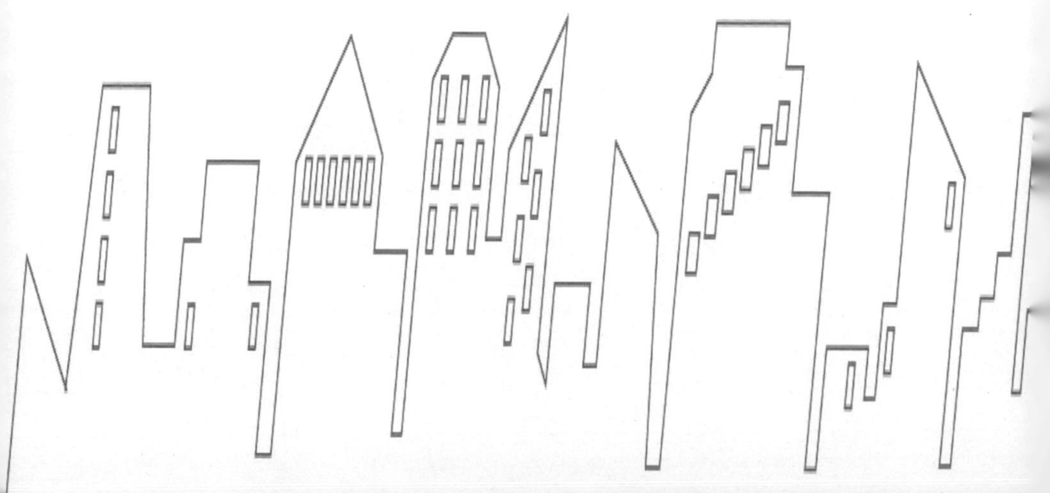

Ⅰ. 주춧돌이 무너진 우리사회

예로부터 우리나라를 칭하던 '동방예의지국' 이란 표현은 그저 추억속의 이야기일 뿐인지 모른다. 최근 15개국을 대상으로 조사한 결과에 따르면 우리나라의 경우 부모 자식 간 유대 관계가 부모의 재산에 좌우되는 것으로 밝혀졌다. 특히 부모의 경제적 지위가 낮을수록 자녀의 방문 횟수가 줄어드는 나라는 조사대상 15개국 중에서 우리나라가 유일했다. 또 부모들 역시 위로가 필요할 때는 자식보다는 친구·동료를 찾고 있었다. 친족 간 유대 관계를 강조하는 유교문화가 배척 받고 황금만능주의가 팽배한 것이다.

숭실대 정보사회학과 정재기 교수가 최근 이런 내용이 담긴 '한국의 가족 및 친족 간의 접촉 빈도와 사회적 지원의 양상 : 국제간 비교의 맥락에서' 란 논문에는 자녀와 동거하지 않는 60세 이상 부모의 속성을 소득, 교육, 연령, 성별, 결혼 상태 등으로 분류한 뒤 각 속성이 자녀와의 '대면(對面) 접촉 빈도에 미치는 영향' 정도를 분석했다. 그 결과 한국은 부모 소득이 1% 높아질 때 부모와 자녀가 1주일에 한 번 이상 직접 만날 가능성이 2.07배나 높아지는 것을 뜻한다. 그러나 미국, 영국, 일본 등 경제협력개발기구(OECD) 14개 회원국에 같은 틀을 적용해 보니 대부분의 나라에서 부모의 경제적 지위가 낮을수록 자식들이 더 자주 챙긴다는 것이다. 외국에서는 '사회경제적 지위가 높을수록 친족 이외 인적 네트워크가 커져 상대적으로 친족과의 접촉 빈도는 낮아진다.' 는 학계의 일반적 학설이 대략 맞아떨어지지만 유독 우리의 부모 · 자식 간에는 정반대 현상이 뚜렷했다.

더욱 암담한 것은 한국인들은 '갑자기 큰돈이 필요할 때, 누구에게 도움을 청할 것인가' 라는 질문에 한국인 51.9%는 '가족 및 친족' 을 꼽았고, 친구 · 이웃 · 동료(19.1%), 공식기관(13.2%)순이었다. 반면 '우울한 일이 있을 때, 누구와 상의하나' 라는 질문에는 55.3%가 친구 · 이웃 · 동료를 제일 먼저 꼽았고, 배우자(20.7%)나 가족 · 친족(17.3%)은 후순위였다. 이러한 결과는 무조건 공부 잘 하는 게 효도라는 부모들의 요구에 대한 자업자득인지도 모르겠다. 명문대학 나와서 조건 좋은 배우자 만나라만 강조하면서 자기 방 치우기 등의 기본생활습관은 물론 제사 참여 등에 제외시켰던 어머니들의 잘못된 교육관이 고스란히 부메랑이 되어 돌아온 것이다.

또 한국 부모들은 가정에서 자녀들에게 경쟁에서 이기라고 교육하는 정도는 세계에서 그 유래를 찾아보기 힘들다. 2005년 세계가치관조사에 따르면 한국 부모들은 자녀 양육에서 가장 중요한 덕목을 노력, 근면 등 성취 위주에 둔다. 외국 부모들은 자신의 아이들이 다른 학생에게 피해를 주지 않았는지, 학교에서 다른 친구들과 사이좋게 지냈는지를 물어보지만 한국 부모들은 몇 등 했는지, 몇 점 맞았는지를 물어본다. 이런 가정교육에서 한국 청소년의 타인에 대한 배려나 이타적 행동 등 윤리의식은 매우 낮을 수밖에 없다.

또 2008년 국제투명성기구가 아시아 4개국의 청소년 윤리의식을 조사한 데 따르면 "정직하게 사는 것보다 부자가 되는 것이 더 중요한가?"라는 질문에 긍정적으로 답한 청소년 비중이 한국에서 제일 높았다고 한다. 한국 청소년은 이 질문에 "그렇다"고 답한 비율이 22.6%인 반면 몽골 9.1%, 인도 8.4%, 방글라데시는 3.1%에 불과했다는 것이다.

물론 요즘 젊은 세대들은 그 이전 세대에는 없었던 장점들을 갖고 있기는 하지만 그에 못지않게 지적되는 큰 단점은 '주위와 윗사람에 대한 배려의 부족'이다. 그들의 성장과정을 살펴보면 금이야 옥이야 키운 그들 세대에 의해 볼썽사나운 장면늘이 연출될 때마다, '옛날과 세상이 많이 달라졌다'고 자위하며 그저 방관하거나 애써 피하려는 윗세대들도 책임을 면키 어렵다.

우선 한국 사회는 내부의 계층, 이념, 세대, 지역, 노사 등 5대 갈등을 해결해야 한다. 가장 심각한 것이 사회 구성원을 완벽할 정도로 갈라놓은 계층갈등이다. 특히 스스로 중산층이라고 생각했던 사람이 급격히 줄면서 패배감을 넘어 절망감이 우리 사회에 팽배해 있다. 역동성과 도전정신의 수원지(水源池)인 사회안전망을 제대로 구축해야 할 것이다. 정책과 입법을 놓고 벌이는 경쟁이 아니라 살의(殺意)에 가까운 적대감을 가지고 상대를 공격하는 '질이 좋지 않은' 이념갈등, 단지 어디에서 태어나 자랐다는 원초적 차이에 근거해 자신의 중요한 철학과 가치관을 결정해 버리는 지역갈등도 반드시 해결해야 한다. 이러한 내부 갈등은 순서대로, 분리되어 나타나 주지 않는다. 따라서 진심으로 반성하고 개선하려 노력하지 않는다면 해결하기 어려운 대혼란의 상황에 빠질 수도 있다는 것을 명심해야 한다.

최근 공정이 대한민국의 키워드가 되고 있다. 현재 1인당 소득수준이 3만 달러를 넘는 선진국에서 한국보다 공정성이나 제도의 질이 뒤떨어진 나라는 없다. 한국이 더욱 공정한 사회가 되면 거래비용이 줄고 부패는 감소하는 반면 신뢰 등 사회적 자본은 증가하기 때문에 1인당 국민소득도 증가한다. 서구 사회에서의 공정은 역지사지(易地思之), 측은지심(惻隱之心) 혹은 사랑에 기초하고 있다. 즉 공정(fairness)은 내가 이익을 보려고 다른 사람들에게 피해를 입혀서는 안 된다는 깊은 자기통제에서 출발하고 있다. 그래서 처지를 바꾸어 놓고 생각해 본다든가, 나 때문에 다른 사람들이 입게 될 아픔과 상처를 생각하고 이를 불쌍히 여겨 의도한 바를 그만두는 것이 공정의 시작인 것이다. 그러니 현재의 공정 논의는 나에게 부담으로 다가와야 한다. 나는 공정한가? 우리 사회는 공정한가? 라는 근본적 물음을 던지면서 우리 사회의 가치관을 바로 세워 나가는 수준이 돼야 한다. 진정한 공정은 청문회의 호통소리에서가 아니라 가정과 학교에서 타인을 품는 따뜻한 양심에서 출발하는 것이다.

공정이란 좁은 의미의 ' 내 몫 찾기' 식으로 해석해 접근하기보다는 공동선(善)의 문제, 공동체의 이익, 공동체의 유대에 관한 메시지로 해석해야 한다. 또 공정이란 가치는 현실 정치의 경계에 있는 문제를 넘어 도덕의 문제가 될 수 있으며 그 경우 공정은 목표가 공허해질 수 있고, 실현하기 어려울 수 있다. 공정한 사회를 실현하려면 우선 ' 기회의 균등' 을 모든 사회 영역에서 보장해야 하고, 사회 상층의 노블레스 오블리주(사회 지도층에게 요구되는 높은 도덕적 의무)와 도덕성이 요청된다.

공정사회 구현을 위해서는 그동안 ' 빨리빨리' 정신으로 과정보다 결과를 중시해온 성과주의와 힘 있는 사람을 미워하는 상대적 박탈감 등을 극복해야 하며, 공정사회를 이루기 위해 가장 중요한 것은 양극화 극복이다.

또 대한민국의 오늘을 한마디로 표현하면 치열한 투쟁사회라 할 수 있다. TV의 오락프로그램에서도 '서바이벌' 이나 '배틀' 이 아니면 눈길을 끌지 못하는 세상이 되었다. 일본의 부모들이 "남에게 폐 끼치지 말라" 고 훈계할 때, 우리 부모들은 "절대 어디 가서 지지 말라" 고 가르친다. 숨 가쁜 경쟁 자체보다 더 걱정스러운 점은 우리 사회에서 승부는 대개 완승(完勝) 아니면 완패(完敗)로 끝난다는 점이다. 서로 한 발씩 물러서는 지혜나, 이번에 양보하면 다음을 기약할 수 있다는 전략적 신뢰는 설 자리가 없다. 사정이 이렇다 보니 패자(敗者)의 승복이나 승자의 아량은 찾아볼 수 없고, 승패의 후유증은 오래 지속된다. 그러니 우리사회에서 아름다운 양보나 신사다움은 패배를 의미하는 듯한 분위기가 만연하다. 사회 전체에 '전부(全部) 아니면 전무(全無)' 라는 식의 이분법이 횡행할 때, 사회의 다양한 이익을 조정하고 갈등을 완화시키는 조율의 기능에서 희망을 찾아야 할 것이다.

이태석 신부, 세상을 울리다

머나먼 아프리카 수단에서 사랑을 베푼 故 이태석 신부가 선종한 후 그의 착한 삶을 담담하게 그린 다큐영화 한 편이 관객들과 만났다. 영화 〈울지마, 톤즈〉. 주인공을 화면으로 그를 만난 관객들은 예수의 모습을 보았다고 고백한다. 자신의 삶을 뒤돌아보며 눈물을 펑펑 쏟았다고도 한다. 사람들은 왜 그를 눈물로 기억하는 것일까? 이태석 신부 선종 후 나타나고 있는 사랑의 기적을 통해 2010년 우리가 기다리는 예수 그리스도의 모습을 찾아본다.

이태석 신부는 가톨릭 사제이지만 그의 착한 삶을 영화로 만난 사람들은 이 영화를 종교영화라고 하지 않는다. 인생을 정말 하느님의 나라처럼 새처럼 훨훨 날아다니는 것처럼 살고 싶어서 오신 것인데 날기에는 너무 많은 것들이 내 안에 들어 있어요. 하나 씩 하나 씩 비울 때 우리가 날 수 있고 그래야 진정한 행복을 얻을 수 있지 않을까요? - 이태석 신부(2008년 8월 LA에서)

故 이태석 신부는 1987년 인제대 의대를 졸업한 후 군 복무를 마친 후 광주 가톨릭대를 거쳐 살레시오회에 입회했으며, 2001년 사제품을 받자마자 한국 사제로는 최초로 아프리카 선교를 지원했고 수단으로 파견돼 2008년 11월까지 8년여 간 봉사활동을 벌였다.

40도가 넘는 더위 속에서 수단 남부 톤즈 마을 사람들을 위해 12개 병실 갖춘 병원을 짓고 홍역과 결핵, 한센병 등 질병으로 고통 받는 주민들을 위해 예방접종을 실시하고 진료활동을 진행했다. 또 세상에서 가장 가난한 수단 톤즈에서 병들고 아픈 환자를 돌보고 소년병들에게는 총 대신 악기를 쥐여 주었다. 그러나 이태석 신부는 지난해 말 귀국한 뒤 건강검진에서 대장암 판정을 받고 항암치료를 받아왔으나 끝내 병상에서 일어나지 못하고 1월 14일(목) 오전 5시 35분에 하나님 품에서 영원한 안식을 취했다. 아프리카 수단에서 의료와 교육활동을 펼치어 한국의 슈바이처라고 불리던 이태석 요한 신부는 1월 14일(목) 서울 성모병원에서 선종하였다.

내게 가장 큰 감명을 준 이태석신부의 말,
"예수님이라면 이곳에 성당을 먼저 세웠을까? 학교를 먼저 세웠을까? 아마도 학교를 먼저 세우셨을 것이다."

"이 생명 다하도록 이 생명 다하도록 뜨거운 마음 속 불꽃을 피우리라. 태워도 태워도 재가 되지 않는 진주처럼 영롱한 사랑을 피우리라"

- 말기 암 환자였던 故 이태석신부가 선종 3개월 전 후원자들 앞에서 부른 노래.

하늘나라 수학 공식

가진 것 하나를 열로 나누면 우리가 가진 것이 십 분의 일로 줄어드는 속세의 수학과는 날리 가신 것 하나를 열로 나누었기에 그것이 '천' 이나 '만' 으로 부푼다는 하늘나라의 참된 수학, 끊임없는 나눔만이 행복의 원천이 될 수 있다는 행복 정석을 그들과의 만남을 통해서 배우게 된다.

-이태석 신부, '친구가 되어 주실래요?' 에서

이제 21세기 지식 정보화 사회가 무르익고 ISO 26000이 발표되면서 '착한 기업'에 대한 논의가 본격화될 것으로 보인다. 그동안 기업들은 경제적 이윤 추구에 집중하고 투자자들도 매출과 이익을 근거로 좋은 기업을 골랐다면 앞으로는 이런 재무적 요소보다는 인권 · 복지 · 환경 등 비(非) 재무적 요소가 중시 될 것이다. 그런 사회의 특징은 인간이 중심이 되는 사회이며 더욱 건강하고 명랑한 사회를 만드는 데는 부모님을 섬기는 효행이 그 기반을 이루게 될 것이다. 그 동안 기업의 존재 이유가 이윤 또는 주주 가치를 극대화하는 것이고, 그것이 사회에 기여하는 것이라는 생각에 비하면 이것은 커다란 사고의 전환을 의미한다. 이는 결국 사회 전체 흐름의 커다란 변화, 특히 소비자 인식의 변화에서 오고 있는 것이다.

최근 세간의 화제가 된 책 `마켓 3.0`에 따르면, 소비자들은 기업이 더 이상 `무엇을 만드느냐`가 아닌 `무엇에 신경을 쓰느냐`에 관심을 가지고 있으며, 그 `신경 쓰는` 대상이 사회와 이웃이 되길 바란다고 언급하고 있다.

II. 가족과 가정의 소중함

1. 가정과 가족의 가치.

법정 스님은 '가족은 몇 생의 인연으로 금생에 다시 만난 사이'라 하여 소중한 인연을 강조하셨다. 법적인 강제가 전혀 없음에도 생면부지의 선남선녀가 만나 둘도 없는 사랑으로 가정을 이루고 사회와 국가를 형성해 가는 것을 보면 신비한 인연이다. 가정은 인격을 배우는 학교이자 종족보존의 요람이며 사회를 유지하는 최소한의 단위이다.

가정은 사랑의 원천이며 사회의 기반이고 국가를 구성하는 기본 단위이다. 우리는 가정과 가족 안에서 기본적인 사회질서를 배우고, 윤리도덕과 예의범절을 익히며, 가치관을 형성한다. 우리는 자신의 정체성을 조직의 공동체라는 맥락에서 찾게 된다. 우리는 함께(Together) 있을 때 다른 사람의 도움을 통해 가장 잘 배울 수 있다. 그러니 사회와 나라가 좀 더 잘 되려면 가정이 제대로 잘 굴러가야 함은 당연한 이치다. 가정의 행복은 그 가족에게만 중요한 것이 아니라 사회의 모든 이들에게도 중요하다. 가정의 행복이 사회에도 중요하다는 것은 각 가정은 사회에 대해 '행복을 제공해야 할 책임' 이 있다는 뜻이다. 가정은 사회의 구성원이기 때문에 그가 속한 공동체에 책임을 져야 하는 것이다. 흔히 가족사랑은 늘 함께 있어 너무 익숙하고, 가까워서 소홀히 여겨지기도 했으나 안정된 가정은 개인의 행복뿐만 아니라 사회를 유지하는 버팀목이기도 하다. 사회적으로 아무리 대단한 성공을 거두었더라도 가정이 무너지면 행복은 물거품이 되어 버리니 가정은 어떤 이유에서도 지켜내야 할 행복의 옹달샘이고 기초 공동 운명체이다.

가정의 구성원은 가족이다. 본래적 의미에서의 가족은 혈연으로 맺혀져 있다. 남녀가 결혼하여 한 가정을 이루고 아버지의 정기와 어머니의 피를 받은 아기들이 태어나 가족이 된다. 아이들이 이 땅에 태어날 때부터 부모로부터 생명과 육신을 얻어 한 사람으로서의 존재가치를 가지게 되는데 이는 이 세상 그 무엇으로도 바꿀 수 없는 하늘이 내린 절대존재인 것이다.

건강한 가족은 평온한 상태로서 방향성을 갖고 서로 차이를 발견하며, 또 인정하고 배려하고 섬기며, 서로에게 위로를 받을 수 있어서 조화를 이룰 수 있다. 또 가족관계는 지속적이며 지적인 것과 감정적인 복합성이 존재하는 곳으로서 관계능력을 배우고 익히는 최적의 장소이다.

또 사랑은 '상대의 허물을 덮고 부족한 것을 채워주는 것이며, 서로의 입장에서서 이해하는 것'이다. 또 가정을 꽃밭같이 가꾸면 황무지도 옥토가 되지만, 그냥 서로의 감정대로 방치하면 잡초로 무성하고 행복이 사라지게 된다. 행복한 인생과 행복한 가정의 비밀은 '그냥 저절로 주어지는 것이 아니라, 스스로 노력하여 만들어가는 하나의 인생 작품과 같은 것'이다.

아기를 잉태하여 생산해 내는 어머니는 위대하다. 태아는 두 달 만에 뇌파가 활동하고, 넉 달 만에 차가운 것을 감지하고, 다섯 달 만에 따스한 것을 느끼며, 여섯 달 만에 들을 수 있고, 일곱 달 만에 냄새를 맡을 수 있다고 한다. 자궁에 최초로 찾아드는 리듬은 탯줄을 통해 전달되는 어머니의 심장 고동소리다. 아기가 엄마 품에서 곤히 잠들 수 있는 것은 익숙한 심장소리에 안정을 찾을 수 있기 때문이다.

어머니는 자기 취향에 맞지 않아도 태아를 위해서는 품위 있는 음악을 듣고, 고운 말을 쓰며, 성현들의 명구를 외며, 매화나 난초의 은근한 향기를 맡아왔다. 우리 조상들은 아득한 옛날부터 부모에 대한 효도를 인간 최고의 미덕으로 여겨왔으며, 부모를 중심으로 단란한 가정을 이루고 가정이 모여 서로 도우며 살아가는 부락을 형성했다. 그러한 가정이 행복한 것은 사랑이 있기 때문이다. 다른 사람들이 비웃고 조롱하여도 가족은 서로 위로하고 격려하고 사랑한다. 다른 사람들이 다 손가락질을 하고 침을 뱉어도 가족들 간에 용서하고 사랑하는 것이 가정의 기능이다. 그런 가정이 흔들리면 사회가 불안해지고 국가발전을 꿈꿀 수 없게 된다. 아이들이 마음 놓고 뛰어놀 수 있는 환경, 기본적인 의식주가 보장되는 사회, 어른을 공경하는 사회적 분위기가 만들어질 때 국가경제의 발전도 나라의 부강도 가능하게 될 것이다.

가족의 소중함

어쩌다 긴급한 상황이 발생했을 때 한 마음으로 응원해주고, 간호해 줄 사람을 생각해보면 가족의 소중함을 느낄 수 있다. 또 여행을 하면서 가족들과 떨어져서 있을 때면 유난히도 가족의 소중함을 느끼게 된다. 숱한 어려움들을 서로를 격려하고 후원하며 슬기롭게 극복하는 마음으로 힘을 얻고, 잘 버티며 오늘까지 올 수 있었던 원동력은 역시 우리 가족들의 힘이다. 그처럼 소중한 가족이라는 존재가 사회가 발달할수록 가족의 해체가 급진전되고 있다고 한다. 갈수록 이혼이 늘고 있으며, 각종 갈등의 심화로 인한 가정의 파괴가 이어지고 있다고 한다. 이런 가정의 해체 및 파괴는 다시 대물림할 확률이 높다는 것이 큰 문제점이다. 우리 모두가 서로 더불어 살아가는 공동체 정신을 살려 서로간의 솔직하게 대화하면서, 조금 양보하고 배려하고 이해를 해나간다면 모든 일이 원만하게 해결될 수 있는 일이다.

요즘 혼란과 사회병리 현상의 증가에 의해 도처에서 제반 기초질서가 무너지고 있다. 우리가 알고 있는 기초질서라는 개념은 생활 속의 가장 작고 기본적인 질서이고, 밝고 쾌적한 생활환경을 만들기 위한 질서이며, 이러한 생활문화의 질서야말로 기본이 바로선 나라를 만드는 것이라고 생각한다. 여기에는 공익기초질서, 행락질서, 상거래질서, 교통질서 등을 들 수 있으며 그 중 가장 중요한 기초질서는 바로 가정의 기초질서일 것이다.

최근 우리사회의 현실을 보면 사회의 가장 기초단위인 가정에서 조차 그 기능이 뿌리째 흔들리고 있는 것을 볼 수 있다. 전통적 가족상이 붕괴되고 가족의 개념을 새롭게 정립해야 할 만큼 다양한 형태의 가족이 등장하고 가족 간의 갈등 역시 복잡해지고 있다. 급변하는 사회 경제의 구조적 전환, 산업자본주의에 따른 물질만능사상, 인터넷 등 전통적 기초질서를 한순간에 무너뜨린다. 경제 불황으로 인한 치열한 생존경쟁의 논리 효율과 능률의 극대화라는 명분 하에 야기되는 비인간화 현상은 정신적 황폐를 가속화 하고 있다.

사람이 일생을 살면서 반드시 알아야 할 것은 예컨대 사람을 사랑하고 상대방에 대한 배려와 예의범절, 공중도덕성, 자유와 평등에 대한 생각, 교통법규를 비롯한 준법정신 등은 어릴 적부터 가정교육을 통해 이뤄져야 하며 이러한 덕목들이 우리 사회의 기초질서를 지켜주는 힘이 된다. 사회나 국가의 기초질서에 앞서 가정의 기본질서에 충실하고자 하는 책임감 있는 교육이 필요하다. 결혼생활이 서로의 불평등을 요구하는 갈등구조가 아닌 화합과 평등기반으로 영위돼 공히 건강한 가치관을 가지고 가정을 꾸려야 할 것이다.

다행스러운 것은 아직 한국 사람들이 생각하고 있는 가족의 상징어는 ' 사랑' 인 것으로 나타났다. 또 가족은 ' 부모를 중심으로 한 행복 공동체' 라는 인식이 여전히 지배적인 것으로 나타났다. 여성가족부는 네티즌을 대상으로 "나는 ' 가족' 하면 이런 단어가 떠오른다" 설문조사를 실시한 결과 '사랑' (2천716명), '힘' (1천419명), '존재' (1천275명), '행복' (1천262명) 순으로 나타났다. 이는 현대의 가족이 부부 중심, 자녀 중심의 핵가족 구조로 재편됐음에도 아직 한국인에게 가족은 부모를 중심으로 한 공동체라는 인식이 지배하는 것이다(연합뉴스. 2006.10.03).

2. 가족의 붕괴와 사회문제.

오늘날 한국이 직면하고 있는 위기는 경제적인 위기와 같은 외적 위기보다 가정이 직면하고 있는 내적 위기가 더 큰 위기이다. 언제부터인가 우리의 가정이 흔들리면서 이혼이 급증하고 결손가정이 늘어가고 있다. 젊은이들은 결혼을 하나의 실험대상으로 삼고 있다. 아시아에서 교회가 가장 많다는 한국이 아시아에서 이혼율이 1위를 달리고 있다. 불량자녀는 불량 부모 밑에서 나온다는 사실을 우리는 실감하고 있다.

오늘날 사회 곳곳에서 터져 나오고 있는 온갖 비리의 근본 원인도 따지고 보면 우리의 가정이 건전하지 못한 데서 오는 사회적 병폐라 해도 과언이 아니다. 가정은 행복을 창조하고 저장하는 곳이다. 가족 중 어느 한 사람이라도 고통과 불운에 처하게 되면 그 가정의 구성원은 똑같이 아파하고 괴로워하며 이의 극복을 위해 노력한다. 또한 아주 작은 기쁨이라도 가정 속에 들어가면 그것은 곧 배가(倍加)돼 행복으로 전환된다. 이것이 바로 가족공동체의 기본윤리요 자세다. 독일의 종교개혁가 마르틴 루터는 "한 나라의 흥망성쇠는 바로 그 국민 하나하나의 가정이 얼마나 건전하냐에 달려 있다" 고 설파했다. 이는 곧 가정이 건전하면 사회가 건전하고, 사회가 건전하면 나라가 건전하다는 뜻을 압축한 말이다.

가끔 우리는 못된 사람을 가리켜 '짐승만도 못한 놈'이라고 한다. 짐승만도 못하다는 의미는 그의 생김새가 아니라 성품이 사람답지 못하고 짐승 이하라는 의미다. 먹을 것을 얻기 위해 동료를 밀치고 싶은 마음이 있고, 어떤 목표를 위해서는 피를 나눈 형제도 적으로 여기기도 한다. 또한 자신의 생각을 관철시키기 위해서는 아예 자신만 옳다고 한다.

자신의 형과 재산 문제로 말다툼을 벌이다 흉기를 휘둘러 살해한 사건, 교제 중인 여자 친구와의 결혼을 반대한다는 이유로 조부모를 흉기로 무참히 살해한 대학생, 20여 년 동안 자신의 어머니를 폭행하는 등 가족 간 패륜범죄, 보험금 3억여 원을 타내려고 동네 후배를 시켜 자기 집에 불을 질러 어머니와 누나를 살해하도록 해놓고는 범행하는 동안 강원도 휴양지에서 사진을 찍고는 인터넷에 올리는 방법으로 알리바이를 만들기도 하였다.

중학생이 게임 좀 그만하라고 나무라는 어머니를 목 졸라 죽이고 자살했고, 중학생이 아버지가 공부하라며 잔소리하고 욕하고 폭행한다는 이유로 집에 불을 질러 일가족을 숨지게 한 사건도 있었다. 또 미국에 유학 갔던 아들이 부모에게 유흥비를 요구했다가 거절당하자 부모를 살해했는가 하면, 박사 학위를 받은 모 대학의 교수가 재산에 눈이 어두워 부친을 살해하였다.

이는 '패륜(悖倫)'이나 '반(反)인륜'이라는 말로도 표현할 수 없는 어이없는 범죄다. 이처럼 인륜(人倫)이 무너진 이유는 물질만능, 황금만능의 배금주의 사상에서 비롯된 교육환경 때문으로 여겨진다. 즉, 일제 강점기시대와 한국전쟁 등의 역사적 시련 속에서, 경제적 빈곤으로부터 탈피하기 위해 추진했던 산업화 정책으로 정신적 가치보다도 물질적 가치를 중시하는 배금주의 사상이 만연되기 시작하였고, 서구 문물을 여과 없이 받아들임으로써 외국의 문물만을 선호하게 되었기 때문이다. 더욱이 패륜 범행의 동기가 일반 시민들이 쉽게 납득하기 어려운 것들이어서 사회학자들은 이 같은 범행을 양산하는 우리 사회의 병리현상의 원인을 `도덕적 위기'에서 그 찾고 있다.

특히 이처럼 가족 구성원들 간에 패륜과 같은 범죄가 끊이지 않는 것은 가족 관계에 대한 의식의 변화를 가장 큰 이유로 꼽는다. 생활양식의 변화에 따라 가족중심의 유교문화와 공동체문화가 개인위주의 문화로 바뀌며 가족에 대한 헌신과 희생 보다는 구성원들 사이의 이해관계를 중시하면서 갈등 양상이 표면화 되고 있다는 것이다. 또 이 사건들은 자식에 대한 허황된 교육 욕심과 근본을 도외시하는 학벌 위주의 교육관이 얼마나 잘못된 것인가를 여실히 보여 주었다.

2010년 한해에 66건의 존속살해사건이 발생했다고 한다. 그런데 가해자 대부분이 10대 청소년들이다. 더욱이 이번 사건의 가정은 유복한 중산층이었다. 겉으론 별 문제가 없어 보여도 우리의 가정이 얼마나 심각하게 붕괴돼가고 있는지를 보여주는 사례다. 가족이 담당했던 인성교육의 역할이 점점 약화되다 보니 가족 간의 오랜 기간 부대끼면서 축적된 갈등이 살인이라는 극단적인 형태로 터져 나오는 것이니 가정을 건강하게 만들어 나가는 것이 존속살인 예방의 핵심이라고 볼 수 있다. 또 다른 원인은 아이들이 자신의 행동에 책임을 져야 한다는 기본적 도덕

률조차 배우지 못했다. 아버지는 오로지 사회적 성취를 위한 학과공부만 강요했을 뿐 아이의 정서적 도덕적 심성을 키우는 데는 소홀했던 것 같다. 우리의 학교들도 이런 문제에 성의 있게 상담해줄 능력이나 관심을 갖고 있지 않았다. 또한 어떠한 사회적 제도보다도 안정적이라 믿었던 가족제도가 흔들리면서 우리 사회 혼란의 원인을 가정에서 찾자는 주장이 많아졌다. '가정의 위기'라는 말을 넘어서 이제는 '가족 해체'라는 말까지 나오고 있다. 또 이혼에 대한 가치관의 변화로 이혼율은 해마다 크게 증가하고, 경제적 사정 때문에 이혼하거나 별거하는 가정 또한 크게 늘고 있다. 중요한 것은 가정이 해체되면 사회적 기반도 무너질 수밖에 없고 그 폐해는 고스란히 사회가 떠안게 된다는 점이다.

요즘 흔히 일어나고 있는 반인륜적 범죄 당사자들의 경우 평소 가족끼리 모여 앉아 허심탄회하게 대화를 나눈다면 미연에 방지할 수 있을 것이다. 전통적인 효에서 가장 좋은 효 교육 중의 한 방법이 밥상머리 교육이었다. 과거에는 밥상머리에서 어른들이 자식이나 후손들에게 간단한 예절교육과 효 교육을 해오면서 밥상머리에서 자연스럽게 인성교육의 기회가 되었다. 부자자효(父慈子孝)는 오늘에 맞게 실천하기 위한 효행교육은 우선 어버이와 자식 간에 만남과 대화로부터 시작되어야 한다. 그리고 상대방의 말씀을 귀담아 들을 수 있도록 따뜻한 마음의 끈을 연결하고 그 마음을 움직여야 한다.

특히 가정의 파괴는 사회의 혼란을 조래한다. 최근에 평균수명이 연장되면서 경제적 어려움을 겪으며 외로움에 지친 노인들을 학대하는 부모 학대로 이어지고, 부모 학대는 가정의 파괴를 불러온다. 이런 악순환은 우선 남에게 사랑과 공경을 베풀 때 끊어질 수 있다.

얼마 전 TV에 보도됐던 해외고려장에 대한 내용은 보는 이로 하여금 경악을 금치 못하게 했다. 해외로 이민을 간 자식이 재산을 빼앗기 위해 부모를 먼 이국땅으로 불러놓고 말도 통하지 않고 아는 사람도 하나 없는 낯선 땅에 내려놓아 그야말로 국제미아를 만들어버린 그 인면수심의 사건, 또 보험금을 타내려고 노부모를 살해한 극악무도한 자식들도 있다. 돈 앞에서는 부모도 몰라보는 세상이 된 것이다. 경악할 일은 우리나라에서 연간 약 800여건 정도의 해외고려장이 발생한다고 한다.

또 전 세계에서 증가하고 있는 노인 학대 문제의 심각성을 알리고 그 대책을 촉구하기 위한 '세계 노인 학대 인식의 날' 행사가 열렸다. UN과 세계보건기구(WHO)가 함께 이런 날을 제정하면서 까지 노인 학대 문제에 대해 관심을 촉구한 것은 문제의 심각성을 역설적으로 말해주는 것이다.

노인 학대는 비단 다른 나라의 문제만은 아니다. 오히려 우리가 느끼는 문제의 심각성은 더욱 클지도 모른다. 노인 학대 문제는 곧바로 어른 학대로 이어진다. 보건복지부에서 게시한 노인학대 신고라는 포스터 밑에 큰 글씨로 '국번 없이 1389' 라는 글씨가 선명하게 적혀 있음은 노인에 대한 학대가 그만큼 사회문제가 되고 있다는 반증이다. 보건복지부 발표에 따르면, 연간 노인 학대 접수 건은 2,000 여건이라고 한다. 신고하지 않은 수치를 합한다면 5,000건 이상이 될 것이다. 그런데 노인 학대 사례 분석 결과, 전체 사례 중 학대 가해자는 아들이 50%로 가장 많았고, 이어 며느리(19.7%), 딸(11.5%), 배우자(6.6%) 등의 순으로 나타났다. 학대 유형별로는 언어폭력·정서적 학대가 43.1%로 가장 많았으며, 방임(23.4%), 구타를 포함한 신체적 학대(19.1%), 재산을 빼앗는 금전적 학대(12.2%)도 적지 않았다.

또한 우리나라의 가정과 관련된 사회문제는 저(低)출산, 노인부양문제, 청소년 범죄, 가족동반자살, 과소비와 신용불량 등 수없이 많은 문제로 개별 가정은 빈사상태로 몰리면서 사회 전체가 아우성이다. 이러한 문제에 대해 다양한 해결책이 제시되어 왔지만 우리는 모든 문제의 근원은 '가정'으로 회귀되고 해결책도 '건강한 가정'에서 나온다는 사실을 소홀히 여겨왔다.

특히 우리의 당면과제 중에는 가정 복원, 환경보전, 이념, 경제 등도 중요하지만 생명의 근원인 가정이 무너지면 회복이 쉽지 않을 뿐만 아니라 회복에도 오랜 시간을 요하게 된다. 가정이 무너지면 미래의 희망이 없는 것이다. 20세기 세계인들은 산업화 정보화 거치면서 가정 이탈과 도덕 경시로 가정이 무너지는 생활을 해왔으나 이제 21세기 세계인들은 행복의 구심점인 가정으로 돌아가야 한다는 깨달음을 얻었다. 세계 역사학자들은 한국의 대가족제도, 경로효친, 효와 예를 칭송하고 죽을 때 가져가고 싶다고 했다. 21세기 인간도덕혁명 가치 있는 삶으로의 복원을 의미하는 가정 복원 혁명의 발원지가 우리 대한민국이 되어야 한다.

가정의 건강한 회복은 가정을 둘러싼 문제를 해결하는 관건이다. 가정이 갖는 본질적인 특징은 서로 이해하고 감싸주는 사랑의 공동체라는 것이다. 개인은 가정을 통해 삶에 필요한 활력을 재충전한다. 동시에 사회는 가정을 통해 사회유지에 필요한 노동력을 공급받는다. 가정은 개인의 삶과 사회의 존속에 있어 꼭 필요한 것이며, 다른 어떤 기구나 제도도 대체할 수 없는 인류의 문화유산이자 가치이다.

댐이 붕괴 되는 것도 조그마한 쥐구멍부터 시작이 되고, 사람의 온몸이 병들게 되는 것도 작은 균이 침범하면서 발생하게 된다. 또 사람의 인체는 아주 작은 100조개의 세포로 형성되어 있는데 그 세포에 암세포가 침범하면 큰 문제를 일으키게 되는 것이다.

3. 가족의 범위와 새로운 가족 반려동물.

여성가족부가 '제 2차 가족실태조사' 에 따르면 가족이라고 생각하는 범위가 1차 조사(2005년)에 비해 크게 좁아졌다. 배우자를 가족이라고 생각한다는 응답이 81.1%, 자녀를 가족이라고 생각한다는 응답이 84.5%로 낮아졌다. 부모가 가족이라는 사람은 77.6%로, 배우자의 부모가 가족이라는 사람은 50.5%로 줄었다. 친조부모를 가족이라고 생각한다는 대답이 23.4%로 줄었다. 가족의 범위가 좁아진 반면 배우자에 대한 의존도가 높아졌다. 노후를 누구와 지내고 싶으냐는 질문에 '배우자와 단둘이' 라고 응답한 사람이 72.7%였고, 유료 복지시설(4.7%) 무료 노인복지시설(3.8%) 또는 형편이 되는 자식과 함께(3.8%) 순이었다.

우리 가족의 사명

① 언제나 가족들에게 서로 친절하게 대하고 존중하며 협조한다.
② 서로에게 정직하게 마음을 열어 놓는다.
③ 가정 내에 영적인 분위기를 유지한다.
④ 서로를 조건 없이 사랑한다.
⑤ 행복하고 건강하고 성취하는 삶을 살기 위하여 책임을 진다.
⑥ 언제나 돌아오고 싶은 집으로 만든다.

- 스티븐 코비, 성공하는 가족들의 7가지 습관 중에서

한국청소년정책연구원이 전국 중·고교생 6,979명을 대상으로 가족과 가정생활에 관한 가치관 조사에서 이들은 고모보다는 이모를, 백부·숙부보다는 외삼촌을 더 친근하게 여기고 있어 우리나라 청소년들은 아버지 형제보다 어머니 쪽 친척을 더 가깝게 여기는 것으로 나타났다. 이는 우리 사회에 모계(母系) 성향이 더 강해지고 있음을 반영하는 것으로 풀이된다.

특이한 점은 요즘 우리 주위에는 동물을 가족으로 받아들이는 사람을 흔하게 볼 수 있다. 가족의 구성원이 꼭 '인간' 일 필요는 없다는 것이다. 가족은 개일 수도 있고, 고양이일 수도 있다. 그래서 이제는 애완동물이라는 말보다 반려동물이라는 말이 더 자연스럽게 쓰이고 있다.

반려동물과 함께 사는 사람이 '애완(愛玩)동물' 이라는 단어를 꺼리는 이유는 바로 '완(玩)' 자가 '장난감, 즐기다' 의 뜻을 담고 있기 때문이다. 보고 즐기다가 버리는 장난감이 아니라 가족과 같기 때문에 애완동물이라 하지 않고 반려동물이라 부른다고 한다. 서양에 반려동물이라는 개념이 처음 등장한 것은 1983년 세계적인 동물행동학자 콘라드 로렌츠 박사는 개, 고양이, 말, 새 등의 동물을 '애완동물(pet)' 이라 부르는 대신 함께 인생을 걸어가는 동반자의 뜻을 담아서 '반려동물(companion animal)' 이라 부르자고 제안했다. 이 주장에는 사람과 동물은 사랑과 감정을 주고받으며 더불어 살아가는 동등한 존재라는 전제가 깔린 것이다. 현대의 도시생활은 사람들을 자기중심적이고 외롭고 고독하게 만든다. 현대인은 경쟁에서 지지 않기 위해 치열하게 일하고, 또한 상처 받지 않기 위해 마음을 잘 표현하지 않는다. 그러다 보니 물질적으로는 풍부하지만 정신적으로는 삭막하고 메마른 생활을 하는 현대인에게 가족을 역할을 선물하는 게 바로 반려동물이다.

"집에 들어가면 나를 반갑게 맞아주는 건 우리 집 개밖에 없어" 라고 많은 가장이 자괴적으로 내뱉는 말은 거짓이 아니다. 아이들은 학원을 전전하다 아버지보다 늦게 귀가하기 일쑤이고, 함께 하는 시간이 적다 보니 부모와 자식 간에는 애틋한 정이 쌓일 틈이 없다. 그러니 집이라는 같은 공간에 있어도 가족은 '가족' 이라는 같은 틀 안에 있기보다는 각자 '자신' 안에 갇혀 있는 경우가 많다. 그런 현대인에게 무조건적인 사랑을 전하는 반려동물은 가족 그 이상일 수밖에 없다(주간조선 1943호).

오늘날 우리사회에서 부모를 봉양하는 자녀들이 오히려 집에서 기르는 애완동물보다 못한 수준임은 고사하고 관심조차 개나 고양이를 예뻐함에 미치지 못하는 현실을 보니 실로 통탄할 노릇이 아닐 수 없다. 더 안타까운 현상은 애완동물이 가족이라는 사람들과 조부모가 가족이라는 응답비율이 유사하다는 사실이다. 예전의 선조들이 보셨다면 무어라 하셨을까?

가족 간 행복의 핵심은 관계

조선일보 · 한국갤럽 · 글로벌마켓 인사이트가 '2011년, 한국인이여 행복하라'를 위해 전 세계 10개 나라 5,190명을 조사한 결과 '핏줄'로 엮인 한국인들의 가족애(愛)는 남달랐다. 한국인 27.5%는 "가족은 혈연관계로 맺어진 사람들"이라고 응답했다. 가족에 대하여 한국인들은 '가장 사랑하는 사람'(67.6% ·)이란 답이 상대적으로 많았다. 연령별로는 40대 · 50대 여성(각각 73.7%, 74.1%), 즉 엄마들의 가족 사랑이 유난했다. 한국인의 가족에 대한 애정은 행복도와 직결됐다. 행복하다고 답한 사람 중엔 4명 중 3명이 '가족은 내가 가장 사랑하는 사람들'이라고 답했다. 일리노이대 심리학과 에드 디너 교수는 "가족과의 강한 유대감은 어떤 비상사태가 닥쳐도 '내 편'이 있을 것이라는 믿음을 준다."고 말했다. 과거 끈끈한 가족관계는 안보의 위협과 불안한 경제에 시달리는 한국인에게 안정감을 제공해주는 안전판이었다.

Ⅲ. 행복(幸福)이 무엇인가요?

1. 행복의 본질.

국립국어원 표준국어 대사전에 행복(幸福, Happiness)은 '생활에서 충분한 만족과 기쁨을 느끼는 흐뭇한 상태' 라고 설명하니 행복은 '잘 살고 있다고 느끼는 장기간에 걸친 내적 감정' 이라고 볼 수 있다. 행복은 욕구와 욕망이 충족되어 만족하거나 즐거움을 느끼는 심리적인 상태를 의미한다. 또 빅토르 위고는 "인생에 있어서 최고의 행복은 우리가 사랑받고 있다는 확신" 이라고 말하였다.

심리학에서 행복은 '심신의 욕구가 충족되어 조금도 부족감이 없는 상태' 즉 '지속되는 충족감(充足感)' 을 뜻한다. 그러나 대다수의 사람들은 마음속에 행복을 가지고 있지만 의식하지 못한다. 행복은 어떤 형식이나 조건보다는 자신이 행복하다고 생각하는지 여부에 따라 평가된다. 우리는 누구나 나와 가족, 주변 모두가 행복해지기를 기원하지만 문득 '당신은 행복한가?' 라는 질문을 받으면 선뜻 답할 수 있는 사람은 그리 많지 않은 듯하다.

사랑하는 사이에서의 대화의 중요성은 누구나 인정하지만 대화 이전의 것을 읽을 수 있게 하는 것이 사랑의 위력이다. 말을 해서 알아듣는 것은 일반 대인관계에서 흔히 있는 일이다. 일례로 아무리 잠귀가 어두운 엄마일지라도 아기 때문에 잠을 깬다든지, 말을 못하는 아기지만 필요한 것을 알아차리는 엄마의 행동은 경험에 의한 것이 아니라 사랑 때문이다. 그래서 인간은 영물(靈物)이라고도 한다. 행복은 먼 곳에 있는 게 아니라 항상 내 주변에 있다.

다음은 KBS 개그콘서트 봉숭아학당 「행복전도사 최효종」의 개그 내용이다.

"아니, 표정들이 왜 그래요 행복하지 않은 사람들처럼"

"생각 없이 웃기는 건 개그가 아니잖아요?… 재롱이지"

행복전도사 최효종이 어느 날 밤에 택시를 탔는데 40대 중반쯤 된 기사 분이 자신이 택시 20년 하면서 손님을 숱하게 태웠는데 자기가 하고 싶은 일 하면서 돈 버는 사람 1%도 안 되더란다.

"돈 많이 버는 것 중요하지만 자기가 하고 싶은 일 하면서 돈 버는 사람이 세상 1%도 안 되니 하고 싶은 일 하면서 사는 우리는 행복한 겁니다."

우리는 많이 소비하는 것을 미덕으로 생각하는 미국식 문화에 익숙해왔다. 그래서 많이 소비하는 사람이 적게 소비하는 사람보다 풍요하다고 생각했다. 하지만 불교경제학을 추구하는 슈마허는 "경제학이란 보다 적은 소비로 보다 큰 행복을 추구하는 것" 이라고 주장한다. 풍요를 얻기 위해 영혼을 지불한다면 무슨 소용이 있겠는가? 또 헨리 데이빗 소로는 행복이 무엇이냐는 질문에 '간소, 자립, 관대, 신뢰" 라는 네 단어로 답했다. 행복해지기 위해서는 자신이 혼자라는 사실과 또 혼자가 아니라는 사실 사이의 균형, 즉 자신과 세상과의 균형을 잘 잡아야 한다는 것이다. 사실 우리는 그 동안 우리는 풍요를 얻기 위해 땅(soil), 영혼(soul), 사회(society)를 희생했다. 해결방법은 지구와 이어지고, 자신과 이어지며, 사람들과 이어지는 것이 행복의 원천이다.

행복이란 무엇인가?

행복이란 그냥 근사한 말이 아닙니다.
행복은 마음속 깊은데 숨어있는 진실이며
행동하는 양심 입니다.
행복은 남에게 나누어줌으로써 비워지는 게 아니라
없는 것들을 나누어 줌으로 생기는 신비로운 것 입니다.
베푸는 만큼 행복의 양도 그만큼 많아집니다.
행복은 또한 스스로 만족 하는데 있습니다.

남보다 나은 점에서 행복을 구한다면

영원히 행복하지 못할 겁니다.
왜냐하면 누구든지 한두 가지 나은 점은 있지만
열 가지 전부다 남보다 뛰어날 수는 없기 때문입니다.
따라서 행복이란 남과 비교해서 온 것이 아니라
스스로 만족 할 수 있는 게 중요합니다.

- 좋은 글 중에서

행복론(幸福論)에 대하여는 여러 학자들의 주장이 있으나 '지속되는 충족감' 이 행복의 정의로 적절한 듯하다. 행복이란 타(他)에 의해서 내 존재의 의미가 인정받을 때 느끼는 것이므로 자식으로부터 존경받는 부모나 부모로부터 인정받는 자식은 행복하다. 부부간에 서로 존경이 있다면 이미 행복을 누리고 있는 것이다. 결과론적으로 행복의 원천은 사랑이다. 진정한 사랑은 내 잠재의식이 상대에 의하여 활성화 되는 것이다. 잠재의식이란 나의 내면에 존재하는 것이지만 스스로 인지하지 못하는 것이라 한다. 스위스의 정신학자 칼 융(Carl Jung: 1875~1961)은 그 잠재가 활성화 될 때 격렬한 희열이나 저항감이 생긴다고 한다.

물질이 행복의 조건은 아니다. 오히려 부의 축적은 그것을 다시 잃을까 불안해지는 속성이 있다. "과거는 언제나 행복이요, 고향은 어디나 낙원이다" 라고 한 피천덕의 수필이나 "지나 간 후에는 응당 그리워지느니…" 라고 했던 푸쉬킨의 싯귀처럼 과거의 고통도 그리운 추억으로 치환(置換)되는 것은 행복을 위한 섭리(攝理)라 할 수 있다.

평생 인생을 관찰하며 삶을 연구한 쇼펜하우어는 인간은 번민과 권태 속에서 그리 자유롭지 못하다고 했다. 부족하고 결핍한 자는 번민 속에 힘들어하고 이것저것 많은 것을 갖추고 풍족한 자는 권태 속에 괴로워한다. 스웨덴은 사회 복지가 잘되어서 모든 국민이 행복한 것 같지만 자살률은 세계 1위 2위를 다툰다. 반면 유럽에서 춥고 못살기로 유명한 아일랜드 국민이 불행한 것 같지만 세계에서 행복지수가 가장 높은 국민이다.

한국과 일본이 아시아에서 잘 산다고 목에 힘주고 다니지만 아시아권에서 국민 행복지수가 바닥을 면치 못한다. 자신이 행복하지 못하다고 생각하는 건 대부분 불만족과 열등감 때문이다. 그러나 불만족과 열등감이 우리를 불행하게 하지 않는다. 또 물질의 많고 적음에 따라, 권세의 높고 낮음에 비례하여 행복해지고 불행해지는 것이 아니다. 우리를 불행하게 만드는 가장 결정적인 원인은 자신을 별 볼인 없는 사람으로 평가하는 열등감과 늘 불만족에 휘둘리는 생각 그 자체이다. 쇼펜하우어는 인간 최대의 행복은 "장애의 극복"이라고 했다. 도전에 대해 응전을 하는 가운데 기쁨이 온다. 자신의 부족함과 문제에 대해 사색하고, 고민과 번민의 해결책을 마련하고, 대책을 간구하고 연구하고 노력하는 가운데 기쁨이 온다.

행복은 마음먹기에 달려 있기 때문에 행복은 바이올린 연주나 자전거 타기처럼 배울 수 있는 기술이다. 사람은 행복해지겠다고 마음먹는 만큼 행복해질 수 있다. 행복은 지금 당장 취할 수 있는 선택이다. 행복과 불행에 대한 감정도 신종플루처럼 다른 사람에게 '전염' 된다는 연구결과가 나왔다. 이에 따르면 행복은 불행보다 전염력이 약하지만 한번 전염되면 더 오래 지속되는 것으로 나타났다. 미국 하버드 대학교 연구진은 1948년부터 2년마다 실시된 ‘프래밍햄 심장 연구’의 사회적 의학적 정보를 분석했다. 프래밍햄 심장 연구에 따르면 행복과 슬픔의 감정은 사스(SARS)나 신종플루처럼 전염되는 것으로 나타났다. 특히 불행한 감정은 행복한 감정보다 전염력이 더 강했지만 중립적인 감정 상태로 더 빨리 회복됐다. 불행한 사람과 접촉을 했을 때 그 정서에 감염될 확률은 2배 더 높아졌다. 반면 행복한 감정의 사람과 접촉했을 때는 전염 확률이 11% 증가했다. 또 행복감이 사라지는 데에는 10년이 걸렸지만 불행에 대한 전염 효과는 5년만에 없어졌다고 한다.

미국의 시사주관지 뉴스위크에 의하면, 그동안 세계 각국 정부는 GNP(Gross National Products) ‘국민총생산’이 얼마인가를 평가하여 국민의 경제적 생활수준을 높이는데 관심을 가졌지만, 요즘은 GNH(Gross National Happiness) 즉, ‘국민총행복’ 즉 ‘국민의 행복감이 얼마나 높은가’에 더 관심을 갖는다고 한다. 국민의 행복감이 높은 나라는 덴마크, 스위스, 오스트리아, 핀란드 등이었다. 단순한 경제보다 마음의 기쁨과 만족감, 행복이 더 중요하다는 것을 깨달은 것이다.

또 한 여론 조사 기관에서 ‘21세기에 가장 중요한 가치관이 무엇인가’를 조사했는데, 가장 많은 사람들이 선택한 가치는 ‘행복’이었다. 그리고 행복 중에 가장 귀한 행복이 ‘행복한 가정’이었다. 하지만, 미국의 미래학자 앨빈 토플러(Alvin Toffler : 1928 ~)는 “현대인에게 집은 있지만 가정은 없다. 가정의 미래는 부정적이고 비관적이다" 라고 말했다. 그래서 현대인들은 더욱 '행복한 가정' 을 소원하고 있다.

영국의 역사학자 에드워드 기번(Edward Gibbon : 1737~1794)은 '로마제국 쇠망사'에서 로마의 멸망 원인을 5가지로 설명했는데, 그 첫째가 이혼의 급증이다. 둘째, 높은 세금의 부과, 셋째, 스포츠에의 열광, 넷째, 군사력 증강으로 인한 재정 문제, 다섯째, 종교의 쇠퇴이다. 나라가 평안하고 번성하려면 먼저 가정이 화목해야 한다. 그러나 사람이 아무리 노력해도 가정의 화목은 쉽게 이루어지지 않는다.

전 세계적으로 자녀교육을 잘 시키는 나라가 유대민족이다. 세계 인구 중 0.2%에 불과한 유대인은 전체 노벨상의 26%를 받았고, 정치, 경제, 사회, 문화, 학문 모든 각 분야에 걸쳐 세계를 이끌고 있다. 이 유대인들의 힘은 '랍비들의 6가지 자녀교육' 에서 나온다. 랍비들은 첫째 자녀에게 하나님의 율법을 가르치고, 둘째 자기보다 불행한 사람을 돌보도록 가르치고, 셋째 손님을 대접하도록 가르치고, 넷째 기도와 경건을 가르치고, 다섯째 평생 공부하도록 가르치고, 여섯째 다른 사람의 장점을 생각하도록 가르치라고 했다. 이렇게 어려서부터 하나님의 말씀으로 교육받은 유대인 자녀들이 전 세계에서 큰일을 감당하는 훌륭한 인물이 된 것이다.

2. 행복을 느끼는 시각.

행복이란 타인(他人)에 의해서 내 존재의 의미가 인정받을 때 느끼는 것이므로 자식으로부터 존경받는 부모나 부모로부터 인정받는 자식은 행복하다. 즉, 행복의 원천은 사랑이다. 또 슈바이처는 행복해서 감사한 게 아니라 감사하면 행복하다고 말한다. 이는 주어지는 게 아니라 스스로 만든다는 의미다. 행복은 물질이나 지위 등에서 나오는 게 아니라 마음에서 나온다. 미국 하버드대 심리학자인 하워드 가드너 박사는 '행복한 사람은 지금 있는 것을 사랑하고, 불행한 사람은 없는 것을 사랑한다.' 고 말했다. 이 논리를 기준으로 보면 행복은 멀리에 있지 않다. 나의 작은 배려나 나의 작은 양심의 실천이 다른 사람을 좀 더 편하게 할 수 있고, 다른 사람을 행복하게 할 수도 있다. 특히 가정에서 가족들 간의 행복은 그 모든 행복의 기반이 된다. 나 중심의 이기주의로 혼자 행복하려고 하면 모두가 불행하게 되고, 더불어 행복하려 하면 모두가 행복할 수 있다. 따라서 행복의 시작은 상대에 대한 존중과 배려 그리고 사랑에서 시작된다.

달라이 라마는 "인간 삶의 목표는 행복" 이라고 한다. 또 인간은 "성공하면 행복한 것이 아니라 행복해야 성공한다." 라고 한다. 미국의 리버사이드 캘리포니아 대학교의 쇼냐 류보미르스키 교수는 "행복한 사람이 더 사교적이고 관대하며 생산성이 높고 돈도 더 잘 벌며 건강하다"고 밝혔다. 그 이유는 "사람들이 행복을 느낄 때 자신감이 생기고 낙관적, 정력적이 되며 다른 사람들로부터 호감을 사게 된다."고 한다. 또 인생의 중요한 가치인 '행복' 은 반드시 돈과 출세가 좌우하지 않는다는 게 여러 가지로 입증되었다.

닉 부이치치(Nicholas James Vujicic)의 행복.

'닉 부이치치' 는 1982년 호주 멜버른에서 태어날 때부터 팔, 다리가 없는 선천적 장애를 갖고 태어났지만, 수많은 고난과 역경을 이겨내고 세상에 둘도 없는 낙천주의자가 됐다. 인생을 포기하려고 몇 차례 자살을 시도 했지만, 곧 자신의 목표를 찾아 희망, 행복 전도사가 되겠다고 결심하였다. 다른 아이를 만날 일이 없었으니 자신이 장애를 가지고 있다는 사실도 모른 채 성장하다 학교에 입학한 여섯 살이 되었을 때 비로소 자신이 남과 다르다는 것을 깨닫게 됐다. 세상에 대한 두려움과 절망으로 그는 좌절했다. 그러나 그 후 그는 열심히 공부했고, 일반 대학에서 회계와 재무학을 복수 전공하면서 하나를 이루면 더 어려운 과제를 만들어 도전했다. 지금은 수영과 축구, 서핑과 같은 거친 스포츠도 친구들과 마음껏 즐길 수 있게 됐다.

17세에 비영리단체 '사지 없는 삶' (Life Without Limbs)을 조직했고, 대학을 졸업한 21세 때부터 지금까지 24개국 2백여만 명의 청중을 대상으로 강연을 하고 있다. 또 2009년에는 그의 저서 〈팔도 없고, 다리도 없고, 걱정도 없다(No Arms, No Legs, No Worries)〉 발간하였고, 전 세계를 다니며 자신이 절망을 극복하게 된 감동과 희망의 스토리를 많은 사람들에게 강연하고 있다. 그가 2010년 2월 말 우리나라에 찾아와 전국을 돌며 강연을 했고, 강연 현장에서 만난 그는 팔 다리가 없어서 불행한 게 아니라 마음의 상처를 안고 사는 사람이 더 불행하다며 강연 내내 미소를 잃지 않았다.

사람은 누구나 행복을 원하며, 많은 사람이 이상적으로 생각하는 좋은 삶을 '행복'이라는 말로 표현한다. 그렇지만 정작 행복한 삶이 무엇일까 생각해 보면 막연하고 혼란스럽다. 서양에서는 고대 그리스의 철학자들이 행복의 문제를 철학적 성찰의 대상으로 삼았다. 소크라테스, 플라톤, 아리스토텔레스 등은 인간이 추구하는 '최고선(supreme good)'이 바로 '행복(eudaimonia)'이며, 행복은 '덕(德 · virtue)'을 통해 얻어진다고 생각했다. 이때 '덕'이란 선악을 구분하고 사리를 분별하는 능력과 의지에서 오는 것이었다.

만족스러운 삶을 위한 아홉 가지 요건

① 일을 즐거움으로 만들 수 있을 정도의 건강(健康),
② 필요를 충족시킬 수 있을 정도의 부(富),
③ 어려움에 맞서 싸워 이길 수 있을 정도의 힘(力),
④ 자신의 잘못을 고백하고 극복할 수 있을 정도의 미덕(美德),
⑤ 좋은 일이 이루어질 때까지 노력할 수 있을 정도의 인내심(忍 耐心),
⑥ 이웃의 좋은 점을 볼 수 있을 정도의 자비(慈悲),
⑦ 자신을 움직여 다른 사람들에게 유용하고 도움이 되도록 하는 정도의 사랑,
⑧ 하나님의 일을 실현할 수 있을 정도의 믿음,
⑨ 미래에 관한 모든 근심스러운 두려움을 제거할 수 있을 정도의 소망(所望).

\- 괴테

3. 철학적 의미의 행복.

2,000여 년 전 그리스 철학자 에피쿠로스(Epicurus)는 "욕망을 버려야 마음 평정 얻는다."라고 말하였다. 에피쿠로스는 행복을 얻기 위해 쾌락은 최대화하고 고통은 최소화해야 한다고 주장했다. 그는 행복과 관련해 쾌락의 가치를 역설하였으나 그것을 동적인 것과 정적인 것, 두 가지로 분류했다. 에피쿠로스는 욕구의 부재, 즉 욕구 때문에 고통 받지 않는 상태를 의미하는 정적 쾌락을 중시한 것은 욕구의 충족보다는 그것의 제거가 행복의 관건이라 생각했음을 의미한다. 또 에피쿠로스는 "그대여, 그대가 갖지 못한 것을 상상함으로 인해서 그대가 이미 갖고 있는 것의 소중함을 훼손하지 말라. 그대가 지금 갖고 있는 것은 과거 한 때 그대가 갖기를 열망했던 것임을 잊지 말라."라고 일갈하였다.

결국 에피쿠로스에게 행복의 요체는 쉽게 이룰 수 있는 기본적인 것을 제외하고는 되도록 욕망을 버림으로써 마음의 평정을 얻는 것이었으니 그는 금욕의 도리를 아는 안분지족(安分知足)에서 행복을 찾았던 것이다.

국민 총생산(GNP)과 국민 총행복(GNH)

국민총행복(GNH)이란 개념은 부탄의 지그메 싱기에 왕추크 전 국왕이 1970년대 만들어낸 말이다. 당시 그는 20대의 젊은 나이로 국왕이 된지 얼마 되지 않은 상태였다. 각국의 수뇌를 초

청한 자리에서 처음 국민총생산(GNP)보다 국민총행복(GNH)가 더 중요하다는 말을 사용했다.

히말라야 소국인 부탄에서는 새로 만든 헌법에 국민총행복 조항 네 가지를 삽입했다고 한다. 첫째 풍요로운 생태계를 유지하고, 둘째 전통문화를 지켜내고, 셋째 자연과 문화를 파괴하지 않는 경제발전을 추구하고, 넷째 좋은 정치를 펴나가는 것이다.

미국의 뉴스위크에 의하면, 그동안 세계 각국 정부는 '국민총생산(GNP)' 이 얼마인가를 평가하여 국민의 경제적 생활수준을 높이는데 관심을 가졌지만, 요즘은 GNH(Gross National Happiness) 즉, '국민총행복' 즉 '국민의 행복감이 얼마나 높은가' 에 더 관심을 갖는다고 한다. 그런데 국민총생산 2만 불인 한국의 국민 대다수가 행복하지 않다고 생각하는 이유는 자신을 다른 사회 구성원과 끊임없이 비교해 남을 이기는 것이 행복해지는 길이라 생각하며 무엇보다 '돈이 있어야 행복하다고 믿는다고 한다. 현대인의 마음 저변에 자리 잡고 있는 확고한 신념 중 하나는 '돈이 많아야 행복해질 수 있다' 는 것이다. 그러나 과연 돈이 많을수록 행복도도 그에 비례해서 높아지는 것일까? 결론은 돈이 기본적인 의식주 문제를 해결할 수 있는 수준까지는 행복에 기여하나 그 이상에서는 행복에 그다지 영향을 미치지 않는다. 소득과 재산이 많을수록 그에 비례하여 행복도가 증가하는 것은 아니다.

그럼에도 불구하고 한국인의 물질주의 가치관은 정말 강하다. 과거와 비교했을 때 오늘날 물질적 기준에서 보면 한국은 엄청나게 성공했다. 한국인의 1인당 국내총생산(GDP)은 1960년대

초반에 비해 250배 이상 증가했다. 단연 세계 최고 기록이다. 그러나 한국의 놀라운 소득 증가세에 비해 삶의 만족감은 경제협력개발기구(OECD)에서 가장 밑바닥이다.

한 여론 조사 기관에서 '21세기에 가장 중요한 가치관이 무엇인가' 를 조사했는데, 가장 많은 사람들이 중요시한 가치는 '행복' 이었다. 그리고 행복 중에 가장 귀한 행복이 '행복한 가정' 이다. 하지만, 미국의 미래학자 앨빈 토플러(Alvin Toffler)는 "현대인에게 집은 있지만 가정은 없다. 가정의 미래는 부정적이고 비관적이다" 라고 말했다. 많은 사람들이 행복한 가정을 원하지만, 실제로 행복한 가정을 이루는 사람이 많지 않기 때문이다. 그래서 현대인들은 더욱 '행복한 가정' 을 소원하고 있다.

Ⅳ. 행복에 관한 한국인의 가치관

1. 한국인이 느끼는 행복과 불행.

자신의 삶에 만족을 느낀다거나 즐거운 마음으로 이웃을 만날 수 있다는 것은 행복한 일이다. 생각해 보면 스스로 불행하다고 생각하는 사람이나 또는 스스로 행복하다고 생각하는 사람이나 이 세상은 하나이다. 만족이나 행복은 반드시 소유에 비례하지 않으며, 지성이 그것을 보장해 주지 않는다.

자신의 인생을 불행하게 느끼느냐 행복하게 느끼느냐는 소유의 문제가 아니라 지혜의 문제인 것이다. 슬기로운 사람은 남들이 불행하다고 생각하는 조건 속에서도 만족함을 발견해 내고, 어리석은 사람은 남들이 부러워하는 조건 속에서도 눈물 흘린다.

또 존경할 스승이 있고, 섬겨야할 어른이 있으며 격의 없이 대화할 수 있는 친구나 이웃이 있으니 얼마나 좋은가? 남들이 보잘 것 없다고 여길지라도 내가 열심히 할 수 있는 일을 갖는다는 것 또한 행복한 일이다. 아무것도 할 일이 없는 사람은 따분한 인생을 산다. 할 일이 없어 누워있는 사람보다는 거리에 나가 남이 버린 휴지라도 줍는 일을 하는 사람이 몇 배의 행복을 누리는 사람이다. 기쁨은 반드시 커다란 일에서만 오는 것은 아니다. 남의 평가에 신경 쓰지 말고 내가 소중하게 여기고 보람을 찾으면 된다.

시인 백낙찬은 "인생을 부귀로서 낙을 삼는다면 좀처럼 낙(樂)을 누리지 못한다." "만족을 아는 사람은 비록 가난해도 부자로 살 수 있고, 만족을 모르는 사람은 많이 가졌어도 가난하다"라고 하였다. 그러니 만족은 자신의 내면에서 찾아지는 것이지 밖으로부터 오는 것은 아니다 라는 뜻일 것이다.

"네팔에 가면 찢어진 공을 갖고 열다섯 명의 아이들이 행복하게 논다. 서울에선 한 아이가 열다섯 개 공을 갖고 있어도 불평 · 불만 · 원망을 한다. 먹고 살만한 사람들이 '나는 불행하다'는 느낌의 감옥에 빠져있다. 한때 나도 적의가 많았다. 세상을, 누군가를 갈아치워야 한다는 말을 자주 했다. 그게 아니었다. 이 세상을 바라보는 내가 변해야 행복하지, 내 마음속에 천국을 만들어가는 사람이 천국을 가질 수 있다(조선일보. 2011.01.31).

비록 작은 일이라도 거짓 없이 진실로 대할 때 행복한 것이지 아무리 큰일이라도 위선과 거짓이 들어 있으면 오히려 불안을 안겨주고 불행을 불러오게 된다. 그래서 작은 것을 소중하게 여기고, 명성보다는 진실을 사랑할 줄 아는 사람이 행복한 사람이다. 지나간 일에 매달려 잠 못 이루지 말고 잊을 것은 빨리 잊도록 해야 한다.

공연한 일에 매달려 근심 걱정하지 않고 잊어야 할 것은 빨리 잊어버려 마음을 비우는 것은 행복의 길이다. 항상 사물을 긍정적으로 보고 환희심을 가지는 것은 자신의 삶을 밝게 만들어 준다. 이렇듯, 행복은 행복하다고 생각하는 사람의 마음속에서 더욱 견고하게 그 뿌리를 내리는 것이다.

연세대 · 심리학과 황상민교수의 '왜 한국인은 행복해하지 않는가?' 에 대한 의견에 따르면, 대다수의 한국인은 행복하지 않다고 한다. 무엇보다 '돈이 있어야 행복하다'고 믿는다. 이에 대해 한 외국 학자는 "한국인은 자신을 다른 사회 구성원과 끊임없이 비교해 남을 이기는 것이 행복해지는 길이라 생각한다."고 말한다.

세계 어느 나라보다 성공 가도를 걷고 있는 나라, 선진국 수준의 경제력을 갖춘 대한민국에 사는 한국인이 별로 행복해하지도 않고, 돈이 있어야 행복하다고 믿는 것은 그 자체로 역설적이다. 돈은 웬만큼 있는 것 같은데도 한국인이 여전히 불행해한다는 것은 그것이 '돈'의 문제가 아니라는 뜻이다. 그것은 바로 한국인이 자신을 어떻게 보는가 하는 믿음의 문제이다. 한국인의 불행감은 '남을 이기려' 하거나 '돈을 더 많이 벌려는' 데 있지 않다. '사회적 인정에 대한 목마름'에서 오는 것이다.

한 외국 기자는 한국의 '성형 열풍'을 일컬어 "인정을 받고 자기 확신을 얻고자 완벽을 추구하는 한국인"이라고 표현했다. 우리는 본인이든 자식이든 최고의 학벌, 최고의 직장을 갖으려고 한다. 그게 안 되면 비싼 명품처럼 남이 부러워할 무엇이라도 가져야 한다. 이것이 바로 한국인의 정체성(자기인식)이다. 한국인은 누구나 남들에게 '멋진 사람'으로 보이기를 원한다. 그러나 누구나 최고로 멋진 인물이 될 수 없다는 현실의 벽에 부딪힌다. 이렇게 우리의 삶이 자신의 예상과 다를 때, 행복지수가 높은 사회의 사람들은 '내 생각과 남의 생각이 다르다'고 생각한다. 그런데 많은 한국인은 체념한 자포자기한 모습이 된다. 삶을 불안해하고 자신에 대한 자존감도 낮아진다. 이럴 때에는 특히 '강한 사람한테는 약하고 약한 사람한테는 강한 스타일'이 두드러지기 쉽다. 돈은 모든 문제를 해결할 수 있는 마법이라고 믿기에 이런 사람일수록 타인을 볼 때 재산이나 사회적 지위를 더 의식한다. 높은 자살률, 낮은 출산율, 높은 이혼율로 나타나는 우리의 삶은 바로 이런 마음의 반영이다.

자기 자신보다는 남에게 이상적이고 멋있는 모습을 보이는데 집착할수록 그 사람의 삶은 힘들어질 수밖에 없다. 그러면서 마음 한구석으로는 점점 더 체념하고 자포자기한 상태가 되어간다. '멋진 보통사람'과 '체념한 모습'이라는 일견 서로 반대되는 것처럼 보이지만 엄연히 한 사람 안에서 작동한다. 한국인의 이 정체성이 우리가 잘사는 것처럼 보여도 스스로 불행하다고 믿게 만드는 것이다. 자기 생각보다는 타인의 눈을 통해 자신을 인식하기 때문이다.

스스로는 현재 자신이 어떻게 살아가고 있는지, 또 자신이 살아갈 미래가 어떤 방향인지를 알 수 없다. 누군가가 그것을 알려주기를 간절히 원하지만 그런 사람은 많지 않으니 돈만이 유일한 답이 된다. 이것이 바로 한국인이 돈이 있어야 행복해질 것이라고 믿게 되는 까닭이다. 돈만이 답이라면 우리의 삶은 불행해질 수밖에 없다. 이제 우리도 남을 의식하고 남과 비교하기보다는 자기만의 거울을 닦고 그 거울 속에 비친 자신을 보는 지혜가 필요하다.

자아에 대한 인식은 인격의 핵심이며 인간으로서 지닌 무한한 능력을 얼마나 활용할 수 있는지를 결정하는 바로미터이기도 한다. 미국 미네소타 대학 마케팅학과 데보라 뢰더 존 교수는 자존감이 낮을수록 물질에 대한 소유욕이 높아진다는 연구 결과를 발표했다. 어린이와 청소년 1백 50명을 대상으로 자존감, 물질주의 성향 등 네 가지 특징을 집중 분석한 결과 자존감과 물질주의 성향이 정확하게 반비례한 것이다.

데보라 교수는 "이 연구 결과는 아이들이 자라면서 자존감 하락에 의한 정신적 상실감을 물질로 채우려는 심리 현상으로 판단된다."고 설명했다. 물질에 과도하게 집착하는 아이들의 경우 야단을 치거나 달래기보다는 자존감을 높여주는 것이 근본적인 처방이 될 수 있다는 얘기이고 또 "10대들의 경우 아주 사소한 관심만으로도 자존감을 높이는 데 큰 효과를 얻을 수 있다"고 지적했다. 가족들의 작은 관심과 친구들의 칭찬 한마디에도 자존감은 놀랄 만큼 눈에 띄게 증가한다는 것이다.

'잡코리아'에서 직장인들을 대상으로 '직장인 행복만족도'를 설문조사 했다. 그 결과 자신의 일에 만족하는 사람은 9.8%로, 10명 중 1명도 미치지 못했고, 나머지 90%는 불만족했다. 반면 미국의 경제잡지 '포춘' 에서 미국의 직장인을 대상으로 조사했을 때는 57%가 직장에 만족하고 있었다.

2. 물질과 마음속 행복의 관계.

IMF 외환위기 이후 10년이 지났다. 그것에 관한 많은 평가가 진행되는 가운데, 빈부 격차는 심해지고 기업 및 공직 사회의 부정부패는 끊이지 않고 있다. 경제가 거의 모든 것을 지배하는 세상을 사는 우리는 마치 물속의 물고기처럼 그 경제 속에 갇힌 채 방황하고 있다. 모순과 부조리로 가득한 현대 시장 경제는 과연 우리가 인간답게 살아갈 수 있는 경제인가. 지금 우리에게는 숫자와 도표에 따라 움직이는 차가운 경제가 있을 뿐, 인간을 향한 따뜻한 경제는 쉽게 찾아볼 수 없다.

'글로벌 문화포럼 2007 서울' 에서 강연한 롤프 옌센(Rolf Jensen)은 미래의 행복지수는 돈보다는 가족과 사회관계에 있다고 말하였다. 또 "돈은 행복을 가져다주지 않으며 물질은 당신 생애에 성취감을 가져다주지 않는다. 세계화라는 경제 환경의 거대한 변화와 탈 물질주의 가치관의 확산이 국가 주도의 성장 전략, 위험을 감수하는 기업의 과감한 투자, 근로자들의 헌신적 노력 등, 과거 한국 경제 발전의 원동력이었던 '경제의지' 적 요소마저 계속 지탱하기 어렵게 만들고 있다. 따라서 '경제의지' 를 보완할 수 있는 새로운 국가발전의 원동력을 찾아야 할 시점이다." 라고 역설하였다.

조선일보가 신년 기획 '2011년, 한국인이여 행복하라'에 자문단으로 참가한 해외 전문가들은 한국인을 "돈은 좋아하면서도 부자는 싫어하는 등 재물에 대해 이중적 태도를 지니고 있다"고 분석했다. 미국 브루킹스연구소 캐럴 그래엄 이사는 "한국은 급격한 경제 성장을 겪으면서 치열한 경쟁과 소득 불평등에 노출될 수밖에 없었다. 한국인은 세계 경제 규모 13위에 올랐으면서도 아직 빠른 경제 성장 시절 가졌던 재물에 대한 집착을 버리지 못한 상태"라고 말했다. 행복은 돈과 관계있다는 응답이 92%로 나타나 물질에 집착하는 정도에서 한국이 10개국 중 1위로 한국인은 돈이 있어야 행복하다고 믿는다. 그러나 부자를 좋아하느냐고 물으면 부자는 나쁜 짓해서 된 것이라는 응답이 57%이고, 부자 이미지가 10개국 중 최악으로 부모 덕 봤거나 부정부패로 치부했을 거라 추측하였다. 또 남을 이기는 것이 행복의 길이라 생각하면서 끊임없는 물질적으로 비교함으로서 행복과 오히려 멀어지고 있다.

美 와튼스쿨이 전하는 '행복과 돈의 관계'

돈과 행복에 대한 전문가들의 견해가 미묘하게 갈리고 있다. '행복의 경제학' 저자인 쓰지 신이치 메이지가쿠인대 국제학부 교수는 "돈과 행복 사이에는 등호가 성립하지 않는다" 며 "인간의 영혼이 행복해지기 위해서는 물질적 풍요만 추구해서는 안 된다" 고 말했다. 하지만 자본주의 시대를 살아가는 현대인에게 돈의 위력은 참으로 강하다. 물질만능주의가 팽배하면서 돈만 있으면 모든 게 해결될 수 있다고 생각하는 사람들도 많아지고 있다. 좋은 집에 살고, 좋은 차를 타고, 값비싼 옷에 명품가방을 걸쳐야 행복해질 수 있다고 생각하는 사람들이다. 특히 돈이 없어 비참한 지경에 처해봤던 사람이라면 더더욱 돈의 힘을 신봉할 수 있을 것이다. 대부분의 경제학자들도 소득이 행복의 필요조건이라는 데에는 동의하고 있다. 소득이 높을수록 효용이 증가하면서 행복해지는 것 아니겠느냐는 것이 경제학자들의 입장이다.

와튼스쿨의 베시 스티븐슨, 저스틴 울퍼스 교수는 '주관적 웰빙(행복), 소득, 경제 발전과 성장' 이란 논문을 통해 경제 발전과 행복 사이에는 밀접한 연관관계가 있음을 밝혀냈다고 주장했다. 울퍼스 교수는 "한 국가 내에서 보다 부유한 사람이 행복하고, 부유한 나라의 국민이 가난한 나라의 국민보다 더 행복하다는 사실을 입증했다" 며 "미국과 같은 부국의 높은 생산성이 국민들의 소비 선택 범위를 넓혀주기 때문에 행복감을 더 느낄 수밖에 없다" 고 설명했다. 이는 기존 '국민소득이 늘어난다고 해서 행복한 사람의 비율이 늘어나지는 않는다.' 는 내용의 '이스털린의 역설(Easterlin' s paradox)' 이 실제 사실에 근거하지 않고 있다고 주장한 것이다. 리처드 이스털린 서던캘리포니아대 교수는 70년대 중반 방글라데시, 부탄과 같은 빈곤국가 국민들의 행복지수는 높은 반면 미국, 프랑스 등 선진국은 행복도가 낮다는 연구 결과를 내놓은 바 있다.

상대적인 박탈감에서 벗어나야 행복하다. 최근 이스털린 교수는 자신의 견해를 입증하기 위해 새로운 논문을 발표하면서 "한국, 중국, 칠레의 경우를 보면 지난 20년간 1인당 국민소득이 2배 늘어났음에도 삶의 만족도는 떨어지고 있다"며 "장기적으로 행복의 수준이 소득 수준과 함께 높아지지 않는다."고 설명했다. 이는 로널드 잉글하트 미시간대 교수의 견해와도 일정 부분 맥을 같이한다. 잉글하트 교수는 "일정 수준까지는 소득이 높아짐에 따라 행복지수가 높아지는 정(+)의 관계가 성립하지만, 1인당 국민소득이 1만 5000달러 수준에 이르면 소득이 행복지수에 미치는 영향은 미미해진다"고 주장했다. 실제로 지난 1945년부터 2000년까지 미국의 1인당 국민소득이 3배 늘었음에도 행복지수는 제자리에 머물렀다.

물론 가난이 생존 자체를 위협하는 국가에서는 부(富)가 행복을 가져다 줄 수 있다. 지난해 미국 심리학협회에서는 행복은 소득과 어느 정도 연관성이 있지만, 국민소득이 높은 나라에 산다고 해서 국민이 행복감을 느끼는 건 아니라는 조사 결과를 발표했다. 조사에 참여한 에드 디너 일리노이대 심리학과 교수는 "비교적 소득 수준이 높은 한국 국민은 기대했던 것보다 이하로 조사됐다"며 "한국은 국민소득에 비해 사회 · 심리적 필요 충족도가 떨어지는 대표적인 국가"로 꼽았다. 그렇다면 왜 국민소득이 늘어나는데 행복지수는 제자리에 머물러 있거나 감소하는가는 돈과 행복의 관계에 있어서 '얼마나 많은 돈을 벌고 있는가?'의 문제가 아닌 '타인과 비교했을 때 적정 수준의 돈을 벌고 있는지'가 개인의 행복감을 결정짓기 때문이다.

미 캘리포니아대 리버사이드캠퍼스(UCR)의 소냐 류보미르스키 교수는 "연구 결과 개인의 연봉이 삭감되거나 실직하게 되면 상당한 실망감을 느끼지만 모든 사람이 다 같이 겪을 경우 삶의 만족도는 줄어들지 않는다" 며 "사람들은 은행 계좌에 돈이 얼마나 들어 있는지, 절대적인 평판이 어떤지 보다는 사회에서의 위상, 서열 등에 더 많은 관심을 갖는다. 이는 인간 본연의 특성에 기인한다." 고 지적했다. 잉글하트 교수도 "사회 전반적으로 경쟁을 부추기는 환경 속에서 타인과의 비교가 훨씬 중요해지고 있다" 며 "사회의 유형에 따라 국민의 행복과 웰빙 수준이 크게 높아질 수 있다" 고 설명한다.

이와 함께 웹진에서는 에드 디너 교수의 말을 인용해 "돈과 행복의 관계는 한마디로 정의할 수 없을 정도로 복잡하다" 며 "돈이 많을수록 행복해진다는 결론에 이르기 위해서는 경제적으로 풍요로운 국가에 살고 있는지, 어떻게 돈을 지출하는지, 자신의 부를 타인의 부와 어떻게 비교하는지, 시간에 대해 어느 정도 가치를 부여하고 있는지도 고려할 필요가 있다" 고 설명했다.

▶삶의 만족도와 1인당 국민소득의 관계 〈단위:만족도지수, 달러〉

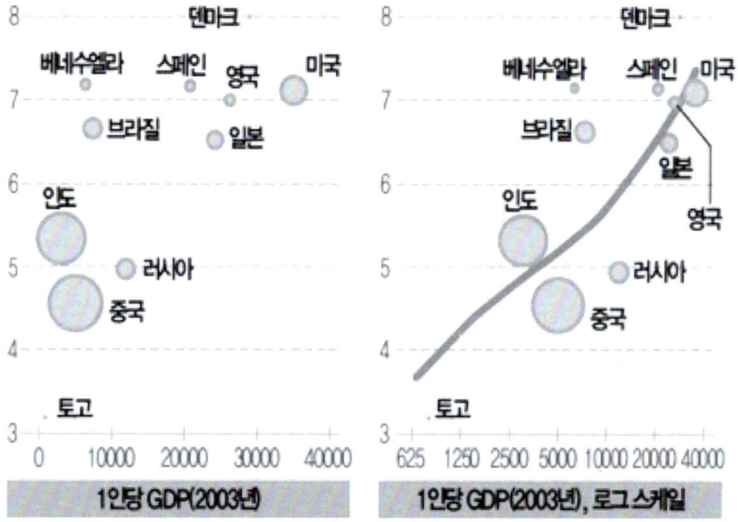

*주: 1인당 국민소득은 구매력평가지수로 측정한 것임. *자료: The economist online

[매경이코노미 제1593호(2011.02.16일자)]

순간순간의 행복은 얼마를 버는지와 무관하다. 웹진은 갤럽에서 전 세계 개인들의 행복도 조사를 실시한 결과, 일상적인 삶의 만족도는 소득과 밀접한 상관관계를 보이지만, 개인들이 순간순간 느끼는 감정은 그들이 벌어들이는 소득보다는 다른 요인에 영향을 많이 받고 있다고 전했다.

또한 돈을 어떻게 벌고 있는지 그리고 그 돈을 어떻게 쓰고 있고, 시간을 어떻게 활용하는지도 행복을 측정하는 데 중요하다고 지적했다. 차라리 돈이 많고 적음을 떠나서 갖고 있는 돈을 어떻게 지출할 것인지를 고민하는 게 행복감을 더하는 데 도움이 될 것이라고 설명한다. 또 류보미르스키 교수는 "얼마나 많은 돈을 갖고 있는지와 관계없이 그 돈을 어떻게 쓸 것인지 전략을 잘 짠다면 개인의 행복을 극대화할 수 있을 것" 이라고 조언했다. 이는 브리티시컬럼비아대 연구 결과와도 일치한다. 브리티시컬럼비아대 연구팀이 자원자들에게 돈을 나눠주고 일부는 자기 자신을 위해 돈을 쓰게 하고, 다른 일부는 타인을 위해 돈을 사용하도록 실험을 했는데, 실험 결과 후자의 경우가 행복감이 훨씬 높게 나왔다.

류보미르스키 교수는 굳이 타인을 위해 돈을 쓰지 않더라도 개인적인 발전을 위해 돈을 지출한다든지, 특별한 여행을 다녀온다든지 할 경우에도 행복감은 지속될 수 있다고 설명한다. 특히 신혼여행과 같이 개인적인 특별한 경험은 기억에도 오래 남을 뿐 아니라 타인과도 비교할 수 없기 때문에 행복감은 오래 유지될 수 있다. 행복감이 일시적인 기분에 취하는 쾌락과 달리 지속적인 상태를 의미하는 것과도 일맥상통한다(매일경제, 2011.02.16).

또 서울대 권석만교수는 한국인의 돈과 행복의 관계에 대하여 현대인의 마음 저변에 자리 잡고 있는 확고한 신념 중 하나는 "돈이 많아야 행복해질 수 있다" 는 것이다. 우리는 돈으로 모든 것이 교환되는 자본주의 시장경제 체제에서 살아가고 있다. 돈이 있어야 의식주 수준도 업그레이드할 수 있고, 자녀교육도 잘 시킬 수 있고, 여행도 마음대로 떠날 수 있다. 돈을 많이 벌어야 주변 사람들로부터 성공했다는 인정도 받고, 사람도 부릴 수 있으며, 자신의 꿈도 펼칠 수 있다. 그래서 우리는 돈을 벌기 위해 애쓰며 살아간다. 돈이 없는 사람은 돈을 벌기 위해서, 돈이 많은 사람은 더 많은 부를 축적하기 위해서 오늘도 바쁘게 살아가고 있다. 그런데 과연 돈이 우리를 행복하게 해줄 수 있을까? 돈이 많으면 많을수록 행복도도 그에 비례해서 높아지는 것일까? 긍정심리학자들은 돈과 행복의 관계에 대해서 많은 연구를 진행했고, 연구의 주제는 다음의 세 가지 초점에 맞추어 이루어졌다.

첫째, 경제적 발전에 따른 국민들의 시대별 행복도 변화다. 즉, 경제가 발전하여 1인당 평균소득이 증가함에 따라 사람들의 행복도는 어떻게 변화했느냐는 점이다. 미국의 예를 들어보자. 1960년대 1만 불 수준이던 평균소득이 점차로 증가하여 2000년대에는 4만 불 수준을 넘어섰다. 그러나 미국인의 전반적인 행복수준은 그다지 변화하지 않았다. 우리나라의 경우, 1960년대에 200~300불 수준이던 1인당 국민소득이 최근에는 2만 불 수준으로 100배가량 증가했다. 그렇다면 한국인의 행복도는 어느 정도 증가했을까? 우리나라는 국민의 행복도에 대한 과거의 측정자료가 없어 시대별 변화를 정확하게 파악할 수 없으나 한국인의 자살률과 이혼율 그리고 직장인의 스트레스 수준이 OECD 국가 중 최상위권이라는 불행한 현실은 국민소득이 증가한 만큼 행복도가 증가했다고는 볼 수 없다는 것을 증명해주고 있다.

둘째, 국가 간 행복도의 비교다. 1인당 국민소득이 높을수록 국민의 행복도는 증가하는 경향이 있었으나 국민의 소득수준에 비례하여 행복도가 증가하지는 않았다. 빈곤을 극복하는 소득수준까지는 행복도가 급격하게 증가했으나 그 수준을 넘어서게 되면 소득수준이 증가해도 행복도의 증가량은 미미했다. 남미국가들은 소득수준에 비해 행복도가 높은 반면, 동유럽 국가들은 그 반대현상을 보였다.

셋째, 개인의 소득수준과 행복도의 관계다. 한 국가 내에서 개인의 소득과 재산 수준이 그 개인의 행복도와 어떤 관계가 있는가 하는 점이다. 미국의 긍정심리학자인 에드 디너(Ed Diener)는 2000억 이상의 재산을 가진 부자 100명과 보통사람 100명을 대상으로 설문조사와 인터뷰를 통해 그들의 행복도를 조사했다. 그 결과, 부자들의 행복도는 보통사람들보다 약간 더 높았다. 그런데 부자들 중의 약 30%는 보통사람들보다도 행복도가 낮았다.

돈과 행복의 관계를 살펴보면 돈은 기본적인 의식주 문제를 해결할 수 있는 수준까지는 행복에 기여하나 그 이상에서는 행복에 그다지 영향을 미치지 않는다. 소득과 재산이 많을수록 그에 비례하여 행복도가 증가하는 것은 아니다. 한국인은 1인당 평균소득 2만 불 시대를 맞고 있다. 2만 불이면 약 2,400만원, 의식주 문제가 충분히 해결될 수 있는 소득수준이다. 충분히 행복을 누릴 수 있는 소득수준이다. 우리는 자신의 소득수준에 만족하며 행복을 누리고 있는가? 연봉이 1억 수준인 미국인들을 대상으로 조사한 한 연구에 따르면, 대다수는 자신의 소득으로는 살아가기 빠듯하며 늘 돈에 쪼들린다고 응답했다. 소득이 증가할수록, 기대수준이 높아지고 씀씀이가 늘어나기 때문이다. 그래서 현대인은 자신의 소득수준에 상관없이 더 많은 부를 향한 끊임없는 질주를 하고 있는 것이다.

돈으로 삶을 윤택하게 하려면

돈으로 행복을 살 수 있을까? 행복경제학(happiness economics) 연구자들이 답을 찾고 있는 핵심 질문이다. 초창기 행복경제학에서 금과옥조처럼 여긴 이론은 '이스털린 역설(Easterlin paradox)'이다. 미국 경제학자 리처드 이스털린은 2차 세계대전에 패망한 뒤 급속한 경제 발전을 이룬 일본 사람들의 삶에 대한 만족도를 분석했다. 1950년부터 1970년까지 일인당 소득은 7배나 늘어났지만 삶에 만족하는 일본인은 많지 않은 것으로 밝혀졌다. 부유해졌지만 행복해진 것은 아니었다. 1974년 이스털린은 경제 성장이 반드시 삶의 만족도를 높여주지는 않는다는 연구결과를 발표했다. 행복은 절대소득보다 상대소득에 의해 결정된다는 이스털린 역설은 사회과학의 표준이론이 되어 행복은 돈으로 살 수 없다는 주장을 뒷받침하는 근거가 되었다.

하지만 30여 년이 지나서 이스털린 역설에 정면으로 도전하는 논문이 발표되었다. 미국 펜실베이니아대 경제학자 벳시 스티븐슨과 저스틴 울퍼스는 여러 나라에서 실시된 각종 여론조사 결과를 분석하고, 부자나라 국민들이 더 행복하며 돈이 많은 사람일수록 삶에 대한 만족도가 높다는 결론에 도달했다. 2008년 반연간 '경제활동에 관한 브루킹스 논총(BPEA)' 봄호에 발표된 100쪽이 넘는 논문에서 미국의 경우 한해 가구 소득이 25만 달러를 넘는 사람은 90%가 매우 행복하다고 응답한 반면 연소득 3만 달러 미만인 사람은 42%만이 만족한다고 말했다고 밝혔다. 돈을 많이 벌수록 행복을 더 느낀다는 연구결과는 34년간 난공

불락이던 이스털린 역설을 뒤집어엎은 셈이어서 큰 파장을 일으켰다.

그러나 돈이 많으면 고가의 저택에 살고 해외여행도 실컷 다니는 기회가 많을 테지만 삶의 즐거움까지 실컷 누리게 되는 것은 아니라는 논문이 발표되었다. 벨기에 심리학자 조디 큐오이드바흐 주도하에 여러 나라 학자가 참여한 공동 연구에서 부유한 사람일수록 살아가는 재미를 만끽하는 능력이 부족하다는 결과가 나왔다. '심리과학(Psychological Science)' 6월호에 발표한 논문에서 돈이 많으면 가장 비싸고 귀한 것들만을 소유할 수 있지만 돈이 끝내 사소한 행복을 누릴 수 있는 능력을 파괴한다고 주장했다. 요컨대 돈은 두 가지 얼굴을 갖고 있다는 뜻이다.

돈으로 욕망을 채우고도 삶의 잔재미를 느낄 수 없는 까닭은 일상생활에서 행복을 갈망하는 수준이 갈수록 높아지기 때문이라고도 한다. 미국의 행복학 전문가 손저 류보머스키는 '사이언티픽 아메리칸' 온라인 판 8월 10일자에서 돈이 많은 사람이 돈으로 행복을 살 수 있다고 믿게 되면 갈수록 낭비를 하게 되므로 결국 삶을 즐기는 능력을 훼손하게 된다고 주장했다.

미국인의 20%가 2년마다 새 자동차로 바꾸지만 행복감이 오래 지속되지 않는 것처럼 돈이 삶의 만족도를 끌어올리는 것은 아니라고 덧붙였다. 따라서 돈으로 삶의 질을 윤택하게 하는 방법을 궁리해서 실천할 것을 권유한다. 이를테면 가족과 여행을 자주 떠나거나 이웃의 가난한 사람들에게 아낌없이 기부를 하면서 얼마든지 행복감을 맛보면 된다(조선일보, 2010.10.09).

긍정심리학의 연구결과에 따르면, 소득과 재산이 많을수록 그에 비례하여 행복도가 증가할 것이라는 현대인의 믿음은 잘못된 환상이다. 이기적인 유전자가 자신을 보존하기 위해 생명체를 이용한다는 리처드 도킨스(Richard Dawkins)의 주장처럼, 자본주의 시장경제 체제는 소유와 돈에 대한 인간의 환상을 이용하며 유지되는 사회체제인지 모른다. 현대인은 자신도 모르는 사이에 돈에 대한 환상에 세뇌되어 오늘도 돈을 향한 질주를 하고 있다. 현대사회는 이래저래 '돈 세상' 인 듯하다. 돈은 행복을 위한 여러 조건 중 하나일 뿐이고 그것도 어느 수준을 넘어서면 영향력이 미미해지는 조건이다. 돈에 대한 환상에 빠져 행복한 삶을 위한 더 소중한 조건들을 소홀히 하고 있지는 않은지 생각해 볼 일이다.

또 행동과학 분야의 세계적 권위자인 에드 디너 미국 일리노이대 교수는 최근 서울에서 열린 학술대회에 참석해 "한국인은 지나치게 물질중심 적이기 때문에 행복도(幸福度)가 낮다"고 했다. 디너 교수가 130개국 13만여 명을 대상으로 행복 여론조사를 실시해보니 한국인의 행복도는 5.3점으로 130개국 중간치인 5.5보다 약간 낮았다. 또 개별 항목 중 '물질적 가치의 중요성'을 묻는 조사에서 한국은 7.24를 기록해 미국 5.45, 일본 6.01보다 높은 수치를 나타냈다. 경제규모 세계 15위인 한국은 심지어 최빈국 짐바브웨(5.77)보다 더 물질에 집착하는 성향을 보였다. 디너 교수는 "한국 사회가 이 상태로 간다면 경제적으로 더 잘살게 되더라도 행복도는 증가하지 않을 것"이라고 경고했다(조선일보 2010.08.25).

3. 행복을 보는 마음의 눈.

아리스토텔레스는 우리 인생의 목표는 행복이라고 말하였으니 무엇을 추구하든 그 최종의 목적지는 행복이다. 일단 행복하려면 마음을 가볍게 해야만 한다. 그러려면 질투라는 감정, 시기라는 감정, 미움이란 감정을 내려놓아야 한다. 우리 마음의 무게 중 가장 무거운 것들이 그런 것이기 때문이다.

행복이란 가벼운 빈 마음이 있어야 들어가지 욕심 사납게 부정적인 마음이 있는 곳에 비집고 들어가려하지 않는 성질의 것이다. 행복이 마음에 들어올 수 있도록 행복의 자리를 마음에 마련해두어야 한다. 그러려면 미움이나 시기 질투와 같은 것들은 행복을 무척 싫어한다. 이런 것들이 있다는 것은 내가 누군가에게 콤플렉스를 가지고 있다는 증거이다.

로렌스는 "남의 행복을 몹시 싫어하고 남의 행복 위에 자기의 행복을 세우려는 사람은 그 자신도 행복하게 되지 못한다."라고 말했다. 겉으로는 남의 잘 된 일에 축하를 보내면서 마음엔 시기와 질투가 자리하고 있다면 그는 행복하기는커녕 매사에 불행한 일만 닥쳐올 수밖에 없다. 인생을 남과의 경쟁이란 의식보다는 자신과의 싸움이란 생각을 가져야 한다. 나를 이기는 싸움, 그러면 나는 그 누구든 응원할 수 있는 넉넉한 마음을 가질 수 있다.

아우렐리우스는 그의 명상록에서 "행복을 추구하는 사람은 다른 사람들의 행위 속에서 행복을 찾으며, 쾌락을 추구하는 사람은 자기 자신의 감각 속에서 행복을 찾는다. 그러나 지혜로운 사람은 자신의 행위 속에서 행복을 찾는다."고 말한다. 이렇게 내 마음만 청소하면 행복할 수 있는 데 우리는 엉뚱한 질투 안으로 가고 있다.

알랭은 "사람은 누구나 행복하기를 간절히 바라는데, 그러기 위해서는 온갖 힘을 기울여야 한다. 행복이 찾아오기만 기다려 문을 열어둔 채 방관만 하고 있다면 들어오는 것은 슬픔뿐이다." 라고 말했다. 누구나 행복할 권리가 있고 행복할 자격이 있으니, 행복의 조건만 갖추면 된다. 그것은 지금 콤플렉스에서 벗어나 이웃의 잘 된 일에 진정으로 박수를 신나게 쳐주는 일이다.

내 말과 내 표정과 내 마음이 일치된다면 나는 그때부터 행복하다. 내가 너의 좋은 일에 입에 마르도록 찬사를 보내고 손바닥이 아프도록 박수를 쳐주면서도 마음 한편에 질투가 남아있는 건 나는 네가 잘 되는 일을 진정으로 좋아하는 것이 아니기 때문이다. 나는 너를 시기하고 있고 질투하고 있는 이 마음병에서 벗어나려면 너를 보는 나의 시각을 바꾸어야 한다. 너의 기쁨이 내 기쁨이 되고, 너의 불행이 나의 불행으로 받아들일 수 있는 넉넉한 마음이 있어야 우리는 행복을 향해 갈 수 있다. 행복한 마음의 제 1조건은 진실이기 때문이다.

어떻게 사는 것이 잘 사는 길인가?

현재에 만족을 느낄 때가 잘사는 것이요
현재에 만족을 아는 자가 큰 부자인 것이다.

근심과 걱정이 없는 것이 잘사는 것이요
질투와 원망과 분함이 없는 것이 잘사는 것이요
강제와 탐욕과 구속이 없는 것이 잘사는 것이요
마음에 흡족 할 줄 아는 이가 가장 잘사는 것이다.

성 안내는 그 얼굴이 공양 가운데 으뜸이요.
부드러운 말 한마디가 위없는 향기라
바르지 못한 생각은 지옥이 되고 고운 말은 향기가 된다.

질투하는 자 사랑 생길 날 없고
시기하는 자 마음에 평정 찾을 날 없다.
하루에 선행은 백년에 악행보다 오래 산다.
백년에 악행은 결국 눈물로 바다를 이루지만
하루에 선행은 넘치는 기쁨으로 산을 만든다.

자신이 지키지 못할 오랜 약속보다는 솔직하고 진실한 당장에 거절이 낫다. 남이 나를 꾸짖더라도 성내지 말고 남이 나를 꾸짖음에 자신을 반성하라. 착한 사람이라야 착한 사람을 알 수가 있고 악한 사람은 착한 사람을 몰라본다. 부모님 섬김을 하늘을 섬기듯 하여라.

- 좋은 글 중에서

요즘 가장들이 처자식을 위해 바쁘게 일한다고 주장하지만 너무 바쁘기 때문에 가족과의 관계가 단절된다. 돈을 벌기 위해 소중한 시간을 무시하며 바쁘게 살아왔지만 오히려 바쁘면 관계가 무너진다. 사랑의 근본은 상대를 위해 많은 시간을 쓰는 것이므로 관계에 들일 힘과 여유를 잃으면 행복도 잃는다. 슬로라이프란 행복하기 위해서 돈이나 물건 대신 사랑하기 위한 충분한 시간을 되찾자는 운동이다. 예전에는 부유한 사람들은 행복하고 가난한 사람들은 불행하다고 생각했다. 또 마음의 병은 주로 가난과 힘겨움 속에서 나타난다고 생각했으나 그런 상식은 무너지고 있다. 문제는 부자이거나 가난한 사람들이 아니다. 인생의 목적이 행복 추구인데 행복하지 않은 부가 무슨 의미가 있을까? 현대인들이 가장 원하는 것은 자유로운 시간이다. 다음은 장래에 대한 불안을 없애는 것, 열심히 일한 사람이라면 노후에 걱정 없이 살 수 있는 것, 근무시간에 맞는 수입 등이다. 한 마디로 우리는 미래의 자유로운 시간을 위해 현재의 시간을 희생하고 있는 것이다.

아름다움이나 부가 행복과 비례하는 것은 아니기 때문에 아무리 많은 물질을 가진다고 해도 행복을 보장할 수는 없다. 정신적으로 건강하면 우리는 행복할 수 있지만 행복이란 상황에 따라 변하기도 한다. 진정 행복하고 가치 있는 삶을 살려면 인격적인 성숙이 우선 되어야 한다. 그것은 물질을 초월할 수도 있어야 하고 신체적인 미나 정신적인 부를 넘어설 수도 있어야 한다. 인격적 가치는 자신의 삶의 의미를 가치 있게 받아들이는 자존감이 있을 때 완성된다. 삶에서 가장 가치 있는 것은 내가 살아갈 의미와 삶의 가치에 대한 자부심이 있어야 한다.

불교에서 니르바나, 즉 열반에 오르려면 사성제를 거쳐야 한다고 한다. 우리 인생은 고통의 연속인데, 이 고통의 근원은 우리의 욕망 때문이라는 것이다. 이 욕망을 없애야 열반의 경지에 오를 수 있다. 우리를 괴롭게 만드는 이 욕망을 없애는 방법이 8정도이다. 정견(正見)이라 하여 바르게 보기, 정사유(正思惟)라 하여 바르게 결정하기, 정어(正語)는 바른 말하기, 정업(正業)은 바르게 행동하기, 정명(正命)은 바르게 벌기, 정정진(正精進)은 옳게 노력하기, 정념(正念)은 바른 마음 쓰기, 정정(正定)은 옳게 마음을 집중하기 등 8가지의 정도(正道)를 제시한다. 그렇게 고집멸도(苦集滅道)의 과정을 거쳐야 열반의 경지에 이르는 것이니 모든 것을 내려놓아 마음이 편안한 상태가 니르바나, 즉 열반의 경지라는 것이다.

하지만 산다는 것 자체가 욕망의 연속이니 욕망 없이 산다는 것은 불가능하다. 행복하려면 자기 나름의 욕망의 크기를 적당한 정도로 결정해야 한다. 무소유가 아니라 최소한의 욕망의 크기를 가져야 행복할 수 있다. 그래서 기독교에서는 "너무 가난하게도 말고, 너무 부하게도 말게 해 달라."고 기도한다. 너무 부하면 오만해질까봐, 너무 가난하면 남의 것을 훔칠까봐 그렇다.

행복은 쟁취하는 것이다. 지금 하는 일을 행복하게 하려는 노력을 해야 하고, 지금 행복할 수 있는 장소로 가야하고, 지금 행복한 일을 하고 있다는 확신을 가지려 노력해야 한다. 행복하려는 고민을 하면 점점 더 불행해질 수밖에 없다. 행복은 지금이라는 순간 나와 함께 하는 사람과 행복하며, 지금 하고 있는 일이 행복하고, 그것이 지속되어야 한다.

4. 행복지수로 보는 요즘 세상.

영국의 심리학자가 '행복의 공식'을 만들었다고 미국 CNN방송이 보도했다. 인생관 · 건강 · 돈 · 야망 등을 수치화해서 이리저리 보태고 곱하는 방정식이다. 행복을 손으로 만져보듯이 확인하고 싶은 인간의 욕망은 끝이 없는 모양이다. "행복의 가장 큰 장애물은 너무 큰 행복을 기대하는 마음"이라고 한다.

유럽의 한 연구소가 측정한 '세계행복지수'에서 전 세계 95개국 중에서 덴마크가 1등을 차지했다. 이 행복 순위에서 한국은 56위였다. 세계 1위의 경제대국 미국도 행복 순위는 17위에 그쳤다. 코펜하겐 사람들 중에는 "공기 맑고 자연이 깨끗하기 때문"이라는 사람도 있었고, "소득 격차가 크지 않고 중산층이 두껍기 때문" "세금 낸 걸로 학교도 공짜, 병원도 공짜이기 때문"이라고 설명하는 사람도 있었다. 이 행복도 조사는 민주적이고, 개인의 선택권이 많으며 삶의 질이 높은 서구 국가들이 높은 성적을 차지했다. 그중에서도 특히 덴마크가 1등이 된 비결이 있다. 덴마크는 성장과 복지라는 두 마리 토끼를 다 잡았다. 그 덕에 행복지수도 이들 나라보다 높다. 노동시장의 유연성(flexibility)과 사회 안전망(social security)을 함께 갖춘 덴마크식 '플렉시큐리티(Flexicurity) 체제'다. 미국처럼 고용도, 해고도 자유롭다. 덴마크 사람들은 평균 5~6회 직장을 옮겨 다닌다. 실업률은 완전고용에 가까운 3.3%이고 '덴마크 근로자들은 직장을 잃어도 걱정이 덜하다. 실업수당이 월급의 80%까지, 그것도 최장 4년까지 나온다. 나라에서 수시로 취업 재교육도 시키고, 자식들 학비도 대학까지 공짜, 아파서 병원 가도 부담이 없다.

종합 국민소득 높다고 행복할까? 행복은 소득과 어느 정도 관련성이 있긴 하지만 미국처럼 국민 소득이 높은 나라에 산다고 해서 무조건 최고의 행복도를 누리는 것은 아니라는 조사 결과가 나왔다. 미국 크리스천사이언스모니터(CSM)는 '인격과 사회심리학회지(Journal of Personality and Social Psychology)' 최근호에 게재한 갤럽의 조사결과를 소개했다. 연구진은 행복의 개념을 ' 전반적 행복도' 과 ' 삶을 얼마나 즐기고 있는가?' 두 가지로 크게 나눈 뒤 2005~2006년 전 세계 132개국에 사는 13만 6천명을 조사했다. 조사결과 분석을 통해 연구자들은 전반적 행복도는 소득과 강한 상관관계를 갖지만 삶을 즐기는 정도는 자신의 능력 발휘, 사회적 지지 획득 같은 사회·심리적 필요의 충족 여부에 달렸다는 결론을 얻었다.

슬라우 행복하게 만들기

최근에는 실험을 통해 행복의 근원을 찾으려는 시도가 있었다. 2005년 영국 런던에서 약 40㎞ 떨어진 작은 도시 '슬라우' 에서는 '행복의 비밀' 을 찾는 이색적인 실험이 진행됐다. 심리학자, 경영 컨설턴트, 사회사업가 등으로 이뤄진 '행복위원회' 가 피실험자들에게 10개의 '행복수칙' 을 따르게 한 결과는 대성공이었다. 행복 프로젝트에 참여한 모든 자원자는 "행복수칙을 실천하자 인생이 매우 만족스럽고 흥미진진해졌다" 며 흥분을 감추지 못했다고 한다. '슬라우' 의 주민이 3개월간 행복해지기 위해 지킨 10개의 행복수칙은 다음과 같다.

① 일주일에 30분씩, 3회 이상 운동을 해라.
② 하루를 마무리할 때마다 그날의 좋았던 일들을 생각해라.
③ 매주 온전히 한 시간은 배우자나 가장 친한 친구들과 대화를 나눠라.
④ 식물을 가꿔라.
⑤ TV 시청을 반으로 줄여라.
⑥ 하루에 한 번 이상 낯선 사람에게 미소를 짓거나 인사해라.
⑦ 오랫동안 소원했던 친구나 지인들에게 연락해 만날 약속을 해라.
⑧ 하루에 한 번 크게 웃어라.
⑨ 매일 자신에게 작은 선물을 해라.
⑩ 매일 누군가에게 친절을 베풀어라.

실험 과정은 영국 BBC방송이 '슬라우 행복하게 만들기' 라는 제목의 다큐멘터리로 만들어 전 세계에 방영했고 이 실험은 최근 대체학문으로 떠오른 '행복학' 이 그 바탕이다. 최근 각광받는 행복학은 삶의 질을 향상하는 방법을 찾는 것이다. 경제학에서는 국내총생산(GDP) 대신 국민의 삶에 대한 만족도를 측정하는 국민총행복(GNH · Gross National Happiness)이라는 새로운 지수가 등장했다.

BBC 다큐멘터리 '슬라우 행복하게 만들기'를 책으로 엮어 낸 리즈 호가드는 "행복은 삶의 습관이고 연습할수록 느는 것"이라고 말했다. 서양의 행복학에서는 행복의 요건을 친구·돈·일·사랑·성생활·가정·음식·긍정적 마음·운동·공동체·반려동물·웃음·영성 등 다양한 곳에서 찾는다. 그리고 최근 이웃의 행복 키워드는 '가족'이었다.

또 영국의 신 경제학재단(NEF)은 2006년 세계 178개국을 대상으로 행복지수(HPI 2.0)를 만들어 행복을 수치화하는 시도를 했다. 삶의 만족도와 평균 수명, 생존에 필요한 면적과 에너지 소비량 등을 종합해 순위를 매긴 것이다. 조사 결과 호주 옆의 작은 섬나라 바누아투가 세계에서 가장 행복지수가 높은 것으로 나타나 사람들을 놀라게 했다. 바누아투의 GDP는 전 세계 233개 국가 중 207위였다. 콜롬비아(2위), 코스타리카(3위), 중국(31위) 같은 개발도상국이 수위권에 오르기도 했다. 물질적 부(富)와 생활에 대한 만족도가 일치하지는 않는 것이다. 한국은 이 조사에서 102위를 차지했다. 한국 사회는 98년 외환위기 이후 경제적 붕괴와 가정 해체의 고통을 겪어 왔다.

2009년에 발표한 영국의 '뉴 이코노믹스 파운데이션'(NEF)의 행복지구지수(HPI 2.0)에서 1위는 중미의 코스타리카가 차지했다. 베트남이 5위로 아시아에서 홀로 10위 안에 들었다. 선진국에선 네덜란드가 43위, 독일 51위, 일본 75위, 미국은 최하위권인 114위였다. 한국은 68위였다(조선일보. 2009.07.07).

상위 30위권은 중남미와 동남아 국가들이 차지했고 선진국들은 중하위권에 머물렀다. 한국은 중간쯤인 68위를 차지했다. 하지만 한국의 행복지구지수는 차츰 악화되고 있다. 1990년과 2000년, 2005년을 비교했을 때 한국의 기대수명은 70.8세에서 75.3세, 77.9세로 높아졌지만 삶의 만족도는 6.7에서 6.1과 6.3으로 떨어졌다(매일경제. 2011.01.22).

이처럼 소득과 행복도에 대하여 살펴보면, 우리나라는 경제력에서 상대적으로 부유한 나라이지만 불행한 나라다. OECD 가입국 기준 자살률 1위라는 통계로 볼 때 대한민국은 부유하지만 슬픈 국가이다. 사람들은 네 잎 클로버를 찾기 위하여 수많은 세 잎 클로버를 밟고 다닌다고 한다. 네 잎 클로버의 꽃말은 행운이고, 세 잎 클로버는 행복이란다.

세계인이 말하는 행복의 화두는 '가족과 친구'였다고 한다. 동서양 막론하고 행복의 열쇠는 한국인이 중시하는 물질만능도 비교를 통한 상대적인 우월감도 아니고 '가족과 친구' 라고 한다.

한국, UNDP '행복지수' 12위로 전년보다 14계단 껑충

유엔개발계획(UNDP)이 국가별 국민소득과 교육수준, 평균수명, 유아 사망률 등을 종합 평가해 매년 내놓는 인간개발지수(HDI) 순위에서 한국이 올해 세계 12위를 차지했다. 유엔개발계획(UNDP)이 국가별 국민소득과 교육수준, 평균수명, 유아 사망률 등을 종합해 매년 내놓는 2010 인간개발지수(HDI) 순위에서 한국의 순위가 올해 조사대상국 169개국 중에서 작년 26위에서 14계단이나 뛰어오른 12위로 껑충 뛰었다. 유엔이 해마다 발표하는 HDI는 흔히 '행복지수' 로 통한다. 특히 소득을 기준으로 한 HDI 성장 속도에서 한국은 중국과 보츠와나에 이어 3위를 기록했고, 교육수준 등 비(非) 소득 부분을 기준으로 한 HDI 성장 속도에서는 9위를 차지했다. 다만 한국은 소득, 교육기회 등 여러 분야의 불평등을 고려한 불평등지수를 적용한 HDI 순위에서는 27위를 차지해 다소 순위가 하락했다.

2010년 HDI 지수 전체 순위를 보면, 노르웨이와 호주가 지난해에 이어 1,2위 자리를 지켰고, 뉴질랜드가 3위, 미국이 4위, 아일랜드가 5위에 올랐다. UNDP의 올해 조사에서 최하위는 짐바브웨였고, 올해 초 최악의 지진 피해를 본 아이티는 145위를 각각 차지했다. UNDP는 보고서에서 "지난 40년간 HDI 지수가 급성장한 국가 중에 놀라운 소득 증가세를 보인 한국, 중국, 인도네시아 등과 함께 비 소득 부문의 성장세가 빨랐던 네팔과 오만, 튀니지 등도 포함된 것은 주목할 만한 결과" 라고 밝혔다.

1인당 국민소득(GDP)이 4만 6380달러인 미국인 10명 중 4명은 자신을 '중하층' 혹은 '하층'이라고 평가한다. 1인당 GDP가 4만 달러가 넘는 핀란드와 호주 국민 중 약 37%가 자신의 경제수준이 남들보다 뒤처진다고 평가했다. 1인당 GDP 2만 달러를 돌파한 한국 국민은 '나는 하층민'이라고 답한 비율이 49.2%로 세계 1위였다(조선일보. 2011.01.18). 소득 수준이 높다고 답할수록 '행복하다'는 답이 높았고, 자신을 하층민으로 여길수록 행복도는 떨어졌다. 자신을 하층민이라고 여길수록 사회에 대한 분노도 심했다.

또 한국갤럽이 2009년 12월 5일부터 2010년 1월 5일까지 제주도를 제외한 전국 만 19세 이상 남녀 1503명을 대상으로 개별 면접 설문조사를 실시한 `한국인의 철학` 설문조사에서 조사항목은 인생관, 가족관, 윤리관, 종교관, 국가관, 사회관 등 가치관 전반 분야다. 조사 결과 자신을 행복하다고 생각하는 비율은 83%에 달했으며 이 중 매우 행복하다는 14%, 어느 정도 행복하다는 비율은 69%를 차지했다. 한국인임이 자랑스럽냐는 질문에는 전체의 85%가 `그렇다`고 답했다(매일경제. 2011.01.18).

최근 OECD 30개국을 대상으로 한 조사에서 복지충족(국민연금, 건강보험, 고용보험, 보육지원)지수 28위, 국민행복(여가시간, 자살률, 평균수명, 행복도)지수는 29위로 최하위권 이었다(조선일보. 2011.03.05). 이는 국민들이 정부의 복지정책에 불만이 많고, 그런 요인으로 인해 행복감을 느끼지 못하고 있다는 뜻이다. 이 지표를 구성하는 세부 항목 중 '자신의 삶에 대해 얼마나 만족하는지'를 뜻하는 주관적 행복도는 25위(10점 만점에 5.7점), 자살률 · 출산율 · 여가시간은 맨 꼴찌였다.

Ⅴ. 우리가 정말 행복해 지려면

배부른 돼지보다는 고독한 소크라테스가 낫다는 말이 있다. 우리는 충분한 삶의 조건이 되면 행복하게 살 수 있을 것으로 생각하지만 모든 것이 갖추어져서 세상에 부러울 것 없는 것 같은 사람도 나름대로 애로상항이 있고, 때로는 그 누구보다 불행을 느낀다. 행복은 삶의 조건이 아니라 삶의 태도에 따라 정해지기 때문이다. 내가 어떤 삶의 자세로 살아가느냐가 내 인생의 모양을 만들어 간다. 그 누구도 내 인생의 모양을 만들어 줄 수 없다. 내 인생의 모든 선택과 책임은 나에게 있다. 내 인생에 행복이 펼쳐질지, 불행이 엄습할지, 성공적인 삶을 살 것인지, 실패의 삶을 살 것인지는 내가 어떤 태도로 살아가느냐에 달려있다.

70대의 막내딸과 전라북도 순창의 산골 마을에 사시는 신야모 할머니는 만 100세가 되셨는데, 백년을 사시면서 가장 행복한 일이 뭐였나요?" 라고 묻자, 할머니는 바로, 대답하셨습니다. "그야 (우리) 새끼들 보는 것이제!"

좋은 시설의 북유럽 노인복지시설에 살고 계신 노인들의 침실 벽에는 가족사진이 꼭 걸려있다고 하니 부모는 살아생전 자식을 통하여 기쁨을 얻고 행복을 찾기 때문에 자식이 행복하면 부모는 행복하다는 말이 맞는 것 같다. 그러나 부모가 행복하면 자식이 행복할까? 에 대하여는 정(正)의 상관관계로 보기 어려우니 부모입장은 갚지 못한 업보(業報)가 많은 존재인가 보다.

비지니스 인사이더(Business Insider)가 2011년 '세계에서 가장 행복한 국가 16개국'을 선정해 발표했다. BI의 '행복국가' 선정방법은 측정한 기초 자료와 함께, 인간의 '삶을 질'을 규정하는 '행복도', '수명', 그리고 '생태발자국지수'(ecological footprint) 등을 점수로 평가하여 종합하는 방식으로 뽑았다고 한다. 현재 국가의 행복지수를 측정하는데 가장 유력히 인용되는 'The Happy Planet 2.0'의 지수를 주로 인용했고, 국민의 소비력 또한 국민의 삶의 질과 크게 관련이 있기에, GDP(1인당 국내총생산) 지수도 함께 반영되었다. 이렇게 하여 산출된 세계행복국가 1위는 놀랍게도 중동 사막 열사의 나라 사우디아라비아이고, 행복국가 2위는 중남미의 코스타리카가 올랐고 미국은 71위에 선정되었다. 특이한 것은 전 세계 행복국가 상위 16곳 중에서 무려 10곳을 중남미 국가들이 차지했다는 사실이 놀랍다(조선일보. 2011.01.01).

오늘날 대한민국은 행복하지 않은 사람들이 너무 많아 보인다. 1960년대에 비해 1인당 GDP가 250배쯤 불어난 오늘날, 전 세계가 '한강의 기적'을 배우겠다고 몰려오고 있는데도 정작 한국인은 '돈 때문에 괴롭다'고 한숨을 쉰다. 조선일보가 한국갤럽·글로벌마켓인사이트와 세계 10개국의 행복 조건을 조사한 결과, '한국인을 불행하게 만드는 두 가지'는 첫째 재물에 대한 집착, 둘째 안보의 위협인 것으로 나타났다. 한국갤럽 허진재 이사는 "한국인은 세대와 상관없이 분단과 대립이라는 특수한 안보 상황에 대한 불안감에 시달리고 있었다"며 "돈을 많이 벌고 싶으면서도 부자는 아니꼽다는 식의, 물질에 대한 이중 잣대도 한국인을 '불만의 늪'에 빠뜨렸다"고 말했다.

또 1인당 GDP 2만 달러, 세계 경제규모 13위인 한국인은 재물에 대한 끝없는 집착에 시달리는 것으로 나타났다. '돈과 행복이 무관하다'고 답한 한국인은 7.2%에 불과했다. '돈의 잣대'로 보면 한국인보다 훨씬 열악하다고 평가되는 인도네시아 국민 중 44.2%, 베트남 국민 중 20.8%가 '행복은 돈과 상관없는 것'이라고 답했다.

세상의 모든 행복은 남을 위한 마음에서 오고,
세상의 모든 불행은 이기심에서 온다.
하지만 이런 말이 무슨 소용이 있는가?
어리석은 사람은 여전히 자기 이익에만 매달리고,
지혜로운 사람은 남의 이익에 헌신한다.
그대 스스로 그 차이를 보라.

\- 티데바라 인도 스님

번뇌, 다툼, 갈등은 모두 나를 먼저 생각하는데서 생겨난다.
남을 먼저 생각하면 번뇌, 다툼, 갈등이 눈 녹듯 사라진다.
남을 먼저 생각할 때 역설적으로
더 많이 받게 되고, 행복도 더 커진다.
삶에 있어서 가장 중요한 질문은
"다른 사람을 위해 무엇을 하고 있습니까?" 이다.
- 마틴 루터 킹 목사

미국인의 직업과 행복도의 상관관계를 연구한 시카고대 전 미여론조사센터 톰 스미스 박사는 이메일 인터뷰에서 "미국의 198개 직업에 종사하는 직장인을 대상으로 한 조사 결과, 수입과 직업 만족도의 상관관계는 미약했다"고 말했다. 직업에 대한 만족도는 남의 삶을 개선하거나 창의적인 일을 할수록 높았다. 만족도 1위는 종교와 관련된 일을 하는 사람들이었고 2위는 물리치료사, 3위는 소방관이었다. 화가 · 조각가(공동 5위) · 작가(7위) 같은 예술가 계열도 돈이 아니라 일 때문에 행복하다고 답했다. 행복도가 낮은 사람들은 대부분 택배나 포장 같은 단순 노동직 혹은 바텐더 · 웨이터 · 가구판매원 등 모르는 사람에게 '서빙'을 해야 하는 직종에서 일했다. 스미스 박사는 "소득 수준이 높고 사회적 명망이 높은 의사와 변호사는 상위권에 들어가지 못했다. 직업 만족도와 전반적인 인생 행복도는 거의 비례했으며, 이는 직업이 삶의 행복에 큰 영향을 끼친다는 점을 시사한다"고 말했다(조선일보. 2011.01.18).

행복과 불행의 차이.

① 고난 속에서도 희망을 가진 사람은 행복의 주인공이 되고. 고난에 굴복하고 희망을 품지 못하는 사람은 비극의 주인공이 된다.

② 하루를 좋은 날로 만들려는 사람은 행복의 창조자가 되고, 『나중에』 라고 미루며 시간을 놓치는 사람은 불행의 하수인이 된다.

③ 힘들 때 손 잡아주는 친구가 있다면 당신은 이미 행복의 당선자이고, 그런 친구가 없다고 생각하는 사람은 이미 행복 낙선자 이다.

④ 사람에는 기쁨도 슬픔도 있다는 것을 아는 사람은 행복하고, 슬픔의 순간만을 기억하는 사람은 불행하다.

⑤ 작은 집에 살아도 잠잘 수 있어 좋다고 생각하는 사람은 행복한 사람이고, 작아서 아무것도 할 수 없다고 생각하는 사람은 불행한 사람이다.

⑥ 남의 마음까지 헤아려 주는 사람은 이미 행복하고, 상대가 자신을 이해해주지 않는 것만 섭섭한 사람은 이미 불행하다.

⑦ 미운 사람이 많을수록 행복은 반비례하고, 좋아하는 사람이 많을수록 행복은 정비례하다.

⑧ 『우리』 라고 생각하는 사람은 행복연합군이고, 『너는 너, 나는 나』 라고 생각하는 사람은 불행의 독불장군이다.

⑨ 용서할 줄 아는 사람은 행복하지만, 미움을 버리지 못하는 사람은 불행하다.

⑩ 작은 것에 감사하는 사람은 행복한 사람이고, 『누구는 저렇게 사는데 나는』이라고 생각하는 사람은 불행한 사람이다.

행복에 있어서 가장 큰 장애물은 너무 큰 행복을 기대하는 마음이다. 불행을 통해 행복이 무엇인지를 배우게 된다.

누구나 알고 있는 이야기지만 사람들은 허위, 허세, 허욕 때문에 행복을 찾지를 못한다. 사람은 단지 부자가 되기 위해 돈을 버는 것이 아니라 더 보람되고 후회 없는 삶을 살기 위해 돈을 번다. 그러나 단지 돈을 모으기 위해 돈을 번 사람의 삶은 불행하다. 그토록 악착같이 모은 돈을 두고 떠나려면 그 지독한 미련을 가지게 되고 끝내 그것을 모르고 모으니까 악착같이 모으기만을 위해서 살 수 있다. 자신의 삶과 일을 위해 열심히 땀 흘려 노력했던 삶, 그리 풍요롭지는 않았지만 부족함 없이 넉넉히 살아온 현자의 삶이 결국은 옳은 선택이고, 후회 없는 삶을 살았노라고 스스로를 인정하게 될 것이다.

어떻게 살면 진정한 행복을 얻을 수 있을까? 그 해법으로 다음의 몇 가지를 제시해 본다.

1) 감사(感謝)할 줄 알면 행복하다.

사람들은 환경보다는 마음의 자세에 따라 생활의 안정감과 삶의 풍요로움을 느끼고 행복감(幸福感)을 느끼게 된다. 미국의 대통령까지도 우리나라의 기적적인 발전을 칭찬하고 부러워하는데도 우리나라 사람들은 너무 불평과 불만이 많다. 행복하려거든 감사함에 눈 떠야 한다. 내가 살아 있는 사실에 감사하고, 사랑하는 가족이 있어서 감사하고, 건강함에 감사한다. 그래서 옛 성인은 "존경과 겸손, 만족과 감사 그리고 때때로 진리를 듣는 것은 최상의 행복이다"라고 하셨다. 또 감사할 줄 아는 사람은 겸허한 태도를 지니고 있고, 사랑할 줄도 안다. 삶을 겸허하게 받아들이고 사는 사람은 곧 덕을 쌓을 줄 아는 사람이다. 사람을 사랑하고 공경하고 믿고 밀어주고 끌어주고, 자연을 사랑하고 아끼고 가꿀 줄 아는 사람에게 삶은 참으로 풍요롭고 넉넉하다.

"감사의 양이 행복의 척도다." 란 말은 적절한 말이다. 이 세상에 대해 감사하는 마음을 가져라. 살아 숨 쉰다는 사실 자체에도 감사하라. 언제나 감사하는 마음을 갖도록 노력하라. 감사하는 마음이 뿌리를 내리면 그대에게 해를 끼치지 않은 사람들에게도 고마움을 느끼게 된다. 감사하는 마음이 커질수록 불평불만이 줄어들고, 마침내 불평이 사라지면 인생의 불행도 사라진다. 불행은 불평하는 마음과 공존한다. 그 둘은 떼어놓을 수 없는 단짝이다. 그래서 감사하는 마음이 솟아날 때 불행은 저 멀리 사라진다. 이것이 우리가 배워야할 가장 값진 비결 중의 하나이다.

감사는 결코 졸업이 없는 과정이다.

- 발레리 앤더스

감사하는 마음은 가장 위대한 미덕이고 다른 모든 미덕의 근원이다.

- 키케로

사람이 얼마나 행복한 가는 그의 감사의 깊이에 달려있다.
- 존 밀러

사람들에게 가장 듣기 좋고, 또한 사람들이 가장 듣고 싶어 하는 말은 무엇일까? 바로 "고마워요, 감사해요" 이다. 아이들에게 가장 먼저 가르쳐 주어야 할 말도 바로 '고맙습니다.' 이다. '감사합니다.' 라는 말은 인생 전체를 바꾸는 강력한 힘이 있고, 잠재력을 끌어올리는 비밀 열쇠이다. 감사하는 말만으로도 깊은 인간관계를 맺을 수 있고, 활기찬 삶을 살 수 있다. 감사 연습을 꾸준히 하면 역경에서 빨리 회복되며, 고난에 대한 면역력이 길러지고, 수명이 길어지며, 타인의 호감을 사고, 창의적으로 문제를 해결할 수 있다.

감사는 예방주사 역할을 하므로 똑같은 재앙이 닥쳐도 거기서 감사함을 찾는다면 정신적으로 건강할 수 있다. 감사는 삶에 활력을 불어넣어 주고 감사를 하면 기쁨을 얻을 수 있다. 범사에 감사할 줄 아는 사람은 항상 기뻐할 줄 아는 사람이다. 우리에게 부족한 것은 기적이 아니고, 감탄이다.

'감사'는 인생의 만능열쇠이다. 모든 것, 가장 작은 것, 도저히 감사할 수 없는 조건에도 감사하는 것, 그것이 '좋은 울림'의 열쇠이다. 그 열쇠는 하루하루의 삶에도 좋은 울림을 줘 사람을 변화시키고, 관계를 변화시키고 마침내 인생을 변화시킨다. 또 감사하는 마음을 가지면 대인관계가 좋아진다. 세상에서 제일 미운 사람은 "모든 것을 당연시 여기는 사람, 대접을 받아도 고맙다는 애기를 못하는 사람." 이다. 감사하는 태도는 다른 사람과 긴밀한 유대관계를 맺게 한다. 또 유대관계를 보다 강하고 긍정적으로 만들어준다. 관계가 친밀해지고 그런 관계가 늘어날수록 행복을 느낄 일이 많아진다. 늘 감사하고 그것을 잘 표현하는 사람이 대인관계가 좋은 것은 당연하다. 또 감사함은 실패의 확률을 줄여준다. 감사 같은 긍정적 감정은 서서히 시작되어 오랫동안 지속된다. 감사하면 잘못된 판단을 줄일 수 있고 상황을 냉정히 보고 자신을 돌아보게 한다(0.3초의 기적 감사의 힘 중에서).

행복의 씨앗

세상에서 가장 값진 것은 사랑을 나눌 줄 알고
베풀 줄 아는 넉넉한 마음입니다,

세상에서 소중한 덕목은 작은 것이라도 아끼고
소중히 여길 줄 아는 검소함입니다,

세상에서 가장 소중한 것은 사랑입니다.
부모 자식 간의 사랑, 부부의 사랑,
연인들의 사랑, 친구 간의 사랑. 이웃 간 사랑
사랑이 없는 곳에는 웃음과 행복이 없기 때문입니다,

세상에서 가장 아름다운 소리는 "당신을 사랑합니다.".
그리고 "당신이 있어 행복합니다." 입니다.
이보다 더 듣기 좋은 말은 없을 테니까요.

세상에서 가장 중요한 것은 마음가짐입니다.
언제나 긍정적인 사고방식으로
살아가려는 마음은 마음에 평안과 안식을 준답니다.

세상에서 가장 소중한 것은 진실입니다.
진실한 말 한마디로 믿음과 행복을 줄 수 있다면
마음 안엔 날마다 행복의 씨앗이 자라게 된답니다.
- 아름다운 글 중에서

"사랑해" 라는 말 뿐 아니라 "고맙다" 는 말도 부부간 사랑을 훨씬 돈독히 한다고 한다. 배우자로부터 고맙다는 말을 들으면 상대에 대한 만족감이 더 커지고 사랑을 더욱 키워가는 계기가 된다고 한다. 미국 노스캐롤라이나대학교 연구진은 외향적이고 서로 사이가 좋은 커플 65쌍을 대상으로 이들의 하루 일과와 대화 내용을 관찰했다. 그 결과 관계에 대한 만족도는 서로 고마움을 느꼈을 때마다 얼마나 솔직하게 표현하느냐에 가장 많은 영향을 받았다. 배우자에게 감사의 마음을 느끼면 그 감정은 사랑의 촉진제 역할을 하는 것이다. 파트너의 사소한 배려에도 고마움을 표현하면 긍정적인 마음을 일으킬 확률이 10배나 증가 했다. 사람은 일상에서 "고맙다" 는 말로 평소 긍정적인 마음가짐을 쌓아 놓으면 파트너의 행동을 좋은 방향으로 해석하게 된다. 자연히 서로에 대한 불필요한 오해도 없어지고 관계도 돈독해 진다는 것이다.

감사는 주어진 조건이 아니라 만들어지는 해석입니다.

부족하여도 감사를 잉태한 자는 감사를 낳고,
풍족하여도 불평을 잉태한 자는 불평을 낳습니다.
감사는 소유의 크기가 아니라
생각의 크기이고 믿음의 크기입니다.

소유에 비례하는 감사는 소유에 비례한 불평을 낳고,
믿음의 감사는 조건에 메이지 않아
세상을 행복하게하고 자신을 풍요롭게 합니다.
감사는 은혜를 아는 자의 마음의 열매이며,
섭리를 수용하는 자의 사유의 방식입니다.
감사한 만큼 삶이 여유 있고 따뜻합니다.

- 좋은 글 중에서

감사하는 마음이 부자를 만든다.

감사하는 마음을 가지면 부가 생기고,
불평하는 마음을 가지면 가난이 온다.
감사하는 마음은 행복으로 가는 문을 열어 준다.
감사하는 마음은 우리를 신과 함께 있도록 해 준다.
늘 모든 일에 감사하게 되면 우리의 근심도 풀린다.

- 존 템플턴

'감사하면 아름다우리라. 감사하면 행복하리라.
감사하면 따뜻하리라. 감사하면 웃게 되리라.'
- 이해인 수녀의 글

2) 인생에 대한 비전(vision)이 있으면 행복하다.

'암보다 더 무서운 것' 은 어이없게도 '돈' 이라고 한다. 가장 현실(現實)적인 답일지도 모르겠지만 '돈' 보다 더 무서운 것은 '비전' (vision)없는 삶이다. 사람 몸은 심상이 멈추면 죽고, 영혼은 꿈이 없을 때 껍데기에 불과하기에 비전은 중요한 인생의 자원이다. 인생 1/3은 평생 일하기 위해 준비했고, 1/3은 실제로 열심히 일했고, 마지막 남은 1/3은 후반부 인생이 시작된다.

제 2의 인생이야말로 진짜 인생(人生)이 시작된다고 생각하면 낙심이 아니라 여유와 열정이 솟아오른다. 후반부 인생을 보석처럼 빛나게 살 것인가 하는 선택은 본인의 비전에 달려있다. 주변에 보면 은퇴 이후에 할 일이 없으면 무력감에 빠져 금방 늙고 병들어 본인의 의지와 상관없이 빨리 그 나라에 가지만 미리미리 후반을 준비한 사람은 더 활기차게 살아가고 있다. 현역에 있을 땐 앞만 보고 달려가느라 이웃이 잘 안보였는데, 은퇴 이후에는 더 적극적으로 사회와 소통하며 산다면 인생의 진정한 멋과 향을 음미할 것이다.

사람을 키워주고, 사랑을 나눠주며 남을 위해 봉사하며 사는 모습이 진정한 후반부 인생의 행복(幸福)이라 할 수 있다. 그간 한평생 경험했던 자원들을 후배들에게 공유한다는 것은 본인에게도 행복지수를 높여줄 것이다. 그 어떤 것보다 자원봉사 인증 기록을 최고의 자랑으로 여긴다. 이러한 후반부 인생이 많을수록 건강한 사회가 된다.

맹인으로 태어난 것보다 더 불행한 것은 시력은 있으나 비전이 없는 것이다.

- 헬렌 켈러(Helen Keller)

비전(vision)은 마술과 같아서 모든 일이 이루어질 수 있는 미래의 가능성이며 크고 대담한 생각들이다. 그렇기에 비전이 없는 하루하루의 삶은 캄캄한 터널을 지나는 것과 같다. 개인이나 조직에 비전이 없다면, 아무리 시급한 일이라도 일단 멈추고 며칠, 몇 달이 걸리더라도 이를 먼저 세워야 한다. 비전 수립 단계는 감당하기 어려운 흥분과 에너지, 멋진 미래의 전망을 만들어 내는 시기이다.

노래 잘 하는 사람보다 노래를 잘 하려는 꿈을 가진 사람이 더 행복한 사람이고, 돈을 번 사람보다 돈을 벌겠다는 꿈을 가진 사람이 더 행복한 사람이며, 공부 잘 하는 학생보다 공부 잘 하려는 꿈을 가진 사람이 더 행복한 사람이다. 이는 꿈을 이룬 사람은 욕심도 없고 방향도 없으나 꿈을 가진 사람은 거룩한 욕심이 있고 일하려고 하는 방향이 있는 사람이기 때문이다.

행복(幸福)에 이르는 지침 17가지

1. Friend : 친구가 있어야 행복하다.
2. Money : 행복은 돈으로 살 수 없다.
3. Works : 당신은 일할 때 행복을 느끼는가?
4. Love : 세상을 움직이는 놀라운 힘, 사랑.

5. Sex : 즐겁고도 행복한 성생활.
6. Family : 가정, 행복이 시작되는 곳.
7. Children : 우리 아이들을 행복하게 키우려면
8. Food : 음식, 이제는 행복하게 먹자!

9. Health : 긍정적인 마음이 내 건강을 지켜준다.
10. Exercise : 기분이 좋아지는 지름길, 운동.
11. Pets : 행복을 더해주는 나만의 친구, 반려동물.
12. Holidays : 일상에서 벗어나 행복한 휴가 즐기기.

13. Community : 공동체, 나와 세상을 이어주는 행복한 관계.
14. Smile : 미소만으로도 내 삶이 배로 행복해진다.
15. Laughter : 행복을 부르는 기분 좋은 소리, 웃음.
16. Spirits : 긍정의 씨앗을 뿌려주는 행복의 길잡이, 영성.
17. Age : 행복하게 나이 들기.

꿈이 있는 사람은 절망하지 않는다. 절망은 꿈이 없는 사람의 구실에 불과하다. 아무리 불행에 처한 사람이라도 꿈마저 잃

어선 안 된다. 꿈은 넘어진 자리에서 일어나게 하고, 견딜 수 없을 것 같은 고통을 이겨내게 하고, 벽으로 여겼던 미래가 벽이 아님을 깨닫게 하는 힘이다. 사람에게 강한 힘을 주는 것은 바로 꿈이다. 꿈이 없다면 그는 게으른 것이요. 어리석은 것이다. 절망이나 시련을 통해 자신을 성숙하게 만드는 사람은 위대하다. 그리고 그 꿈을 갖지 못할 사람은 없다.

3) 자기가 하는 일을 좋아하면 행복하다.

좋아하는 일을 해야 한다고 말하는 사람이 많다. 그러나 좋아하는 회사에 가서, 희망하는 부서에 배치되고 원하는 일을 하는 사람은 1만 명 중 한 명도 되지 않는다. 나머지 9,999명은 불행하고, 좋아하지도 않는 일을 억지로 해야 하기 때문에 능률이 떨어질까? 그렇지 않다. 오히려 자신이 좋아하지 않는 분야에서 출발했지만 그 분야에서 두각을 나타내는 사람이 크게 성공할 수 있다.

- 이나모리 가즈오, '왜 일 하는가?' 에서

또 이나모리 가즈오는 '자기가 좋아하는 일을 추구하는 것은 유토피아를 찾는 것과 같다. 유토피아는 화려하지만, 현실에서는 절대 이루어질 수 없다. 그래도 유토피아를 현실에서 이루고 싶다면, 지금 자신 앞에 놓인 일을 먼저 사랑하라. 자신에게 주어진 일이 천직이라는 마음으로 즐겁게 일하라. 주어진 일이라서 어쩔 수 없이 한다는 생각을 버리지 않으면 일하는 고통에서 벗어날 수 없다.'

간절하지 않으면 꿈도 꾸지 마라

높은 목표를 달성하려면 간절한 바람이 잠재의식에까지 미칠 정도로 곧고 강해야 한다. 주위의 시선에 우왕좌왕하지 말아야 한다. 하고 싶다면 하고자 한다면 무슨 일이 있어도 그 길을 가겠다고 굳게 다짐하라. 그리고 반드시 이룰 수 있다고 굳게 믿어라. 그런 간절함이 없다면 처음부터 꿈도 꾸지 마라.

- 이나모리 가즈오, '왜 일하는가?'에서

간절히 바라면 반드시 이루어진다. '어떻게 해서라도 이렇게 되고 싶다' 고 간절하게 바라면 그 생각이 반드시 그 사람의 행동으로 나타나고, 행동은 생각을 더욱 간절하게 한다. 먹고 자는 것을 잊을 정도로 간절하게 바라며, 하루 종일 그것을 마음 속 깊이 새기면 그 생각은 잠재의식에까지 침투해 들어간다. 이 잠재의식은 자고 있을 때조차도 활동하며, 간절함이 강할수록 목표를 이룰 수 있는 길로 나를 인도해준다.

즐기면서 일하기

나는 즐기면서 일하는 사람들을 동경한다. 만일 당신이 현재 하는 일로 즐거움을 느낄 수 없다면 나는 다른 일을 찾아보라고 권하고 싶다.

스코틀랜드의 속담 중에는 다음과 같은 것이 있다.

"살아 있는 동안 행복 하라. 죽어 있는 시간이 길 것이니.

- 데이비드 오길비(David Ogilvy)

열정 없이 이루어진 위대한 업적은 없다. 그리고 이 세상에 '약간의 열정' 은 없다. 대신, 열정적이거나 열정적이지 않거나 둘 중 하나밖에 없는 것이다. 열정은 많은 경우 일을 즐기는 데서 생겨난다. 일찍이 막심 고리키(Maxim Gorky)가 말한 대로 '일이 즐거우면 세상은 낙원이요. 일이 괴로우면 세상은 지옥' 이 된다.

연세도 지긋하고 평생 쓰고 남을 돈도 가진 노인이 비가 오나 눈이오나 궂은일을 하고 있었다. "영감님은 부자이신데 무엇 때문에 이런 궂은일을 계속하십니까?" 그 노인은 의미 있는 미소를 지으며 이렇게 대답했다. "행복의 비밀은 자기가 좋아하는 일을 하는 것이 아니라 자기가 하는 일을 좋아하는 것이라오." 이 세상에는 자기가 좋아서 선택한 일을 하면서도 불평하는 사람들이 많지만 자기가 좋아서 선택한 일이 아닐지라도 맡은 일을 열심히 하면서 행복하게 살아가는 사람들도 많다오.

행복을 얻기 위한 12가지 방법.

① 좋아하는 일을 하라.
② 즐겁게 행동하라.
③ 가장 좋은 친구는 바로 자신이다.
④ 자신에게 작은 보상이나 선물을 함으로써 매일 현재를 살아라.
⑤ 친구와 가족을 위해 시간과 노력을 투자하라.
⑥ 현재를 즐기라. 문제가 발생하면 낙천적으로 생각하라.
⑦ 인생의 즐거움을 만끽하라.
⑧ 시간을 잘 관리하라. 상위목표를 세우자.

⑨ 스트레스와 역경을 헤쳐 나갈 수 있는 나름의 방법을 준비하라.
⑩ 음악을 들으라. 휴식과 자극을 동시에 느낄 수 있다.
⑪ 활동적인 취미를 가지라.
⑫ 자투리 시간을 생산적으로 활용하라.

4) 기부하고 봉사하면 행복하다.

세상에는 평생 남에게 베풀고 돕는 사람이 있고, 받으려고만 하는 사람이 있지만, 나눔의 삶을 살지 않으면 행복은 더 멀리 도망간다. 세상엔 공짜가 없듯이 질량보존의 원칙처럼 베풀고 준 것은 어떤 형태든지 자신에게 돌아오기 때문이다. 거두는 삶에서 베푸는 삶으로의 전환은 영원한 비밀스러운 일이지만, 인생이라는 긴 여정에서 승리한 사람들이기에 그들의 삶 속에는 언제나 미소와 웃음이 있는 삶이다. 인간이 동물보다 우월한 이유나 돈 벌려고 애쓰는 모든 일들도 결국은 웃고 살기 위한 짓이다. 성공한 사람들은 지능보다 인간관계가 뛰어난 사람들인데, 좋은 관계란 잘 웃는 사이다.

진정한 성공의 첫 번째 요건은 세상에 대한 기여다. 성공은 베푸는 양으로 측정된다는 말이 있다. 랄프 왈도 에머슨은 '자기가 태어나기 전보다 세상을 조금이라도 살기 좋은 곳으로 만들어놓고 떠나는 것'을 진정한 성공이라 했다. 헨리 포드도 "세상이 나에게 준 것보다 더 많이 세상에 되돌려 주는 것이 성공이다"고 말했다.

나만의 성공이 아닌 사회적으로 의미 있는, 그리고 타인과 사회에 도움이 되는 성취여야만 진정한 성공이라 할 수 있다. 또한 진정한 성공은 결과보다는 과정에 초점이 맞춰져야 한다. 성공은 목적지가 아니라 여행이다. 성취를 이뤄가는 과정에 있어 행복을 느끼지 못하면 성공이라 할 수 없다. 절차상의 정당성이 전제되어야 하는 것은 말할 나위가 없다. 타인에게 고통과 상처를 주면서 성취한 것이라면 진정한 성공이라 할 수 없다.

누가 행복한 사람인가?

성공이 행복의 열쇠가 아니라 행복이 성공의 열쇠다. 자신의 일을 진심으로 사랑하는 사람이라면 그는 이미 성공한 사람이다. 가장 행복한 사람으로 찬양받을 만한 사람은 가장 많은 사람을 행복하게 해준 사람이다.

- 알버트 슈바이처(Albert Schweitzer)

행복하게 되고 싶은 사람은 남을 기쁘게 해주는 방법부터 배워야 한다.

- M. 프리올

행복이란 다른 사람을 행복하게 해주려고 할 때 우리에게 생기는 것이다. 행복한 사람은 다른 사람을 위해 어떻게 봉사할 것인가를 추구하고 찾아내는 사람이다. 자신의 행복과 성공을 다른 이와 나눌 수 있을 때 행복을 누릴 자격을 얻게 된다. 물질만능과 경쟁, 개인주의로 특징지어지는 자본주의 사회에서 최근 흉악범죄 자살 같은 생명경시 탈 인간화 현상이 자주 나타나 우리의 마음을 아프고 무섭게 한다. 이러한 공동체정신, 인간성이 상실 되어가는 현대인에게 자원봉사만큼 효과적인 교육은 없을 것이다. 봉사는 봉사자 자신이 행복해지고 성숙해지는 수단이 되고, 현대사회의 양극화문제를 해결하여 건강한 사회를 유지하는데 없어서는 안 될 중요한 시민사회활동이 된다.

자원봉사라는 뜻을 찾아보면 라틴어로는 '자유의지(voluntas)', 영어로는 '지원자, 유지자(volunteer)' 를 뜻하며 자원봉사활동이란 말 그대로 '스스로 원해서 남(지역사회)을 돕는 활동'을 말한다. 자원봉사란 인간을 사랑하는 마음을 가진 사람이 자기 스스로 결정해서 님을 위해 또한 내가 사는 지역사회의 복지를 위해 자신의 정신적, 육체적 자원을 바탕으로 어떤 계획을 가지고 대가를 바라지 않으면서 일정한 기간 동안 지속적으로 무보수로 행하는 활동을 의미한다. 볼런티어(volunteer), 즉 자원봉사자가 갖춰야 할 기본 요건에는 4T가 있다. 첫째, 봉사할 수 있는 '시간(Time)', 다른 사람에게 피해를 주지 않을 정도의 '재정적 여유(Treasure)', 남을 돕고 계도할 수 있는 '재능(Talent)', 그리고 봉사에 관한 바람직한 '생각(Thought)' 이다.

기부는 자선사업이나 공공사업을 돕기 위해 돈이나 물건 등을 내놓는 행위를 말한다. 상류층의 도덕적 의무인 '노블레스 오블리주(noblesse oblige)' 를 서구의 전통으로 보지만 우리 민족 역시 품앗이 · 향약 · 계 · 두레 등 마을 단위의 조직적인 자선과 기부활동의 전통을 갖고 있다. 전쟁과 산업화를 거치면서 나눔

문화가 퇴색했을 뿐이다. 기부는 자본주의 사회가 발전하도록 지탱하는 사회 안전망이다. 세율이 대체로 높은 유럽 국가보다 미국의 기부문화가 더 발달해 있다. 유럽에선 세금을 통해 복지를 해결한다. 반면 중앙정부의 사회복지 기능이 약한 미국에선 기부가 생활에 뿌리내린 상태다. 그럼에도 기부는 시장과 정부의 손길이 미치지 못하는 그늘진 곳을 감싸 안아 공동체의 안전판 역할을 한다는 것이다. 기부는 소득의 양극화로 생기는 사회 균열을 막고, 개인에게도 큰 행복감을 주는 원천이 된다. 청소년기의 기부 참여는 가치관 교육에 효과적이다. 미국 자원 활동단체인 인디펜던트섹터 연구에 따르면 아동기와 청소년기에 봉사 경험이 있는 사람의 66.8%가 성인이 돼서도 봉사활동에 참여했다. 반면 어린 시절 봉사 경험이 없는 사람은 성인이 돼 봉사에 참여하는 경우가 33.2%에 불과했다. 재능이나 시간을 투자해 자원 봉사하는 것도 훌륭한 기부 유형이니 초 · 중 · 고교에서 이를 가르칠 나눔 교육이 활발해져야 한다.

록펠러는 가난 때문에 16세 때 일터로 나가면서 "반드시 부자가 되겠다." 고 다짐하였고 그는 24세에 정유회사를 설립하고 53세에 세계 최대의 갑부가 됐다고 한다. 인터넷에는 록펠러가 53세 때 불치병에 걸려 입원했다가 치료비가 없어 곤경에 처한 소녀의 치료비를 몰래 대주고 행복감을 느낀 뒤 자선사업에 뛰어들었고 그가 16세 때 취업전선에 뛰어들 때부터 "번 돈의 10%는 반드시 기부한다." 는 목표를 세워 이를 죽는 날까지 실천했다고 한다.

록펠러는 록펠러재단과 록펠러의학연구소, 시카고대, 록펠러대 등을 설립했다. 의학적으로 록펠러의 돈은 구충과 황열의 퇴치에 크게 기여하였고 그는 봉사활동에 적극적이었던 삶의 후반기에 진정한 행복을 맛보았다고 한다. 가장 손쉽고도 가장 뿌듯한 건강법 선행과 봉사는 사회를 따뜻하게 하지만, 자신의 행복과 건강에도 좋다.

남을 돕기 위해 폐지를 줍는 서울 흑석동의 한 할머니, 아침에 일어나자마자 식사 대신 기부 전화를 거는 여교수님, 화려한 삶 대신 나누는 삶을 택한 연예인 부부 등 얼굴 없는 기부천사 가운데는 전주 노송동 사무소에 10년이 넘게 몰래 돈을 전달한 익명의 천사도 있다. 또 지금까지 자신이 번 돈 중 30억 원이 넘는 거금을 불우이웃돕기에 기부한 가수 김장훈은 중학교 땐 집안형편 어려워 가출, 수면제 200알 먹고 자살 시도도 했으며, 지금은 월세 아파트에서 홀로 생활 하지만 기부한 30억의 돈이 전혀 아깝지 않고 오히려 더 행복하다고 했다.

꿈을 꾸는 사람이 있고 꿈을 현실로 만드는 사람이 있다. 대부분 사람들은 꿈을 꾸더라도 나 개인의 성공이나 성취를 위한 꿈이었고 자신만을 위한 열정이며 성실이었다. 진정 다른 사람을 행복하게 위한 꿈은 아니었다. 어떤 이는 평생 아주 오랜 시간을 살아도 남에게 득을 주지 못하는 사람이 있다. 득이 되기는 커녕 남들을 괴롭히고 못살게 굴다 생을 마감하기도 한다. 그러나 어떤 이는 아주 짧게 살아도 좋은 일 참 많이 하고 떠난다.

짧게 살아도 자신의 모든 것을 진심으로 남에게 내어주며 사는 이가 있으나 어떤 이는 오직 움켜쥐려고만 할뿐 손을 펼쳐 내 것을 나누어주는 삶을 살지 못한다.

오래 살겠다고 자기관리만 할 것이 아니라 내가 가진 것을 나누며 세상에 득이 되는 착하고 좋은 사람으로 살아야겠다. 더디더라도 오늘은 어제보다 좋은 일을 하고 내일은 오늘보다 더 좋은 일을 할 수 있는 사람이 행복하다. 내게 무언가 모이기를 기다리기보다 내가 가진 그것이 무엇이든, 나눔의 삶을 살려고 애써야 한다. 용기가 없어 나누지 못하는 것이지 나눌 것이 없어서 나누지 못하는 것은 진정 아니니, 나누며 부자 되면 위선이라도 분명 행복을 느낄 수 있을 것이다.

5) 그냥 웃기만 해도 행복하다.

소문만복래(笑門萬福來)라는 말이 있다. '웃는 집안에 복이 많이 들어온다.'는 뜻이다. 웃는 사람은 행복하고 성공할 가능성이 높다. 이는 기업이나 국가에도 해당한다. 국운 상승도 지도자들뿐만 아니라 일반 국민들이 자주 웃을 수 있어야 결실을 맺을 수 있다. 아이들은 하루에 평균 400번 정도를 웃는데, 어른이 되면 하루 6번 정도로 줄어든다고 한다. 나이가 들면서 웃음을 잃고 더불어 건강도 잃게 되는 것이다. 의학적인 측면에서 웃음은 질병을 예방하기도 하고 치유하기도 한다. 사람이 크게 한번 웃으면 몸속의 근육 650개 중 231개 근육이 움직인다.

인체 근육의 약 3분의 1이 움직이는 웃음은 1분 동안 실컷 웃으면 10분 동안 에어로빅이나 조깅, 자전거를 타는 것과 같은 효과를 낸다고 한다. 웃음은 또 1000억 개에 달하는 뇌세포를 자극한다. 살짝 웃는 미소 역시 얼굴의 근육 15개가 움직여 만들어내는 것처럼 보이지만 실제로 훨씬 더 많은 근육이 움직이는 것으로 알려져 있다. 우리 몸에는 교감신경과 부교감신경 등 두 가지 자율신경이 있다. 놀람, 불안, 초조, 짜증이 섞인 감정은 교감신경을 예민하게 만들어 심장을 상하게 하지만 웃음은 부교감신경을 자극해 심장을 천천히 뛰게 하고 몸 상태를 편안하게 만들어 심장병을 예방해 준다.

또한 웃음은 스트레스를 진정시키고 혈압을 떨어뜨리며 혈액 순환을 개선시키는 효과가 있다. 웃음이 소화액 분비를 촉진시켜 식욕을 불러일으키고 면역력을 높여준다는 연구 결과도 있다.

또 웃음은 스트레스를 진정시키고 혈압을 떨어뜨리며, 혈액 순환을 개선시키는 효과가 있다. 또 배가 아플 때까지, 눈물이 나올 때까지, 숨을 쉴 때까지, 크게 웃고 난 뒤에는 기분이 좋아지고 후련해진다. 웃고 나면 굳어진 어깨도 풀리고, 스트레스도 사라진다. 스탠퍼드 윌리엄 박사는 "한번 웃는 것은 에어로빅 운동을 5분 동안 하는 운동량과 같다고 20분 동안 웃는 것은 3분 동안 격렬하게 노 젓는 운동량과 같다" 고 말했다. 또 15초 동안 박장대소(拍掌大笑 · 손뼉을 치며 크게 웃음)를 하면 100m를 전력 질주한 운동 효과와 맞먹는다고 한다. 또 크게 한번 웃으면 윗몸 일으키기를 25번 하는 효과 또는 3분 동안 노를 힘차게 젓는 효과가 있다고 한다. 웃음은 웃을 때마다 폐의 구석구석까지 혈액과 산소가 공급돼 폐의 기능이 좋아진다.

연세대 의대 노성훈 교수(대한위암학회장)는 `위암 완치설명서`라는 책에서 "웃음은 심장박동수를 높여 혈액순환을 돕고 몸의 근육에 영향을 미친다."며 "3~4분 동안 웃으면 맥박을 배로 증가시키고 혈액에 더 많은 산소를 공급하며 복식호흡이 되기 때문에 `소화기 마사지 효과`를 볼 수 있고 변비예방에도 좋다"고 말한다. 팔을 활짝 펴고 호탕하게 웃으면 온몸의 신진대사가 활발해져 통증을 억제해주고 염증을 낮게 한다. 이는 온몸의 긴장이 풀리면서 뇌하수체에서 엔도르핀이 분비되고 통증을 없애주는 호르몬이 왕성하게 나오기 때문이라고 한다.

암을 예방하거나 암을 치료하는 데 웃음만큼 좋은 특효약이 없다. 암을 이겨낸 사람들의 노하우를 종합해 보면 현대 의학과 함께 긍정적인 마음, 부지런한 몸놀림(운동), 자연식 위주 식생활 등이 올바른 암 극복법으로 손꼽힌다.

미국 로마린다 의과대 리 버크 교수는 웃음이 면역 시스템에 도움이 되는 킬러세포를 활성화시킨다는 것을 증명했다. 버크 교수는 "진실에서 우러난 웃음은 혈액과 타액의 면역 글로블린 항체의 생성을 증가시키고 종양세포 증식을 억제하는 감마 인터페론을 증가시킨다."며 "웃음 치료야말로 대체의학이 아니라 참 의학"이라고 밝힌 바 있다. 우리 몸은 대략 60조~100조개 세포로 이뤄져 있다. 이들 세포는 모두 몸 주인의 뜻에 따라 반응한다고 한다. 다시 말해 주인이 살려는 뜻을 세우면 세포들이 살기 위한 반응으로 무장한다고 한다. 반대로 주인이 절망, 우울, 낙심으로 무장하면 세포들 또한 주인의 뜻에 따른다고 한다.

우리 몸은 스트레스에 노출될 경우, `코티졸`이라는 호르몬이 과다하게 분비돼 면역력이 급격히 떨어지고 기억력의 저장창고라고 할 수 있는 머릿속 해마조직을 파괴해 기억력을 급격히 떨어뜨리고 결국 치매로 악화될 수 있다. 이에 반해 소리를 내서 크게 웃으면 코티졸 분비를 억제해 노화를 막고 뇌졸중까지 예방한다. 웃음은 스트레스 해소와 함께 두려움, 분노를 완화시키는 데 도움을 줘 오랫동안 질병에 시달린 환자들이 긍정적인 마음을 갖도록 하는 데 적지 않은 효과를 발휘하기도 한다. 마지못해 웃는 `억지웃음`도 효과가 있는 것으로 알려져 있다. 우리 뇌는 가짜와 진짜 웃음을 구별하지 못한다. 억지로 웃든지, 진짜로 웃든지 뇌가 구별을 못하기 때문에 억지로 웃어도 90%의 효과가 있다.

웃음은 혼자보다는 여럿이 모여 함께 웃을 때 33배나 더 잘 웃게 된다고 하니 웃음도 전염력이 있다는 얘기다. 그 중에서도 '하하하' 입을 벌리고 큰 소리로 웃으면 옆으로 더 강하게 전염된다는 연구결과가 나왔다. 입을 크게 벌리고 웃으면 웃음소리도 따라서 커지기 때문에 웃음소리를 듣는 사람은 무의식적으로 반응한다고 한다. `행복해서 웃기보다는 웃다 보면 행복해지는 것이 우리네 삶이라는 것`을 깨닫게 되는 말이다. 웃음이 `내장 마사지` 역할을 할 수 있도록 크게, 박장대소하면 효과는 더욱 커진다. 날숨은 몸 안의 독소와 스트레스를 해소하는 역할을 하기 때문에 10~15초 정도 웃어야 한다. 10초 이상은 엔도르핀이 가장 많이 분비되기 때문에 웃음의 효과가 극대화된다. 특히 숨이 끊어질 정도로 끝까지 웃게 되면 진짜 웃음으로 전환된다. 웃음은 박수를 치면서 웃으면 훨씬 더 효과가 크다. 아이들이 정말로 신나게 웃을 때 방바닥을 데굴데굴 구르며 방방 뛰며 웃는 것처럼 어른도 박장대소하고 웃어야 내장이 마사지되고 전신운동이 된다.

사람이 웃을 때에는 모르핀보다 200배나 강한 엔돌핀이 분비되어 타인의 마음까지도 움직일 수 있는 강력한 힘을 가지므로, 사람들을 잘 웃게 만드는 사람에게 호감을 갖게 되고, 그런 사람과 함께 하고 싶어 하기에 성공적인 인생을 만드는 것이다. 자연스런 웃음은 먼저 '노화'를 당연하게 받아들이고, 웰빙(Well-being)을 넘어 이웃과 어울림을 추구하는 웰에이징(Well-aging)의 삶을 살아야만 가능하다. '버리면 가볍다' 라는 광고 카피처럼 내 근심을 버리고 내 자존심까지 내려놓고 나면 지금 순간에 웃을 수 있으므로 진정한 웰빙(Well-being)의 삶이 되는 것이다.

사람들은 언제나 행복을 원한다. 많은 것을 가지고 있으면서도 행복하지 못한 사람이 있는가하면 아무것도 가지고 있지 않지만 행복한 사람들이 있다. 중요한 것은 긍정적인 태도와 밝음을 선택하지 않고서는 결코 행복해지거나 웃을 수 없다는 것이다. 세상 어디에도 행복은 없지만, 누구의 가슴에도 행복은 있다는 말이 있다. 결국 마음의 행복을 끄집어내는 데는 긍정적인 해석밖에 없다는 의미이다.

6) 좋은 친구가 있는 사람은 행복하다.

친구란 오래 찾아야 발견할 수 있는 존재이며, 유지하기도 힘든 존재이다.

친구란 우리에게 친근함의 상징이자 즐거움의 동반자이다. 모든 친구를 포기하고 외로운 삶을 영위하지 않으려면 가식 없이 살아야 한다. 좋은 친구가 되려면 진실과 상호 존중을 바탕으로 한 신뢰가 필요하다. 또 생각의 깊이와 마음의 넓이가 같아 대화가 잘 통하고 이해를 잘 해주는 사이어서 마음이 편해지는 사람은 나이가 적든 많든 친구다. 친구는 세상의 평지풍파에 시달린 마음이 편하게 잠들 수 있는 집이다. 내가 편히 여겨 기댈 수 있는 친구와, 역시 나를 편히 여겨 기대어 오는 친구와 함께 나누는 우정이 인생 끝에서 이어질 수만 있다면 그 삶은 얼마나 행복한 인생일까? 일 없이 그냥 만나고, 그냥 찾아가고, 그냥 전화하는 관계, 이것은 편하지 않으면 할 수 없는 친구만이 할 수 있는 일이다. 또 친구를 철석같이 믿어도 불안하지 않고 또 자랑스러운 친구가 있는 친구는 참으로 행복한 존재이다. 좋은 글을 읽으면 떠오르는 친구가 있다. 친구가 있다는 것은 행복의 시작이자 완성이 아닐까? 친구의 벗 우[友]자를 보면 손 수[手]자를 두개 겹쳐서 썼다고 한다. 서로 손을 잡고 있다는 뜻이며 서로 모든 것을 맡긴다는 뜻이기도 하다.

진정한 친구란 줄 수 없는 것을 주고, 할 수 없는 일을 해주며, 비밀을 이야기하고, 비밀을 남에게 발설하지 않으며, 괴로움을 당했을 때에도 버리지 않고, 가난하고 천해졌다 해도 경멸하지 않는 이러한 덕을 갖춘 사람이다.

- 사분율

사람의 가치는 여러 가지가 있다고 하나 '부모 팔아서 친구 산다.'는 옛말처럼, 친구는 재산이요, 미래다. '친구 때문에 강남 간다.'라는 말도 있고, 친구의 구성이 곧 나의 미래다. 친구는 미래를 결정하는 나의 컨텐츠다. 친구의 관계십이 곧 멘토링이다. 서로 모으는데 필요한 친구도 필요하겠지만, 나누는데 필요한 친구가 더 필요한 시대이다. 고통도 나누고, 기쁨도 나누고, 계획도 나누며 행복해 하는 친구가 제일 귀한 친구다.

한 날 한 시에 태어나 손가락도 다 다른데 그 정체를 알 수 없는 수많은 사람들 중에서 좋은 친구를 골라내기란 여간 어렵지 않다. 그래도 친구는 꼭 필요하다. 우리 인간은 누구나 외로운 존재이니까. 우리는 생각이 많은 존재이고, 존재의 유한성을 알고 있으며, 외로움을 유독 잘 타는 동물이다. 그래서 혼자서는 도무지 살 수 없는 존재인 우리는 누군가를 필요로 한다. 따뜻하게 손을 잡고 온기를 느낄 상대가 필요하고, 나에게 따뜻한 위로의 말을 건네줄 사람이 필요하며, 내 속내 이야기를 들어줄 사람이 필요하다. 그렇게 좋은 의미로 다가설 수 있고 서로 소통이 가능하고 의기투합하여 다가오는 사람을 우리는 친구라 부른다.

기왕이면 마음에 맞는 사람을 골라 사귀고 싶다. 때로 내가 외로울 때 아무런 부담 없이 불러낼 수 있는 사람, 돈이 있거나 돈이 없거나, 진실로 대하고 진실을 보여줄 수 있는 사람을 찾고 싶다. 하지만 평생을 살면서 수많은 사람을 만나고 고르고 골라 사귀어도 그런 친구 한 사람 골라내기란 쉽지 않다. 인생을 봐도 그렇고, 행동을 봐도 그렇고 참 좋은 사람인 것 같아도 그 속내를 알기는 너무 어렵다.

사람은 사귀는 사람이나 주위의 인간관계에 따라 인생이 크게 달라진다. 친구 관계에는 두 가지 원칙이 있다. 첫째, 사람은 자신과 같은 수준의 사람밖에 사귀지 못한다. 즉 자신을 향상 시키고 발전시키며, 공부를 계속하는 사람이 아니면 운을 부르는 친구를 사귈 수 없다. 둘째, 아담스의 말대로 진짜 친구이거나 서로 존경할 수 있는 친구는 "일생동안 친구 하나면 족하다. 둘은 많고 셋은 거의 불가능하다." 왜냐하면 그 정도로 절친한 친구는 얻기 어렵기 때문이다. 또 깊이 서로를 신뢰하고 서로에세 자극이 되는 관계는 사람이 많으면 만들어 가기가 어렵다. 그렇다면 기본적으로 친구를 선택하는 기준은 어디에 두어야 할까? 수많은 사람들 중에서 고르고 골라 수많은 사람들을 사귀며 살아간다. 그토록 많은 만남들 속에서 정말 진실하여 내 삶을 송두리째 내어주어도 기쁠 사람을 만나기란 너무도 어렵다.

운을 부른다는 관점에서 보면 자신의 이익만 생각하거나 혹은 다른 사람을 따돌리거나 이용하려고 하지 않는 성실한 사람, 다른 사람이 기뻐하는 것을 좋아 하는 인간적으로 성숙한 사람, 좋은 것은 서로를 발전시킬 수 있는 자극을 주는 사람, 질투심이 강하지 않은 사람, 혼자만 잘살아 보겠다는 마음에서 나오는 행동인 인색하지 않은 사람이다. 이상 다섯 가지 미덕을 가진 사람이라면 대부분 운을 불러주는 좋은 친구가 될 것이다.

- '바보들은 운이 와도 잡을 줄 모른다' 중에서

내가 가장 좋아하는 친구

친구가 많다는 건 좋은 일이지만 자랑할 것 까지는 없다. 자랑할 만한 것은 많은 친구를 갖는 것이 아니라 마음으로부터 신뢰할 수 있고, 힘들 때 의지할 수 있는 친구를 단 한 명이라도 갖는 것이다. 친구를 사귀는 데 있어서 중요한 건 질이지 양이 아니다. 당신에게 그런 친구가 있는가?

- 이호석의 '사라지는 모든 것은 아름답다' 중에서

인생에 있어서 친구는 자산이다. 인생에서 많은 친구가 필요한 것은 아니지만 많은 친구가 있다면 그 사람은 그 만큼 인간관계를 잘 형성하고 있다는 증거가 될 수도 있을 것이다. 물론 중요한 것은 진정한 친구의 필요성에 대한 것이다. 당신이 친구로 사귀고 싶은 사람을 만났을 때 그 사람에게 무엇인가 얻으려 하지 말고 그 사람을 조금이라도 먼저 이해하려고 생각한다면 쉽게 우정을 나누고 큰 믿음을 얻게 될 것이다. 우리가 헌신적으로 다른 사람들의 행복을 지키고 가져다준다면 그들도 기회가 있으면 우리를 행복하게 하기 위해 노력할 것이다. 기업은 일반적으로 자산과 부채를 가지고 있는데 부채가 너무 많으면 어떤 사업이든 힘들 것이다. 인생에 있어서 친구는 자산이다. 너무 많은 부채가 있으면 기업이 망하듯 적이 많으면 당신 개인의 성공과 행복은 불가능하다.

사람들 중에는 아는 사람이 무척 많은 사람이 있다. 그런데 그 중에 진정으로 그를 신뢰하고 그를 위해 마음을 투자할 수 있는 사람은 얼마나 될까? 친구는 삶을 즐겁고 윤택하게 하는데 있어 돈 이상으로 소중한 자산이다. 돈은 생활을 넉넉하게 하지만 친구는 마음을 넉넉하게 한다.

불가(佛家)에서 말하는 4 분류의 친구.

첫째 꽃과 같은 친구.
꽃이 피어서 예쁠 때는 그 아름다움에 찬사를 아끼지 않습니다.
그러나 꽃이 지고 나면 돌아보는 이 하나 없듯 자기 좋을
때만 찾아오는 친구는 바로 꽃과 같은 친구입니다.

둘째 저울과 같은 친구.
저울은 무게에 따라 이쪽으로 또는 저쪽으로 기웁니다.
그와 같이 나에게 이익이 있는가? 없는가를 따져
이익이 큰 쪽으로만 움직이는 친구가
바로 저울과 같은 친구입니다.

셋째 산과 같은 친구.
산이란 온갖 새와 짐승의 안식처이며 멀리 보거나

가까이 가거나 늘 그 자리에서 반겨줍니다.
그처럼 생각만 해도 편안하고 마음 든든한 친구가
바로 산과 같은 친구입니다.

넷째 땅과 같은 친구.
땅은 뭇 생명의 싹을 틔워주고 곡식을 길러내며 누구에게도
조건 없이 기쁜 마음으로 은혜를 베풀어 줍니다.
한결 같은 마음으로 지지해 주는 친구가
바로 땅과 같은 친구입니다.

돈을 벌기 위해 투자를 해야 하듯 친구를 얻기 위해서도 투자를 해야 한다. 친구라는 인생의 자산에 관하여도 진정한 자산을 늘리고, 싫어하는 사람인 부채를 줄이는 지혜를 발휘해야 하는 것이 멋진 인생을 사는 것이다. 삶에서 중요한 것은 자산을 늘리고 부채를 줄이는 지혜이다. 지금 30대인 사람들은 향후 100세 시대를 살게 될 것이라는 보도가 있는데 경제적 준비도 필요하고, 할 일도 절실하겠으나 노년기 행복을 위하여 믿고 마음을 털어 놓을 수 있는 친구는 필수 조건일 것이다.

행복하려면 최소한 친구가 10명은 있어야 행복을 느낄 수 있다고 한다. 영국 노팅엄 대학 심리학과 리처드 터니 박사 팀은 남녀 1,700명 이상을 대상으로 친구 숫자와 행복도를 조사했다. 그 결과 친구가 5명 이하인 사람들은 "지금 행복하다" 는 응답이 40%에 불과했다. 이는 행복하다 보다 행복하지 않은 경우가 더 많다는 응답이었다. 친구 숫자의 상승과 함께 행복을 느끼는 비

율도 높아졌고, '10명' 을 넘어가면서 비로소 "행복하다" 는 응답이 "그렇지 않다" 는 응답보다 많아지기 시작했다. '숫자 10' 이 우정의 매직 넘버인 이유다. 10명을 지나 친구 숫자가 많아질수록 행복도 역시 높아졌다. 여성의 경우 행복도가 최고에 달한 것은 친구 33명이었고, 남성은 49명이었다. 친구 숫자는 일반적으로 남성 쪽이 많았지만, 대신 여성들은 더욱 친밀한 관계를 누리고 있었다.

전체적으로 자신의 삶에 대해 "아주 만족스럽다" 고 대답한 사람들의 친구 숫자는 "아주 불만족스럽다" 고 대답한 사람들 친구 숫자의 두 배 정도였다. 터니 박사는 "친구가 많아서 행복한 것인지, 아니면 행복하기 때문에 친구가 많은지는 아직 모르지만, 어쨌든 친구는 행복의 필수조건이라는 사실이 이번 연구에서 밝혀졌다" 고 말했다.

친구를 생각하게 하는 명언

◆ 친구란 '내 슬픔을 등에 지고 가는 자' 라는 뜻이다.
- 인디언 부족

◆ 친구는 우리 운명의 온도를 측정할 수 있는 온도계다.
- 블래싱턴 백작 부인

◆ 아버지는 보물이고, 형제는 위안이며, 친구는 보물이자 위안이다.
- 벤자민 프랭클린

◆ 친구 없이 사는 것은 아무도 없이 혼자 임종하는 것과 같다.
- 조지 허버트

◆ 친구란 모든 것을 알고 있으면서도 사랑해주는 인간을 말한다.

- 앨버트 하버드

◆ 곤경은 참 친구와 사이비 친구를 가려준다.

- 아리스토텔레스

◆ 번영은 친구를 만들고, 역경은 친구를 시험한다.

- 푸블릴리우스 시루스

◆ 충실한 친구는 신의 참 모습이다.

- 나폴레옹

◆ 친구에게 충실한 사람은 자기 자신에도 충실하다.

-에라스무스

◆ 친구를 얻는 유일한 방법은 스스로 완전한 친구가 되는 것이다.

- 랄프 왈도 에머슨

- 제 403호 건강편지 '친구는 어디에' 에서

7) **마음이 깨끗하고 착한 사람은 행복하다.**

한 유대인 학생이 회당에서 선생님에게 물었다. "라삐(선생)님 이상합니다. 왜 가난한 사람들은 남들을 잘 돕는데, 부자들은 남들을 도울 줄 모를까요? 오히려 부자들은 돈이 많은데요." 라삐가 이렇게 대답을 했습니다.

"자, 이리 오너라. 그러면서 창밖을 내다 보거라." "밖을 보니 뭐가 보이니?"

"네 지나가는 사람들이 보입니다."

"그래, 잘 보이지? 그러면 이쪽으로 와봐라" 이번에는 거울 앞에 서게 했습니다. "자 뭐가 보이느냐?" "제 모습이 보입니다."

"그래 가난한 사람은 유리창처럼 마음이 깨끗해서 밖에 있는 사람들이 보이지. 그런데 부자는 그 유리 뒤에 때가 끼면서 거울이 되듯이 그 뒤에 뭔가가 붙어있기 때문에 자기 자신만 보이니까 도와 줄 수 없지."라고 말 했다.

탈무드에는 "정말로 다른 어떤 것으로도 바꿀 수 없는 것으로서 필요한 것은 착한 사람이다." 라는 말이 있다. 유리창에 비추면 투명해서 상대방까지 보이지만 거울에 비추면 나만 보인다. 깨끗한 마음의 소유자가 되면 사람들이 보이기 시작한다. 자기 안에 깨끗하지 않은 불평, 불만이 있고, 부정적인 생각이 있고, 악의가 있는 사람들은 무지개 원리가 배겨날 수가 없다. 선한 꿈은 나만 잘되는 꿈이 아니라 함께 잘되는 꿈이다. 성취에 대한 신념은 내 꿈이 건강할 때 작동하지만 우리가 나쁜 생각을 가지고 신념을 품으면 작동이 되지 않는다. 그리고 건강한 말, 긍정적인 말, 적극적인 말도 마음이 깨끗한 사람 안에서만 가능하다. 마음이 깨끗한 사람이 선한 말을 하게 되어 있다. 또한 마음이 깨끗한 사람은 사심이 없기 때문에 포기하지 않고 끝까지 갈 수 있다(차동엽 신부).

날 적부터 위인과 성자가 따로 있는 것이 아니다. 마음에 때가 끼지 않도록 수시로 돌아본다는 점이 다를 뿐이다.

- 맹자

요즘 '착하다는 말은 곧 욕이다' 고 말하는 사람들이 많다. 착하다는 것은 곧 세상물정 모르는 바보라는 말과 통한다는 뜻이라서 그렇다고 한다. 그러나 착한 것과 어리석은 것은 다르다. 자기중심이 없는 착함은 이런 말을 들을 수도 있지만, 확고한 신념과 가치관을 가지고 착하게 사는 것은 덕을 갖춘 사람의 삶이다. 착하면서도 현명하고 지혜롭고 능력 있고 강한 것이 가장 바람직한 것이지, 착하다는 것을 세상살이에 불리한 요소로 볼 필요는 없다. 세상살이에 불리한 것은 '착하다는 것' 이 아니라 '어수룩하거나 어리석은 것' 이 해당된다. '착하다는 것' 과 '어리석다는 것' 은 서로 다른 개념으로 구분해야한다. 이 세상에서 가장 착한 사람은 먼저 남을 생각하는 사람이다. 최고로 추앙받는 사람은 '착하면서 강한 사람'이며, 가장 나쁜 사람은 '악하면서 강한 사람'이다. 악한 뒤끝은 언젠가 드러나게 되고, 결국 많은 사람들로부터 배척을 받는다. 물론 악하고 강한 사람들 중에 끝까지 잘 먹고 잘 사는 사람들도 있는듯하지만 심리적 효과로서 더 그렇게 느껴질 뿐이다.

착한 사람은 말에 능하지 않고 말에 능한 사람은 착하지 않다.
- 노자

'도덕지능' 높을수록 더 큰 만족 추구

진정으로 자존감이 높은 사람은
스스로를 귀히 여길 뿐 아니라

다른 사람도 귀하게 여길 줄 안다.
나만 귀하다고 여기는 자만심과는 다르다.
다른 사람을 배려하고 존중하고 사랑하는 것이
진정한 자존감이다.
- 고도원의 잠깐 멈춤 중에서

사람은 태어나면서 이 하늘이 가진 바 만물을 끊임없이 살아가게 하는 이치를 자신도 모르는 채 그냥 자연스럽게 몸에 갖추게 되었다. 그래서 네 가지의 마음을 저절로 갖게 하는 것에 공통적으로 바탕을 이루고 있는 것은 만물과 사람에 대한 인자한 사랑(仁愛)이며, 이 사랑이야 말로 보상을 바라는 것이 없이 베푸는 가장 순수한 것이므로, 이 세상에서 "가장 착한 것(至善)"이다. 그런데 이것은 원래 하늘이 갖고 있는 "착한 것"으로서 사람이 자신도 모른 채 태어나면서부터 그대로 닮아 타고 난 것이므로 사람도 본래부터 "성질이 착하다(性善)"는 것이며, 여기서 하늘과 사람은 하나가 된다(天人合一)는 믿음이 자리 잡게 되었다.

그런데 이렇게 옳고 바른 길을 모르거나 알면서도 가지 않게 되는 것은 바로 사람들이 자신들의 동물적 욕망과 물질적 욕구, 명예, 권력 등의 욕구를 버리지 못하고 거기에 노예가 되기 때문이다. 한 나라의 임금이 임금 노릇을 안 하고 이 옳고 바른 길을 벗어나면 백성을 궁지에 몰아넣고 나라를 망칠 수도 있으며, 한 가장이 가장 노릇을 안 하고 이 길을 벗어나면 가족을 못살게 만들고 집안을 망칠 수 있다.

눈을 조심하여 남의 그릇됨을 보지 말고, 맑고 아름다움을 볼 것이며, 입을 조심하여 실없는 말을 하지 말고, 착한 말, 바른 말, 부드럽고 고운 말을 언제나 할 것이며, 어질고 착한 벗을 가까이 하라. 어른을 공경하고, 덕 있는 이를 받들며, 지혜로운 이를 따르고 모르는 이를 너그럽게 용서하라. 기쁜 마음으로 생활하며 밝은 미소로 하루를 알차게 보내는 부모의 모습 속에서 작은 사랑이 자녀의 마음으로 이어진다면 착한 마음을 갖는다거나 예의를 지키는 사람으로 성장할 것임은 두말할 필요도 없다.

따라서 공부하라고 백 번 말하기보다 성실하고 알차게 살아가도록 도와주어야 한다. 혼자만 잘사는 법이 아닌 더불어 사는 법을 가르쳐야 한다. 그러기 위해서는 부모의 역할이 매우 중요하다. 부모 먼저 모범을 보여 자녀가 다른 사람을 귀하게 여기고 이웃을 생각할 줄 아는 사람이 되도록 한다면 이 사회는 보다 아름다운 세상이 될 것이다.

사랑의 말 한마디, 친절한 행동 하나하나가 세상을 아름답게 바꿔 준다. 사랑과 친절은 어려운 일을 쉽게 해결하고, 괴로움을 즐거움으로 변하게 하는 아주 좋은 것이다.

- 좋은 아버지가 되는 15가지 방법 중에서

착하게 사는 사람만이 고통과 어려움이 있는 게 아니라 독한 성품이건 어떤 성품이건, 살아가면서 나름대로 고민과 애로사항은 있기 마련이다. 못되게 살아가면서 당당하게 살아가는 것처럼 보이는 사람의 깊은 내면의 세계로 들어가 보면 결코 기쁨과 행복이 깃들어 있는 것은 아니다. 사람들은 악한 자에게는 이해관계가 일치될 때에만 자기 이익을 위하여 악한 자가 도움이 되도록 하지만, 선한 자에게는 이해관계가 일치될 때에는 물론이거니와, 자기 이익과 무관해도 때로는 도움이 되어주기도 한다. 세월 굽이굽이마다 착하기 때문에 삶이 불편하고 부분적으로는 불이익을 받는 적이 있더라도, 늘 올바르게 소신껏 산다면 나중에 언젠가는 좋은 일이 생길 수도 있고 인생에서 행운을 얻을 수도 있다.

과거보다 더욱 중요해지고 있는 것은 '신뢰'다. 착한 사람은 착하지 않고 독종인 사람보다 신뢰받을 확률이 더 높기 때문에 사회에서 더 선호하는 성품이 된다. 왜냐면 착한 사람은 상대방과의 신뢰를 깨뜨려서 해를 주거나 아픔을 주기 싫어하기 때문이다. 착하냐 아니냐는 성품은 천성의 영향이 큰 반면, 강하냐 약하냐는 것은 후천적 노력에 의해서 어느 정도 만들어질 수가 있다.

8) 신바람 피가 뛰고 있는 사람은 행복하다.

신바람이란 단어는 '신이 나서 우쭐우쭐하여지는 기운' 이다. 신이 난다는 것은 어떤 일에 흥미를 느껴서 열정을 쏟는 상태를 말한다. 한국인은 왜 신이 나면 놀라운 일을 해낼 수 있을까. 정보통신(IT) 분야 세계 최고 기록, 자동차 및 조선 산업의 눈부신 발전, 월드컵 때의 함성, 국제통화기금(IMF) 시절의 금 모으기,

축제와 같았던 촛불집회 등은 그야말로 신이 나고 흥을 느껴서 자발적으로 행동한 결과였다. 우리 민족은 예부터 농경사회를 기반으로 집단거주 방식의 삶을 살았다. 그러다 보니 함께 씨앗을 뿌리고 수확하며, 보릿고개의 배고픔도 함께 넘겼다. 즐거움과 괴로움을 공유하는 집단생활이야말로 신바람의 원동력이었을 것이다.

개인 차원에서 신바람이 나게 하는 요인은 첫째, 외부로부터 인정을 받음으로써 자신의 존재감을 확인하려는 심리다. 나라는 사람은 세상의 한 구성원이다. 나를 둘러싼 세상은 다른 사람들로 이뤄져 있으며 다른 사람들에게 인정받는다는 것은 대단한 심리적 만족이다. '칭찬은 고래도 춤추게 한다' 고 했던가. 아이가 부모나 교사에게 칭찬을 받으면 신바람이 나서 그 일을 더욱 열심히 하듯, 어른도 주변 사람들에게 칭찬받으면 신바람이 절로 생긴다. 신바람이 나서 열심히 일하면 주변의 칭찬과 인정을 끌어내고, 그 결과 더욱 신바람이 나서 성과가 커지는 선순환의 고리가 형성된다.

둘째, 자아실현의 마음가짐이다. 평소 자신이 중요하게 여겼던 가치나 신념을 행동으로 옮김으로써 자아실현을 극대화할 수 있다. 예를 들어 사회적 봉사나 헌신을 마음속에 간직하고 있다가 어떤 계기로 실천할 일이 생기면 "옳거니, 바로 이때다" 라고 혼잣말하면서 신바람 나게 몸을 내던진다. 비록 몸은 불편하고 고생스러워도 마음만은 뿌듯하고 신이 나는 이유다. '물 만난 고기' 인 그에게 주변의 찬사나 고마움은 그저 덤일 뿐이다. 이때는 외부의 인정과 칭찬이 중요한 것이 아니라 자기만족이나 자아실현이 중요하다.

셋째, 도덕적 만족이다. 신바람이 나면 도덕적으로 만족한다. 도덕이란 말은 언뜻 고리타분하게 들리고, 자신과는 먼 얘기라고 생각할 수도 있다. 그러나 도덕은 상식과 사회관습에 따라 판단하고 행동하는 자율성을 바탕으로 하여 자연스럽다. 다른 사람을 위하는 마음, 성공을 위해 열심히 노력하는 마음, 행복을 위해 신나게 사는 마음 등이 신바람의 원동력이다. 그렇게 함으로써 도덕적 만족을 얻고자 한다. 개인의 '도덕지능'(MQ · 미국의 정신의학자 로버트 콜스가 주창했다)이 높으면 높을수록 더 큰 도덕적 만족을 추구한다. 그 결과, 세상 사람들과 즐겁고 원만하게 교류할 수 있다.

넷째, 기분 좋아짐이다. 신바람 난다는 현상 자체가 그의 기분을 좋게 만들기 때문에 지겹지 않아서 계속할 수 있다. 좀 더 열심히, 오래 또는 자주 하려고 한다. 기분이 좋아진다는 것은 두뇌에서 쾌감을 담당하는 신경전달물질인 도파민(dopamine)이 분비됨을 의미한다. 도파민을 분비하는 신경세포가 많이 분포돼 있는 '보상체계(reward system)'가 활성화돼서 한 번의 신바람이 여러 번의 신바람으로 반복, 확대, 재생되는 것이다. 선행이나 즐거운 일을 할 때의 신바람은 가벼운 중독 상태의 뇌를 거치지만, 결코 고갈되지 않는 게 특징이다.

한국인의 신바람 문화는 서로 일체감을 느낄 때 효과가 극대화되는데, 지금의 우리 사회는 너무 상반되게 쪼개져 있기 때문이다. 부자와 가난한 자, 진보와 보수, 좌파와 우파, 노조와 사측, 정규직과 비정규직, 반북과 친북 등으로 대립적으로 쪼개져 있다. 신바람이 나더라도 반쪽짜리요, 끼리끼리 신바람일 뿐이니 이념과 종교를 넘어 2002 월드컵처럼 하나가 될 수 있는 리더십 대안을 발굴하여야 할 것이다.

사소함이 만드는 위대한 성공법칙, 친절

단테의 '신곡' 을 강의하면서 나는 새로운 사실을 깨달았다. 그것은 학생들에게 단테에 대해 가르치는 것보다 친절한 사람이 되도록 가르치는 것이 중요하다는 사실이었다. 학생들이 아무리 단테를 잘 배운다 해도 밖에 나가서 버스에 탄 할머니들에게 불친절하게 대하면 나는 선생으로서 실패했다고 느끼게 될 것이다.

- 포르니(P.M.Forni) 존스홉킨스 대학 교수

영국 소설가 헨리 제임스(Henry James)는 사람의 삶에서 중요한 세 가지가 있다. "첫째는 친절이고, 둘째 그리고 셋째도 친절이다" 라고 말했다.

플라톤 역시 "친절해라. 우리가 만나는 사람은 모두 힘든 싸움을 하고 있다." 며 만나는 모든 사람에게 친절하게 대할 것을 강조했다. 친절함이라는 작은 행동은 사소함이 만드는 위대한 성공 법칙' 이라는 놀라운 결과를 안겨줄 것이다.

흥이 나야 위대한 것을 만들어낼 수 있다

"가끔 미치는 것이 즐겁다" 는 그라이키아 시인의 말에, 또 "제 정신인 사람은 시문학의 문을 두드려도 헛일이다" 라는 플라톤의 말에, 또는 "광기가 섞이지 않은 위대한 재능은 없다" 는 아리스토텔레스의 말에 동의하든 않든, 마음은 흥이 나야만 남을 능가하는 위대한 것을 말할 수 있다네.

- 세네카(BC4- AD65년), '인생이 왜 짧은가' 에서

9) 긍정적인 사고를 가지면 행복하다.

요즘 사람들은 자기중심(위주)으로 세상을 보기 때문에 만족하고 기분 좋은 일보다는 짜증나고 기분 나쁜 일들을 더욱 많이 접하게 된다. 그러다보니 일상 전반에 흐르는 부정적인 사고가 팽배하다. 부정적인 사람은 망설임이 많으며 소극적이지만 긍정적인 사람은 낙천적이며 의욕적이고 적극적이라고 했다. 최상의 목표(이상)를 실현하기 위해서는 긍정적인 부분이 더 도움이 된다. 생각을 바꾸면 생활도 바꿀 수 있다. 꿈이 있다는 것은 희망이 있다는 것이고, 뭔가를 이루고자 하는 의지와 정열 등 많은 것들이 담겨있다는 의미이다. 꿈이 없다는 것은 희망도 없다는 뜻이기 때문이다. 미국의 한 대학조사에 따르면 목표가 없는 학생 27%, 목표가 희미한 학생 60%, 단기적 목표를 가진 학생 10%, 장기적인 목표를 가진 학생 3% 등으로 구분된 학생들을 대상으로 이 학생들의 25년 후를 보니 목표가 없었던 사람은 최하위의 생활을 하고, 목표가 희미한 사람은 중하위생활, 단기적

목표를 가진 사람은 중상위 생활, 장기적 목표를 가진 사람은 최상위 생활을 하였다고 한다. 이처럼 꿈을 가지는 것이 나중에 성공을 할 수 있는 밑바탕이 되는 것이다.

나는 하루 98%는 긍정적이다

나는 하루 중 98%는 내가 하는 일에 긍정적이다.
그리고 나머지 2%는 어떻게 하면 매사에 긍정적이 될 수 있을까 궁리한다.

- 릭 피티노 (Rick Pitino)

긍정심리학 연구 분야의 세계적인 권위자 미국의 마틴셀리그먼교수의 연구에서 심장마비 증상을 겪은 96명 중, 2번째 심장마비가 왔을 때 가장 비관적인 사람 16명중 15명 사망하였고, 가장 긍정적인 사람 16명 중 5명만 사망하였다는 결과가 있다. 행복은 끝없이 몰아치는 상황을 긍정적으로 해석하는 능력에 달려있다. 암에 걸렸을지라도 고질병이라고 생각하는 사람에게 암 치유율은 38%에 그치지만, 점하나 붙여서 고칠 병이라고 믿는 사람에게 있어서 암의 치유 율은 70%까지 올라간다는 통계가 있다. 똑같은 암에 걸렸어도 죽을병이라는 사람도 있지만 암을 통해서 삶과 죽음에 대한 통찰을 얻었다는 분들도 많다. 암을 죽음으로 연결하느냐, 암을 삶으로 해석하느냐는 전적으로 우리의 긍정적인 태도에 달려있다.

미국의 17대 대통령인 앤드류 존슨은 이러한 긍정의 힘을 발휘했던 대표적인 사람이다. 그는 세살에 아버지를 여의고 몹시 가난하여 학교문턱에도 가보지 못했다. 하지만 그는 열 살에 양복점에 들어가 성실하게 일했고 돈을 벌고 결혼 후에야 읽고 쓰는 법을 배우게 되었다. 이후에 존슨은 정치에 뛰어들어 주지사, 상원의원이 된 후에 16대 미대통령 링컨을 보좌하는 부통령이 된다. 그리고 링컨 대통령이 암살된 후 대통령 후보에 출마하지만 상대편으로부터 맹렬한 비판을 당한다.

한나라를 이끌어가는 대통령이 초등학교도 나오지 못하다니 말이 됩니까? 그러자 존슨은 평소처럼 침착하게 대답한다. "여러분, 저는 지금까지 예수 그리스도가 초등학교를 다녔다는 말을 들어본 적이 없습니다." 이 한마디에 상황을 역전시켜버린다. 행복은 세상을 바라보는 긍정적인 틀이고 긍정적인 생각 없이 우리는 어느 한 순간도 행복해 질 수 없다.

긍정적인 마음가짐은 영혼을 살찌우는 보약이다. 이러한 마음가짐은 우리에게 부(富), 성공, 즐거움과 건강을 가져다준다. 반대로 부정적인 마음가짐은 영혼의 질병이며 쓰레기다. 이는 부, 성공, 즐거움과 건강을 밀어내고 심지어 인생의 모든 것을 앗아간다.

- 성공학의 대가, 나폴레온 힐

1998년 미국 노스캐롤라이나대 긍정심리학자 바버라 프레드릭슨은 "긍정적인 정서가 인지능력을 확장시키고 사회적 관계를 구축하는 데 크게 기여한다."고 주장했다. 이는 기분이 좋아지면 뇌가 더 많은 정보를 얻게 되므로 세상을 바라보는 사고의 폭이 확장되고, 창의성과 문제 해결 능력도 개선된다는 의미이다.

나는 생명이 있는 한 실패는 없다고 생각한다. 낙관하자, 긍정적으로 생각하자. 또 부정적이고 비관적인 사고는 자신의 발전을 가로막는 거대한 닫힌 철문이며, 그 철문 안에 스스로를 가둔 사람에게 발전이란 있을 수 없다(정주영 회장). 또 일본 제왕학의 스승인 이하라 류이치는 "나는 중요한 일을 할 때 불만, 불안, 불신, 불평등 불(不)자가 많은 사람은 포함시키지 않는다. 큰 일을 할 때는 불(不)자가 많은 사람을 넣으면 본인 뿐 아니라 다른 사람에게도 악영향을 주어 일을 그르치고 말기 때문이다."라고 강조하였다.

긍정의 DNA를 심자

심리학자 섀드 헴스테터에 따르면 통상 사람들은 하루에 깊이 자는 시간을 빼고 20시간 동안 5-6만 가지 생각을 한다. 한 시간이면 2,500가지, 1분에도 42가지 생각을 하는 셈이다. 그런데 문제는 이들 생각의 85%가 부정적인 생각이라는 점이다. 스스로의 의식을 지배하지 못하고 내버려두면 후회하고 남을 비난하다가 인생을 마감하게 된다. 그래서 긍정이 중요하다. 긍정은 단순한 선택의 문제가 아니다. 긍정은 무의식을 지배하는 적극적 행위다.

긍정의 습관화는 한 순간에 이뤄지지 않는다. 지그문트 프로이트는 3,000번 이상 세뇌할 때 긍정의 의식화가 실현된다고 주장한다. 긍정은 천성이 아니라 후천의 의식적인 행동이다. 긍정은 마이너스 사고에서 플러스 사고로의 전환을 의미한다. 이를 철저하게 DNA에 각인시켜야 한다. 성취하는 모든 것과 실패하는 모든 것은 자신이 품어온 생각의 직접적 결과이다.

- 김도연 저 '1등 경험' 중에서

긍정적인 사람은 장애물이 나타나면 그것을 뛰어넘고 장애가 나타나면 또 뛰어넘을 방안을 찾아낸다. 반면에 부정적이고 소극적인 사람은 장애가 나타나면 안 되는 이유를 찾는다. 결과적으로 적극적인 사람은 무슨 일이든 해내는 능력 있는 사람이 되고, 부정적인 사람은 아무 일도 못해내는 무능력한 사람으로 전락하게 된다. 어떤 사고를 가진 사람이 행복하겠는가?

10) 행복한 인간관계를 유지하면 행복하다.

삶의 대부분은 인간관계의 연속이라 할 수 있다. 사회적 동물인 우리 인간은 관계를 떠나서는 도무지 살 수 없다. 인간을 피해 산에 들어가 도를 닦는 일도 보다 나은 인간관계를 위한 일이며 인간관계의 지속이다.

인생에서는 흔히들 돈을 잃는 것은 조금 잃는 것이며, 명예를 잃는 것은 많이 잃는 것이며, 건강을 잃는 것은 모두를 잃는 것이라고 건강을 제일 중요하게 생각한다. 그러나 인간관계에서는 돈을 잃는 것은 조금 잃는 것이며, 신뢰를 잃는 것은 많이 잃는 것, 사람을 잃는 것은 모두를 잃는 것이라고 말할 수 있다. 어떻게 보면 가장 만나기 쉽고 가장 얻기 쉬운 것도 사람이다. 하지만 가장 잃기도 쉬운 것도 사람이다. 물건은 잃어버리면 대체가 되지만 사람은 아무리 애를 써도 똑 같은 사람으로 대체할 수 없기 때문에 사람이 가장 중요하다. 그리고 한 번 잃은 사람은 다시 찾기 어렵다. 사람을 사람으로 사람답게 대하는 진실한 인간관계, 그것이 가장 아름다운 일이며, 진정 소중한 것을 지킬 줄 아는 비결이다. 그러니 사람을 얻는 일이 가장 중요한 일이고 사람을 잃는 일은 최악의 실수이다.

최근 미국 시사 월간지 애틀랜틱 먼슬리에 소개된 이 연구에 의하면 성공적인 노후로 이끄는 열쇠는 지식이나 권력이 아니라 47세 무렵까지 형성된 인간관계였다. 연구를 주도해온 하버드 의대 정신과 조지 베일런트 교수는 "삶에서 가장 중요한 것은 인간관계이며, 행복은 결국 사랑"이라고 결론지었다. 또 카네기 멜론대의 랜디 포시 교수는 췌장암 말기환자로 죽어가며 그의 마지막 수업에서 인생의 가장 소중한 것을 '가족' 으로 결론 내린다. 이것을 좀 더 넓은 시각으로 본다면 사람에게 있어 가장 소중한 것은 '사람' , 즉 '인간관계' 라 할 수 있다.

성공적인 인간관계에서 진정한 시너지란 '존중'과 '배려'에서 나온다. 자연을 한번 둘러보면 초원의 식물은 한꺼번에 꽃을 피우지 않는다. 저마다 꽃이 피고 지는 시기가 다르고 그 모양과 색깔도 천차만별이다. 그것이 아름다운 초원이 연출되는 비결이다. 나와 너의 개성이 우리의 아름다움으로 다가오고, 우리의 아름다움 속에서 나와 너의 개성이 꽃을 피우는 것이다.

- 유영만의 기린과 코끼리에게 배우는 공생의 기술 중에서

인간관계에서도 시너지(Synergy)란 '하나 빼기 하나는 0'이 아니고 하나 더하기 하나는 둘, 그 둘에 둘을 곱해서 넷, 그 넷을 다시 넷을 곱해 열여섯이 되는 것이다. 꽃이 천차만별이듯 사람도 한 사람 한 사람이 다 다르다. 모양도 개성도 다른 사람이 서로 존중하고 배려하며 둘, 넷, 열여섯의 아름다운 꽃을 피워내는 것이 진정한 시너지이다.

효는 인간관계의 출발점으로서 윗사람이 아랫사람을 사랑하고 보살피며 또한 아랫사람이 윗사람에게 효와 충성, 헌신을 다하여 윤리적인 사회관계가 자라나는 토양과 같다.

인간의 행복은 '사이(between)'에서 나온다.

고대 그리스의 희극 작가 아리스토파네스는 "우리는 자신을 완성하기 위해 다른 사람을 필요로 한다."라고 말했다. 인간이 행복하기 위해 다른 사람과 상호작용하고, 타인과 서로 얽힐 필요가 있다는 이 말은 수많은 현대 심리학 실험을 통해 사실로

증명됐다. 19세기 말 사회학 창시자 중 한 명인 에밀 뒤르켐은 유럽 전역의 자살사례를 연구했다. 자살에 영향을 주는 요인을 분석한 후 그가 내린 결론은 '관계'라는 한마디로 요약됐다. 사회적으로 더 많은 유대 관계를 맺고 있을수록 자살할 가능성이 더 낮았다. 종교적인 조직에 속해 있거나 긴밀한 네트워크를 이루고 있는 사람 중에는 자살하는 사람이 드물었다. 이후 100년 동안 이어진 후속 연구들은 뒤르켐의 '초기 진단'을 확인해주었다. 개인의 사회적 관계를 살피면 한 사람의 행복을 놀랍도록 정확하게 측정할 수 있다. 사회적으로 강력하고 건전한 관계를 맺은 사람들은 담배를 끊는 것보다 더 큰 건강 효과를 누리는 것으로 나타났다. 좋은 인간관계를 맺은 사람일수록 수술 후 회복속도가 빨랐고, 우울증과 불안장애의 위험에서 자유롭다는 연구결과도 있다.

한국인은 놀라울 정도로 강인하고 성실하며 일단 한 가지를 결심하면 그 누구도 막을 수 없는 강인함을 지녔다는 사실을 알게 됐다. 그러나 한국인은 미국인에 비해 개인의 내면적 행복에 대해 무관심한 대신, 경제적 성공을 매우 중시하는 특성을 지녔다. 기적적인 경제 성장 과정을 거치는 과정에서 그런 습관이 몸에 밴 한국인은 인간관계와 행복에 대해 더욱 깊이 고민하게 될 것이다. 인간은 사회성을 지닌 동물이다. 이는 '적절한 관계'가 생존에 유리하다는 증거이기도 하다. 행복은 자기 혼자 찾거나 성취할 수 없으며, 사회적 동물인 인간의 행복은 나와 가족, 나와 친구, 나와 직장 같은 관계, 즉 '사이(between)'에서 나온다(조선일보, 2011.01.17).

행복한 삶을 이루어 나감에 가장 중요한 것이 올바른 인간관계이다. 많은 사람들과의 관계가 아니라 가장 가까이에 있는 소중한 사람들과의 관계이다. 성공과 행복에 있어 성공은 능력에 관한 부분이지만 행복은 성품에 관한 부분이다. 성공하였지만 불행한 사람이 있는가 하면 비록 성공은 못 하였지만 행복한 사람이 있다. 행복은 사람과의 관계 속에서 자란다. 사람들 사이에서 상대를 먼저 인정하고, 격려하고 용기를 북돋워주게 되면 서로가 행복하게 된다. 지혜는 많은 것을 아는 것이 아니라 적게 알더라도 실천하는 것이다.

모든 종류의 관계는 손에 있는 모래알과 같다. 손을 펴고, 가만히 손 위에 올려놓으면 모래는 그곳에 그대로 있으나 손을 오므리고 모래를 꽉 쥐는 순간, 모래는 손가락 사이로 빠져 대부분은 사라져 버린다. 관계도 마찬가지이다. 상대방에 대한 존경과 여유로움으로 가만히 쥐면, 그 관계는 본래 모습 그대로 남아 있을 것이다. 하지만 지나친 소유욕으로 힘을 주어 쥐게 되면, 관계는 미끄러져나가 사라져 버린다.

- 칼릴 제미슨의 잠언집 중에서

바람직한 인간관계란 인격적인 관계라야 하며 나보다 남을 먼저 생각할 때 이루어지는 것이다. 선인장처럼 자기보호를 위한 가시를 곤두세우고 타인의 삶을 지켜보기만 한다면 우리는 사람들의 사회 속에서 언제까지나 이방인으로 머물게 될 것이며 더군다나 서로를 감싸 안는 따스한 관계를 유지할 수가 없다. 워

만한 인간관계, 바람직한 인간관계는 마음에서 우러나오는 상호 존중에 그 바탕을 두기 때문이다. 따라서 우리는 자신보다는 타인을 위한 등불을 들고 살아감으로써 바람직한 인간관계 안에서 우리의 삶을 정립해야 할 것이다.

좋은 인간관계를 만들려면

누군가와 친해지고 싶다면
자신이 먼저 그에게 관심을 가져야 합니다.

누구나 마음만 먹으면 모든 사람과 친해질 수 있습니다.
상대의 감정을 존중해 주는 것도 중요 합니다.

얼핏 사랑과 미움의 감정은 아주 큰 차이 같지만
사실 사랑과 미움은 언제나 한 자리에 있습니다.

마음먹기에 따라 미움을 사랑으로 바꿀 수 있다는 얘기입니다.
상대의 의견도 존중해 주세요.

의견에는 세 가지가 있습니다.
내 의견, 상대의 의견. 그리고 가장 올바른 의견입니다.
그중 가장 올바른 의견은
나와 상대의 의견이 조화를 이룬 것입니다.

\- 좋은 글 중에서

좋은 인간관계를 맺기 위한 10계명

① 먼저 손을 내밀어라.
② 호감을 가져라.
③ 통하라.
④ 따뜻한 말을 하라.
⑤ 상처주지 마라.
⑥ 속을 보여줘라.
⑦ 많이 웃고, 많이 웃겨라.
⑧ 챙겨줘라.
⑨ 참고 이해하고 용서하라.
⑩ 먼저 등 돌리지 마라.

- 양광모 휴먼네트워크연구소(HNI) 소장

11) 욕심을 버리면 행복하다.

사람들은 보통 욕심을 늘려가는 데서 행복을 느낀다고 한다. 욕심을 성취하고 더 큰 욕심을 성취하기 위해 집착하고 그것을 실현하는 속에서 우리들은 행복을 느끼고 산다. 우리들은 태어나면서부터 그러한 삶의 방식을 교육받고 강요받아 왔으며 그렇게 살지 않으면 안 될 것 같은 강박관념에 시달려 왔다. 그렇게 살지 않으면 시대에 뒤떨어지는 것이고, 무능력한 것이라는 철저한 쇠뇌가 지금 우리 초중고등 교육의 현실이다. 오직 욕심을 충족하는 일, 그러기 위해 남보다 앞서 나가는 일, 높은 지위에 오르고, 좋은 대학에 들어가고, 좋은 직장에 취직해서 높은 자리에 승진하는 일, 그러한 남의 위에서 남 앞에 군림하는 것이 최상의 선택이라고 강요당해 왔고 교육받아 왔다. 그러다 보니 누구나 성공하길 원한다. 즉 누구나 더 많은 것을 갖길 원하고, 누구나 더 높은 자리에 오르길 원하고, 누구나 남보다 더 성공하길 원하고 있다. 왜? 그것이 행복이니까. 과연 그러한가? 그렇게 욕심을 채우는 것 그것이 행복의 궁극적인 모습인가. 부, 명예, 지위, 계급, 좋은 집안, 좋은 대학, 좋은 직장 등이 그대로 행복인가?

참된 행복이란 소유의 유무와는 상관없는 것이라야 한다. 내 바깥의 조건과는 전혀 상관없이 내 안에서 이루어 져야 한다. 바깥의 조건들은 끊임없이 변화하기 때문이다. 돈도 많았다가 적어질 수 있고, 사업도 커졌다가 작아질 수 있고, 이 세상 모든 조건들은 변화하기 때문에 내 바깥의 조건들에 내 행복을 건다는 것은 어리석은 일이다. 내 바깥의 조건들은 언제고 바뀔 수 있는 것들이고, 또 분명히 변하는 것이고, 또한 내 마음대로 할 수 없는 것들이기 때문에 그것은 우리를 궁극적인 행복으로 데려가 주지 못한다. 그것은 언젠가 괴로울 것을 미리부터 준비하고 있는 것에 불과하다. 참된 행복은 내 안에서 나와야 한다. 다시 말해 참된 행복은 욕심의 충족에서 오는 것이 아니라 욕심 그 자체를 놓아버리는 데서 오는 것이라야 한다.

욕심의 충족에서 행복을 찾으려고 하면 내 외부적인 조건들의 좋고 나쁨에 따라, 욕심의 대상을 얻느냐 얻지 못하느냐에 따라 나의 행복은 그 욕심에 좌지우지 되고 만다. 욕심 그 자체를 줄이고 놓아버리면 내 바깥의 조건들이 좋고 나쁨에 상관없이 돈이 많고 적음에 상관없이 계급, 명예, 지위의 높고 낮음에 상관없이 내 안에서 행복을 찾을 수 있다.

청산은 나를 보고

청산은 나를 보고 말없이 살라하고
창공은 나를 보고 티없이 살라하네
탐욕도 벗어 놓고 성냄도 벗어놓고
물같이 바람 같이 살다가 가라하네

바다는 나를 보고 청정히 살라하고
대지는 나를 보고 원만히 살라하네
탐욕도 벗어 놓고 성냄도 벗어놓고
물같이 바람 같이 살다가 가라하네

푸르른 저 산들은 티없이 살라하네
드높은 저 하늘은 탐욕도 벗어놓고
성냄도 벗어놓고 물같이 바람같이
살다가 가라하네

- 나옹(懶翁)선사(1262-1342)

우리의 탐욕 또한 우리의 영혼을 병들게 하고 죽게 만든다는 것을 뻔히 알면서도 스스로를 자제하지 못하므로 레이날드의

미련함을 비웃을 자격이 없을 것이다. 부처님은 보왕삼매론에서 이렇게 말했다. “몸에 병 없기를 바라지 마라. 몸에 병이 없다면 탐욕이 생기기 쉽나니 그래서 성인이 말씀하시길 병고로써 양약을 삼으라고 하셨느니라.”

욕심(慾心)이 크면 사람이 작아 보인다. 절제(節制)하는 삶에 아름다움이 있다 마음을 비우면 세상이 넓어 보인다. 인간의 탐욕에는 끝이 없어 아무리 많이 가져도 만족할 줄 모른다. 행복은 마음에서 우러나오는 것이다. 가진 것인 만큼 행복한 것이 아니며. 가난은 결코 미덕이 아니니 "맑은 가난"을 내세우는 것은 탐욕을 멀리하기 위해서다. 가진 것이 적든 많든 덕을 닦으면서 사는 것이 중요하다.

돈은 혼자 오지 않고 꼭 어두운 그림자를 데려오니 재산은 인연으로 맡은 것이므로 내 것도 아니기에 고루 나눠 가져야 한다. 우리 모두 부자가 되기보다는 잘 사는 사람이 되어야 할 것이다.

- 법정스님 글

탐욕에 기초한 인간의 이기심은 생명을 유지하고 격려하는 에너지이지만 이로 인해 인간의 모습을 항시 최악의 상태로 만든다. '당신 먼저(You first) 관계주의'는 탐욕의 주체일 수밖에 없는 이기(I first, ego)를 넘어서는 동양의 지혜다. 타인과 자연은 투쟁의 상대가 아니라 공존해야 하는 자아의 확장인 것이다.

사람아 무엇을 비웠느냐

사람마다 생각하는 대로 다 버릴 수 있고
사람마다 생각하는 대로 다 얻을 수 있다면
그것이 무슨 인생이라 말할 수 있겠느냐.
버릴 수 없는 것은 그 어느 것 하나 버리지 못하고
얻을 수 있는 것은 무엇 하나 얻지 못하니
이것이 너와 내가 숨 헐떡이며 욕심 많은 우리네 인생들이
세상 살아가는 삶의 모습들이라 하지 않더냐.

사람들마다 말로는 수도 없이 마음을 비우고
욕심을 버린다고들 하지만
정작 자신이 마음속에 무엇을 비우고
무엇을 버려야만 하는지 알지 못하고
오히려 더 채우려 한단 말이더냐.

사람들마다 마음으로는 무엇이든 다 채우려고 하지만
정작 무엇으로 채워야 하는지 알지 못한 채
몸 밖에 보이는 것은 오직 자기 자신에게 유리한
허울 좋고 게걸스런 탐욕뿐 일진데.

사람아... 그대가 버린 것이 무엇이며
얻는 것 또한 그 무엇이었단 말이더냐.

얻는 것이 비우는 것이요, 비우는 것이 얻는다 하였거늘
무엇을 얻기 위해 비운단 말이더냐.

사람이 사람으로서 가질 수 있는 것은
끈적거린 애착과 채워도 채워지지 않는 마음과
불만족스러운 무거운 삶뿐인 것을
비울 것이 무엇이며 담을 것 또한 무엇이라 하더냐.
어차피 이것도 저것도 다 무거운 짐인걸...

- 법정 스님 글

불가에서는 인간이 괴롭고 힘든 것은 욕심 때문이라고 한다. 욕심을 없애면 우리에게선 고통도 괴로움도 사라진다고 한다. 하지만 욕심이 없이는 단 하루도 살 수 없으니 우리 삶은 고통의 연속이자 괴로움의 지속이다.

욕심이 크면 클수록 괴로움도 커지고, 마음도 무거워진다. 욕심의 키를 줄일수록 괴로움도 줄고 마음도 가벼워진다. 그래서 진심으로 봉사하는 이들의 입에는 미소가 번지고 욕심 사납게 무언가를 더 가지려는 사람들의 입은 무게가 실려 턱이 늘어진다. 우리는 욕심이 전혀 없이, 질투가 전혀 없이 살아갈 수는 없다. 그러나 도에 넘지 않도록 욕심을 갖지 않도록 경계를 할 줄 알아야 한다. 지나친 욕심을 가진 사람, 지나친 질투를 가진 사람은 이기적인 사람이다. 지나친 욕심이나 질투 때문에 다른 사람에게 앙갚음을 하려 들면 상대를 해칠 수도 있지만 자기 스스로를 해치게 한다. 앙갚음은 자신을 작게 만들고, 마음을 좁게

만들어 어리석음 안에 스스로 갇혀서 자신의 미래의 희망마저 허물고, 절망의 나락으로 떨어지고 만다.

사람의 마음에 한번 탐욕이 싹트면 굳센 의지도 약해질 뿐만 아니라 밝은 지혜도 어두워지고 인자하던 마음도 잔인해지며 깨끗한 마음에 때가 묻어 일생을 그르치고 만다. 그러므로 욕심을 버리는 것이 세상일에 얽매이지 않고 사는 좋은 방법인 것이다. 탐욕이 많은 사람은 황금을 얻어도 다이아몬드를 못 얻음을 한탄하고 상관이 되면 내동령이 못 됨을 불평하니 인간의 욕심은 만족을 모르는 불가사리다. 또 탐욕이 많은 사람은 천성이 얕고 어리석어 일체의 편견과 집착이 모두 이 끝없는 욕망에서 나온다. 그래서 끝없는 탐욕을 버리려면 우리의 한 일생은 번개와 같고 풀잎에 이슬과도 같으며 물거품과 같이 보이니 인생무상을 깨달으면 어리석은 욕망은 사라질 것이다. 그러니 세상에서 가장 욕심이 적은 사람은 가장 풍족한 사람이다. 만족함을 아는 이는 시래기 국도 고깃국보다 맛있게 여기고, 무명옷도 비단옷 보다 따뜻하게 여기므로 비록 서민으로 사나 부자를 부러워하지 않는다.

향기로운 마음의 행복

욕심을 버린 자는 뙤약볕이 내리쬐는
여름날에도 견딜 수 있는 커다란 나무그늘 하나를
마음속에 가진 자일 것입니다.

욕심을 버린 자는 찬바람이 몰아치는
광야에서도 견딜 수 있는 따스한 동굴 하나쯤 마련해
가지고 사는 사람일 것입니다.

행복은 문을 두드리며 밖에서 찾아오는 것이 아닙니다.
나의 마음 안에서 꽃향기처럼 피어나는 행복이라면
멀리 밖으로 찾아 나설 것 없이
자신의 일상생활에서 그것을 누릴 줄 알아야 합니다.

행복은 우리가 자신을 버리고 남에게 주느라고 여념이 없을 때
슬쩍 찾아와 피어납니다.

움켜쥐고 있는 행복은 씨앗이지만
나누는 행복은 향기로운 꽃입니다.

- 좋은 글 중에서

12) 말속에 칭찬과 격려가 많으면 행복하다.

말이 곧 사람이다. 말은 그 사람의 생각이고 넋이다. 그 사람의 과거이고 현재이고 미래이다. 어제 뿌린 말의 씨앗이 오늘의 나를 만들었고 오늘 뿌린 말의 씨앗이 내일의 나를 만든다. 사랑의 말, 긍정의 말, 축복의 말... 그보다 좋은 씨앗은 없다. 특히 살면서 조심해야 할 것이 험담이다. 험담은 자기 입에서 나와 다른 사람을 향해 비수처럼 날아가지만 그 칼끝은 돌고 돌아 반드시 자기에게로 되돌아온다. 더 조심할 것은 남이 한 험담을

옮기는 것이다. 날카로운 칼끝을 괜히 스스로 불러들여 자기 몸에 상처를 내는 꼴이다.

말은 살아가는 데 밀접한 영향력을 끼친다. 물고기가 입으로 낚이듯 말은 정제되지 않은 채 입을 거치는 순간 귀한 입이 언제 천한 입으로 변질되어 자신을 멸망의 길로 내몰지 모른다. 자기가 하고 싶다고 내뱉는 것이 말이 아니라 오해 없이 자신의 진심을 듣게 하는 것이 말이므로 말은 자신의 마음을 전달하는 것이다.

일본의 연구결과 물의 결정모양에 대고 부정적으로 말하면 결정이 암 덩이처럼 변하고, 좋은 말 또는 아름다운 말을 하면 선명하고 아름답게 보인다고 한다. 70퍼센트가 물인 사람은 어떤 반응을 보일까? 어떤 말이던 좋은 단어선택을 하는 것이 좋고, 부정적인 말은 되도록 하지 않는 것이 좋겠다. 또한 시기적절한 아름다운 한마디는 사람하나를 구할 수 있는 큰 힘이 된다.

성경에 '미련한 자의 입술이 다툼을 일으키고, 그 입이 멸망의 길로 안내한다.' 고 했다. 나의 입이 절망만을 이야기 하고, 증오를 담고 있으며, 거짓말만 일삼는다면 자신은 이미 멸망의 길을 향해 걷고 있는 것이다.

자신을 희망의 길로 이끌기 위해서 먼저 나의 입을 귀한 입으로 만들어야 한다. 나의 입에서 사랑과 희망과 꿈이 가득 담긴 진실함이 풍겨 나올 때 신성 향기로운 사람, 귀한 사람이 될 수 있을 것이다. 또 말은 인생의 씨앗이 된다. 좋은 열매를 맺게 하는 입은 귀한 입이 될 것이며, 나쁘고 썩은 열매가 맺는 입은 천한 입이 될 것이다.

칭찬은 참 좋은 무기이다. 적절한 칭찬은 위대한 힘을 발휘한다. 칭찬하자. 칭찬하는 훈련을 하자. 역시 당신이 최고라는 이 한마디는 최고가 아닌 사람일지라도 최고로 만드는 무한한 에너지가 숨어 있다.

- '입술의 열매' 꿈이 많은 사람 중에서

칭찬 받을 때는 뇌에서 도파민이라는 생리활성 물질이 나와 의욕과 활력이 생기고 면역계도 강화되는데, 칭찬할 때도 같은 반응이 일어난다고 한다. 칭찬은 특히 어린이의 뇌 발달에 긍정적인 자극을 주고, 폭력적·충동적으로 되는 것을 막는다고 한다. 칭찬의 힘이란 바로 칭찬이 긍정적인 힘에 더욱 집중할 수 있게 한다는 것이다. 아버지로부터 '우리 아들은 천재' 라는 말을 들은 손정의는 정말 '천재 사업가' 가 되었다. "넌 일본에서 최고야. 반드시 위대한 인물이 될 거야." 생선 장사부터 술장사까지 닥치는 대로 일을 했던 아버지 손삼헌씨는 주위의 시선은 아랑곳하지 안고 과장된 몸짓으로 칭찬을 아끼지 않았다. 어느새 손정의는 아버지의 마법에 걸린 듯 자신은 천재이고 대단한 인물이 될 것 같은 믿음을 가지게 되었다. 심리학에서는 이를 '자기충족적 예언' 이라고 한다. 쉽게 말하면 덕담 혹은 칭찬의 효과라고 할 수 있다. 존 듀이는 "인간이 가진 본성 중 가장 깊은 자극은 '중요한 사람' 이라고 느끼고 싶은 욕망이다" 라고 했다.

칭찬은 귀로 먹는 보약과 같다고 한다. 칭찬은 인간관계의 윤활유와 같고, 상처에 치료제를 발라주는 것과 같다. 칭찬은 인생을 춤추게 한다. 칭찬만큼 효과적인 리더십 도구는 없다. 그런데도 생각만큼 많이 쓰이지 않고 있다.

우리는 말을 먹고 자란다. 어떤 말을 듣고 자랐는지에 따라 그 결실이 달라진다. 미국 어느 교도소의 재소자 90%가 성장하는 동안 부모로부터 "너 같은 녀석은 결국 교도소에 갈 거야" 하는 소리를 들었다고 한다.

괴테는 이렇게 말했다. "인간은 보이는 대로 대접하면 결국 그보다 못한 사람을 만들지만, 잠재력대로 대접하면 그보다 큰 사람이 된다."

그러므로 우리는 늘 희망적인 말을 습관화해야 한다. 특히 자녀에게는 격려의 말이 보약이 된다는 사실을 잊지 말아야 한다.

비판보다는 인정과 격려가 필요한 때

나는 지금껏, 아무리 일하는 것을 즐거워하더라도 인정받기보다 비판을 받을 때 일을 더 잘하거나, 더 열심히 노력하는 사람은 본 적이 없다.

- 찰스 슈왑(Charles Schwab)

세계 최초로 샴쌍둥이 분리수술에 성공한 의사이며 "크게 생각하라"의 저자인 미국 존스 홉킨스병원 소아신경외과 과장인

벤 카슨은 흑인 빈민가 출신의 열등생에서 세계 최고의 소아과 의사로 성공하여 오늘을 살아가는 젊은이들에게 꿈과 희망을 주고 있다. 하루는 그에게 기자가 물었다.

"오늘의 당신을 만들어 준 것은 무엇입니까?" "나의 어머니 쇼냐 카슨 덕분입니다." 어머니는 내가 늘 꼴찌를 하면서 흑인이라고 따돌림을 당할 때, '벤, 넌 마음만 먹으면 무엇이든 할 수 있어! 노력만 하면 할 수 있어!'라는 말을 끊임없이 들려주면서 내게 격려와 용기를 주었습니다." 이처럼 큰 인물들 뒤에는 그들을 먹여 키운 격려의 말이 있다.

좋은 씨앗

'말이 씨가 된다.'는 말이 있다. 성공한 사람은 부정적인 말을 거의 하지 않는다. 또 그의 뒤에는 긍정적인 생각과 말로 자식을 키운 부모가 있다. 다른 사람과 잘 지내고자 한다면 나부터 달라져야 한다. 부정적인 말을 입에 달고 사는 사람이기보다는, 긍정적이고 낙관적인 말만하는 사람이 되는 것이 그 비결이다.

- 전미옥의 스무 살 때보다 지금 더 꿈꿔라 중에서

인상학 분야 전문가인 주선희씨는 겉치레로 하는 말일지라도 "감사합니다." "반갑습니다." "사랑합니다." 같은 예의바르고 정다운 말을 하면 입은 반듯하게 움직인다고 한다. 또 진심에서 우러나오는 말이라면 인성이 반듯하니 찰색이 좋아지고, 행운이 찾아오며 성공의 길로 나아가게 된다고 한다.

훌륭한 꽃의 뿌리는 인간으로 치자면 영혼이다. 영혼에 좋은 기운을 줌으로써 그 사람의 인생은 되살아날 수 있다. 여러 기운 가운데 좋은 기만 골라 자기 영혼에 받아들이도록 노력한다면 반드시 사람의 인상은 좋게 변한다.

인상을 좋게 하는 기운은 마음에서 나온다. 결국 그 기운은 주어지는 기운이 아니라 자기 안에서 발휘되는 기운이다. 인상을 아름다운 빛깔로 채색하기 위해서 가장 중요한 것은 '덕' 이다. 덕은 인간을 비로소 인간답게 하는 가장 중요한 요소다. 지식이나 지혜는 다소 부족하더라도 남을 사랑할 줄 알고, 어려운 이를 돌볼 줄 알며, 사람에게 적극적이며, 은혜를 알고, 매사에 감사하는 마음을 지니고 산다면 그 사람의 인상은 어느 고명한 학자보다 좋아지고 인생도 평화로워진다. 보통사람들이 이 덕을 갖추는 것은 그리 쉬운 일이 아니다. 따라서 '성인이나 할 수 있는 일' 이라고 치부해버리기 쉽다. 말은 쉽고 행은 어렵기 마련이다. 덕을 쌓아서 영혼이 정화되고 인상으로 표출되기까지는 상당한 시간과 노력이 요구된다.

다른 사람에게 좋은 말, 용기를 주는 말을 하는 것을 우리는 칭찬이라고 하지만 아부는 그 본질로 들어가 보면 의도에서 차이가 있다. 칭찬은 진심을 담아서 상대에게 좋은 말로 격려하는 일이지만 아부는 진심이라기보다는 상대에게 잘 보이기 위한 의도가 숨어 있다. 아부는 상대를 추켜 줌으로써 자신에게 어떤 반대급부가 오기를 기대하는 얄팍한 욕심의 발로에서 나온 말이다. 칭찬은 상대가 진정으로 잘 되기를 바라는 마음에서 해주는 말이기 때문에 진심의 산물이고 순수의 산물이지만, 아부는 깊으로는 칭찬 같지만 속으로는 다른 마음을 갖고 있기 때문에 거짓의 산물이고 위선의 산물이다.

진심어린 칭찬을 해주고 진정으로 축하를 해주지 못하고 있다면 나는 그에게 무언가 콤플렉스를 갖고 있다는 반증이다. 아부는 비열하고 위선적이며, 자신에게도 상대에게도 좋지 않다. 그러니 칭찬이나 축하를 못하겠으면 침묵이 오히려 좋다. 진심으로 상대를 칭찬하면, 진심으로 상대를 축하해주면 우리 안에서 도파민이라는 행복물질이 나와 우리를 건강하게 한다. 이렇게 칭찬을 줌으로써 내가 행복한 것을 마더 테레사 효과라고 한다.

"자신을 존경하라. 그러면 남들도 너를 존경할 것이다."라는 공자의 말처럼 자신에 대한 존중감, 자신감이 있는 사람은 남을 칭찬하는데 인색하지 않다. 그 사람은 아부하지 않는다. 콤플렉스가 있는 사람, 자신에 대한 자존감, 존중감을 갖지 못한 사람이 칭찬대신 아부를 하기 좋아한다. 또한 남을 이용하려는 사람이 아부를 좋아한다. 그 사람은 짧은 기간은 그 득을 얻고 작은 것은 얻을 수 있지만, 나중엔 큰 것을 잃고, 중요한 신뢰마저도 잃는다. 당연히 아부가 아닌 칭찬을 많이 하는 사람이 행복하다.

13) 불안을 벗어나면 행복하다.

우리가 어떤 불안감에서 벗어나지 못하는 한 우리는 행복을 꿈꿀 기회마저 얻을 수 없다. 행복의 제 1계명은 불안으로부터 자유로워지는 일이다. 불안이 남아있는 한 우리는 행복한 척 할 수는 있어도 진정 행복할 수는 없다. 자신이 이 세상에 꼭 필요한 존재라는 자존감, 용기를 가지면 무엇이든 못 할 것이 없다는 용기와 자신감, 그리고 자신이 이 세상에 존재해야할 존재가치를 확고하게 가지고 있을 때라야 불안으로부터 자유를 얻을 수 있다. 불안에게 거할 곳을 주고, 밥을 주고, 그것을 강하게 키우는 것은 바로 마음의 밭이다. 마음의 밭에서 불안의 뿌리를 뽑아내지 않는 한 행복과는 인연이 없는 사람이 될 수밖에 없다.

위기의 시대를 살아가는 한국인에 관한 심리 보고서 불안증폭사회의 저자 심리학자인 김태형은 IMF경제위기를 겪은 이후에 한국인은 외상후 스트레스에 시달리고 있다고 말한다. 오늘날 한국인의 심리를 불안, 즉 생존위협에 대한 만성화된 공포라고 규정하며, 자살률은 높아지는데 출산율은 줄어드는 한국사회가 이미 위험한 길로 들어섰다고 주장한다. 또한 한국인의 병든 마음의 일차적 책임은 한국사회에 있다고 주장하면서, 오늘의 한국사회를 한국인의 불안을 증폭시키는 9가지 심리 코드로 설명한다.

저자는 이기심, 고독, 무력감, 의존심, 억압, 자기혐오, 쾌락, 도피, 분노 등의 심리 코드가 한국인에게 부정적 감정을 야기하여 우리 사회에 불안을 증폭시키는 요인이 된다고 강조한다. 한국사회가 한국인의 마음을 어떻게 병들게 했는지, 오늘을 살아가는 한국인의 불안의 실체는 무엇인지, 한국인들이 왜 유독 불안요소에 취약한지 등을 분석하고 있다. 특히 한국인들이 외상후 스트레스 장애에서 벗어나 '외상후 성장'으로 현재의 고통을 승화할 수 있다고 주장하며, 한국인 고유의 심리적 감정에 주목한다.

'능동적 탐욕'이란 자발적이고 적극적으로 탐욕을 추구하는 것으로, 무한대의 이윤추구 욕에 사로잡힌 자본가계급이나 마음의 병이 결합된 병자들의 탐욕이다. 반면에 '수동적 탐욕'이란 죽을까 봐 무서워 어쩔 수 없이 탐욕을 추구하는 것으로, 불안과 공포에 쫓겨 강박적으로 탐욕을 추구하게 되는 대부분의 한국인들이 여기에 해당된다. 잘 알려진 대로 사회안전망이 잘 갖추어진 복지국가들의 국민들은 그처럼 게걸스럽게 탐욕을 추구하지 않는다. 반면에 한국인들은 '이제는 돈을 그만 벌어도 된다'는 마음의 결정을 좀처럼 내릴 수가 없다. 돈이 아무리 많아도 자신이 안전하다고 느끼지 못하며, 내일이 어떻게 될지 몰라 너무나 불안하기 때문이다. 그래서 한국인들은 자신의 생존과 미래를 지켜줄 수 있는 유일한 무기로 간주되는 돈이나 땅에 무섭게 집착한다. 부자는 부자대로, 가난뱅이는 가난뱅이대로 계속 돈 벌기에 목을 걸 수밖에 없는 것이다. '돈 없으면 죽는다!', '돈이 없으면 사람대접 못 받는다!'는 강박관념에 근거한 탐욕은 수동적 탐욕이므로, 만일 사회안전망이 제대로 확보되면 한국인의 탐욕은 80퍼센트 이상 줄어들 것이다.

누가, 왜 우리를 불안과 공포로 내몰고 있는가? 오늘의 한국인은 단군 이래 최악의 불안과 우울, 무기력과 분노를 경험하고 있다. G20 정상회담 주최, GDP 증가, 경제규모 세계 10위권 도달, OECD 가입 등 갖가지 성공적인 지표 이면에는 세계 50위권의 행복지수, 남녀 소득 격차, 국채 증가율, 세부담 증가율, 저임금 노동자 비율, 근로 시간, 노동유연성(해고의 용이성), 산재 사망자, 비정규직 비율, 이혼율, 자살률, 사교육비 비중 등이 1위인 대한민국. 이 보고서들이 말해주는 것은 우리가 여전히 생존을 위협당하며 벼랑 끝에 내몰리고 있다는 것이다. '1등만 기억하는 더러운 세상' 이라는 무한경쟁의 사회, 국민 삶의 질과 여가, 건강에 무심한 사회는 극소수의 승자와 패배한 다수로 양분될 것이고 이는 곧 우리 사회 전체의 붕괴로 이어질 수밖에 없다.

심리학자 김태형이 제시한 개인이 각자의 자리에서 인간다운 삶을 살기 위해 점검하고 바꾸어나가야 할 가장 핵심적인 대인은 공동체를 재건하는 것이다. 현재의 한국사회에서 가장 시급한 해결책은 파편화된 개인이 고립된 상태를 벗어나는 것이라고 말한다. 한국사회의 문제가 곧 한국인의 생존을 위협하고, 동시에 한국인의 고통과 불행이 한국사회를 벼랑 끝으로 밀어내고 있다. 개개인이 당장의 생존을 걱정하기보다 사람답게 사는 길을 고민하고, 힘을 모아 건강한 공동체를 조직함으로써 사회에서 오는 스트레스와 악영향을 함께 이겨낼 때 우리 사회는 차츰 역주행을 멈추고 제자리로 돌아올 수 있을 것이다.

불안(不安)의 네 가지 근본 형태

불안(不安)은 헌신에 대한 불안, 자기 자신이 됨에 대한 불안, 변화에 대한 불안, 필연성에 대한 불안 등 다음과 같이 구분한다(불안의 심리 중에서).

① **헌신에 대한 불안**(분열적 인성의 사람).

남들과 가까워지는 것을 불안해하고 독립성을 지향한다. 이런 사람이 부모가 되면 아이에게 따뜻함을 주지 않는다.

다른 사람들과 접촉하지 않아도 되는 자연과학자, 천문학자, 물리학자 등의 직업을 선호한다. 자립성과 독립성이 장점이며, 반대 극점인 헌신의 측면을 보완하여 통합하는 것이 중요하다.

② **자기 자신이 됨에 대한 불안**(디프레시브한 인성의 사람).

홀로 내버려지는 것과 고독을 두려워한다. 강한 자아가 결핍되어 있으며 내면에서 억압된 것을 극단적 형태로 표출하는 경우가 있다. 종교적인 면에서 큰 내면성과 깊이에 도달할 수 있다. 이런 부모는 아이에게 애정을 쏟기는 하나 아이를 너무 심하게 종속시킬 위험이 있다. 사회보장 분야의 활동, 봉사하는 의사나 성직자, 교육학자 등의 직업이 잘 맞다.

③ **변화에 대한 불안**(강박적 인성의 사람).

완벽주의적이고 규칙과 습관에 매달린다. 자신과 타인 앞에서 강박들을 합리화하고 이성적으로 근거를 밝히려 한다. 책임감 있는 부모지만 아이들의 맹목적 복종을 요구하고 벌을 중요시한다. 책임감이 강하고 옹졸한 관리, 은행가, 수공업자, 법률가, 분류학자 등의 직업이 잘 맞다.

④ **필연성에 대한 불안**(히스테리성 인성의 사람).

현실이 아닌 유사 현실 안에서 살며, 그런 유사 현실을 창조한다. 모험을 즐기고, 일벌이기를 좋아하며, 늘 새로운 것을 향할 준비가 되어 있다. 감격시키고 즉흥적인 부모이며, 교육에 있어서는 분별력과 일관성이 결여되어 있다. 진보적이고 혁명적인 정치 성향을 가지며, 사안보다는 사람과 연관이 많은 패션모델, 미용실 경영, 호텔 직원 같은 것이 잘 맞다.

인생은 하나의 불안을 다른 불안으로 대체하고, 하나의 욕망을 다른 욕망으로 대체하는 과정으로 보인다. 그렇다고 불안을 극복하거나 욕망을 채우려고 노력은 하더라도 우리의 목표들이 약속하는 수준의 불안 해소와 평안에 이를 수 없다는 것쯤은 알고 있어야 한다. 아무리 우아하고 세련된 자동차라도 그 만족감은 인간관계가 주는 만족감에 상대가 되지 않는다.

14) 상대를 존중하는 인품을 갖추면 행복하다.

존중은 품격 있는 가장 강력한 성공 수단이며, 마음을 얻는 최고의 도구이다. 존중하는 문화는 삶의 다양한 영역에서 긍정적인 나비효과를 불러일으킨다. 존중은 사회가 부드럽게 돌아가는 데 윤활유 역할을 하며, 부드럽게 세상을 변화시킨다. 가정에서 존중하는 법을 배우지 못한 아이들은 사회적 예의범절을 모르는 사람으로 성장하고, 이들은 폭력이나 범죄 같은 심각한 사회 문제를 야기하게 된다.

부모로부터 존중받고 자란 아이들은 그렇지 않은 아이들보다 나은 인생을 살 가능성이 높다. 다른 사람으로부터 인정을 받으면 자신감이 생기고 창의력이 고취된다. 그래서 매사에 자신 없어 하던 사람도 용기를 내어 자신의 한계를 극복하고 새로운 목표를 달성할 수 있다. 부부 사이에서 배우자에게 바라는 희망사항을 조사해 보면 '내 의견을 존중하는 배우자' 를 1위로 꼽는다. 또 부부 사이에서도 '고맙다' 는 말을 자주 하면 친밀감과 애정이 각별해진다. 오랜 세월을 행복하게 지내온 사이가 좋은 부부들은 평소에 호감, 존중, 감사, 배려 등 긍정성을 많이 쌓아두어야 다툼이 있더라도 화해가 쉽다.

직장에서도 서로를 존중하는 분위기에서 직장 동료와 원만한 관계를 유지하는 것은 행복한 직장 생활과 생산성 향상의 지름길이다. 직장에서 존중 문화를 구축하면 직원들의 사기를 높여 생산성과 창의성을 향상시키고 이들의 책임감과 일에 대한 애정도를 높일 뿐만 아니라, 직원 이직률을 낮춰 신입사원 교육에 드는 많은 비용을 줄일 수 있다는 것이다.

타인의 가치와 고유성을 인정하고 다른 사람의 입장에 서서 그들의 감정을 헤아려보는 것이 필요하다. 우리 주위를 돌아보면 존중의 미덕은 사라지고 이기적이고 무례한 행동이 난무하고 있다. 손님을 무시하는 점원, 도로에서의 끼어들기와 난폭 운전, 아이들의 사소한 다툼에 소리를 지르며 참견하는 부모 등. 가정에서 존중하는 법을 배우지 못한 아이들은 사회적 예의범절을 모르는 사람으로 성장하고, 이들은 폭력이나 범죄 같은 심각한 사회 문제를 야기하게 된다. 그래서 존중하는 법도 학습이 필요하다.

'존중' 은 이처럼 우리가 상상하는 것 이상으로 대단한 힘을 발휘한다. 무엇보다 돈 한 푼 들이지 않고 쉽게 실천할 수 있다. 다른 사람에 대한 배려와 존경, 포용은 모두 존중의 마음에서 나온다. '존중' 은 내 자신과 주변 사람의 삶을 풍요롭게 해주고 모든 사람을 행복하게 해주며 성공적인 삶을 살기 위해 꼭 필요한 내용이다.

'사업이나 삶에서 성공하고 싶다면 다른 사람을 존중하라' 는 것이다. 존중은 케케묵은 미덕이 아니다. 강력한 성공 수단이다."

- 레오나드 A. 로더(에스티 로더 명예 회장)

사람의 품격(品格)은 사람 된 타고난 성품, 사물 따위에서 느껴지는 품위이다. 품격의 품(品)은 입 구(口)가 세 개 모여 형성되듯이 사람의 입에서 나온다. 사람의 좋은 말들이 쌓여야 품격을 갖출 수 있기 때문에 우리는 사람이 사용하는 언어를 보고, 그 사람의 인품을 가늠한다. 인품은 그 사람의 교양과 연관이 있고 인품의 미는 천성적이라기보다 후천적인 것이기 때문에 누구나 자신을 잘 다듬으면 아름다움으로 나타날 수 있다.

링컨은 "사람은 나이 40이 되면 자기 얼굴에 책임을 져야 한다."라고 말했다. 나이가 들어가면서 자기 삶과 인품이 그대로 투영되어 얼굴에 드러나는 것이기 때문이다. 또 자기 얼굴만 책임져야 하는 것이 아니고 자기가 쓰는 말과 글에도 그 사람의 삶과 인품이 그대로 드러나므로 '자기 얼굴'뿐 아니라 말과 글도 함께 관리할 줄 알아야 비로소 겉과 속이 같은 인품의 사람이 될 수 있음을 의미한다. 특히 나이가 들면 진실한 친구가 필요하다. 그가 여성이든 남성이든, 나이가 많아도 좋지만 그의 인품이 맑은 강물처럼 조용·은근하고 신선하여 예술과 인생을 소중히 여길 만큼 성숙한 사람이면 된다.

품격 있게 살기 위해서는 네 가지 마음이 필요하다[맹자].

첫째, 어짊의 실마리로 남을 측은히 여기는 측은지심(惻隱之心).
둘째, 의로움의 실마리로 세상살이에 부끄러워할 줄 아는 수오지심(羞惡之心).
셋째, 예의의 실마리로 사양할 줄 알고 늘 겸손한 태도인 사양지심(辭讓之心).
넷째, 지혜의 실마리로 옳고 그름을 잘 분별할 줄 아는 시비지심(是非之心).

남을 측은히 여기는 어짊이나 부끄러워할 줄 아는 의로움, 사양하고 겸손한 예의, 옳고 그름을 분별하는 지혜 가운데 그 어디에도 혼자 누리고 많이 갖고 받으려고만 하는 욕심은 없다.

품격 있는 사람은 자기보다 큰 사람을 향해 마음을 열 줄 알고 그로부터 배우고, 그를 따르면서 자신을 발전시킬 줄 안다. 골목대장으로 머물 것인가, 좀 더 넓은 세상으로 나갈 것인가의 갈림길에서 품격 있는 사람은 지금은 괴로워도 넓은 세상을 향해 나간다. 반면 품격 없는 사람은 골목대장 노릇으로 받는 작은 기쁨에 중독되어 있다. 나를 열지 않고는 나는 지금보다 나아질 수 없다. 나보다 큰 사람을 받아들이지 않고는 나는 점점 줄어들고 만다. 지금의 나보다 더 크고 싶다면 큰 사람을 존중하고, 지금보다 유식해지고 싶다면 나보다 유식한 사람을 존중해야 한다. 상대를 존중하는 것은 내 품격을 높이는 일이고, 겉으로만 아첨하는 일은 내 품격을 떨어뜨리는 일이다. 훌륭한 인품에 대하여 위고는 "주름살과 함께 품위가 갖추어지면 존경과 사랑을 받는다." 라고 말했다. 이처럼 마음의 향기와 인품의 향기가 자연스럽게 우러나는 삶을 살면 그 향기주변으로 많은 사람들이 모이게 될 것이다.

성품이 좋은 사람은 자신의 인생도 행복하게 만들고, 다른 사람들도 행복하게 해 줄 수 있는 능력을 갖추게 되고 다른 사람들도 성품 좋은 사람이 세상을 변화 시킬 수 있다는 것을 알기 때문에 자신도 모르는 사이 지도자가 되어간다. 품격 있는 사회란 폭력이나 욕설대신 웃음과 유미, 부정과 비난보다는 긍정과 칭찬이 있다. 품격 있는 사회는 거짓이 없고 책임과 룰(rule)을 지키며 예의를 존중한다. 구체적 실천방안으로는 남을 배려하는 사려 깊은 마음을 갖는 것, 예절을 잘 지키는 것, 겸손한 태도를 갖는 것, 겸양의 미덕을 발휘하는 것을 통해 자신의 품격을 스스로 높이는 것이다.

일본의 백만장자 오마타 간타는 그의 저서 「3년 후, 당신의 미래」에서 "미래사회는 인간성이 좋은 사람이 가장 성공하는 인품사회" 라고 말했다. 또 카이스트 서남표 총장은 "인성이 좋아야 사회에 공헌 한다" 고 하였고, 하버드대 연구소의 연구에서 "노후 행복의 열쇠는 인간관계" 라는 이야기를 보더라도 인품은 우리의 삶을 아름답게 하는데 가장 중요한 요소이다. 오늘날

이와 같은 인품을 갖춘 사람은 인간성도 좋고, 주변의 존경과 사랑과 인정을 받는 사람이니 즉 효도하고 예절 바른 사람일 것이다.

마갈릿이 제시한 '품위 있는 사회(The Decent Society)'는 하나의 사회에 있는 제도들이 그 안에 살고 있는 사람들을 '모욕'하지 않는 사회를 의미한다. 품위 있는 사회는 '정의로운 사회'보다 더 급하게 실현해야 하는 사회이며, 현실적으로 정의롭지 않더라도 이 사회는 반드시 품위가 있어야 한다. '품위 있는 사회'는 사회가 제도를 통해 구성원들을 존중하고, 나아가 사회 구성원들이 정당한 이유로 모욕감을 느낄 조건들과 싸우는 사회다. 마갈릿은 이런 사회가 지켜야 할 최고의 가치로 인간의 존엄성을 들었다. 또 그는 사람들이 모욕감을 느끼는 이유는 "사람으로서의 자기존중(자존심)을 부정하고 인간의 공동체로부터 배제시키거나 거부하는 것이다"라고 말한다.

15) **절망과 좌절을 극복하는 것은 참된 행복의 싹이다.**

사람은 희망을 잃을 때 비로소 늙어진다. 세월이 흘러 피부에 하나 둘 주름살이 패일지라도 열정으로 가득 찬 영혼은 결코 주름지지 않는다. 걱정, 의심, 좌절, 두려움 그리고 절망 이것들이야말로 기력을 쇠하게 하고 정신을 썩어지게 하는 것이다. 또 시련과 혼란, 아픔과 갈등 없이 좋은 성과를 얻기 어렵다. 산에서 자란 나무는 비바람과 폭풍우라는 시련을 피하지 않고 당당하게 맞이한 대가로 그렇게 튼튼한 모습으로 산을 빛낼 수 있는 것이다. 아픔과 실패 없이 거둔 성공은 손안에 쥔 모래처럼 허무하게 사라져 간다. 지금 그대에게 주어진 모든 시련에 감사하라. 시련에 감사하는 마음이야말로 그대가 가장 소중히 여겨야 할 행복의 씨앗이다.

마틴 루터 킹은 "이 세상을 움직이는 것은 희망이다. 수확할 희망이 없다면 농부는 씨를 뿌리지 않으며, 이익을 거둘 희망이 없다면 상인은 장사를 하지 않는다. 좋은 희망을 품는 것이 바로 그것을 이룰 수 있는 지름길이다." 라고 말했다. 지금 현재의 상황이 아무리 어렵더라도 질망과 좌질을 이야기하기 전에 우리의 꿈과 희망을 찾아야 한다.

역설적이지만 「쿠노 피셔」는 "고난(苦難)은 사람을 만드는 법이다. 뜨거운 가마 속에서 구워 낸 도자기는 결코 빛깔이 바래는 일이 없다. 이와 마찬가지로 고난의 아픔에 단련된 사람의 인격은 영원히 변하지 않는다. 안락은 악마를 만들고 고난은 사람을 만드는 법이다." 라고 말했다. 고난은 아픔이지만 훌륭한 약(藥)이다. 그런데 어떤 부모는 자식사랑이 지나쳐, 편안함에 길들이고 온실 속에 가두어 자생력(自生力)을 잃게 함으로서 소중한 혜택(기회)을 빼앗는 어리석은 짓을 한다.

맹자는 "하늘이 장차 그 사람에게 큰 사명을 주려할 때는 반드시 먼저 그의 마음과 뜻을 흔들어 고통스럽게 하고, 그 힘줄과 뼈를 굶주리게 하여 궁핍하게 만들어 그가 하고자 하는 일을 흔들고 어지럽게 하나니, 그것은 타고난 작고 못난 성품을 인내로써 담금질하여 하늘의 사명을 능히 감당할 만하도록 그 기국과 역량을 키워주기 위함이다." 라고 말하였다.

사람들은 불행의 경험을 더러 겪게 된다. 대다수 사람들은 그 때 주저앉거나 무너지지만 진정으로 강한 사람은 그 역경을 딛고 다시 일어선다. 그래서 역경 이전에는 전혀 보지 못했던 성공의 길을 발견하게 된다. 역경은 더 큰 사람, 더 강한 사람으로 만들기 위해 하늘이 특별한 사람에게만 주는 선물이다. 아놀드 토인비는 '시련 대에 선 문명' 에서 "사람은 고통을 통해서만 배우게 되는 것이며, 역경은 이를 극복하려는 결심이 서있는 사람에게는 결코 불행이 아니다." 라고 강조한다.

또 충무공 이순신은 사형에 처해질 위기에서 우의정 정탁의 변호로 죽음을 면하고 도원수 권율장군의 휘하에서 사병으로 백의종군해야 했다. 원균이 3도 수군통제사로 있으면서 일본수군에 대패당하고 사망하자, 겨우 배 12척이 남았다. 조선조정은 다시 이순신을 3도 수군통제사로 삼았다. 다 망가진 조선수군을 재건해야 하는 이순신은 전라도와 경상도를 돌며 흩어진 조선수군을 모으고 수군을 보강하여 조선수군을 폐하고 육군에 참여하라는 선조에게 "신에게는 아직도 12척의 배가 있습니다. 신이 있는 한 일본수군이 함부로 하지 못할 것입니다."라는 편지내용으로 자신감과 애국충절을 보여 주었다. 해남과 진도사이를 강하게 흐르는 조류를 이용하여 쇠줄을 걸고 쇠줄 건너편에서 일본수군을 기다렸다가 급하게 일본수군 쪽으로 물살이 강하게 흐르자 집중포화를 퍼부어 130여척을 격파하는 세계해전사상 유례없는 '명량대첩'을 기록하였다. 이처럼 절망과 좌절의 상황에서 강열한 희망의 씨앗은 평소보다 더욱 큰 힘을 갖게 되고 그 용솟

음치는 에너지는 전화위복의 기폭제가 됨으로서 절망은 새로운 기회와 선택의 초석을 제공하게 된다.

거슬리는 모든 것은 나를 닦는 숫돌이다.

귀로는 항상 귀에 거슬리는 말을 듣고,
마음속에는 항상 마음에 거슬리는 일이 있다면
그것은 곧, 덕을 발전시키고 행실을 갈고 닦는 숫돌과 같다.

만약 말마다 귀를 기쁘게 해주고,
일마다 마음을 즐겁게 해 준다면,
그것은 곧, 인생을 무서운 독극물 속에 파묻는 것과 같다.

\- 菜根譚(채근담)

행복이라는 나무가 뿌리를 내리는 곳은 결코 비옥한 땅이 아니다. 오히려 어떻게 보면 절망과 좌절이라는 돌멩이로 뒤덮인 황무지일 수도 있다. 한번쯤 절망에 빠져 보거나 한번쯤 좌절을 겪어 보지 않고서 우리는 행복의 진정한 가치를 알기 어렵다. 절망과 좌절이라는 것은 우리가 참된 행복을 이루기 위한 준비과정일 뿐이다. 따라서 지금 절망스럽다고 실의에 잠겨있거나 지금 잠깐 좌절을 겪었다고 해서 내내 한숨만 쉬고 있는 것은 더욱 어리석은 일이다. 절망과 좌절이라는 것이 설사 우리의 삶에 바윗덩어리와 같은 무게로 짓눌러 온다 하더라도 그것을 무사히 들어내기만 한다면 그 밑에는 틀림없이 눈부시고 찬란한 행복이라는 싹이 고개를 내밀고 있을 것이다.

미래는 위험과 기회라는 동전의 양면처럼 다가오지만 대처할 준비가 되어 있는 사람에게는 기회가 되고, 그렇지 못한 사람에게는 위험이 되는 것이다. 최악의 시련은 최고가 되기 위해 반드시 경험해야 하는 필수코스라 할 수 있다. 어려운 일일수록 가치 있고 소중한 경험과 지혜를 안겨주고 떠난다. 특히 역경과 시련은 나를 담금질 시켜 그릇을 키워주고, 겸손이라는 미덕을 주고 떠난다는 점에서 하늘이 내린 선물이라 할 수 있다. 악마는 나에게 포기를 가르쳐 주고, 신은 나에게 다시 일어서는 법을 가르쳐 준다는 말이 있다. 위대한 사람은 놀라운 기적을 이루는 사람이 아니라 넘어져도 다시 일어나는 사람이다. 시련이나 고통을 즐길 수 있는 사람이라면 현재는 언제나 행복하다.

역경(逆境)이라는 문제가 생기는 것은 나쁜 일이 아니다. 위기에 대처하는 것은 성공주기를 방해하는 대신 오히려 가속화할 수 있다. 과거에 문제를 성공적으로 해결한 사람들은 새로운 위협이 닥쳐도 위기감을 덜 느낀다. 리더의 잠재력을 가진 사람들은 위기 극복에 성공하거나 역경을 무사히 극복했을 때 더 강해질 수 있다.

- 로자베스 모스 캔터의 《자신감》 중에서

역경과 고난은 몸과 마음을 고치는 힘이며, 약(藥)이다.
그리고 변명과 핑계는 아름다운 삶의 쓰레기이다.

- (채근담)

역경이란 그것을 극복해야만 한다는 것이며 생각하기에 따라서는 기회가 될 수 있다. 그러니 성공을 바라는 사람은 오히려 역경을 환영할 수 있는 자세를 가질 필요가 있다. 역경에 좌절할 것인지, 맞서 싸울 것인지는 본인의 마음 하나에 달려 있다. 역경은 그것을 통해서 왜 이렇게 되었는가 하는 반성과 사람을 보는 눈이나 세상을 아는 힘을 얻게 해 준다. 또, 다시 일어설 수 있는 용기와 힘 같은 저력이 길러지기 때문에 역경은 힘을 기르는 기회이다.

자신이 이루고자 하는 일이 시련과 역경에 부딪쳐 그르치게 되면 보통 사람들은 절망하게 된다. 그러나 이것은 시련이지 실패가 아니다. 내가 실패라고 생각하지 않는 한 이것은 실패가 아니다. 나는 건강한 생명이 있는 한 나한테 시련은 있을지언정 실패는 없다고 생각한다.

- 정주영회장의 '시련은 있어도 실패는 없다 ' 중에서

16) 행복의 조건 중 으뜸은 고난에 대처하는 자세다.

행복의 길에는 늘 고통이 함께한다.

재미로 가득하고 고통이 없는 삶이 곧 행복이라고 게 믿는다면 진정한 행복을 얻을 가능성은 오히려 줄어든다. 재미와 즐거움이 행복과 동일하다면 고통은 불행과 동일해야 한다. 하지만

사실은 그 반대다. 행복에 이르는 길에는 보통 어느 정도의 고통이 수반된다.

- 지그 지글러

스트레스는 피할 수 없을 뿐만 아니라 반드시 나쁜 것만은 아니다. 스트레스는 신체를 보호한다. 스트레스를 받은 사람은 주변 환경을 경계하고 위험을 피하기 위해 계획을 세운다. 반면에 즐겁고 태평한 사람은 함정 속으로 걸어 들어가고 있음을 알아차리지 못한다(브루스 맥웬).

행복하고 건강한 삶에도 법칙이 있을까? '하버드대학교 성인발달 연구' 는 1937년부터 무려 72년간 진행한 성인의 발달과 성장에 관한 최장기 '전향적' 종단연구다. '전향적 연구' 란 20대에 겪은 일은 20대, 30대에 겪은 일은 30대, 그리고 50대에 겪은 일은 50대에 기록하는 형식이다. 엄청난 재원과 연구원들의 끈기, 연구 대상의 협조가 필요한 매우 힘든 연구였다. 그런데 하버드대 연구팀은 70여 년 동안 연구를 이끌어왔다. 연구 대상은 1930년대 말 하버드대에 입학한 2학년생 268명과 연구 진행과정에서 추가된 서민 남성 456명, 그리고 여성 천재 90명 등 총 814명. 이번 호에 소개하는 '행복의 조건' 은 현재 이 연구를 책임지고 있는 하버드 의대 정신과 조지 베일런트 교수의 '하버드대학교 성인발달 연구' 결과를 토대로 분석한 것이다.

하버드대 연구팀은 행복과 불행, 건강과 쇠약함 등을 좌우하는 것은 사람이 얼마든지 '통제할 수 있는' 요인들이었다는 점이다. 건강하고 행복한 노년을 만드는 '행복의 조건' 은 타고난 부, 명예, 학벌 따위가 아니었으며 행복의 조건 가운데 으뜸은 '고난에 대처하는 자세' (성숙한 방어기제)였다. 그리고 그것을 뒷받침하는 것은 47세 무렵까지 형성돼 있는 인간관계였다. 나머지는 교육연수(평생교육), 안정적인 결혼생활, 비 흡연(또는 45세 이전 금연), 적당한 음주, 규칙적인 운동, 알맞은 체중이었다.

1967년부터 이 연구를 주도해온 조지 베일런트(George Vaillant) 교수는 "삶에서 가장 중요한 것은 인간관계이며, 행복은 결국 사랑" 이라고 결론지었다. 그는 "어떠한 데이터로도 밝혀낼 수 없는 극적인 주파수를 발산하는 것이 삶" 이라며 "행복이란 과학으로 판단하기에는 너무나 인간적이고, 숫자로 말하기엔 너무나 아름다우며, 진단을 내리기에는 너무나 애잔하고, 학술지에만 실리기에는 영구불멸의 존재다" 라고 말했다.

베일런트는 "행복의 조건"이라는 책에서 행복의 비결은 부나 명예가 아니라 스스로 절제할 수 있는 7가지 요소를 삶 속에서 갖추어 나가는 것이다. 7가지들 중의 첫째는 고통에 대응하는 성숙한 방어기제이고, 이어서 교육, 안정된 결혼생활, 금연, 금주, 운동, 알맞은 체중이었다. 하버드 졸업생들 중 50대에 이르러 이들 7가지 중 5, 6가지를 갖추었던 사람들은 80세에도 행복하고 건강한 상태였고, 50세에 세 가지 미만의 조건을 갖추었던 사람들이 80세에 행복하고 건강한 상태에 이른 사람은 아무도 없었다고 한다.

우리나라 중장년층들도 남은 평생 누릴 장기적인 행복감을 스스로 준비하려면 끊임없이 배우고, 유머를 즐기며, 친구를 사귀면 된다. 그리고 담배를 끊고 술을 줄이는 동시에 일찍 귀가해 가족들 얼굴 한 번 더 본다면 그 사람은 끊임없이 성장하며 행복할 수 있다. 이것은 수많은 사람을 평생토록 밀착 조사한 것에 통찰을 더해 얻은 결론이다.

실수를 감당할 용기

"최초의 가르침을 시작하기 전에
한 가지 당부하고 싶은 게 있네."
"일단 길을 발견하게 되면 두려워해선 안 되네.
실수를 감당할 용기도 필요해.
실망과 패배감, 좌절은
신께서 길을 드러내 보이는 데 사용하는 도구일세."

- 파울로 코엘료의 《브리다》 중에서

실수하니까 사람이고, 사람이니까 실수하게 된다. 가고자 하는 길이 정녕 바른 길이라면 실수를 두려워하지 않는 용기가 필요하다. 모든 실수와 좌절에는 반드시 뜻이 있다. 그 뜻을 발견하고 다시 출발하는 것이 진정한 용기다.

제 2 부

효행은 세상을 살릴 선중의 선(善)

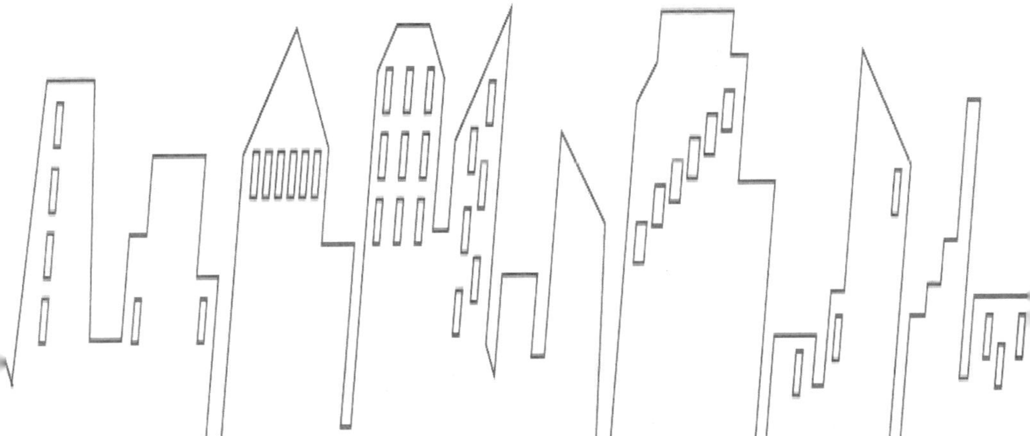

제 2부. 효행은 세상을 살릴 선중의 선(善)

Ⅰ. 어버이 사랑.

Ⅱ. 효(孝 HYO)의 본질과 중요성.

Ⅲ. 효행의 종류.

Ⅳ. 종교별 효 사상.

Ⅴ. 효행(孝行)의 실천과 효행교육 방법.

Ⅵ. 과거의 효행.

Ⅶ. 오늘날의 효행.

Ⅷ. 안타까운 불효자들.

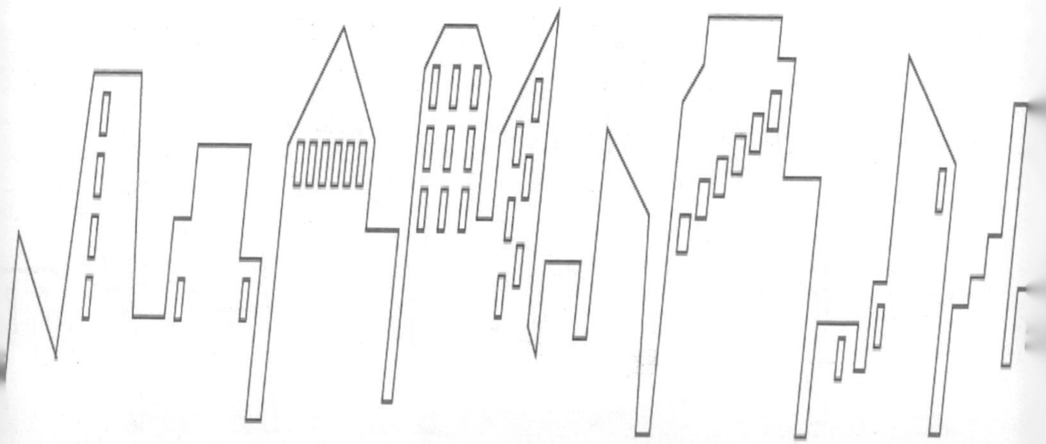

Ⅰ. 어버이 사랑

1. 비교 대상이 없는 어버이라는 존재.

부모란 생물학적으로는 생산자이고, 사회학적으로는 사회화의 동인이다. 생물학적 부모는 자녀를 출생하여 생명을 이어가는 것을, 그리고 사회화의 동인으로서의 부모는 자녀를 양육하여 사회 구성원으로 성장하게 한다. 즉 자녀들에게 공동사회가 요구하는 규범과 제도 그리고 관습을 지키며 공동사회의 유지존속을 위하여 지지를 보내도록 사회화 시킨다.

유대인에게 아버지란 공급자, 보호자, 인도자, 교육(훈계)하는 자이다. 이는 자녀에게 일용할 양식을 공급하고, 자녀를 외부의 위험으로부터 보호해 주고, 자녀를 좋은 곳으로 인도해 주며, 자녀를 하나님의 형상으로 닮도록 교육하는 것이 부모의 역할이라는 뜻이다. 하나님과 부모의 개념 및 기능상 두터운 유사성이 있기 때문에 부모를 공경하듯이 하나님을 공경 혹은 경외하고 또한 하나님을 공경 혹은 경외하듯이 부모를 공경해야 효를 할 수 있다.

부모는 아이를 낳는 순간 영원히 버릴 수도 없고 정년도 없는 무한책임의 부모라는 자격증을 얻게 된다. 그런데 많은 사람들은 결혼하고 자녀를 낳으면 자연스럽게 부모로서의 책임감이 생기며 부모 역할을 잘할 수 있으리라 생각한다. 그러나 막상 부모가 되어보면 부모 노릇이 만만치 않은 일이며, 끊임없는 희생과 헌신은 물론이고 많은 육아 지식과 기술이 필요한 일임을 느끼게 된다. 평생 애프터서비스를 해야 하니 '자식 공포증'이 생길 만도 하다. 하지만 늘 배고픔과 죽음이 곁에 따라다니던 시절, 갖은 비바람 폭풍우를 한 몸으로 다 받아내며 자식들을 키워낸 우리네 어머니들, 이제 어머니가 되고 아버지가 된 이 땅의 아들 딸들에게 '어머니' 는 한(恨)과 울음 섞인 아름다움이다. 그 이름 떠올리기만 해도 가슴이 젖는다.

우리의 어머니들은 기력 있는 한 자식생각, 손주사랑에 궂은 일 마다 않다보니 제 몸 태워 바치는 소신공양(燒身供養)을 하는 셈이다. 한자의 바다 해(海)자에는 어머니를 뜻하는 모(母)자가 들어있고, 불어에서도 e의 철자 하나만 다를 뿐 바다도 어머니도 다같이 '라 메르' 라고 부른다. 어버이의 자식 사랑하는 마음은 동서고금이 다르지 않으며, 부모님이란 내가 아프면 나보다 더 아픈 사람이고 내가 슬프면 나보다 더 슬픈 사람이며 내가 기쁘면 나보다 더 기쁜 사람이다. 부모님께서는 언제나 자녀에게 사랑을 주시기만 하신다. 그리고 어떤 보답도 바라지 않으시고 어떤 요구나 조건도 없이 무조건 주시기만 하시는 비교 대상이 없는 숭고한 사랑이다.

천하의 모든 물건 중에는 내 몸보다 더 소중한 것이 없다.
그런데 이 몸은 부모가 주신 것이다
- 율곡 이이

또 부모와 자식 간의 인연에 대해서 새로운 시각으로 바라볼 필요가 있다. 흔히 부모가 낳은 자식에게 책임을 다하고 자식 일이라면 목숨을 거는 부모들이 많다. 그러나 아이가 잉태되고 낳는다는 것은 부모의 선택이 아니고 하늘의 선물이므로 부모가 원하는 대로 아들 놓고 딸 놓고, 잘생긴 아이, 공부 잘하는 아이를 선택 할 수 없다. 이치적으로는 돌아가시는 분들이 육신을 두고 영혼이 가신다는 것처럼 아이가 들어 설 때도 들어오는 아이의 영혼이 자신의 필요에 맞는 부모를 선택 했다고 봐야 할 것이다.

입태(入胎)의 태(胎)는 육신을 의미하는 월(月)에다 별태(台)가 모여서 의미를 가지니 일정한 별의 기운이 육신에 깃든다는 의미로 해석 할 수 있다. 아버지의 씨와 어머니의 밭이 만나져서 잉태가 되지만 그 주체인 태아의 영혼은 별의 기운을 가진 존재로 자신이 태어날 육신의 유전적 특성을 고려해서 부모를 닮은 육신을 선택하는 것이다. 부모의 입장에서는 내 자식이지만 영혼이 선택한 자신의 삶으로 보면 하해(河海)와 같은 은혜를 갚아야 하는 것은 자식이 해야 하는 중요한 효(孝)의 덕목인 것이다.

흔히 자식이기는 부모 없다는 말을 많이 한다. 그러나 자식은 부모의 의도대로 태어나는 것이 아니라 자신의 영혼이 프로그램에 따라 태어나므로 성장기의 여러 가지 일들은 자식이 선택한대로의 삶을 삶아가기 때문에 부모의 의도대로 가는 것은 한계가 있고 부모와의 갈등은 필연적인 요소를 가지고 있는 것이다. 부모자식간의 인연은 하늘이 맺어준 혈연적 관계로 필연적으로 만나서 깎고 다듬어야 될 필요에 의해 선택되는 것이니 그 자체가 고마운 일이고 살아있을 동안 다 갚지 못하는 것이 부모님의 은혜인 것이다. 그러나 무엇보다 안타까운 일은 지난 수 십 년 동안 우리 사회에서 부모에 대한 효도만큼 그 가치가 떨어진 것이 없을 것이라는 점이다.

부모와 자식의 인연

사람이 세상에 올 때 모태에 들어가는 것은 반드시 그 부모와 인연이 있기 때문인데, 4가지 조건이 있다. 즉, 은혜를 갚기 위해, 원수를 갚기 위해, 부채를 받기 위해, 부채를 돌려주기 위해서라고 한다.

은혜를 갚는 인연(報恩)

부모와 자식에게 전생에 큰 은혜가 있어, 그 은혜를 갚기 위해 금생에 자식으로 태어나 생전에 부모가 기뻐하도록 극진히 봉양하고, 사후에는 귀신이 흠향하도록 장례와 제사를 정성껏 모시는 것이오. 나아가 국가 사회에 이바지 하고 백성에게 혜택을 끼쳐 청사(靑史)에 이름을 남김으로써, 천하 후세 사람들로 하여금 그 사람을 흠모하면서, 그 부모까지 존경하도록 훌륭한 도덕을 닦기도 한다. 역사 속의 수많은 충신과 효자가 그러하다.

원한을 갚는 인연(報怨)

부모가 자식에게 전생에 원한을 사서, 그걸 갚기 위해 자식으로 태어나는 것이다. 작게는 부모 마음을 거스르고, 크게는 화가 부모에게 미치게 하며, 살아생전에는 맛있고 따뜻한 봉양을 올리지 않고, 죽은 위에는 황천에서도 모욕을 당하게 한다. 또 더 심한 경우에는 권세나 요직에 앉은 신분으로 부정부패와 불궤(不軌)의 죄악을 저질러, 가문과 친족을 파멸시키고 조상의 무덤까지 파헤치게 하며, 천하 후세 사람들로 하여금 그 사람을 욕하면서 그 부모에게 침 뱉게 만든다.

빚을 갚는 인연(償債)

자식이 전생에 부모에게 진 재산상의 빚을 갚으려고 태어난 경우다. 진 빚이 많으면 평생토록 뼈 빠지게 일해 받들어 모시지만, 빚이 적으면 잘 봉양하다가 더러 중간에 그만두기도 한다. 예컨대, 힘들여 공부하여 부귀공명을 조금 얻는가 싶더니 그만 요절한다든지, 사업이 잘되어 재산 좀 모으다가 죽는 수도 있다.

빚을 되찾는 인연(討債)

부모가 자식에게 전생에 재산상의 빚을 진 까닭에 그 빚을 받으려고 태어난 경우다. 빚이 적으면 생활비나 학비를 들여 가르치고, 혼수 장만하여 결혼시켜, 이제 자립하고 사회 활동을 할 만하니 그만 수명이 다해 버리는 것이다. 또 빚이 많으면 집안 재산을 탕진하고 패가망신까지 시킨다. 그런데 세상 사람들은 조금만 어려운 재난을 당하면, 하늘을 원망하거나 사람을 탓하기 일쑤요. 전생에 진 빚을 갚는다는 생각으로, 죄업을 참회하는 마음을 내는 이는 참으로 드물다.

맥아더 장군은 만년에 얻은 자식을 위해 지은 기도문을 통해 승리에 겸손하고 패자를 관용할 줄 알며, 남을 지배하기 전에 자기 자신을 다스리고, 고난과 도전에 분투하는 용기 있는 자녀가 되게 해 달라고 빌었다. 백전노장의 이 기도는 항상 자녀의 안위와 올바른 성장만을 기원하는 모성이 깃들어 있기 때문에 더욱 호소력 있게 다가온다.

2. 숭고한 엄마(어머니)라는 분.

엄마의 대표적인 이미지인 아가페(agape)적 사랑은 흔히 헌신적인 사랑이라고 알려져 있다. 사랑은 받는 것이 아니라 주는 것이라고 생각하고, 상대방을 위해 모든 것을 감수하고 수용하며

자신을 희생할 수 있으며, 감정보다는 이성과 의지에 의한 사랑이다

돈 내놓으라며 어머니를 때리는 아들을 보다 못해 누군가 이 패륜아를 쓰러뜨렸다. 어머니는 그 아들이 행여 얻어맞을까 얼른 가로막고 감싸 안는다. 세상이 아무리 거칠고 가난해도 어머니 마음만은 가난하지 않다. 유대 금언집 탈무드에 "신은 모든 곳에 있을 수 없어서 어머니를 보냈다" 고 했디.

아무도 이 말이 지나치다고 생각하지 않을 것이다. 어머니의 무조건적인 무한사랑은 인간에 기울이는 신의 사랑과 닮았다. 어머니는 삶의 근원이자 안식처다. 그 이름 되뇌기만 해도 가슴이 따뜻해진다. 몇 헤 전 영국문화원이 영어를 쓰지 않는 102개 나라, 4만여 명에게 '가장 아름다운 영어 단어' 를 고르라고 했다. 1위는 단연 'Mother(어머니)' 였다.

어머니는 하늘이 내린 교사이다. 이 땅의 어머니들이 신이 하는 일을 대신하고 있는 신의 동역자들 임을 말해 주는 격언이다. 근대교육의 아버지요 사랑의 교육실천가였던 페스탈로치가 남긴 글 중에 "어머니들에게 보내는 편지"란 제목의 책에 어머니가 중심이 되어 행하여지는 가정에서의 유아교육, 조기교육, 가정교육, 기초교육, 교육의 목적 등이 골고루 설명되고 있다 그리고 그 핵심은 "교육의 본질은 사랑" 이다. 그처럼 이미니는 사랑의 화신이기에 어머니가 가장 훌륭한 교사가 될 수 있다고 했다. 어머니들의 가슴 속에는 자신의 자녀가 행복해지기를

갈망하는 모성애(母性愛)가 있고, 모성애는 온 자연의 질서 중에서 가장 아늑하고도 가장 강력한 힘이다.

어느 어머니의 일기

미안하구나, 아들아. 그저 늙으면 죽어야 하는 것인데, 모진 목숨 병든 몸으로 살아 네게 짐이 되는구나. 여기 사는 것으로도 나는 족하다. 그렇게 일찍 네 애비만 여의지 않았더라도 땅 한 평 남겨 줄 형편은 되었을 터인데 못나고 못 배운 주변머리로 짐 같은 가난만 물려주었구나.

내 한 입 덜어 네 짐이 가벼울 수 있다면, 어지러운 아파트 꼭대기에서 새처럼 갇혀 사느니 친구도 있고 흙도 있는 여기가 그래도 나는 족하다.

내 평생 네 행복 하나만을 바라고 살았거늘 말라비틀어진 젖꼭지 파고들던 손주 녀석 보고픈 것쯤이야 마음 한번 삭혀 참고 말지.

혹여 에미 혼자 버려두었다고 마음 다치지 마라. 네 녀석 착하디착한 심사로 에미 걱정에 마음 다칠까 걱정이다. 삼시 세끼 잘 먹고 약도 잘 먹고 있으니 에미 걱정일랑은 아예 말고 네 몸 건사 잘 하거라.

살아생전에 네가 가난 떨치고 살아 보는 것 한 번만 볼 수 있다면 나는 지금 죽어도 여한은 없다.

행복 하거라. 아들아. 네 곁에 남아서 짐이 되느니 너 하나 행복할 수만 있다면 여기가 지옥이라도 나는 족하다.

1) 세상에서 가장 강한 어머니.

모든 것이 하얗게 덮일 정도로 많은 눈이 내리는 어느 겨울날, 두 사람이 강원도 홍천의 한 골짜기를 찾았다. 한 사람은 중년의 미국인이었고, 한 사람은 젊은 한국인 청년이었다. 두 사람은 한 무덤 앞에 멈춰 섰다. "이곳이 네 어머니가 묻힌 곳이란다." 1951년 6·25전쟁이 한창이던 어느 날, 미군 병사는 홍천의 한 골짜기로 후퇴 중 하얀 눈 속에서 갓난아기의 울음소리를 들었다. 달려가 눈 속을 파헤치는 순간 미군병사는 놀라고 말았다. 눈 속에서 옷을 하나도 걸치지 않은 알몸의 여인을 발견한 것이다. 그 여인은 갓난아기를 살리기 위해 입고 있던 옷을 모두 벗어 아기를 감싸 안은 채 알몸으로 얼어 죽고 말았던 것이다.

모정에 깊은 감동을 받은 미국인 병사는 그 어머니를 정성껏 묻어 주고 아기를 데리고 철수하여 양아들로 길렀다. 그 아기가 청년이 되었을 때, 미국인 아버지는 청년에게 어머니의 이야기를 들려주었고, 청년이 된 아들과 미국인 아버지는 어머니의 무덤을 찾은 것이다. 청년은 어머니 무덤 앞에 무릎을 꿇었다. 그리고 뜨거운 눈물을 흘렸다. 청년은 옷을 벗어 무덤을 덮고 있는 눈을 쓸어내리고, 어머니의 무덤을 덮었다. 그리고 흐느껴 울기 시작했다. "어머니! 그날 얼마나 추우셨어요!" 매서운 추위도 어머니의 사랑을 이기지 못했다. 어머니는 여자로서는 나약하지만, 자식 앞에서는 가장 강했다. 이 내용은 국군방송에 소개되었던 실화의 한 줄거리이다.

이 세상에 부모 없이 태어난 사람은 없다. "우리 부모님들이 우리를 낳으실 때, 서너 말이나 되는 피를 흘리셨고, 여덟 섬 넘는 젖으로 키우셨다" 고 한다. 그래서 부모님의 은혜는 태산보다 높고 바다보다 넓다고 비유한다.

안중근의사 어머님의 편지

"네가 만약 늙은 어미보다 먼저 죽은 것을 불효라 생각한다면
이 어미는 웃음거리가 될 것이다.
옳은 일을 하고 받은 형(刑)이니 비겁하게 삶을 구하지 말고
떳떳하게 죽는 것이 어미에 대한 효도이다.
살려고 몸부림하는 인상을 남기지 말고, 의연히 목숨을
버리거라.
너의 죽음은 너 한 사람의 것이 아니다.
한국사람 전체의 분노를 짊어지고 있는 것이다.".

2) 세상에서 가장 뜨거운 어머니사랑.

두 아들과 함께 살아가던 한 어머니가 어느 날 밖에 나간 사이 집에 불이 났다. 밖에서 돌아온 어머니는 순간적으로 집안에서 자고 있는 아이들을 생각하고 망설임도 없이 불속으로 뛰어 들어가 두 아들을 이불에 싸서 나왔다. 이불에 싸인 아이들은 무사했지만 어머니는 온 몸에 화상을 입고 다리를 다쳐 절게 되었다. 그 때부터 어머니는 거지가 되어 구걸을 하면서 두 아들을

키웠다. 어머니의 이런 희생 덕분에 큰 아들은 동경대학에, 작은 아들은 와세다대학에 각각 수석으로 입학했다.

시간이 흘러 졸업식 날, 졸업하는 아들이 보고 싶은 어머니는 먼저 큰 아들이 있는 동경대학을 찾아갔다. 수석졸업을 하게 된 아들은 졸업과 동시에 큰 회사에 들어가기로 이미 약속이 되어 있었다. 아들의 눈에 수위실에서 아들을 찾는 어머니의 모습이 들어왔다. 수많은 귀빈들이 오는 자리에 거지 어머니가 오는 것이 부끄러웠던 아들은 수위실에 "그런 사람이 없다고 하라" 고 전했고 어머니는 슬픈 얼굴로 돌아섰다.

아들에게 버림받은 서러움에 자살을 결심한 어머니는 죽기 전에 둘째 아들 얼굴을 보고 싶어 둘째 아들이 졸업하는 와세다대학을 찾아갔다. 하지만 차마 들어가지 못하고 교문 밖에서 발길을 돌렸다. 그때 마침 이러한 모습을 발견한 둘째 아들이 절뚝거리며 황급히 자리를 떠나는 어머니를 큰 소리로 부르며 달려나와 어머니를 업고 학교 안으로 들어갔다.

어머니가 "사람을 잘못 보았소." 라고 말했지만 아들은 어머니를 졸업식장의 귀빈석 한 가운데에 앉혀 드렸다. 값비싼 액세서리로 몸을 치장한 귀부인들이 수군거리자 어머니는 몸 둘 바를 몰라 했다. 수석으로 졸업하는 아들이 답사를 하면서 귀빈석에 초라한 몰골로 앉아 있는 어머니를 가리키며 자신을 불속에서 구해 내고 구걸을 해서 공부를 시킨 어머니의 희생을 설명했고 그제야 혐오감에 사로잡혀 있던 사람들의 눈에 감동의 눈물이 고였다. 이 소식은 곧 신문과 방송을 통해 전국에 알려지게 되어 둘째 아들은 큰 회사 오너의 사위가 되었으나 어머니를 부끄러워한 큰 아들은 예정되었던 입사가 취소되고 말았다. 자기의 몸이 상하는 것을 아랑곳하지 않고 아들을 불속에서 건져내고 구걸을 하면서까지 아들을 공부시킨, 자식을 위해서는 희생도 마다하지 않는 이가 바로 어머니이다.

우리나라의 어머니들은 오랜 가난과 무지 속에서 고생한 탓인지 남에게 지지 말 것을 자녀에게 주문한다. 어쩌면 이런 경쟁의식 덕분에 경제를 비롯한 많은 분야에서 짧은 기간에 눈부신 발전을 이루었고 이만큼 살고 있는지도 모른다. 그러나 이제 살 만큼 살고 있으니 우리 어머니들의 자녀교육도 국제화 시대에 걸맞게 승패적인 사고에 기반을 둔 경쟁보다는, 남과 더불어 살아가는 데 필요한 배려와 봉사, 질서 의식에 관점의 중심이 옮겨지길 기대한다.

어머니의 마음

- 양주동 시 / 이흥렬곡

나실 제 괴로움 다 잊으시고
기를 제 밤낮으로 애쓰는 마음.

진자리 마른자리 갈아 뉘시며
손발이 다 닳도록 고생하시네.

하늘아래 그 무엇이 넓다 하리요.

어머님의 희생은 가이 없어라.

어려선 안고 업고 얼려주시고
자라선 문 기대어 기다리는 맘.

앓을 사 그릇될 사 자식 생각에
고우시던 이마 위엔 주름이 가득.

땅 위에 그 무엇이 높다 하리오.
어머니의 정성은 지극하여라.

사람의 마음속엔 온 가지 소원.
어머님의 마음속엔 오직 한 가지.

아낌없이 일생을 자식 위하여
살과 뼈를 깎아서 바치는 마음.

인간의 그 무엇이 거룩 하리요.
어머님의 사랑은 그지없어라.

3) 내가 엄마가 되기 전에는 ...

내가 엄마가 되기 전에는 언제나 식기 전에 밥을 먹었었다. 얼룩 묻은 옷을 입은 적도 없었고 전화로 조용히 대화를 나눌 시간이 있었다. 내가 엄마가 되기 전에는 원하는 만큼 잠도 잘 수 있었고 늦도록 책을 읽을 수도 있었다. 날마다 머리를 빗고 화장을 했고 집을 치웠었다. 장난감에 걸려 넘어진 적도 없었고, 자장가는 오래전에 잊었었다. 내가 엄마가 되기 전에는 어떤 풀에 독이 있는지 신경 쓰지 않았었다. 예방주사에 대해선 생각하지 않았었다. 누가 나한테 토하고, 내 급소를 때리고, 침을 뱉고, 머리카락을 잡아당기고, 이빨로 깨물고, 오줌을 싸고 손가락으로 나를 꼬집은 적은 한 번도 없었다.

엄마가 되기 전에는 마음을 잘 다스릴 수가 있었다. 내 생각과 몸까지도 울부짖는 아이를 두 팔로 눌러 의사가 진찰을 하거나 주사를 놓게 한 적이 없었다. 눈물어린 눈을 보면서 함께 운 적이 없었다. 단순한 웃음에도 그토록 기뻐한 적이 없었다. 잠든 아이를 보며 새벽까지 깨어 있었던 적이 없었다. 아이가 깰까봐 언제까지나 두 팔에 안고 있었던 적은 없었다. 아이가 아플 때 대신 아파 줄 수가 없어서 가슴이 찢어진 적이 없었다. 그토록 작은 존재가 그토록 많은 내 삶에 영향을 미칠 줄 생각조차 하지 않았었다. 내가 누군가를 그토록 사랑하게 될 줄 알지 못했었다.

내 자신이 엄마가 되는 것을 그토록 행복하게 여길 줄 미처 알지 못했었다. 내 몸 밖에 또 다른 나의 심장을 갖는 것이 어떤 기분인지 몰랐었다. 아이에게 젖을 먹이는 것이 얼마나 특별한 감정인지 몰랐었다. 한 아이의 엄마가 되는 그 기쁨, 그 가슴 아픔, 그 경이로움, 그 성취감을 결코 알지 못 했었다. 그토록 많은 감정들을, 내가 엄마가 되기 전에는………

- 사랑하라. 한 번도 상처 받지 않은 것처럼 중에서

어머니에 대한 오해.

우리 어머니는
엄마가 보고 싶지 않은 줄 알았습니다.
어머니는
첫사랑이 없는 줄 알았습니다.
어머니는
친구가 한 사람도 없는 줄 알았습니다.
어머니는
몸은 절대 아프지 않는 어떤 특별한 몸인 줄 알았습니다.
어머니는
어렸을 때부터 아무 꿈도 품은 적이 없는 줄 알았습니다.
어머니는
새벽에 일찍 일어나고 늦게 잠드는 것을 좋아하시는 줄
알았습니다.
어머니는
특별히 좋아하시는 음식이 없는 줄 알았습니다.
어머니는
짧은 파마머리만 좋아하시는 줄 알았습니다.
어머니는
얼굴이 고와지고 몸매가 날씬해지는 것에는
전혀 관심이 없으신 줄 알았습니다.
어머니는
우리가 전화를 길게 하는 것을 좋아하시지 않는 줄 알았습니다.

어머니는
언제까지나 우리 곁에 계실 줄 알았습니다.

4) 어머니의 마음.

어떤 젊은이가 사랑에 빠졌다. 연애를 하게 되면 눈이 뒤집힌다. 상대 아가씨는 아름답지만 표독스런 여자였다. 여자는 남자에게 이렇게 말했다.

"자기야, 나 얼마만큼 사랑해? 머리에서 발끝까지 나를 사랑해? 그걸 무엇으로 증명해? 당신이 정말로 나를 사랑한다면 당신 어머니의 심장을 내게 가져다주세요."

연애경험이 전혀 없는 사랑에 눈이 먼 남자는 망설이다가 결국 어머니를 죽이고 어머니의 심장을 도려냈다. 그리고 펄떡거리는 그 심장을 들고 그녀에게 달려갔다. 가다가 돌부리에 걸려서 넘어지는 바람에 그만 어머니의 심장이 데굴데굴 흙바닥에 굴렀다. 그런데 그 심장에서 이런 소리가 들렸다.

"얘야, 다치지 않았니? 조심하지 그랬어. 내 아들아"

이것이 어머니의 마음이란 걸 잊어서는 안 된다!

어머니의 사랑은 아가페사랑으로 무조건적인 사랑이다. 불가(佛家)에서는 어머니의 사랑을 모정불심(母情佛心)이라 부른다.

어느 어머니 이야기

아들아 ! 결혼할 때 부모 모시는 여자 택하지 말아라.
너는 엄마랑 살고 싶겠지만
엄마는 이제 너를 벗어나 엄마가 아닌 인간으로 살고 싶단다.

아들아 ! 엄마한테 효도하는 며느리를 원하지 말아라.
네 효도는 너 잘사는 걸로 족하거늘.
네 아내가 엄마 흉을 보거든 네 속상한 거 충분히 이해한다.
그러나 그걸 엄마한테 옮기지 말아라.
엄마도 사람인데 알고 기분 좋겠느냐?
모르는 게 약이란 걸 백번 곱씹고 엄마한테 옮기지 말아라.

아들아 ! 내 사랑하는 아들아
나는 널 배고 낳고 키우느라 평생을 바쳤거늘
널 위해선 당장 죽어도 서운한 게 없겠거늘,
네 아내는 그렇지 않다는 걸 조금은 이해 하거라.
너도 네 장모를 위해서 네 엄마만큼 아니지 않겠니?

아들아 !
혹시 어미가 가난하고 약해지거든 조금은 보태주거라.
널 위해 평생 바친 엄마이지 않느냐
그것은 아들의 도리가 아니라 사람의 도리가 아니겠느냐?

독거노인을 위해 봉사하는 사람들도 있는데 어미가 가난하고
약해지는데
자식인 네가 돌보지 않는다면 어미는 얼마나 서럽겠느냐?
널 위해 희생했다 생각지는 않지만
내가 자식을 잘못 키웠다는 자책은 들지 않겠지

아들아 !
명절이나 어미 애비 생일은 좀 챙겨주면 안 되겠니?
네 생일 여태까지 한 번도 잊은 적 없이
그날 되면 배 아파 낳은 그대로
그 때 그 느낌 그대로 꿈엔들 잊은 적 없는데
네 아내에게 떠밀지 말고 네가 챙겨주면 안되겠니?
받고 싶은 욕심이 아니라 잊혀지고 싶지 않은 어미의
욕심이란다.

아들아 !
내 사랑하는 아들아 이름만 불러도 눈물 아렷한 아들아
네 아내가 이 어미에게 효도하길 바란다면
네가 먼저 네 장모에게 잘 하려무나.
네가 고른 아내라면 너의 고마움을 알고 내게도 잘하지 않겠니?
난 내 아들의 안목을 믿는다.

딸랑이 흔들면 까르르 웃던 내 아들아 !
가슴에 속속들이 스며드는 내 아들아 !

그런데 네 여동생도 언젠가 시집을 가겠지
그러면 네 아내와 같은 위치가 되지 않겠니?
항상 네 아내를 네 여동생과 비교해 보거라.
네 여동생이 힘들면 네 아내도 힘든 거란다.

아들아 !
내 피 눈물 같은 내 아들아 !
내 행복이 네 행복이 아니라 네 행복이 내 행복이거늘
혹여 나 때문에 너희 가정에 해가 되거든 나를 잊어다오.
그건 어미의 모정(母情)이란다.
너를 위해 목숨도 아깝지 않은 어미인데
너의 행복을 위해 무엇이 아까 우리.
물론 서운하겠지, 힘들겠지, 그러나 죽음보다 힘들랴 !

아들아 !
네가 가정을 이룬 후 어미 애비를 이용하지는 말아다오.
평생 너희 행복을 위해 바쳐 온 부모다.
이제는 어미 애비가 좀 편안히 살아도 되지 않겠니?
너희 힘든 건 너희들이 알아서 살아다오.
늙은 어미 애비 이제 좀 쉬면서 삶을 마감하게 해다오.
너의 어미 애비도 부족하게 살면서 힘들게 산 인생이다.
그러니 너희 힘든 거 너희들이 헤쳐가 다오.

다소 늙은 어미 애비가 너희 기준에 미치지 못하더라도

그건 살아오면서 미처 따라가지 못한 삶의 시간이란 걸
너희도 좀 이해해다오.
우리도 여태 너희들 이해하기 위해 노력하지 않았니?
너희도 우리를 조금은 이해하기 위해 노력하면 안 되겠니?
잔소리, 가치관, 너희들이 이해되지 않는 부분들
한 귀로 듣고 한 귀로 흘리렴.
우린 그걸 모른단다. 모르는 게 약이란다.

아들아 !
우리가 원하는 건 너희의 행복이란다.
그러나 너희도 늙은 어미 아비의 행복을 침해하지 말아다오.
손자 길러 달라는 말 하지 말아라.
너 보다 더 귀하고 예쁜 손자지만
매일 보고 싶은 손주들이지만 늙어가는 나에게 내 인생도
중요하단다.

강요하거나 은근히 말하지 말아라.
날 나쁜 시어미로 몰지 말아라.
내가 널 온전히 길러 목숨마저 아깝지 않듯이
너도 네 자식 온전히 길러 사랑을 느끼거라.

아들아 사랑한다.
목숨보다 더 사랑한다.
그러나 목숨을 바치지 않을 정도에서는 내 인생도 중요하구나.
- 좋은 생각 중에서

3. 결코 가볍지 않은 아버지라는 분.

자식을 키워 봐야 부모 마음 안다고, '섣달 그믐밤' 도 덮고 자던 이불을 아들에게 빼앗기고도 아무 말 못하는 아버지. 한평생 주기만 하시는 아버지에 대한 애틋한 연민과 그리움. 아들은 인생 어느 순간에 이르러서야 아버지의 삶을 들여다 볼 눈을 뜨게 된다. 아들도 아버지처럼 실수도 실패도 해보고 후회도 하는 동안 아버지가 결코 완벽한 존재일 수 없었음을 깨닫는다. 그 연민은 아버지를 극복하는 디딤돌이다. 그러나 많은 자식이 아버지의 손 붙잡기를 머뭇거리다 떠나보내고 만다.

힌평생 험힌 노동일로 등이 휜 아버지에게 철부지 아들이 또 손을 벌린다. 아들은 아버지의 오막살이집을 잡혀서라도 돈을 내놓으라 한다. 어른이 돼서도 고단한 아버지에게 자꾸 기대는 아들이다. 아버지는 참다못해 손으로 방바닥을 내려치며 한바탕 야단을 쳐 본다.

'뭐 집을 잽혀야 쓰겄다고 아나 여기 있다 문서허고 도장 있응게, 니 맘대로 혀봐라. 이 순 싸가지 없는 새꺄. 아 내가 언제 너더러 용돈 한 푼 달라고 혔냐? 돈을 꿔달라고 혔냐? 그저 날 안 남은 거 숨이나 깔딱깔딱 쉬고 사는디 왜 날 못살게 구느냐 말여 왜! 왜! 왜! 아버지 지가 오죽허면 그러겄습니까? 이번만 어떻게… 뭐 오죽허면 그러겄냐고. 아 그렇게 여기 있단 말여. 니 맘대로 삶아 먹든지 고아 먹든지 허란 말여. 에라 이 순… / 그날 은행에 가서 손도장을 눌러 본인 확인란을 채우고 돌아오는 길에 말씀하셨습니다. "아침에 막걸리 한 잔 먹고 헌 말은 잊어버려라. 너도 알다시피 나도 애상바쳐 죽겄다. 니가 어떻게 돈을 좀 애껴 쓰고 무서운 줄 알라고 헌 소링게…."

- 강형철 '아버님의 사랑말씀 6' 중에서

아버지는 결국 아들을 미워하지 못한다. 도리 없이 아들 말을 들어주고 돌아오는 길, 아버지의 음성은 한결 누그러져 있다. 아버지 심정을 이해해 달라며 오히려 아들을 달랜다. 우리 속담에 '부모 속에 부처 있고 자식 속에 앙칼 있다' 고 했다. 자식들이 아무리 모질어도 부모는 결코 자식을 원망하지 않는다.

1) **말씀이 없으시던 아버지.**

아버지란 "내가 아버지 노릇을 제대로 하고 있나? 내가 정말 아버지다운가?" 하는 자책을 날마다 하는 사람이다. 아버지란 자식을 결혼시킬 때 한없이 울면서도 얼굴에는 웃음을 나타내는 사람이다. 아들, 딸이 밤늦게 돌아올 때에 어머니는 열 번 걱정하는 말을 하지만, 아버지는 열 번 현관을 쳐다본다.

아버지의 최고의 자랑은 자식들이 남의 칭찬을 받을 때이다. 아버지가 가장 꺼림칙하게 생각하는 속담이 있다. 그것은 "가장 좋은 교훈은 손수 모범을 보이는 것이다"라는 것이다. 아버지는 늘 자식들에게 그럴 듯한 교훈을 하면서도, 실제 자신이 모범을 보이지 못하기 때문에, 이 점에 있어 미안하게 생각도하고 남모르는 콤플렉스도 가지고 있다. 가족 안에서 아버지는 윤리적인 올바름의 신봉자여야 한다. 하지만 사회에서는 무엇보다도 먼저 권력의 법칙을 따라야 하고, 다윈의 진화법칙에 적합한 사람이 되어야 한다.

아버지란 뒷동산의 바위 같은 이름이다. 아버지란 기분이 좋을 때 헛기침을 하고, 겁이 날 때 너털웃음을 웃는 사람이다. 아버지란 자기가 기대한 만큼 아들딸의 학교 성적이 좋지 않을 때 겉으로는 "괜찮아, 괜찮아" 하지만, 속으로는 몹시 화가 나는 사람이다. 아버지의 마음은 먹칠을 한 유리로 되어 있다. 그래서 잘 깨지기도 하지만, 속은 잘 보이지 않는다. 아버지란 울 장소가 없기에 슬픈 사람이다. 아버지가 아침 식탁에서 성급하게 일어나서 나가는 직장은 즐거운 일만 기다리고 있는 곳은 아니다. 아버지는 머리가 셋 달린 용(龍)과 싸우러 나간다. 그것은 피로와, 끝없는 일과, 직장 상사에게서 받는 스트레스다.

아버지는 역사시대 이래로 사회의 등불이자 가정의 수호신이었다. 사회의 최전선에서 날마다 전투를 치러야 했고, 가정에서도 항상 자녀의 모범이 되어야 했다. 아버지가 사회와 가정의 파수꾼으로 자리매김한 지 수천 년. 최근 들어 어머니의 권력이 비약적으로 신장했고 아버지의 자리는 위상이 약화됐다. 아버지의 자리를 수성하기란 쉽지 않다. 경제적으로 무능력할 경우, 자녀의 시선이 '존경'에서 '멸시'로 순식간에 변하기 때문이다.

아버지란 돌아가신 뒤에도 두고두고 그 말씀이 생각나는 사람이고 돌아가신 후에야 보고 싶은 사람이다. 아버지가 무관심한 사람이 아님에도 무관심한 것처럼 보이는 것은 체면과 자존심과 미안함 같은 것이 어우러져서 그 마음을 쉽게 나타내지 못하기 때문이다. 아버지의 웃음은 어머니의 웃음의 2배쯤 농도가 진하다. 울음은 열 배쯤 될 것이다.

아들딸들은 아버지의 수입이 적은 것이나 아버지의 지위가 높지 못한 것에 대해 불만이 있지만, 아버지는 그런 마음에 속으로만 운다. 아버지는 가정에서 어른인 체를 해야 하지만 친한 친구나 맘이 통하는 사람을 만나면 소년이 된다. 아버지는 어머니 앞에서는 기도도 안 하지만, 혼자 차를 운전하면서는 큰소리로 기도도 하고, 주문을 외기도 하는 사람이다. 어머니의 가슴은 봄과 여름을 왔다 갔다 하지만, 아버지의 가슴은 가을과 겨울을 오고간다. 아버지란 시골마을의 느티나무 같은 크나 큰 이름이다.

아버지의 마음은 핏물.

어느 부부가 결혼한 지 이십년 만에 아들을 하나 얻었다. 그러나 칠 대독자인 그 아들은 일곱 살이 되던 해에 홍역에 걸려 죽고 말았다. 그러자 어머니는 사흘간 연이어 울었다. 그런 끝에 몸져눕고 말았지만 아버지는 눈물 한 방울 흘리지 않았다. 부부는 아들을 뒷산에 묻었다. 어머니는 다시 한번 통곡하였다. 그러나 아버지는 눈을 껌벅거리면서 하늘만 멀거니 바라볼 뿐 역시 눈물을 흘리지는 않았다. 마침내 아내가 남편에게 항의하였다.

"당신은 그러고도 아버지라고 할 수 있어요?
그러고도 사람이라고 할 수 있느냐고요?"

아내는 남편의 옷소매를 잡고 울부짖었다. "여보." 하며, 그제야 남편이 입을 열었다. 그것은 그가 사흘 만에 처음으로 낸 목소리였다. 그러나 그는 '여보.'라는 짧은 한마디조차 다 끝낼 수 없었다. 그가 말을 하기 위해 입을 여는 순간 그의 목 안에서 울컥한 무엇이 올라오면서 목을 콱 막아버렸기 때문이었다. 그리고 그 순간 사흘 동안 참아 왔던 슬픔에 복받친 아버지가 울기 시작하였다. 꺼억꺼억 토해내는 울음소리와 함께 그의 입에서는 벌건 핏덩이가 뭉텅뭉텅 쏟아졌다. 그날 아버지가 쏟은 피는 한 되가 넘었다. 그러나 어머니가 사흘 동안 흘린 눈물의 양은 그보다는 좀 적었다고 한다.

어머니는 자식을 몸 안에 키운다. 자식이 태어나면 어머니는 자식을 집 안에서 키운다. 그러나 아버지의 몫은 '안'이 아니라 '밖'이다.

아버지는 자신은 물론 집 안에 있는 자식과 함께, 자식을 돌보는 아내까지 보호해야 한다. 그러려면 밖에서 수많은 경쟁자와 경쟁해야 한다. 세상의 가혹함과 무서움. 그 세상 속에서 아버지의 하루하루는 상처의 연속이다. 처음, 그 상처는 눈물로 얼룩지지만 남자인 아버지의 눈물은 곧 그친다. 눈물은 곧 패배를 의미하기 때문이다.

아버지가 패배하는 날, 아버지와 함께 한 가정이 무너진다. 따라서 아버지는 패배할 수 없다. 그리하여 아버지는 눈물을 질끈 씹어 삼킨다. 한 번 삼키고, 두 번 삼킨다. 열 번을 삼키고, 백 번을 삼킨다. 그러는 동안 눈물은 피로 변한다. 묽은 피에서 진득한 피로, 마침내 피멍울로 엉긴다. 눈물로는 다 못할 아픔, 말로는 다 못할 아픔! 그 아픔이 서리서리 엉킨 피멍울이 아버지의 가슴을 턱턱 막아온다. 그리하여 자식이 죽는 마당에서도 아버지는 울지 않는다. 아니, 울지 않는다기보다 울 수 없다고 해야 한다.

- 행복은 따뜻한 마음에 온다(김정빈)

2) **아버지의 은혜.**

보육원에서 자란 남매가 장성해 아버지를 만나지만 화상으로 일그러진 모습에 질색하고 다시는 찾지 않았다. 몇 년 뒤 아버지가 돌아가셨다. 남매는 마지못해 장례식에 참석했다. 남매는 장례식장에서 "화장하지 말아 달라"는 아버지의 유언을 전해 들었지만 듣지 않았다. 남매는 화장한 다음 아버지가 생전에 사용하시던 물건들을 태우다가 우연히 한 권의 일기장을 발견한다.

그 일기장에는 아버지가 화재 때 남매를 구출한 내용이 담겨 있었다. 집에 불이 났을 때 아버지는 소방대원들의 만류에도 불구하고 불속으로 뛰어들어 어린 남매를 구하고 아내를 여의고 말았던 것이다. 이런 내용도 남겼다.

"보고 싶은 내 아이들아, 미안하구나. 한 가지 부탁이 있다.

내가 죽거든 절대 화장은 하지 말아다오. 난 불이 싫단다.

불에 타는 무서운 꿈에 시달리며 30년을 넘게 살았구나."

두 남매는 후회하며 통곡했지만 아버지는 이미 한 줌의 재가 된 뒤였다.

아버지의 마음

옛날 어느 마을에 아주 불효막심한 아들이 살고 있었다. 살림살이가 워낙 가난하여 밥도 먹지 못할 집안 형편에 늙으신 아버지마저 병들어 누워 있었다. 아들은 늙고 병든 아버지가 일도 안 하고 매일 밥만 축내는 것이 아깝고, 병간호하기도 귀찮았다. 그러던 어느 날 자기 아내와 짜고 병든 아버지를 남몰래 내다 버리기로 마음을 먹었다.

"여보, 마누라. 아버지께 산책을 가자고 하여 깊은 산 속까지 가서 버리고 오는 게 어떻겠소?"

"그렇지만, 혹시 사냥꾼이나 지나가던 사람이 있으면 집을 찾아 줄 수도 있잖아요?"

"그렇다면 무슨 좋은 수가 없겠소?"

아들이 걱정이 되어 묻자 며느리는 목소리를 낮추어 작은 소리로 말했다.

"저한테 좋은 꾀가 있어요. 저 뒷산 밑 큰 저수지에 뱃놀이를 가시자고 하여 물 속으로 밀어 넣으면 되잖아요? 그리고 마을 사람들에게는 자식에게 폐가 된다고 물에 뛰어 자살하셨다고 하면 다들 믿을 거예요."

"그래, 정말 그게 좋겠군."

아들과 며느리는 이렇게 짜고 어느 날 아들은 아버지를 꾀어 저수지로 모시고 갔다. 그런데 아들의 행동을 수상히 여긴 아버지는 아들의 마음을 알아챘지만 모른 척하고는 물가에서 더 이상 나아가려고 하지 않았다. 아들과 아버지가 밀고 당기는 모습을 지나가던 포졸(순라군)이 보고는 달려와서 물었다.

"아니, 물가에서 왜들 이러시오?"

아들은 깜짝 놀라서 '이젠 죽었구나'하고 벌벌 떨며 어쩔 줄을 몰랐다. 아버지께서 사실대로 말하면 관가에 잡혀가서 큰 벌을 받을 것이 뻔하기 때문이었다. 이 때, 정신을 가다듬은 아버지가 얼른 일어나서 포졸(순라군) 앞으로 나서서 울먹이며 말했다.

"우리 집은 몹시 가난한데, 늙고 병든 나까지 일도 못하고 밥만 축내고 있으니 차라리 죽어서 아들의 걱정을 덜어 주려고 생각했지요. 그래서 이 저수지에 빠져 죽으려 하는 데, 아들이 눈치를 알고 달려와서 지금 말리고 있는 중이라오."

이 말에 아들은 크게 뉘우쳐 아버지를 집으로 도로 업고 가 여생을 극진히 모셨다고 한다.

농경사회에서 아버지는 가정의 가장으로서 그리고 경영자로서, 모든 경제생활은 아버지를 중심으로 영위되어 왔었다. 그리고 자녀들은 가정이라는 최소 단위의 경제 구조 내에서 아버지의 일을 도우면서 아버지의 보호를 받으며 자랐다. 그러나 현대에 와서는 아버지는 가정의 경영자로서 역할을 상실하고 그저 가정경제를 위하여 밖에서 돈을 벌어오는 사람 정도로 권위가 실추되었다. 늙고 초라한 아버지는 젊었을 때 돈을 벌어 자녀 키우고 가정생활을 하는데 다 소진하고 노후 대책 없이 밖으로 내몰리게 되었다. 가정의 경제권에서 손을 놓게 된 환경 속에서 오늘의 아버지는 자녀들에게 좋은 아버지로서의 역할을 할 수가 없게 되어 권위가 상실될 수밖에 없고 아버지 권위 상실로 가정은 뿌리가 흔들린다.

오늘날 여성의 사회적 진출 확대로 어머니에 대한 이미지는 아이들에게 강하게 인상지어지는 반면 자녀들의 아버지상은 차츰 약화되고 있다. 어머니와 자녀들과의 관계에서 생리적으로나 심리적으로 강한 유대감을 갖고 있는데 아버지의 이미지가 엷어진다는 사실은 가정 내에서 어머니의 역할이 아버지보다 우세해져 가고 있음을 의미한다. 가정에서 아버지의 존재가 희미해진다는 것은 효(孝)의 문제에 적지 않은 영향을 미치고 있다.

또 때로 아버지는 이중적인 태도를 곧잘 취한다. "아들, 딸들이 나를 닮아 주었으면" 하고 생각하면서도, "나를 닮지 않아 주었으면" 하는 생각을 동시에 한다. 아버지에 대한 인상은 나이에 따라 달라진다. 그러나 그대가 지금 몇 살이든지, 아버지에 대한 현재의 생각이 최종적이지 않다는 것이다.

아버지.

우리 아버지는
단 하루라도 쉬는 것을 좋아하지 않는 줄 알았습니다.
아버지는
웃는 걸 모르시는 줄 알았습니다.
아버지는
딸이 시집가는 것을 보고 마냥 기뻐만 하시는 줄 알았습니다.
아버지는
어머니 외에 아는 여자라고는 한 사람도 없는 줄 알았습니다.
아버지는

배가 불러와 비싼 음식 앞에서는 빨리 일어나시는 줄
알았습니다.
아버지는
양복 입고 넥타이 매는 것을 싫어하시는 줄 알았습니다.
아버지
안주머니에는 늘 돈이 넉넉히 들어 있는 줄 알았습니다.
아버지는
좋아하시는 운동도, 취미도 없는 줄 알았습니다.
아버지는
우리가 하는 말을 귀담아 듣지 않으시는 줄 알았습니다.
아버지는
아무리 깊고 험한 길을 걸어가도 조금도 두려워하시지 않는 줄
알았습니다.
아버지의
눈에는 눈물이 한 방울도 없는 줄 알았습니다.
아버지는
우리가 객지로 떠나는 것을 좋아하시는 줄 알았습니다.

나, 당신의 자식이었을 때는 미처 몰랐더랍니다. 당신이
그랬듯 나도 이제 당신처럼 내 자식의 부모가 되어보니
알겠습니다. 참으로 어리석게도 이제야 알아차린 당신의 가슴과
그 눈물에게 붉은 카네이션 한 송이 놓아드리며 감히
고백하렵니다.

- 마음이 쉬는 의자에서

성숙하지 못했을 때 우리는 우리 부모를 이해하지 못하였고 사랑은 더더욱 못하였다. 그래서 장자(莊子)는 "부모를 공경하는 효행은 쉬우나 부모를 사랑하는 효행은 어렵다(以敬孝易,以愛孝難)" 라고 말 하였다. 참다운 효도는 오직 성숙한 자식만이 가능한 것이기 때문이다.

효(孝)는 철이 없는 자식은 엄두도 내지 못할 일이다. 효는 큰사랑이기 때문이다. 철이 들기 전이나 부모가 되어 보기 전에는 그 심정을 도무지 알 수 없는 것이기에 효는 철이 든 사람만이 행할 수 있는 고도의 덕행인 것이다. 따라서 효를 행하게 되면 그 사람은 이제 철이 든 사람이라고 보아도 좋다. 철이 든 사람의 첫 번째 모습은 바로 부모를 공경하는 것에 있는 법이다. 이런 면에서 동서고금을 막론하고 효를 덕행의 으뜸으로 삼는 것은 당연한 것이다. 효를 실천할 수 있는 사람이라면 무엇을 맡겨도 다 해낼 수 있는 철이 든 사람일 것이기 때문이다.

3) 아버지에 대한 생각의 변화.

아버지라는 자리

엄마가 있어 좋다. 나를 이뻐 해 주셔서.
냉장고가 있어 좋다. 나에게 먹을 것을 주어서.
강아지가 있어 좋다. 나랑 놀아주어서.
아빠는 왜 있는지 모르겠다.

MBC ‘일요일 일요일 밤에- 오늘을 즐겨라’ 에 소개된 초등 2년의 시(詩).

누구는 대한민국 아버지들의 가슴을 사무치게 했다고 한다. 누구는 힘들게 돈을 버느라 집 안에서 '존재의 이유’ 를 잃어가고 있는 아버지들의 슬픈 자화상이 시 속에 그대로 드러난 것이라고도 했다.

"당신은 아버지를 사랑하십니까?” “세상에는 아주아주 많은 사람들이 있습니다. 주사를 놓아주는 의사도 있고, 도둑을 잡는 경찰도 있고, 쓰레기를 치워주는 환경미화원도 있습니다. 하지만 이 분들에겐 똑같은 이름이 있으니 그것은 바로 아버지입니다”

고려대학교 TV방송국(KUTV)이 대학 축제 방송용으로 제작해 열렬한 호응을 얻은 ‘아버지’ 라는 제목의 미니 다큐멘터리가 그 주인공이다. ‘아버지’ 는 최근 고려대 축제 당시 수많은 대학생들이 참석한 상영관을 눈물바다로 바꾸어 놓은 우수작으로 유명하다. KUTV 국원들이 심혈을 기울여 제작했다는 ‘아버지’ 는 어린이들의 인터뷰로 시작한다. 어린이들에게 아버지는 ” 나에게 잘해주는 사람” “일하고 놀아주는 사람” “엄마보다 힘없는 사람” 이다. 그래도 이들에게 아빠는 한결같이 “사랑해요” 를 고백하고 싶은 대상이다.

다큐멘터리는 아버지와 갈등을 심하게 겪는 두 명의 청소년의 모습을 보여준다. 음악을 하고픈데 아버지 반대에 부딪힌 남학생, 이성교제를 이해 못하는 아버지와 다투는 여학생이 그 주인공이다. 이들은 인터뷰에서 "아빠가 내게 무언가를 강요하는 것이 너무 싫어요. 더 이상 어린애 취급 받고 싶지 않아요. 잔소리 듣기도 지겹고, 신경 좀 껐으면 좋겠어요."라고 입을 모은다.

이어 진로를 두고 아버지와 극심하게 갈등하다 음악을 전공하게 된 여대생의 고백이 등장한다. 외고를 다니다 갑자기 진로를 바꾼 그는 삼수 끝에 대학 입학에 성공했다. 외고 졸업 후 음악으로 진로를 바꾼 덕에 아버지와 관계가 서먹해졌다. 하지만 최근에야 아버지의 사랑을 깨닫게 됐다.

"저를 무조건 예뻐하던 아빠는 어느 날 갑자기 제가 무엇을 이뤄야만 예뻐하는 사람이 됐어요. 대화가 끊겼죠. 아버진 더 이상 제 눈을 보지 않으셨어요. 하지만 대학발표를 앞두고 말도 못하시고 몸살만 심하게 앓으며 긴장하는 모습을 보고 알았어요. 말씀은 없었지만 아빠는 제게 최선을 다해준 분이셨어요. 그제야 깨달은 거죠"

결혼식장에서 문득 아버지를 바라보면서 오랫동안 끊겼던 '부녀간 대화'를 후회하는 딸의 고백으로 미니 다큐멘터리는 막을 내린다.

"아버지, 당신을 좋아했지만 미워했고 한때는 멀게만 느껴졌습니다. 그런데 지금 이렇게 눈물이 나는 걸 보니 아무래도 내가 당신을 많이 의지했나 봅니다. 내가 당신에게 등을 돌렸을 때도 당신은 한결같이 그 자리에 계셨음을 왜 이제야 알게 됐을까요. 아버지, 아니 아빠. 사랑합니다."

어느 아버지의 고백

스물아홉, 열네 시간을 기다려서야 자식의 울음소리를 들었습니다. 당신은 신을 믿지 않았지만 당신도 모르게 기도를 올렸습니다.

서른일곱, 자식이 초등학교에 들어가 우등상을 탔습니다. 당신은 액자를 만들어 가장 잘 보이는 곳에 걸어 두었습니다. 아직도 당신의 방에는 누렇게 바랜 액자가 걸려 있습니다.

마흔 셋, 일요일 아침 모처럼 자식과 뒷산 약수터로 올라갔습니다. 이웃 사람들은 자식이 아버지를 닮았다며 인사를 건넸습니다. 당신은 괜히 기분이 좋았습니다.

마흔 여덟, 자식이 대학 시험을 보러 갔습니다. 당신은 출근해 하루 종일 일이 손에 잡히지 않았습니다.

쉰셋, 자식이 첫 월급으로 내의를 사왔습니다. 그 내의를 입어보고 또 입어봤습니다.

예순 하나, 딸이 시집가는 날 딸은 도둑 같은 사위 얼굴을 보며 함박웃음을 피웠으나 당신의 눈에는 눈시울이 붉어졌습니다. 자신 잘되기만 바라며 살아온 한평생 남은 건 희긋희긋한 머리 우리는 당신을 아버지라 부릅니다.

II. 효(孝, HYO)의 본질과 중요성

1. 효(孝)의 본래 의미.

국어사전을 보면 효(孝, HYO)는 '부모를 정성으로 섬기는 일(善事父母)' 이라고 적혀 있고, 성인의 말씀에 의하면 '보은(報恩)의 도(道)를 행하는 것은 다 효에 속한다.' 고 했다. 효는 인간이 인간답게 살아가고자 할 때 가장 먼저 실천해야 하는 도리이며, 인간의 인격 형성과 덕의 근본이며 그로 말미암아 모든 교육이 저절로 이루어진다. 또 효는 모든 행동의 길잡이일 뿐 아니라 사람으로서 행하여야 할 도리 중의 으뜸이며, 근본을 세움으로써 사람이 살아가야할 길과 방법을 저절로 생기도록 한다고 하였다. 효를 부모와 어른을 사랑으로 공경하고 섬기는 일이다. 영어에는 효(孝)효에 해당되는 독립개념이 없다. 굳이 옮긴다면 필리얼 파이어티(Filial piety), 곧 자식으로서 공경하는 마음이라는 합성어가 있을 뿐이고 일본에도 효경강독회가 있고 부모의 자식에 대한 의식은 있을 뿐 자식의 부모에 대한 애정은 전혀 볼 수 없다고 한다.

효(孝)의 유래는 환국시대의 5훈(訓)에서 비롯된 것으로 나타나 있다. 즉, 환국시대에는 5가지의 가르침(5訓)이 있었는데, 그 다섯 가지는 ① 성실하며 거짓이 없어야 할 것이다. ② 부지런하며 게으르지 않을 것이다. ③ 효도하여 부모를 어기지 않을 것이다. ④ 깨끗하고 의로워 음란하지 않을 것이다. ⑤ 겸손하고 온화하여 다투지 않을 것이다. 인데 세 번째 항목에 孝를 제시하고 있음으로써 孝사상은 환국시대 때부터 유래되었음을 알 수 있다.

배달국 시대(BC3898 - BC2334)로부터 전해오는 三倫九誓(3륜 9서) 환단고기 중 제 1서(효편)에 보면 孝란 「어른은 아랫사람을 사랑하고 아랫사람은 어른의 뜻에 순종하는 예절이다」라고 기록되어 있다. 우리민족의 충효예 사상은 우리 민족의 고유정신이자 가치(價値)로 여겨져 왔다. 이는 고조선 시대의 3대 단군 '가륵(嘉勒, BC 2150)' 임금 때부터 전해오는 중일사상(中一思想) 즉, 「임금이 마땅히 의로워야 신하가 마땅히 충을 행하고, 부모가 마땅히 자식을 사랑해야 자식이 마땅히 효를 행하며, 부부는 마땅히 서로 존중해야 한다는 내용에 잘 나타나 있다. "부모는 마땅히 자식을 사랑해야 자식 또한 마땅히 부모에게 효도한다(爲父當慈爲子當孝)." 는 내용이다. 이는 지금까지 유교적 효의 수직적이고, 무조건적인 복종의 개념이 아니라 쌍무호혜적이고 수평적 사상임을 알 수 있다. 또 '윗물이 맑아야 아랫물이 맑다' 는 진리와 교육의 근본이 내포되어 있는데, 이는 孔子사상(공자, B.C 551)보다도 무려 1,600여 년이나 앞선 우리 민족의 고유사상임을 알 수 있다. 또 충효예를 현대적으로 해석하면 '忠은 나라를 위하는 참된 마음으로 직분에 최선을 다하는 것이요, 孝는 부모와 자식간에 형성되어지는 사랑과 정성이며 禮는 대인간에 이루어지는 배려적인 사랑이자 조화 및 질서' 를 의미한다.

효의 본질은 대체로 두 가지 관점에서 해석해 볼 수 있는데, 첫째는 `孝'자를 `考(생각할 고)와 子(아들 자)'의 합성어로 보는 관점이다. 즉 효는 부모와 자식이 서로를 생각하며 위하는 마음이라는 것이다. 둘째, `孝'자를 `老(늙은이 노)와 子(아들 자)'의 합성어로 해석하는 관점이다. 즉 효는 어른을 공경하는 것, 부모님에 대해 자식으로서의 사랑과 정성을 다하는 것으로 해석하는 의미이다. 즉, 孝는 부모님의 기대에 부응하고 마음을 편안하게 해드리는 것이라고 한다. 또 부모님의 말씀에 순종하고 따르려는 마음을 가지면 부모님이 원하시는 빙향으로 행동하게 되고, 부모님이 원하시는 것 자체가 순리에 따르는 행위이고 모든 사람을 이롭게 하는 행위이기 때문에 덕을 쌓게 된다는 것이다.

또 옛날 시골에는 닷 새 만에 장(오일장)이 섰다. 장날이 되면 아들은 그 동안에 해서 모은 나무 단을 지게에 잔뜩 싣고서 아침 일찍 장에 나가서 그것을 팔고 저녁이 된다. 그 모습을 한자에서는 어버이 친(親)자로 묘사를 했다. 설 립(立)자 밑에 나무 목(木)자, 그리고 오른쪽에 볼 견(見)자를 쓴다. 나무 위에 올라서서 집으로 돌아오는 아들을 그리워하면서 바라보는 그 어머니의 애틋한 심정이 바로 어버이 친(親)자이다. "아니, 어머님! 왜 여기까지 나오셨습니까? 다리도 불편하신데, 집에 가만히 계시지 않고요!" 그러면서 아들은 등에 지고 있는 지게를 내려놓습니다. "어머님! 어서 이 위에 올라앉으세요. 제가 어머님을 업어서 집에까지 모시고 가겠습니다.” 그것을 한자에서는 효도 효(孝)자로 표시를 했다. 효도 효자는 늙을 노(老)자 밑에 아들 자(子)자가 있다. 아들이 연로하신 어머님을 등에 업고 가는 모습이 효도 효(孝)자이다.

우리 고유의 효도 사상은 중국에서 유교가 전해오기 훨씬 전부터 있어 왔다. 부모에게 효도하는 길은 항상 부드러운 말씨와 온화한 미소, 공손한 자세다. 자식들의 이와 같은 태도는 부모님의 온갖 시름을 잊게 하고 큰 즐거움을 안겨 준다. 좋은 음식과 옷을 해드리고 호화주택에서 모신다 해도 부모님의 마음속에 항상 근심과 걱정이 떠나지 않는다면 효행일 수 없다. 율곡선생은 효는 모든 행동 가운데 으뜸이 되는 것(百行之道)이며, 가정을 바로 잡는 길(正家之道)이라 했다.

‘효’ 란 자식들의 어버이에 대한 마음과 몸을 다한 정성을 말하는 것으로 인간이 인간답게 살아가고자 할 때 가정 먼저 실천해야 할 도리요, 인간의 인격형성의 근본이 되는 것이다. 전통적으로 효는 인의 덕을 실천하는 근본이 되고(論語), 덕성함양의 시초(孝經)가 되는 것으로, 백행의 근원이며(童蒙先習), 천지의 모든 인간생활의 지도 원리이며, 근본이 되는 윤리관계이다.

맹자는 부모에 대한 효를 어버이가 좋아하는 대로 따라야 한다는 순종(順從)의 효, 부모와 자녀간의 예의가 있어야 함을 말한 친애(親愛)의 효, 부모를 정성과 물질을 가지고 봉양하여 존속하게 하는 존속(存續)의 효, 하늘이 인간에게 내린 양심을 가진 신의 대리자로서 효를 행하는 대리(代理)의 효로 구분하여 말하였다.

예기(禮記)에는 효는 세 가지 중요한 조건들이 제시되어 있는데, 첫째는 부모를 존경하는 것이며, 둘째는 부모와 부모가 인도하는 가족을 욕되게 하지 않는 것이며, 셋째는 부모에게 좋은 음식, 의복 및 따뜻한 방을 제공해드려 편안히 모시는 것이다(禮記, 禮運篇). 또 효경(孝經)에는 "효는 근본이며, 가르침이 그곳에서 나온다." 고 하였다(孝經, 經一章). 그리고 먹이기만 하고 사랑하지 않으면 돼지로 사귐이요. 사랑하기만 하고 공경하지 않으면 짐승으로 기르는 것이다" 하였으며(孟子, 盡心章句), 효는 덕의 근본이며 가르침이 그곳에서 나온다고 하였다(孝經, 第一章). 따라서 효란 부모님을 기쁘고 편안하게 모시는 지극한 정성이라고 볼 수 있다.

본디 효란 인간이 생명을 하늘의 이치에 따라 부모님에게서 얻게 되면서 가장 먼저 접하게 되는 사랑의 감정이다. 그 사랑은 태아가 어머니의 배속에서부터 받는 원초적 사랑으로 태아(胎兒)는 그 정(情)을 마음과 몸으로 느끼는 가운데 세상에 나오게 된다. 세상에 나와서는 부모가 베푸는 자애(慈愛)를 통해 자식으로서 응답의 이치를 터득하게 된다. 또 그 응답은 인간의 도리(道理)로서 책임의식의 원천으로 발전하게 되고, 그 책임의식은 주위로부터 호감과 함께 신뢰심으로 작용되어 성공의 원동력이 된다. 그러므로 효란 결과적으로 조화(Harmony)의 삶을 통해 행복의 길로 안내되는 것이다. 효를 내리 사랑 · 올리 효도라고 하는 것도 이 같은 조화(調和)의 이치 때문이다.

훈민가(訓民歌) 가운데 자효(子孝)

어버이 살아 실 제 섬길 일란 다하여라.
지나간 후면 애닯다 어이 하리
평생에 고쳐 못할 일이 이뿐인가 하노라.
- 송강(松江) 정철(鄭澈,1536-1593)

퇴계 이황은 부모가 자녀를 사랑하는 것이 자(慈)이고, 자녀가 부모를 잘 받드는 것이 효(孝)라고 말하였다. 부모가 자녀를 사랑하는 것은 가르치지 않아도 자연스레 행하나 효는 올바르게 배워야만 행할 수 있으니 「예기」에서 강조하는 효의 조건은 첫째 부모를 존경하는 것이고, 둘째 부모와 가족을 욕되게 하지 않는 것이며, 셋째 부모에게 좋은 음식 · 의복 및 따뜻한 밥을 해드려 편안히 모시는 것이다.

또 증자는 사랑이란 부모를 봉양하여 즐겁게 해 주는 것이요, 공경이란 부모를 지극한 공경으로 봉양하는 것이다. 원래 사람의 인정 속에는 사랑하는 마음이 있으나, 이 사랑하는 마음을 부모에게 베푸는 것은 당연한 일이다.

명심보감에서 "자녀를 길러봐야 곧 부모님의 은덕을 알게 되고, 출세를 해봐야 남의 괴로움을 알게 된다." 고 했다. 온화(溫和)한 기운과 기뻐하는 태도는 효도하는 사람의 아름다운 행동이다. 언제 어디서나 공경하고 삼가며 조심하여 효도하는 도리에 어긋남이 없도록 할 것이다. 그러나 악(惡)한 행실은 미워해야 하고, 죄는 짓지 말도록 해야 한다. 인생에 해로운 죄악이 수없이 많지만 불효(不孝)는 죄가 크다고 한다.

주나라 중자는 "효도와 인자(仁慈)는 온갖 행실이 우선한다. 효도하는 뜻이 하늘에 이르면 비바람도 순조롭고, 땅에 이르면 만물이 무성하고 사람에게 이르면 모든 복(福)이 이른다." 말했다. 내칙에 있어 "부모가 잘못한 일이 있으면 홍분을 가라앉히고 온화한 낯빛으로 부드러운 말소리로 간(諫)하고 공경하고 효도하는 태도를 나타내야 한다."라고 했다.

효경(孝經)에는 부모를 봉양함에 있어서 진수성찬으로 대접하는 것만이 최선은 아니라고 한다. 먼저 자식 된 도리로서 부모를 위하는 진실한 마음을 가져야 하고, 자식 된 자의 태도와 인격에 의해 효가 실현되는 것이므로 사회 구성원으로서 인격의 됨됨이를 갖추어야만 진정한 공경을 할 수 있다고 한다.

삼대효(三大孝)란 첫째 존친(尊親)이라 하여 언제나 부모님 마음이 항상 편안하시고 즐겁게 해드리는 것이라 해서 대효(大孝)라 하였으며, 둘째는 불욕(弗辱)이라 하여 처신은 언제나 얌전하게 하여 자기도 사회로부터 칭찬받고 부모에게도 욕되지 않도록 하여야함으로 이를 차효(次孝)라 하였다. 셋째는 능양(能養)이라 하여 노년이 되면 부모님께서 기력이 쇠진하게 되므로 평소에 즐기시는 음식이나 자시고 싶어서 원하시는 보양식을 정성껏 마련하여 자시도록 하여 노후건강을 오래 도록 유지하게 하는 것이다. 공자께서 사람이라면 누구나 꼭 행해야 할 으뜸가는 덕목인 삼대 효를 부모님께 꼭 실천하여야 할 것이다. 또 삼

불효(三不孝)란 부모를 불의(不義)에 빠지게 하고, 가난 속에 버려두며, 자식이 없어 제사가 끊어지게 하는 것이라고 한다.

공자(孔子)는 증자(曾子)에게 "몸과 형체와 머리털과 살은 부모에게서 받은 것이다. 감히 훼손하지 않는 것이 효도의 시작이며, 몸을 올바르게 하고 도리(道理)를 행하여 이름을 후세에 널리 전하여 부모의 이름을 세상에 드러나게 함이 효도의 끝마침이다." 라고 말씀하셨다,

\- 소학(小學)

효는 혈연관계인 가족과 종족을 기반으로 하여 성립된 질서 규범이고, 성(誠)으로 사랑을 이루고 사랑으로써 어버이를 섬기는데 최선의 힘을 다한다는 태도를 바탕으로 하여 성립되며, 자기의 생명을 귀하게 여기는 정신이고, 생에 대한 긍정적 태도이며, 유한의 생명을 무한의 생명으로 이끌어 주는 힘, 즉 생을 과거로부터 미래로 연결시켜 주는 근원적인 생명의지라고 할 수 있다. 현대의 효 패러다임은 효를 부모와 자식 등 가족 구성원에게 필요한 가정의 윤리로만 인식해서는 안 된다. 효는 개인과 가정, 사회와 국가 차원에서 각각의 영역이 있어야 하기 때문이다. 즉 효는 개인이 지향해야 할 가치이고 가정에서 지켜야 할 규범이며 사회·국가적으로 권장되어야 할 덕목인 것이다. 이러한 현대적 효는 '사랑'과 '상호성'을 바탕으로 입신양명(立身揚名)으로 가는 '자기적(自己的) 효', 가정에서의 '가정적 효', 이웃 노인들을 보살피는 '사회적 효', 효행장려지원법과 노인복지법 등에 의한 '국가적 효'로 확대 적용하는 개념이다. 따라서 예로부터 효

도를 하는 사람은 나라에 충성하고 형제간에 우애하며 남을 사랑할 줄 알기 때문에 사회로부터 많은 존경과 흠모의 대상이 되어 왔으나 효심이 없는 사람은 비록 사회상의 직위가 높고 부유한 생활을 누린다 할지라도 사회적인 인간가치 기준에 있어서는 아무런 의미도 없다.

주역(周易)의 첫머리는 적선지가(積善之家)에 필유여경(必有餘慶)이라는 문구로 시작된다. 선행을 쌓는 집안에는 반드시 넉넉한 기쁨과 경사가 있다는 것이다. 이처럼 길흉화복(古凶禍福), 흉한 것을 길한 것으로 돌리거나 전화위복(轉禍爲福), 재난과 불행을 복으로 전환하기 위해서는 선을 쌓거나 혹은 명당에 부모를 모시고 제사를 지내거나, 그것도 아니면 세상일에 무심한 무애도인이 되어야 한다고 이어서 설명한다. 이 가운데 명당에 부모를 모시고 제사를 올리는 것은 효행(孝行)과 효도(孝道)를 뜻하는 것이다. 효도에도 상품과 중품과 하품의 세 가지 단계가 있다.

효도 가운데 상효(上孝)란 일가와 친척이 모두 화목하고 열심히 생활하여 사회에 필요한 존재가 되고 나아가 사람들의 존경을 받는 것이다. 중효(中孝)란 돌아가신 부모님을 위해 정성을 다해 장례를 치르고, 49재와 천도재(遷度齋) 등의 제사를 모셔드리는 것이다. 하효(下孝)란 부모님이 살아 계실 적에 좋은 옷과 음식으로 봉양(奉養)하고 기쁘게 해드리면서 편안히 모시는 것을 말한다. 100세를 잡수신 어버이 앞에서 8순의 노인이 재롱을 부리고 기쁘게 해드리는 것도 바로 여기에 해당하는 효도라고 할 것이다.

효도의 길

첫째, 부모에게 효도하는 첫걸음은 자신이 건강한 것에서부터 시작된다. 옛말에 머리카락 하나도 부모에게 물려받은 것이니 함부로 훼손해서는 안 된다고 했다. 여기에는 자식에 대한 부모의 마음이 담겨 있다. 내 몸이 아플 때 가장 마음 아파하는 사람은 나를 낳아주신 부모라는 것이다.

둘째, 물질적으로 풍요롭게 해드렸다고 해서 효를 다했다고 생각하면 안 된다. 부모를 공경하여 부모님의 말씀을 거스르지 않는 것이 진정한 효의 시작이다. 그런 점에서 집을 나갈 때는 어디로 왜 나가는지를 아뢰고, 다녀와서는 밝은 얼굴로 인사를 드리는 것이다. 이는 부모의 걱정을 덜어 드리는 가장 쉬운 방법이다. 멀리 떨어져 계시는 부모님께는 전화로라도 자주 안부를 여쭙는 것이 효의 시작이다.

셋째, 자신의 성(姓)은 조상에게서 나온 것이며 자신의 이름은 부모께서 내려주신 것이다. 따라서 자신의 잘못으로 이름을 더럽히는 행위는 조상과 부모를 욕되게 하는 것으로 불효 중에서도 아주 큰 불효가 된다. 이름을 떨쳐서 부모를 영화롭게 하지는 못 할망정 이름을 욕되게 해서는 안 된다.

거짓은 자기도 모르게 습관이 되고 거짓으로 인해 불신이 생기며 마침내 자기를 망치는 치명적인 병으로 발전 한다. 특히 부모는 자식의 하찮은 말도 곧이곧대로 믿기 때문에 부모에게는 절대 거짓말을 해서는 안 된다.

넷째, 옛말에 "아버지는 아들의 덕을 자랑하지 말고, 자식은 어버이의 허물을 말하지 말라" 고 했다. 자신의 처지를 부모 탓으로 돌리는 것은 자신이 태어난 것까지 원망하는 일이 되니 만약 부모님께 허물이 있다면 공손히 말씀드리되 그것을 남에게 말해서는 절대 안 된다.

형제는 한 부모에게서 나온 핏줄이니 형을 공경하고 아우를 사랑하는 것이 바로 곧 부모를 공경하고 사랑하는 길이다. 반면 형제끼리 싸우는 것은 부모께 큰 슬픔을 드리는 일이며, 부모를 슬프게 하는 자는 불효자이다.

우리의 효사상은 인류가 상실한 빛나는 정신적 가치를 되찾는 일이 바로 이 효사상의 확대 · 승화로써 이루어질 수 있다. 성산 효 대학원 대학교의 최성규 총장은 효의 영어식 발음 표기(HYO)를 '노장의 조화(Harmony of Young & Old)' 로 독특하게 풀었다. 삼통칠행(三通七行)으로 요약되는 최 총장의 효 이론의 핵심은 '효= 하모니(조화)' 이다. 그러므로 효를 실천하면 가정 · 사회 · 국가 · 세계 · 자연이 모두 조화로워진다는 것이다. 모든 종교와 이념을 초월하고 계층과 세대차를 극복할 수 있는 진정한 하모니를 이룰 수 있으며 조상에 대한 긍지와 자부심을 갖는 일이다. 또 효행을 아는 데서 그쳐서는 아무런 의미가 없으며, 효는 우리의 일상생활에서 실천이 더 중요하다.

아버지, 어머니, 자녀 등 각자의 위치를 살려야 한다. 효(孝, HYO) 정신은 종교 · 이념 · 시간을 뛰어넘는 가치다. 부모를 공경하는 효 정신을 생활 속에서 적극 실천해야 중국도 조화로운 사회가 실현될 것이니 효가 희망이다. 그는 "진정한 위기는 경제위기가 아니라 정신문명의 위기" 라고 진단했다. 그러면서 "이제는 좋은 게 좋은 게 아니라, 옳고 선한 게 좋은 것이라는 인식의 전환이 필요하다" 고 강조했다. 이미 세계는 현대문명의 위기적 상황을 극복할 수 있는 대안적 사상으로서 이 사상에 주목하고 희망을 발견하고 있다.

그러나 서구에는 효의 개념이 없었기 때문에 효를 모르고 있었다. 전 세계 어느 민족, 어느 나라에도 효의 가치를 알고 실천하는 곳은 없다. 그나마 효의 가치를 아는 곳은 한국뿐이지만 한국사회도 점점 물질만능주의에 빠져들고 개인주의 경향 또한 너무 강하다 보니 주변에 어려운 사람을 돌봐주고 어른을 공경하는 사람을 찾기 어렵다. 지금 한국의 모습은 뿌리 없는 '부평초' 같아서 이런 각박한 사회를 정화하기 위해서도 '효(孝)' 정신을 되살려야 한다. 21세기는 모두가 공존하는 사회, 공존을 통해 진정한 평화를 실현하는 시대다. 따라서 부모를 공경하는 것, 가족과 이웃을 사랑하는 것, 조국을 사랑하는 것, 자연을 보호하는 것, 그리고 인류에 봉사하는 것을 바탕으로 이를 실천하는 것이 효의 참뜻이니 국민 한 사람 한 사람의 의식이 바뀌어야 진정한 변화를 이룰 수 있을 것이다.

2. 세상질서의 기본, 효(孝).

동서고금을 막론하고 효 사상은 인간사회를 인간답게 하는 가장 기본적인 윤리규범이며 인간이 인간다움을 확인해 주는 가장 소중한 가치이다. 효도하는 마음으로 어른을 섬기는 것이 공경이고, 생명을 주시고 길러주신 부모에 대한 보은으로서 효는 모든 도덕의 근간으로서 가정을 화목케 하고 사회와 국가를 안정시키며, 상하관계를 유지하는 근본이다. 세상에는 지켜져야 할 것들이 많으나 효(孝)만 잘 지켜지면 세상의 모든 실서는 잘 시켜질 수 있다고 볼 수 있다. 우리나라에서는 조선의 대표적인 학자 율곡이나 조선 최고의 명필 양사언과 같은 위인들이 대표적이고, 미국에서 가장 존경받는 링컨 대통령이나 최고의 발명왕 에디슨 같은 경우가 있다.

효는 부모와 자식 사이에 형성되는 원초적 사랑으로 상호성에 바탕을 둔 보편적 · 이타적 가치이자 덕목이다. 그리고 부모의 간절한 염원(念願)에 대한 자식의 응답(應答)이다. 자식은 누구나 부모의 사랑을 통해 응답의 이치를 터득하게 되고, 그 응답은 책임의식의 원천으로 발전하게 돼 결과적으로는 성공의 원동력으로 작용한다. 이러한 사랑과 상호성의 의미는 부모의 역할' 과 '자식의 역할' 인 부자자효(父慈子孝)와 아버지와 자식의 친근함인 부자유친(父子有親)에서 찾을 수 있다. 왜냐하면 효 교육은 일방적 논리가 아닌 쌍무호혜적(雙務互惠的) 논리에 기초해야 하기 때문이다.

동물 중에 까마귀는 효를 상징하는 동물로 널리 알려져 있다. `옛날에 어미 까마귀와 새끼 까마귀가 있었는데, 어미가 새끼에게 먹이를 물어다 주며 정성스럽게 돌보아준 덕으로 새끼는 무럭무럭 잘 자랐다. 어느덧 어미가 늙어 혼자 먹이를 찾을 수 없게 되었을 때 이번에는 다 자란 새끼가 어미를 돌보았다' 는 옛 이야기에 까마귀의 효심을 상징하는 반포지효(反哺之孝)라는 말이 나온다. 자식이 부모를 봉양하는 것은 사람의 가장 기본 된 도리이고 말 못하는 짐승조차 제 어미의 은혜를 잊지 않고 보은하는 것을 볼 때 효는 인륜의 가장 근본이라 할 수 있다.

효도는 백행(百行)의 근본이며, 불효(不孝)는 죄 가운데 대죄이니 부모님 생존 시에 모든 마음과 노력으로 효도를 다해야 한다. 미래에 뒤늦게 후회하고 슬퍼해도 소용이 없다는 뜻이다. 효 문화는 역지사지(易地思之)로 상대방을 배려하는 마음, 어른을 공경하는 마음, 아래 사람을 사랑하는 마음, 진실한 마음과 성실한 자세라고 볼 수 있다.

부모가 그 자녀를 낳아 기른 수고로움과 은덕(恩德)은 한없이 크다. 그러므로 자녀는 그 은덕을 꼭 갚아야 한다. 효(孝)야 말로 우리가 사는 이 세상에서 우리의 삶의 길이 열리고 우리 삶을 복되게 하는 아주 숭고한 일이다. 효도는 건강한 몸, 사람다운 도리(道理)를 다하는 것이다. 어버이를 섬기는 방법은 헤아릴 수 없이 많고 그 중에서도 가장 중요한 것은 지극한 정성으로 효를 실천하는 것이다. 공자는 아무리 힘든 상황이 있어도 미소 가득한 모습으로 부모 앞에서 표정관리를 잘 하는 것도 효도라고 강조한다. 우리는 부모님께서 거처하실 때는 행동을 삼가

하고 봉양할 때는 기쁨으로 하고, 병환이 났을 때는 걱정하면서 치료하고, 돌아가실 때는 슬픔을 감추지 말고 엄숙히 제사지내 어버이의 뜻을 잘 계승하고 그 사업을 잘 발전시켜야한다.

효(孝, HYO)의 5대 원칙

효자가 부모님을 모시고 봉양하는데 있어서
그 마음(心)을 편안하게 해드리며,
그 뜻을 어기지 아니하고,
그 귀(耳)와 눈(目)을 즐겁게 하며,
그 침소(잠자리)를 안락하게 해드리며,
그 음식을 구미에 맞도록 정성껏 마련하여 봉양한다.

효라는 것은 어버이를 사랑하는 일이므로, 그 마음을 확대하면 타인과 친해지게 된다. 형제간에 서로 공경하고 사랑하며 순서를 지키면, 사회에서도 서로 예의를 지키며 상하의 질서가 유지된다. 음악은 감정을 완화하므로 사회의 풍속을 바로잡으며, 예는 군신상하의 명분을 바르게 하고 남을 공경하게 함으로써 사회의 질서를 유지한다.

부모와 자식의 관계는 모든 인륜 관계의 근간을 이루는 것이다. 따라서 어버이를 사랑하는 정을 연장시켜 남을 사랑하고 공경하는 것이 당연한 순서이며 자연의 도리이다. 군자는 도에 어긋나는 일은 생각지도 않으며, 상대방이나 자신에게 유쾌하지 않은 일은 조금도 하지 않는다. 그러한 인격자가 정치를 행할 경우에 백성들은 그를 따르게 되고, 정치는 안정되고 바르게 행해져 이상적인 국가가 출현하게 될 것이다.

고려 말기 권부(權溥)의 효행록(孝行錄), 조선시대의 효행록, 세종 13년의 삼강행실도(三綱行實圖)의 효자도(孝子圖)는 효행담을 집대성한 것이다.

세종은 왜 한글을 만들려고 했던 것일까? 이에 대하여 세종의 마음을 엿볼 수 있는 단서가 있으니, 그것은 바로 '삼강행실도' 다. 이 책이 만들어진 동기는 세종 10년에 있었던 일 때문이다. 진주사람 김화가 자신의 아버지를 살해하는 사건이 일어난다. 이에 충격을 받은 세종은 모두 자신의 잘못이라고 자책하며 백성을 계도할 목적으로 효행을 널리 알릴 수 있는 책의 간행을 명하였다. 우리나라와 중국의 서적에서 군신 · 부자 · 부부에 모범이 될 만한 충신 · 효자 · 열녀 각 35명씩 105명을 뽑아 그 행적을 그림과 함께 기록 · 간행하였다. 이렇게 만들어진 '삼강행실도' 는 내용과 함께 그에 맞는 그림을 그려 넣었다. 글을 모르는 사람들도 그림을 보고 이해할 수 있도록 하기 위한 배려였다. 그러나 세종은 글자를 알지 못하는 어리석은 백성들이 그림만으로는 제대로 된 뜻을 이해하지 못할 것이라며 안타까워한다. 글자 창제의 필요성에 대한 최초의 언급이다.

- KBS 역사스페셜

시대가 바뀐다고 해서 효사상이 바뀌지 않는 법이다. 「삼강(三綱)이라함은 삼강오륜(三綱五倫)의 삼강을 말하며 행실도(行實圖)

는 삼강을 실천에 옮기는 행동내용을 도상화한 것이다. 아들은 어버이를, 신하는 임금을, 부인은 남편을 섬기는 모습을 그림으로 나타내고 그림 옆에는 그 설명을 가하고 있다. 최초의 삼강행실도는 조선 초 세종 14년(世宗, 1432)에 집현전에서 발간된 이래 중종13년(中宗, 1518)과 명종5년(明宗, 1550)에 증보되어 속간되었다. 이 글은 세종대왕이 한글을 창제한 이유가 백성에게 있음을 보여준다. 세종대왕이 문자가 있는 사대부 등의 양반이 아니라 문자가 없던 백성을 불쌍히 여기고 한글을 만들었다는 내용이다.

3. 효의 중요성.

'효(孝 HYO)' 란 자식들의 어버이에 대한 마음과 몸을 다한 정성을 말하는 것으로 인간이 인간답게 살아가고자 할 때 가정 먼저 실천해야 할 도리이며 인간의 인격형성의 근본이 되는 것이다. 전통적으로 효는 인의 덕을 실천하는 근본이 되고(論語), 덕성함양의 시초(孝經)가 되는 것으로 백행의 근원이며(童蒙先習), 천지의 모든 인간생활의 지도 원리이며 근본이 되는 윤리관계이다. 또 '효(孝)'는 만고불변의 진리이고 윤리도덕의 원천이며, 동서고금의 종교와 사상을 뛰어넘는 필수불가결의 윤리로서 인류의 정신문화사에서 가장 훌륭한 사상이라 할 수 있다. 공자는 논어에서 '자기부모를 섬긴 연후에라야 인(仁)을 성취할 수 있다'며 덕행의 최우선으로 효를 들었다. 또한 세계적으로 유명한 역사가 아놀드 토인비(Arnold Toynbee)는 영국이 한국으로부터 수입하고 싶은 것이 있다면 그것은 부모님께 효도하고 어른을 공경하여 3~4대가 함께 사는 우리나라의 대가족 제도인 가족문화라고 하였다. 또 "장차 한국문화가 인류에 기여할 것이 있다면 그것은 바로 부모를 공경하는 효사상일 것이다." 라고 하였다. 일본인 이케하라 마모루는 "한국사회에서 부러운 것 중 하나는 효 문화" 라고 말했다. 그리고 효경을 한글로 번역한 김용옥교수는 효를 "21세기 한국사회의 가장 근원적이고 비근한 윤리의 새로운 패러다임" 이라고 강조하였다.

공자는 "요즈음은 부모에게 물질로써 봉양함을 효도라고 하나 개나 말도 집에 두고 먹이지 않는가. 공경하는 마음이 여기에 따르지 않는다면 무엇으로써 구별하랴" 라고 하였는데 이는 부모를 공경하는 마음 여부에 따라 효행과 사육을 구분지음을 의미한다. 또 시경에는 "공경이란 시작과 끝, 위와 아래를 통달하는 공부가 되므로 4서(書) 가운데 대학이란 책의 큰 뜻은 오직 공경 경(敬)자 한 글자요, 중용이란 책의 큰 뜻은 다만 정성 성(誠)자 한 글자이니, 성(誠)과 경(敬)은 학문에 있어서는 수레의 두 바퀴요, 새의 두 날개와 같다" 고 강조하였다. 이는 부모님을 향한 효도의 바탕이고 효의 핵심이므로 성과 경이 없이 효가 실현 될 수 없음을 의미한다. 그래서 율곡 이이는 "효도는 공경하는 일을 첫째로 한다." 고 하였다.

따라서 태산을 가르는 지혜가 있고 우주를 넘나드는 지식이 있어도 "효" 를 모르는 사람은 겸손하지 못하고 오만하다. 겉으로는 겸손한 듯하지만 감사할 줄 모르고 언제나 불만이며 자기 주변 사람들을 진심으로 사랑하지 못한다. "효" 를 알게 되면 이 모든 부족한 점을 극복할 수 있다.

또한 효경에는 사람의 행위 가운데 효보다 큰 것이 없고, 어버이를 공경하는 것은 그를 하느님 옆에 모시는 것보다 큰 것이 없다고 하였다. 그럼에도 부모님께 불효하는 것은 죄 중에도 가장 큰 죄라고 하였다. 태산보다 높고, 하해보다 깊은 부모님의 은혜를 저버리면 죄인 중에 가장 큰 죄인인 불효자가 되는 것이다.

따라서 효행교육의 중요성은 이미 공자의 어록(語錄)인 논어에서 "무릇 효는 덕의 근본이요, 모든 가르침이 여기서 비롯되는 것이니라." 하였고, 또 `예기(禮記)'에서는 효를 부모로부터 물려받은 신체와 몸가짐을 바르고 손상시키지 아니하고 자신의 언행으로 인하여 부모의 인격을 욕되게 하지 아니하며, 또 부모의 뜻을 이어받아 건강한 신체를 유지하며 값진 삶을 살아야 함을 뜻하고 있다.

최근에는 전통적인 효의 개념이 자녀들이 부모들에게 일방적으로 행해야 할 의무나 책임이라는 인식에서 오는 부담이 크기 때문에 현대적인 의미의 새로운 효 문화 정립이 필요하다는 의견이 제기되면서 새로운 효 문화는 과거의 효(孝)가 아닌 'Harmony of Young & Old' 의 HYO로 새롭게 정립해 부모와 자녀관계에서의 상호지원이나 세대 간의 커뮤니케이션 회복 등 쌍방적인 관계의 정립이라는 의미로 재해석되어야 한다는 분위기가 조성되고 있다. 효가 살아야 나라가 살고 인류가 번영한다는 진리를 실천하여 이 땅에 하늘을 두려워하고, 부모를 공경하며, 가족과 나라를 사랑하고, 자연을 보호하며, 인류를 위해 봉사하는 효 국가를 건설하여야 한다.

효도는 시대 변화에 관계없이 지켜가야 할 소중한 가치이고 효사상은 시공을 초월한 인류의 보편적 가치이고 소중한 문화유산이며 요즘은 효(孝)가 살아야 나와 가정과 사회와 나라가 산다는 생각에 사회적 공감이 확산되고 있다.

그럼에도 오늘날 아름다운 효정신이 무너지고 있어 패륜과 존속살해가 흔해지고 있다. 이러한 우리 사회의 혼란 원인을 가정에서 찾는 학자가 많고, '가정의 위기'라는 말을 넘어서 이제는 '가족 붕괴'라는 말까지 나오는 안타까운 현실이다. 이 같은 전반적인 문제를 해결하는 적합한 방안으로 인성교육의 핵심인 효를 중심으로 아름다운 우리나라 정신문화의 복원(르네상스)이 효를 중심으로 전개되고 가정 바로 세우기와 신뢰사회를 구현함으로서 세상만사가 형통하도록 만드는 것이다.

4. 한국인의 효 의식.

'효(孝)'는 인류의 정신문화사에서 가장 훌륭한 사상이라 할 수 있다. 효 사상을 체계적으로 정리한 율곡 이이도 '나의 몸은 부모의 유체'라는 전제에서 출발하였지만 이를 거슬러 올라가 보면 세상 사람들은 모두가 한 부모에게서 태어났다는 '천하일가'로 규정하고 효는 이들의 준칙이라 했고, 실학자 정약용도 효는 학문의 근본이라 했다.

전통은 과거로부터 이어 내려와 창조적으로 계승되며 현재 문화 창조에 이바지하는 훌륭한 가치를 지닌 것이다. 그 중에서도 효는 오랜 세월 동안 민족 전통의 중요한 덕목으로 우리에게 계승되어 왔다. 부모와 자식간에 이루어지는 이러한 효는 자연적으로 발생하는 것이 아니라, 서로 노력하여 이루어야 하고, 의무로 명령하기보다는 서로의 감화가 느껴져 자발적이고 자연스럽게 우러나오게 해야 하는 인간의 도리이다.

섬기는 일 중에서도 부모를 섬기는 효도가 가장 근본이 되는 것이다. 효도는 백행의 근원이며 천지의 모든 인간 생활의 근본이 되는 중대한 인간 윤리 행위이다. 그러기에 부모를 섬김에 있어 첫째로 공손해야 하고, 편하게 모셔야 하며, 둘째로 사녀를 낳아 가문의 대를 이어야 하고, 셋째로 손위 사람에게도 부모 대하듯이 행동해야 한다. 넷째로 자식을 대함에 있어 모범이 되게 지극한 효행을 몸소 실천해야 한다.

이율곡의 부모를 섬기라는 글 격몽요결 사친장(事親章)에 나오는 이야기다.

무릇 사람들이 부모에게 마땅히 효도해야 함을 알지 못하는 이가 없되 효도하는 자가 심히 드무니, 이것은 부모의 은혜를 깊이 알지 못하는 데에서 말미암은 역고이다. 숨을 쉬어 호흡함에 기맥(氣脈)이 통하니, 이 몸은 나의 사유물(私有物)이 아니요, 바로 부모께서 남겨주신 기운이다.

지금 사람들은 대부분 부모에게 양육을 받기만 하고 자기 힘으로써 부모를 봉양하지 못하니, 이와 같이 하여 문득 세월을 보낸다면 끝내 정성으로 봉양할 때가 없을 것이다. 반드시 몸소 집안일을 주관하여 스스로 맛있는 음식을 마련한 뒤에야 자식의 직분을 이에 닦는 것이니, 만일 부모께서 굳이 들어주지 않으시면 비록 집안일을 주간하지 못하나, 또한 마땅히 주선하고 보조해서 힘을 다해 맛있는 음식을 얻어, 어버이를 보양하는데 있다면, 진미(珍味)를 또한 반드시 얻을 수 있을 것이다.

사람들이 부자간에 사랑이 공경보다 지나치니, 모름지기 옛 습관을 통렬히 씻어 버려 존경을 극진히 하여야 한다. 부모의 뜻이 만일 의리에 해로운 것이 아니면, 마땅히 부모의 뜻을 먼저 알아차리고 받들어 순종하여 조금이라도 어기지 말 것이요, 만일 의리에 해로운 것이면 기운을 온화하게 하고 얼굴빛을 화하게 하며 음성을 부드럽게 하여 간해서, 반복하여 아뢰어 반드시 들어 따르게 하기를 기약하여야 한다.

전통적으로 효의 민족으로서 동방예의지국이었던 우리나라가 최근에 와서 가정에서 패륜행위와 사회에서 생명경시 흉악범죄가 급증하고 있는 것은 안타까운 일이다. 그 원인 중에는 가정과 학교, 사회 전반에 걸쳐 인류의 보편적 가치이며 우리 민족의 아름다운 정신문화 유산인 '효 교육' 이 실종되고 있는 것과 무관하지 않다고 생각한다.

효 사상은 시공을 초월한 인류의 보편적 가치이며 소중한 문화유산이다." 가장 한국적인 사상인 우리의 효사상은 가장 세계적인 사상이다. 실제로 효사상은 오늘의 세계가 상실한 가치, 그래서 가장 절실히 요청되는 소중한 가치들을 그 안에 응축하고 있는 것이어서, 가장 세계적이란 말이 단지 공허한 구호에 그치지 않는다. 효사상이 응축하고 있는 것을 분석해 보면,

첫째, 효는 지극한 인본주의를 바탕으로 하고 있다. 효사상은 자기 생명의 창조자인 조상을 신으로 받드는 우리 원시 종교에 뿌리를 두고 있다. 국조 단군의 이념이 홍익인간이요, 미래 사회의 새로운 중심 가치로 떠오를 것이다. 기계 문명 속에서 인간이 기계의 부속품으로 전락하는 극도의 인간 소외를 체험한 인류에게 앞으로 가장 절실한 과제는 인간 회복이기 때문이다.

둘째, 효는 이타주의를 본질로 한다. 부모도 엄밀하게는 사실 나와 별개의 개체다. 그런데도 나보다 나 아닌 부모를 위한다. 내가 먹고 싶은 것을 부모에게 먼저 드려서 부모가 잡숫는 것을 보고 기뻐하는 마음, 내가 누리고 싶은 것을 부모에게 돌려서 부모가 누리는 것을 보고 기뻐하는 마음, 그것은 이미 높은 차원에 가 있는 이타주의다. 이타주의 역시 인본수의와 함께 미래 사회가 절실히 필요로 하는 가치가 아닐 수 없다.

셋째, 효는 인내주의를 필수로 한다. 부모를 섬기고 받드는 과정은 곧 나의 충동과 감정을 억누르고 자제해 나가는 과정이다. 그러므로 효를 실천한다는 것은 인내심이 발휘되는 과정인 동시에 인내심이 함양되는 과정이다. 현대문명은 인간에게서 참을성을 빼앗아가 버렸다. 편리와 속도와 감각의 추구에 영합하여 쏟아져 나온 현대의 모든 정신적·물질적 산물은 인간을 극히 충동적이고 즉흥적인 존재로 변모시켜 놓았다.

넷째, 효는 절충주의를 필수로 한다. 부모를 모시는 자는 자신의 극단적인 입장만을 고집할 수 없다. 세대간에 조화를 이루려면 반드시 절충의 지혜를 발휘해야만 한다. 되도록 부모의 뜻에 따르면서도 맹종하지는 않는다. 부모의 부당함이 있을 때에는 옷소매를 붙들고 눈물로써 간하여 바른 길을 함께 찾아 나가는 법이다.

다섯째, 효는 평화공존주의를 이상으로 한다. 이것은 앞에서 언급한 가치들의 연장선 위에 있는 것이라고 할 수 있을 것이다. 위로 부모를 받들어 모시면서 아래로 자식에 이르기까지 가족 전체를 이끌고 화평한 가정을 꾸려 나가는 것은 인간생활의 근본이다. 출발은 가족 구성원간의 화목이 되겠지만. 그 범위를 확대시켜 나가면 그것이 곧 홍익인간의 이념으로 연결된다.

효 사상 속에는 이처럼 인본주의, 이타주의, 인내주의, 절충주의, 평화공존주의의 정신이 응축되어 있다. 이것들은 모두 그대로 오늘날의 세계가 절실히 갈망하고 있는 정신적 가치들이다. 효야말로 과거와 현재, 국가와 민족, 이념과 사상을 뛰어넘는 통시적(通時的) 가치관이며, 모든 종교를 아우르는 통교(通敎)적 가르침이다.

효(孝, HYO)는 모든 인류에게 보편타당한 윤리관이며, 사람에게 주어진 보편타당한 천륜이기 때문에 반드시 지켜야할 도리이다. 따라서 효가 살아야 정치가 깨끗해지고 효가 살아야 경제가 발전하며, 효가 살아야 국방이 튼튼해지고, 효가 살아야 교육이 제대로 이루어질 수 있다. 효가 살아야 나라가 살고 인류가 번영한다는 만고의 진리를 이제 우리는 다시 한 번 부르짖어 그 실천 운동에 앞장 서는 것이다. 효를 가르친다는 것은 이 모두를 한꺼번에 함양시키는 것이요, 바로 자기 자신의 부모를 생각하는 마음 하나를 열어 놓음으로써 생활 속에서 자연스럽게 이루어질 수 있기 때문이다. 우리는 이 효 사상을 지금 위기에 처한 현대 문명 앞에 하나의 해답으로 제시할 수가 있다. 이러한 효사상이 우리 민족의 가슴에 아직 꺼지지 않은 불씨로 남아 있다는 사실은 우리 민족을 위해서 뿐만이 아니라 인류를 위해서도 참으로 다행한 일이다. 이 불씨가 더 이상 사그라지기 전에 다시 한 번 활활 타오르도록 해야 할 것이다. 이것은 비단 지난 날 우리의 문화, 우리의 사상을 진작한다는 일개 민족문화의 차원을 넘어서, 장차 온 인류를 구원하는 새로운 사상운동으로 연결되는 역사적 대과업이 될 것이다.

Ⅲ. 효행(孝行)의 종류

배달국 시대(BC. 3898 - BC. 2334) 때부터 전해 내려오는 3륜 9서에는 '어른은 아랫사람을 사랑하고 아랫사람은 어른에 대하여 순종하는 예절이니라.' 하여 사랑과 순종을 강조하였다. 모세는 성경의 십계명을 통하여 '부모를 공경하라' 하였으며, 사도 바울 역시 '네 아버지와 어머니를 공경하라. 이것이 약속 있는 첫 계명이니 이는 네가 잘되고 이 땅에서 장수하리라' 하여 공경을 강조하였다. 석가모니는 경전을 통하여 '부모님이 꾸짖더라도 마음을 언짢아하지 말고 오히려 기쁘게 생각해야 하며, 어버이를 봉양할 때는 자기 자식을 기르는 것처럼 온갖 정성을 다해야 하고 오로지 노인을 공경해야 한다.' 라고 하여 정성과 공경을 강조하였다.

공자는 '오늘날의 효도는 부모를 잘 공양(供養)하는 것이라고 하나, 개와 말에게도 먹이를 주는 일이 있으니 부모를 공경하지 않고 공양만 한다면 짐승에게 먹이를 주는 것과 무엇으로 구별할 수 있겠느냐?' 라고 하여 역시 공경을 강조하였다. 공자의 제자 중에 효에 대한 이론을 정리한 것으로 알려진 증자(BC. 506- BC. 346)는 '효에는 3가지가 있는 바, 가장 큰 효는 부모의 뜻을 존중하는 것이요, 그 다음은 부모를 욕되게 하지 않는 것이며, 마지막 단계가 부모를 봉양할 수 있는 능력을 갖추는 것이다' 라고 하여 부모의 뜻을 존중하도록 강조하고 있다.

율곡은 자녀가 부모를 공경하고 봉양하는 것, 즉 효행을 두 가지 차원으로 구분하였는데, 하나는 '부모의 구체(口體)를 물질적으로 봉양하는 것과 부모의 심지(心志)를 정신적으로 봉양하는 것' 이라고 하였다.

효의 본질에 따른 효행방법에 대하여 살펴보면 건강(健康)의 孝, 순종(順從)의 孝, 열친(悅親)의 孝, 양지(養志) 또는 계지(繼志)의 孝, 봉양(奉養)의 孝, 간언(諫言)의 孝, 성공(成功)의 孝, 추모(追慕)의 孝 등으로 설명하고 있다.

1. 건강(健康)의 孝.

우리의 몸은 부모님으로부터 물려받은 은혜롭고 소중한 생명이므로 몸을 상하지 않도록 힘써야 하는 것이다. 부모는 추우면 추운대로 더우면 더운 대로 자식건강 걱정이 대단하시니 자식이 아프거나, 신체가 상하면 부모님께서는 괴로워하고 근심걱정 하시므로 자식 된 자로서 불효가 되는 것이니 자기의 몸을 잘 보호하는 것이 자식의 의무이다. 따라서 내가 건강하지 못할 때, 부모님께서는 늘 근심과 걱정으로 지내게 되므로 몸을 잘 보호하여 상처가 생기지 않도록 하며, 자기의 생명을 잘 누리도록 하여야 하는 것은 자식의 의무이다.

공자는 자신의 안전과 건강을 도모함으로써 부모의 마음을 편하게 해 드린 것을 강조하는 효를 다음과 같이 말한 바 있다.

"신체와 모발과 피부 등은 다 부모에게서 물려받은 것이니 감히 그것을 훼손하거나 상하게 하지 않는 것이 효도의 처음이다." 따라서 우리는 부모님이 우리에게 물려주신 몸과 마음을 상하지 않도록 해야 한다. 부모의 분신인 나의 신체를 부모님이 보시고 기뻐하도록 잘 보존해야 할 것이다.

그러나 오늘날의 젊은 사람들 중에는 오토바이를 타다가 다치거나 술 담배 때문에 병이 생기거나, 혹은 마약 등으로 건강을 해치고 부모님께 근심을 안겨드려 불효를 저지르는 일이 많아졌다. 특히 옛날부터 부모님보다 자식이 먼저 죽는 것은 불효 중에 가장 큰 불효라고 하였다. 그러니 학업성적이 나쁘거나 상급학교 입학시험에 떨어졌다고 비관하여 자살하는 행위는 너무나 큰 불효가 되는 것이다.

공자에게 맹무백(孟武伯)이 효도가 무엇이냐고 묻자 공자는 서슴없이 말했다. 부모는 오직 병을 근심하느니라(父母唯其之憂).

첫째 병은 불가피한 것이므로 병 이외의 일을 가지고 부모께 걱정을 끼쳐서는 안 된다. 그것이 효도다.

둘째 부모는 자식의 병을 근심한다. 그 사랑에 보답하는 길은 몸에 병이 없도록 건강에 조심하는 일이다. 그것이 효도다.

셋째 자식은 부모의 건강에 대해서 항상 살펴야 한다. 그것이 효도다.

조선시대 말 일본이 우리나라를 강제 점령하여 우리 겨레의 전통을 말살하려고 정부에서 단발령을 내리고 상투를 자르려 할 때 백성들은 머리채를 자르지 않으려고 피해 다녔으며 그들에게 붙잡혀 상투를 잘리고는 대성통곡을 하였던 일이 있었다. 이는 부모님으로부터 받은 신체의 한 부분인 머리카락까지 소중하게 간수하려던 효의 전통이 마음 속 깊이 있었기 때문이었다. 이와 같이 자기의 몸을 잘 보존하여 건강을 지켜야 함은 물론이지만 부모님의 건강도 정성으로 보살펴야 한다.

우리 조상들께서는 부모님께서 병환이 드시면 모든 일을 제쳐놓고 용한 의원을 찾아다니면서 약을 구해서 쓰며 밤잠을 자지 않고 치료하기 위해서 정성을 다하였다. 자기의 손가락을 깨물어 부모님 입 속에 피를 넣어 드리기도 하고(단지, 斷指) 허벅지 살을 떼어 약으로 드리기도 하여(할고, 割股) 자기가 부모님을 대신하여 고통을 받거나 대신 죽게 하여 주기를 바라며 기도한 효자들이 적지 않았다. 또 조상들 가운데는 부모님의 건강과 장수를 위하여 의학공부를 열심히 하여 부모님께 효도한 분들이 적지 않다는 사실은 그만큼 부모님을 섬기는 효심이 컸기 때문이다.

부모의 병에 약을 달여 드림은 효도이겠으나, 자기의 팔 · 다리를 훼손해서 드림이 효라는 말은 듣지 못하였다. 이런 짓이 만약 의로운 일이라면 어찌 성현들이 앞장서서 하지 않았겠는가? 이런 일을 하다가 불행히도 자기가 죽기라도 한다면, 몸을 훼손하고 후손을 못 갖는 죄가 돌아오는 것이 된다. 어찌 이런 일에 국가가 그 가문을 표창해서 나타내게 할 수 있으리오.

- 한퇴지(韓退之)

2. 순종(順從)의 孝.

순종은 부모의 가르침에 따르는 자녀의 행위이고 부모의 바람에 자녀가 반응하는 것으로 순종은 부모의 뜻을 읽을 수 있는 자녀의 역량과 비례한다. 자식의 도리로서 모든 일을 마음대로 하지 말고 부모님의 허락을 받고 실행하여야 하며 만약 부모님께서 허락하시지 않는 일은 절대로 하지 말아야 한다. 부모님이나 시부모님이 시키시는 일을 거역하거나 게을리 해서는 안 된다. 「예기」는 "만일 (시)부모님이 먹을 것을 원하실 때에는 그것이 비록 좋아하지 않는 것이라 할지라도 맛을 보고 다음 말씀을 기다릴 것이며, 의복을 내리실 때도 비록 그것이 마음에 들지 않는 옷이라 할지라도 반드시 입어 본 후에 다음 말씀을 기다려야 하느니라." 라고 전한다.

부모님을 섬기는 자는 한 가지 일이나 한 가지 행동이라도 감히 제 마음대로 하지 말고 반드시 부모님께 말씀을 드린 뒤에 할 수 있다. 만일 마땅히 해야 할 일이라도 부모님께서 이를 허락하시지 않으실 때에는 반드시 그 까닭을 여쭈어 허락을 받은 뒤에 행하여야 하며 끝내 부모님께서 허락하시지 않으시더라도 역시 제 마음대로 행할 수는 없는 것이다(격몽요결).

자식이 부모님의 명령을 받았을 때는 반드시 글로 써서 몸에 지니고 때때로 살펴보며, 이를 속히 실행하고 일이 끝나면 그 결과를 아뢰어야 하느니라. 시키신 일 가운데 실행하지 못할 일이 있으면 온화한 얼굴빛과 부드러운 목소리로 옳고 그름과, 이롭고 해로운 점을 아뢰어 부모님의 허락을 기다린 후에 이를 바꾸고 정성을 다해 따라야 한다. 만약 부모님께서 시키시는 일이 그르다고 하여 바로 자기 뜻대로 실행한다면 비록 자기가 고집하는 일이 옳다고 하더라도 오히려 순종하지 않는 자식이 되는 것이다(소학). 라며 부모의 뜻을 존중하고 따를 것을 중시하였다.

효자는 반드시 화순(和順) 하여야 하느니라. 순하고 부드러운 얼굴빛을 하여야 하느니라. 부모님을 모시는 마음은, 마지 옥을 들고 있는 것과 같이 조심하고, 가득 찬 물그릇을 받들고 있는 것과 같이 조심성 있고 정성스러워야 하느니라(예기).

자녀들아 모든 일에 부모에게 순종하라. 이는 주안에서 기쁘게 하는 것이니라. - 골로새 3장 20절

3. 열친(悅親)의 孝.

열친(悅親)이란 어버이를 기쁘시게 하는 효도를 의미한다. 특히 어렸을 때는 돈을 벌어서 부모님을 봉양하며 호강 시켜 드릴수도 없고, 출세하여 효도할 수 있는 시기가 아니기 때문에 부모님을 기쁘시게 하여 드리는 열친이 가장 큰 효도이다. 몸이 건

강하여 걱정을 끼쳐 드리지 않는 것, 부모님 말씀을 순종하는 것, 공부를 잘하여 성적이 좋은 것, 성공하여 부모님을 기쁘시게 하는 것 등이 열친의 효도이다, 이러한 열친의 효는 자녀로서도 보람이 있고 부모님께도 흐뭇한 일이다. 부모님을 정성껏 모시는 효도는 부모님을 늘 가까이 모시면서 아침저녁으로 안녕하신지를 여쭈어 보고 보살피며 공경하는 일이다.

부모님이 계실 때에는 언제나 먼 곳으로 놀러 나가지 말아야 하고, 혹시 멀리 떨어져 있을 때는 반드시 있는 곳을 알려 드리고, 돌아와서는 반드시 뵙고 다녀왔다는 말씀을 드려야 한다. 이는 곧 부모님을 항상 가까이서 모시라는 뜻이며 물질로 효도하기에 앞서서 마음속으로 부모님을 잠시라도 잊지 말고 행동을 해야 한다는 것이다. 또 우리 조상들은 새벽에 부모님 계신 곳으로 가서 큰절을 하여 문안인사를 드리고 밤에도 주무실 이부자리를 펴 드린 뒤에야 잠자리에 들었다. 그리고 철따라 알맞은 옷을 입혀 드리고 끼니때마다 정성을 다하여 음식을 마련하여 맛있게 잡수시는 모습을 보는 것을 기쁨으로 삼았으며, 언제나 온화한 모습으로 부모님을 뵙고 부모님께 아무런 걱정이 없이 즐겁게 하여 드리려고 노력하였다.

오늘날 경제적 어려움 때문에 가난한 가정의 자녀들은 부모님 모시기가 어려운 것은 사실이지만 자식이나 며느리의 눈치를 보며 구박받으며 살아가는 노인들도 안타까운 일이다. 또 부모님께서 가난하였기 때문에 자식에게 풍족하게 하여주지 못하시고 학업의 길을 이어 주시지 못하셨다고 하여 자녀로서 부모님을 원망하거나 집을 나가거나 하여서는 안 된다. 또 남의 자식들처럼 자식들을 넉넉하게 해 주시지 못하는 부모님의 그 괴로운 심정을 생각하고 여유롭지 않은 생활 가운데 부모님께 효도하는 것은 더없이 아름답고 보람 있는 일이다.

너 낳은 아비에게 순종하고 네 늙은 어미를 경(輕)히 여기지 말지니라(잠언 23:25). 또 네 부모를 즐겁게 하며, 너 낳은 어머니를 기쁘게 하라(잠언23:22).

4. 양지(養志) 또는 계지(繼志)의 孝.

부모님께 다만 순종하고 봉양하는데 그치지 않고, 부모님의 뜻과 가르침을 언제나 잊지 않고 받들어 실천하는 것을 양지(養志)의 효, 또는 계지(繼志)의 효라고 한다. 양지는 부모님의 뜻을 받들고 지키는 것이요, 계지는 부모님의 뜻과 교훈을 이어 나간다 것을 의미한다. 부모님께서는 살아 계실 때는 언제나 그 뜻과 교훈을 살펴 지켜야하며, 부모님께서 돌아가신 뒤에도 부모님의 뜻과 교훈대로 실행하였는지를 살펴보아야 한다. 무릇 효란 부모님께서 살아 계실 동안에만 공경하고 섬기는 것이 아니다. 돌아가신 후에도 생전의 교훈과 은덕에 감사하여 그 남기신 뜻(유지)을 받들고 잘 지켜서 부모님께서 소원하시던 바를 잘 이어나가야 하는 것이 자식의 도리이다.

「예기」에서는 "효는 먼저 부모가 하고자 하는 뜻을 이어 받는 것이니라."라고 하였다. 또 효자는 부모님의 뜻을 이어 받아 부모님의 사업을 더욱 빛나게 하는 사람을 말함이다(중용).

그러므로 양지의 효는 가령 부모님께서 훌륭한 교육자이셨는데 자녀도 부모님의 뜻을 따라 좋은 교육자가 되는 것이라든지, 혹은 훌륭한 도자기 공예가가 아버지의 뜻에 따라 자식도 도자기 공예인이 되는 것도 하나의 양지의 효가 되는 것이다. 그리고 부모님의 교훈을 받들고, 자기 자식에게도 지난날 너희 할아버지 할머니께서 이러한 말씀을 늘 하셨으니 너희들도 잘 지켜야 한다고 교육하는 것도 하나의 양지의 효가 되는 것이다 또한 조상때부터 내려오는 가훈을 잘 지켜서 조상의 뜻이 담긴 교훈을 이어나가는 일도 양지의 효이며, 계지의 효가 되는 것이다.

내 아들아 네 아버지의 훈계를 들으며 네 어미의 법을 떠나지 말라. 이는 네 머리의 아름다운 잔이요, 네 목의 금 사슬이니라 (잠언 1:8-9).

5. 봉양(奉養)의 孝.

어렸을 때는 부모님께서 길러 주시지만, 자식들이 장성하면 반드시 부모님의 의(衣)·식(食)·주(住) 생활에 불편이 없으시도록 편안하게 모시는 일은 자식 된 자로서의 의무이자 효도이다. 이를 귀찮게 생각하거나 억지로 모시는 것은 불효가 되는 것이다. 부모님을 모시는 일은 자식들이 어렸을 때부터 정성을 다하여야 하며 마음속에서 우러나오는 공경과 순종의 착한 행동이 끝까지 변함없이 이어져야 한다. 또 언제나 끊임없이 부모님의 건강을 염려하여 자세히 보살피고, 좋아하시는 음식을 준비하여 받들어야 한다.

식사할 때에는 온 가족이 부모님을 모시고 함께 둘러앉아 화목하고 따뜻한 마음으로 도란도란 즐겁게 온 가족이 지냄으로서 부모님을 기쁘게 모셔야 한다. 그렇게 하면 부모님의 건강이 어떠신지 음식을 잘 잡수시는지도 알게 되고 어떤 음식물을 좋아하시는지도 보살필 수 있는 것이다. 부모님께서 쓰시는 방은 밝고 공기가 잘 통하여야 하고 여름에는 시원하고 겨울에는 따뜻하고 포근해야 한다. 그리하여 언제나 부모님께 걱정을 끼쳐드리지 않고 항상 즐겁게 모시려는 마음가짐으로 부모님의 뜻을 받들어야 한다. 그러자면 부모님의 뜻을 미리 알아야 하며 부모님의 심정을 같이 이해하려고 힘써야 한다. 그리고 부모님이 아무 근심 걱정이 없으시도록 노력해야 한다.

언제나 부모님과 자식들이 이야기 할 수 있는 시간을 많이 만들어서 부모님께서 외로움을 느끼지 않으시도록 말벗이 되어드리고, 등도 긁어 드려서 부모님들이 소외감이 없으시도록 모셔야 한다. 혹시 부모님께서 어떤 실수를 하시더라도 이를 잘 이해하며 받아들이는 너그러움이 있어야 한다. 더구나 부모님의 신체가 부자유스러울지라도 멸시하거나, 짜증스러워 해서는 안 된다. 그리고 부모님 앞에서는 형제간 또는 부부간의 다툼은 결코 삼가야 하며 늘 화목하게 지내는 것을 보여 드리는 것이 효도이다.

부모님의 뜻이나, 바라시는 일이 무엇인지 항상 잘 살펴서 그 뜻을 정성으로 받들어야 한다. 그러자면 부모님 앞에서 언제나 안색을 부드럽게 하여 부모님의 마음을 편안하게 해 드려야 한다. 부모님을 공경하는 마음과 깊은 사랑이 있으면 자연스럽게 부드러운 모습이 마음속에서 피어오르는 것이다. 자식들이 괴로워하거나 슬퍼하는 표정을 지으면 부모님께서 몹시 걱정스러워 하시기 때문에 늘 명랑한 모습을 보여 드려야 한다. 때로는 부모님께서 재미있는 소일거리나 취미생활을 하실 수 있도록 해 드리고 항상 집안에만 계시면 세상일이 궁금하실 것이므로 바깥 소식이나 세상이야기를 함께 나눌 때에 부모님은 기쁨과 보람을 느끼시게 된다. 부모님을 정성스럽게 봉양하는 마음이 차고 넘치면 자연스럽게 효도하는 행동이 몸에 배이게 되는 것이다.

사랑이란 부모를 봉양하여 즐겁게 해 주는 것이요, 공경이란 부모를 지극한 공경으로 봉양하는 것이다. 원래 사람의 인정 속에는 사랑하는 마음이 있으니, 이 사랑하는 마음을 부모에게 베푸는 것은 당연한 일이다. - 증자

네 부모를 공경하라. 네 이웃을 네 몸과 같이 사랑하라 하신 것이니라.

- 마태복음 19장 19절

6. 간언(諫言)의 孝.

부모님께서 때로 옳지 못한 일을 하시거나, 도리에 맞지 않는 일을 하시게 될 때에는 자식으로서 부드럽게 말씀을 드려야

한다. 웃어른께서 잘못된 생각이나 행동을 하실 때에는 부모님의 안색을 잘 살피어 공경한 마음으로 부드럽고 조용히 말씀 드려서 부모님께서 궁지에 빠지시는 일이 없게 되시도록 하는 것이 역시 효도이다. 혹시 자식의 뜻을 들어 주시지 아니하셔도 여전히 공경하여 부모님의 마음을 괴롭게 하거나, 거슬리지 말고 때로는 꾸지람을 하셔도 조용히 간하여야 하며 고생스러울지라도 원망하지 말아야 한다.

공경과 존경으로 순종하는 것이 효도이지만 부모님의 허물이나 잘못을 알게 되면 부모님의 마음을 돌리도록 미리 간하는 것도 효도의 길이 되는 것이다. 비록 부모님께서 배움이 적고 생각이 짧아도 절대로 얕보거나 가르치려는 태도로 말씀드린다면 아무리 이치에 맞는 말이라도 불효가 된다.

또 이율곡은 부모님의 허물이 생기지 않도록 사전에 간언(諫言) 하는 것은 허물이 생긴 뒤에 간언 하는 것보다 그 공이 백배나 크다고 하였고, 부모님의 뜻이 의리에 어긋나는 것이 아니면 마땅히 그 뜻을 이어 받아서 순순히 실행하여 조금도 어기지 말아야 하지만 만약에 부모님의 뜻이 의리에 벗어나는 것이라면 온화한 태도와 목소리로 부모님께 간곡히 간하여 부모님께서 들으시도록 하는 것이 효도라고 말하였다.

흔히 부모에 대한 절대적 복종과 추종만이 과거의 '효'라고 생각할 수 있으나 효경 간쟁 장에서 "아버지의 명령만을 따르는 것을 어찌 가히 효도라고 말할 수 있겠는가? 천자이건 제후이건, 어느 위치에서건 '간하는 자'는 반드시 필요하다."고 분명히 강조하였다. 즉 부모의 경우에도 간하는 자, 즉 자식이 간쟁의 의무도 함께 지니고 있는 것이다. 물론 간하는 정도가 아주 미약하겠지만 진정한 효의 본질은 무조건적인 맹종과 복종이 아님을 알려주는 중요한 대목이다.

"다투어 간하는 자식을 두면 아버지의 몸이 의롭지 않은 곳에 빠지지 않을 것이다. 그러므로 아버지가 의롭지 않은 일을 당하게 되면 자식으로서 다투어 간하지 않으면 안 되고 신하된 자는 임금에게 다투어 간하지 않으면 안 되는 것이다. 이로써 의롭지 않은 일을 당하게 되면 다투어 간해야 하는 것이므로 아버지의 명령만 따르는 것을 어찌 효도라고 말할 수 있겠는가?"

- 효경

사전에는 간하되, 사후에 부모의 잘못을 책망해서는 안 된다. 부모의 뜻을 따르지 않은 경우에도 부모를 한결같이 공경하고, 또 나아가 마음고생을 하더라도 부모를 원망해서는 안 된다.

- 논어

세 번 간을 올려도 부모가 들어주지 않으면, 소리 내어 울며 따르라.

- 예기

7. 성공(成功)의 孝.

자식이 출세하거나, 성공하여 부모님을 기쁘게 하는 것을 성공(成功)의 효 또는 입신(立身)의 효라고도 한다. 자식이 공부를 잘하거나, 세상에 좋은 일을 하였거나, 성공을 하게 되어 많은 사람들로부터 칭찬을 받거나, 상을 받게 되면 부모님께서는 크게 기뻐하신다. 또 자식이 착한 일을 하여 효도하는 것을 행도(行道)의 효라고 한다. 입신행도의 효는 참으로 자식을 둔 기쁨과 보람을 부모님께 안겨 드리는 크나큰 효도가 되는 것이다. 자식의 성공은 그 한 사람의 성공에 그치지 않고 가문을 빛내고 번성하게 하며 부모님을 기쁘게 할 뿐 아니라, 부모님의 이름까지 빛내게 하는 효행이 되는 것이다.

우리 조상들은 높은 벼슬을 하고 많은 재물을 쌓는 것보다 인격과 덕망을 갖춘 참된 삶으로 세상에 빛과 자취를 남기는 것을 학문의 목표로 삼고 아울러 입신행도의 효를 높은 효도로 생각하였다.

「예기」는 "가장 높은 효는 부모님을 존중하는 일이요 그 다음의 효는 부모님을 욕되지 않게 하는 일이요, 물질로서 부모님을 봉양하는 일은 가장 아래에 속하는 효도이다." 라고 하였다.

사람마다 가치관과 욕심이 다르지만 자식의 범죄만큼 부모를 가슴 아프게 하는 것은 없다. 국민들의 가슴을 아프게 만드는 흉악한 범죄를 저지르는 사람들은 정신이 건강하지 못한 사람이지만 그들의 부모들은 평생 고개를 숙이고 살아야 한다. 조선 중기의 문신인 약산(藥山) 오광운(吳光運, 1689~1745) 선생은 세상의 자식 된 자들에게 "자식이 효도하는 것으로는 선을 행하는 것보다 큰 것이 없다."라고 말했다. 또 세상에서 말하는 입신양명에 대하여 "입신양명하여 부모를 빛낸다는 것은 부귀영달을 말하는 것이 아니라 자신이 처한 환경에 맞게 그 본분을 다하여 부모에게 욕을 안기지 않으면 모두 입신양명이다."라고 말하였다.

8. 추모(追慕)의 孝.

부모님께서 세상에 살아 계실 동안에 받들어 모신 효심은 세상을 떠나신 후에도 살아 계실 때와 똑 같은 마음으로 존경하며 그 은혜와 남기신 덕을 그리워하여 살아 계실 때의 교훈을 이어 실행하는 것이 진정한 효도이다. 따라서 해마다 돌아가신 부모님을 추모하면서 명절 때, 생신 때, 세상을 떠나신 날에 추도식을 올리거나 성묘를 하는 일도 효도이다.

부모님께서 남기신 교훈을 돌아가신 후에도 이어가는 계지(繼志)의 효를 우리는 잊어서는 안 된다. 돌아가신 후에 부모님께 감사드리는 추모의 정은 살아 계실 때와 세상을 떠나신 후나 보은, 감사, 사랑은 한결 같아야만 한다. 부모님께서 돌아가신 뒤에 행하는 효도를 추모의 효라고 하며, 제사를 받드는 것은 봉제사(奉祭祀)의 효라고 한다.

과거에는 부모님께서 돌아가시면 무덤 옆에 여막을 지어놓고 그 속에 웅크리고 앉아서 3년 동안을 시묘살이를 하였던 효자들이 적지 않았다. 돌아가신 부모님은 다시 봉양할 수 없으므로 장례(葬禮)와 제사(祭祀)는 자식 된 자로서 가장 정성을 다하여야 한다고 가르쳐 왔기 때문이다. 조상들은 자손들의 믿음이 굳고, 세상의 빛과 소금이 되어 올바르고 아름답게 사는 것을 바라셨기에 부모님께서 이 세상을 떠나신 후에도 그 드높은 사랑과 은혜를 감사하면서 살아가야 함을 의미하는 추모(追慕)의 효가 되는 것이다.

공자는 "상제(喪祭)는 진정한 애상이 정으로 표현되는 것이어야 하는 것이다." 고 하였다. 또한 상례와 제례의 두 예는 사람의 자식이 가장 정성을 다해야 할 일이다. 이미 돌아가신 어버이를 뒤좇아 봉양할 수 없으니, 상례에 그 예를 다하고, 제례에 그 정성을 다하라 하였다.

또 봉사(奉祀)는 자신을 세상에 존재하게 한 근원인 조상의 은혜에 깊이 감사하고, 부모의 유지를 잘 받들어 살아생전의 덕행을 이어가고, 유업을 더욱 번창시키며, 가문의 전통을 이어가고, 가정을 행복하게 이루는 동시에 자손을 훌륭히 양육하겠다는 것이다.

장례를 삼가 모시고 멀리 돌아가신 조상을 추모하면 백성의 덕(德)이 후한 데로 돌아가게 된다.

- 증자

Ⅳ. 종교별 효(孝, HYO) 사상

효(孝)를 말하면 누구나 고개를 끄덕이며 진리로 받아들인다. 동서고금(東西古今) 인종과 종교를 떠나 하나 같이 효의 중요성을 강조한다. 그러나 효 정신은 날이 갈수록 퇴색되고 있다. 인간들의 심성은 날로 악(惡)해지고 있으며 한 치 앞을 예측할 수 없는 혼란으로 빠져들고 있다. 결국 악(惡)해지고 있는 인류를 구할 수 있는 것은 인간의 심성을 바르고 착하게 교육하는 길 밖에 없다. 그 핵심적 역할은 무엇이 할 수 있을까?

해법에 대하여 많은 학자들이나 현자들의 공통된 메시지는 인성의 회복과 효(孝)라고 강조한다. 범종교적으로 보면 자식이 부모의 말에 순종하지 않는 것은 잘못 중에 최대의 잘못이라고 말한다. 기독교나 불교 유교 등 모든 종교에서 말하기를 부모에게 순종하지 않으면 정녕 죽으리라. 불구덩이 지옥인 아비지옥으로 떨어지리라. 세상에는 살인 죄 등 수많은 죄가 있으나 부모님 말씀에 순종하지 않는 죄보다 큰 것이 없다 등 어떤 죄 보다도 크다고 강조한다.

1. 유교적 효(孝) 사상.

1) 효에 관한 유교적 의미.

효의 일반적 의미로 모두에게 효(孝)는 어긋남이 없어야 마땅하지만 그 어긋남의 본체는 바로 예(禮)라는 것, 즉 예를 벗어나면 아니 된다는 것에 대해 먼저 말씀 하셨다. 효에 대하여 논어 위정편 제 6장이다. 맹무백(孟武伯)이 효(孝)를 묻자 공자님께서 말씀하셨다. "부모는 오직 그 자식의 질병만을 근심하신다고 하였다. 이는 자식의 건강이 곧 효이라는 뜻이다. 이는 효경(孝經) 제 1장에 "신체의 모든 터럭이나 그 피부라도 모두 부모에게 물려받은 것이라 이를 감히 훼손하거나 상처내지 않음이 곧 효의 시작이다."(身體髮膚受之父母不敢毁傷孝之始也) 라고 하였다.

맹무백(孟武伯)! 그는 앞에서 말한 공자님의 제자중 하나인 맹의자(孟懿子)의 큰아들이다. 기록에 의하면 맹무백(孟武伯)은 이름이 체(살찐 돼지 체)인데 그 이름처럼 매우 힘이 센 무인(武人)이며, 거칠고 성질이 급하여 화를 잘 내며 좀처럼 남의 잘못을 용서하거나 관용하는 사려 깊은 사람은 못 되었다 한다. 이런 유의 사람이 흔히 범하기 쉬운 일이 바로 남과의 다툼에 있어 화를 당하거나 또는 몸에 상처를 입기가 쉬운 법이다.

이를 경계하여 공자님께서는 효(孝)에 대해 물어온 당사자 맹무백(孟武伯)에게 바로 당사자의 경우에 빗대어 바로 말씀하시기를 부모는 자식의 질병이나 몸에 입을 화나 상처를 항상 걱정하니 그런 부모님의 염려를 불식시키는 항상 건강한 육체와 더불어 건전한 정신을 갖는다면 그것이 바로 맹무백(孟武伯) 너에게는 네가 할 수 있는 가장 현실적이고 실효적인 효(孝)가 될 것이라 말씀 하신 것이다.

이러한 예는 증자(曾子)에게서도 볼 수 있는 바인데, 논어 태백(泰伯)편 제3장에, "이불을 걷고 나의 발과 손을 보라(曾子有疾 召門弟子曰 啓予足 啓予手)." 라고 하였다. 이는 증자가 병이 위중하여 제자를 불러 모아 유언하기를 이불을 걷고 팔과 다리를 만져보아 온전하다면 나는 내가 부모님으로부터 물려받은 이 몸을 온전히 보전하여 이제 돌아감이니, 그 동안 불효를 짓지 않기를 전전긍긍 하였던 그동안의 노심초사에서 이제 벗어날 수 있겠구나 하는 말인 것이다. 효자 중에 효자라 소문난 증자(曾子)다운 유언이 아닐 수 없다. 이렇듯 신체 그 어느 것 하나라도 다치거나 손상할 수 없다 했거늘 그 행실의 올바름이야 말하여 또 무엇 하겠는가? 이렇듯 그 부모의 자식 된 이의 효자 됨이란 바로 내 몸을 올바르고 건강하게 건사함은 물론이고 건강한 사고방식 또한 곧 효(孝)라는 말씀하신 것이다.

효(孝)란 무엇인가? 에 대해 논어 위정편 제 7장에 이르기를, 자유(子游)가 효를 묻자 공자께서 말씀하셨다. "오늘날의 효라는 것은 봉양하는 것으로만 아나 개와 말에게도 다 기르는 바가 있으니 공경치 아니한다면 무엇으로 구별 하겠느냐?" 하였다.

자유에게 공자님께선 효란 바로 경(敬)이란 말씀을 하신 것이다. 범씨(范氏: 范祖禹: 송나라 유학자)가 말하기를, "경례(敬禮)삼백과 곡례(曲禮)삼천을 한마디로 말하자면 공경치 아니함

(毋不敬)이 없다는 것이다" 이라 하였다. 이 말은 예(禮)라는 것은 경(敬)이 아닌 것이 없다는 말이다. 하니 공자님께서는 자유가 물어온 효(孝)에 대한 답변으로 부모님을 공양함에는 그 마땅함이 예(禮)와 경(敬)이 없으면 이는 곧 집에서 기르는 개나 말에게 먹을 것을 주어 기르는 것과 아무 차이가 없음을 말씀하신 것이다. 이제 효(孝)는 보다 고차원적인 성격으로의 윤리성과 합리성의 그 바탕에 예(禮)와 경(敬)을 두고 있음을 분명히 한 것이다.

논어 위정편 제8장에 이르기를, 자하(子夏)가 효(孝)를 묻자 공자께서 말씀하셨다. "얼굴빛만으로 그 뜻을 헤아리기는 어려운 바이지만, 일이 있을 때 동생, 아들들이 그 수고로움을 대신하고, 술과 밥이 있을 때, 아버지나 형에게 먼저 잡숫게 하는 것만을 일찍이 효(孝)라 할 수 있겠는가?" 라 하였다.

자식이 부모를 섬기는 도리를 뜻하는 것이 유교의 도덕규범이다. 은대(殷代)의 복사(卜辭)나 금문(金文) 등에 보이며, 시경 · 서경 등의 기록에도 효에 관한 내용이 많이 나타난다. 주대(周代)의 기록에 나타난 효의 내용은 살아 있는 부모에 대한 봉양 · 존경 · 복종과 돌아가신 부모나 조상에 대한 추모로 나누어지며, 특히 상제례를 통해 조상숭배의 새로운 형식으로 정립되었다. 또 당시의 가족제도인 종법(宗法)을 유지하는 도덕규범이었다. 효에 대한 이론적 설명은 공자에서 비롯되었는데, 그는 인간을 인간답게 하는 덕을 '인'(仁)이라고 하면서 그것의 근본 내용으로 제(悌)와 효(孝)를 들었다. 그리고 부모와 자식 사이에 생길 수 있는 구체적인 효의 실천방법을 제시했다.

공자와 맹자는 부모와 자식 사이의 자연스러운 애정이 효의 기초이지만 애정과 도덕적 의무를 명확히 구별하여 효는 엄격한 도덕적 의무라고 강조했다. 물론 부모와 자식 사이에는 자식의 부모에 대한 일방적인 도덕적 의무만 있는 것은 아니다. 맹자에 보이는 오륜(五倫)에서는 '부자유친'(父子有親)이라고 했고, 이는 논어의 '부부자자'(父父子子), 예기의 '부자자효'(父慈子孝)와 함께 부모와 자식 상호간에 도덕적 의무가 성립함을 보여주고 있다.

자식의 효도는 부모의 자애를 전제로 하는 것이 아닐 뿐만 아니라, 자식의 효도와 부모의 자애가 동일한 가치 또는 중요성을 갖는 도덕적 의무는 결코 아니었다. 유교사상에서 강조하는 효는 부모를 섬기는 것과 부모를 부양하는 것으로 요약할 수 있는데, 그 가운데 부모에 대한 물질적 봉양보다는 공순한 정신적 자세를 중시했다. 부모를 섬긴다는 것은 부모의 명을 받들어 부모를 위해 힘쓴다는 것을, 또는 부모의 뜻을 거스르지 않고 공경과 예의를 다해 모신다는 것을 의미했다. 특히 부모와 조상에 대한 제사를 효의 표현으로 간주하여 특수한 유교적 상례로서 부모의 3년 상을 제시했다.

효에 관한 이러한 유교적 설명은 한대(漢代)에 이르러 효경(孝經)으로 집약되었다. 효경은 효에 관한 공자 · 맹자의 사상을 그대로 받아들이면서도 나름대로 특징적인 사상을 보여주고 있다. 효경에서는 이전보다 더욱 효의 중요성을 강조하여 다른 모든 덕행을 효에 종속시키는 경향을 보여준다. 공자와 맹자는 인의 근본으로 또는 요순의 도로 효와 함께 제를 들었으나, 효경에서는 효만을 덕의 근본으로 강조했으며 모든 덕행은 궁극적으로 효를 위한 것이라고 설명했다. 이러한 변화는 종족제도가 붕괴되고 가부장가족이 사회구성의 기본단위로 확립된 사회의 변화를 반영하는 것이다.

효경에 보이는 효의 또 다른 특징은 정치적 지위에 따른 신분적 차이에 의해 실천하는 효의 내용이 다를 뿐 아니라 효의 가치도 다르다고 본 점이다. 천자(天子)·제후(諸侯)·경대부(卿大夫)·사(士)·서(庶)와 같은 신분적 차이에 따라 효를 차별화하고 있다. 따라서 천자가 되어야 비로소 지극한 효를 행할 수 있으며, 천자의 효는 천하를 다스린다는 특수한 의미를 갖는다. 즉 천자는 자신이 효를 실천함으로써 천하를 다스릴 수 있으며, 동시에 천하가 효를 행하게 함으로써 천하를 다스린다는 것이다.

또 효경은 사람의 도리인 효를 자연에 존재하는 천지의 이법(理法)에 따른 것으로 설명한다는 점에서도 특징적이다. 이와 같이 효를 자연에 존재하는 도리로 파악하는 것은 효를 존중하여 효를 움직일 수 없고 어길 수 없는 도덕법으로서 설명하기 위해서이다. 이러한 효 사상을 담고 있는 효경은 한대 이후에 중국 역대 왕조의 교육제도에서 가장 기초적인 교과목으로 정해짐으로써 중국의 지식인들에게 커다란 영향을 미쳤다.

효경 성립 이후 효사상의 전개에서 주목할 만한 것은 효의 규범을 광범한 계층에까지 가르치기 위한 방법인 효행담(孝行譚)의 유행과 불교적 효 사상을 보여주는 부모은중경(父母恩重經)의 성립을 들 수 있다. 효경이 효에 대한 이론적 설명을 위주로 한 것이라면 효행담은 뛰어난 효행을 보여준 인물들의 행실을 모범삼아 이를 널리 선전함으로써 효 윤리를 보급하기 위해 만들어진 것이다. 서 진서(晉書)의 효우편(孝友篇) 이래 사서(史書)에 실린 효자들의 전기도 효행담으로 간주할 수 있지만, 독립된 효행담으로 편찬된 가장 대표적인 책은 남송대 조맹견(趙孟堅)의 자고이십사효서화합벽 趙子固二十四孝書畵合壁이다. 이 책은 대표적인 24명의 효행을 조맹견이 그림과 설명을 덧붙여 편찬한 것이다. 이와 같이 효경이나 효행담에 의해 효 윤리가 보급되고, 또 국가는 제도나 형률을 통해 효 윤리의 실천을 권장하거나 강제함으로써 효는 중국 사회의 가장 중요한 도덕규범으로서 확고하게 자리 잡았다. 중국사회에서 효 윤리가 갖는 영향력은 불교적 효 사상을 성립시킨 사실에서 단적으로 나타난다.

원래 불교는 세간과 초세간(超世間)을 구별하여 초세간을 진실한 세계로 간주하며, 그러한 초세간의 진리를 획득하기 위해서는 출세간(出世間)의 종교적 수행이 필요하다는 것이다. 따라서 효를 비롯한 세간의 윤리도덕은 불교의 중요한 관심사가 아니었다. 그러나 효 윤리가 지배하는 중국사회에 불교를 전파하고, 나아가 불교의 대중화를 이루기 위해서는 효 윤리를 불교의 입장에서 설명할 필요가 있기 때문에 부모은중경이라는 위경(僞經)의 성립으로 나타났다. 이 경전은 유교의 세속적인 효행을 부정하지는 않았지만, 현실의 효행은 완전한 것이 아니며 더욱 가치 있는 효행은 불교적 신앙생활을 통해 부모의 사후추복(死後追福)을 기원하는 것이라고 했다. 즉 유교의 효 윤리를 받아들이면서 그것을 불교적인 신앙생활 속에 포섭한 것이다.

따라서 현실적으로 불교적 효 윤리의 실천은 주로 불교식 상제례를 통해 부모의 사후추복을 기원하는 형태로 나타났다. 송대 성리학은 이전의 유교와는 달리 불교에 대한 배타적 태도를 명확히 했다. 성리학이 불교적 효행을 부정하고 유교적 효행을 강조하기 위해 가장 큰 관심을 기울인 것은 유교적 가례의 정비와 실천이었으며, 그 대표적인 성과가 주자가례(朱子家禮)로 불리는 예서의 편찬이다. 주자가례에서 관혼상제 때 조상의 위패를 모신 가묘(家廟)를 중심으로 이루어지도록 한 의도는 바로 불교적 효행을 유교적 효행으로 바꾸려는 것이었다.

공자(孔子)의 효(孝)

공자님의 효 사상을 보면 공자님께서는 효경의 개종명의장(開宗明誼章)에서 몸의 모발과 피부 등 모든 것이 부모로부터 받은 것이므로 자신의 육신을 소중히 간직하여 함부로 손상하지 않는 것을 효도의 첫 번째 조건으로 내세웠다. 그리고 자식을 낳아 혈통을 계승하고 재물을 이루어 생계를 위협 받지 않게 하는 것 등도 효도의 조건으로 하였다. 또한 진정으로 효도하는 것은 덕행을 베풀어야 하며 행실을 바르게 해야 하고 높은 자리에 있을 때 교만하지 말아야 하며 남들과 다투는 일이 없도록 해야 한다며 아무리 부모를 공경하고 잘 모시더라도 위의 것을 실천하지 못한다면 효도를 다했다고 할 수 없다고 했다.

공자님의 효사상은 인간이 우주의 도덕적 질서를 구현해야 한다는 의무를 부여하고 천지간의 보편적 원리로 보았다. 또한 공자님의 불효에 대한 경고 역시 엄하게 말씀하셨다. 이 세상에는 5가지 형벌로 다스리는 살인죄, 사기죄 등 3,000가지 죄가 있는데 그 중에 제일 나쁜 죄가 불효 죄라고 하시어 효의 중대성을 강조하셨다. 위와 같이 모든 성현들의 간곡한 가르침인 효는 "창조의 질서" 로 인간 삶의 행복을 위한 마지막 보루이다.

기독교나 불교, 유교의 교리가 아니더라도 부모는 우리에게 생명을 내려준 분이다. 이 명백한 사실 하나만으로도 우리가 부모를 절대적으로 공경해야 한다는 것에 이견의 여지가 없다. 창조의 질서에 순응하며 살아가는 것은 인간의 바른 길이며 인간성과 도덕성이 실종된 인류사회를 구하는 최선의 방법이다. 인간성과 도덕성 회복의 지름길은 효 교육으로 완성될 수 있다. 그래서 공자님께서 효는 백가지 바른 행동의 근본이며 교육의 근본이라고 했다.

인류의 역사는 끊임없이 변화와 발전을 거듭해 왔다. 학문적 경지가 하늘에 닿았다는 공자. 그러나 공자의 사상과 학문은 장구한 세월이 흐른 지금까지도 현대인의 삶의 지표로 살아 숨쉬고 있다. 옛 것을 익혀서 새 것을 안다는 공자의 철학은 마치 예언처럼 적중하였다.

아시아 문명의 사상적 근원이 된 유학(儒學)의 창시자 공자(孔子, BC 552~BC 479)가 주창한 유학은 세월을 거치는 동안 시대가 바뀌고 후대 학자들의 해석이 더해지면서 새롭게 변용되고 창조되어 왔다. 그리고 근대화와 더불어 서양 문명이 세계의 지배권을 장악하게 되면서 공자의 사상을 비롯한 동양의 학문들은 낡고 해묵은 가치로 평가절하 되고 곡해되었다.

공자는 춘추전국시대 혼란의 원인을 도덕성의 타락으로 진단하였다. 그리고 혼란을 극복하고 올바른 사회를 건설하기 위한 핵심 요소로 인(仁)을 주장하였다. 인이란 그 의미가 무궁무진하고 변화무쌍하여 한 마디로 정의를 내리기 어렵다. 공자의 '논어' (論語)에도 인에 대해서는 명확한 정답이 없으며 다양한 표현으로 정의된다.

인(仁)이란 사람을 사랑하는 것이라고 하였고, 인에 뜻을 둔다면 악한 것이 없다고도 하였다. '효성과 우애가 인을 실천하는 근본이다. '나를 이기고 예로 돌아감이 인이 된다.' 는 말 등을 종합해 볼 때, 인이란 사랑하는 마음으로 귀결된다. 나 자신을 수양하고 그렇게 함으로써 다른 사람까지 사랑하게 되는 것이다. 남을 배려하고 남과 함께하며 나아가서는 남을 위하는 의미까지, 인이라는 한 글자 안에는 말로 다 할 수 없는 커다란 우주가 들어 있다. 그리고 인을 실천하는 방법의 근본은 효(孝)이다. 공자는 늘 가까운 데에서부터 인을 실천한다. 나 자신의 욕심을 버리고 수양하는 극기(克己)에서 시작한 인은 나와 가장 가까운 내 부모를 섬기는 마음으로 그 실체를 드러낸다. 내 부모를 섬기는 마음과 같이 다른 사람을 섬기고 공경한다면 더 이상의 규범과 도덕이 필요하지 않을 것이다. 인간의 본질을 이루는 사랑과 사회적 관계 속에서의 인간다움을 추구하는 인은 어떤 정치나 사회문화적 혼란과 가치관의 부재 속에서도 절대적인 보루이다.

2) 효경에서 말하는 효의 가치.

유교에서는 효를 '만덕(萬德)의 근원이요, 백행(百行)의 원천'으로 보고 있다. 모든 행동의 근본이 효에서 시작된다는 것이다. 〈논어〉에서는 어버이를 잘 섬긴 다음이라야 유교의 중심 사상인 '인(仁)'을 이룰 수 있다고 하였다.

공자는 효를 어버이를 공경하는 데에서 시작하여, 다음에는 나라에 충성하고, 후세에 이름을 날려 어버이를 드러나게 함이 효의 끝이라고 했다. '효'가 자연스럽게 '충(忠)'으로 이어지고, '입신(立身)'으로 끝맺게 되는 것인데, 이것을 '군자의 길'이라 했다.

효경에는 다음과 같은 구절이 있다.

◉ 어버이를 사랑하는 자는 감히 남을 미워하지 않는다. 어버이를 공경하는 자는 감히 남을 업신여기지 않는다.

◉ 아버지를 섬기는 것을 근본으로 하여 어머니를 섬기되 사랑하는 마음은 같아야 한다. 아버지를 섬기는 것을 근본으로 하여 임금을 섬기되 공경하는 마음은 같아야 한다. 어머니에게서는 그 사랑하는 마음을 취하고, 임금에게서는 그 공경하는 마음을 취하는 것이니, 이 두 가지를 겸한 것이 아버지이니라. 그러므로 효로써 임금을 섬기면 곧 충(忠)이 되는 것이요, 공경하는 마음으로써 윗사람을 섬기면 곧 순(順)이 되느니라.

◉ 효란 하늘의 법도이며, 땅의 의리이고, 백성의 행실이다. 하늘과 땅의 법도가 있으니, 백성은 그것을 본받아야 한다. 하늘

의 밝음을 본받고 땅의 이점을 근거로 하여 천하를 순(順)하게 하는 것이다. 그 가르침은 엄격하지 않더라도 이루어지며, 그 정치는 준엄하지 않더라도 다스려지는 것이다.

◉ 하늘과 땅이 낳은 것 중에서 사람이 가장 귀하고, 사람의 행실에 있어서는 효보다 큰 것이 없다.

◉ 그 어버이를 사랑하지 않으면서 다른 사람을 사랑하는 자는 덕(德)에 어긋난 것이고, 그 어버이를 공경하지 않으면서 다른 사람을 공경하는 자는 예(禮)에 어긋난 것이다.

◉ 어버이를 섬기는 자는 윗자리에 있어도 교만하지 아니하고, 아랫자리에 있어도 어지럽히지 아니하며, 많은 사람 중에 있어도 다투지 않는다. 윗자리에 있으면서 교만하면 곧 망할 것이요, 아랫자리에 있으면서 어지럽히면 형벌을 받을 것이요, 많은 사람 중에 있어도 다투면 상처를 입을 것이니라.

이 세 가지 일을 없애지 않으면 비록 날마다 소 · 양 · 돼지의 고기로써 봉양한다 해도 오히려 불효가 된다.

◉ 다섯 가지 형벌의 종류가 3천 가지나 되지만, 그 죄에 있어서 불효보다 큰 것은 없다.

한편, 효경에서 공자는 효자의 다섯 가지 도리를 다음과 같이 밝혔다.

◆ 어버이를 섬김에 있어 부모 슬하에 있을 때는 그 공경하는 마음을 다하라.

- 봉양을 하는 데 있어서는 어버이가 그 즐거움을 다 하도록 하라.
- 어버이가 병이 났을 때는 그 근심을 다하라.
- 어버이가 죽으면 그 슬픔을 다하라.
- 제사 지낼 때에는 그 엄숙한 마음을 다하라.

예기에서는 사람으로서 부모를 섬겨야 하는 '삼도(三道)'와 '삼효(三孝)'를 다음과 같이 말하고 있다.

세 가지 도리는

첫째, 부모가 살아 계실 때에 정성껏 봉양하고,

둘째, 부모가 돌아가시면 상례(喪禮)를 예법에 따라 치를 것이며,

셋째, 부모의 제사를 정성껏 모시는 일이다.

세 가지 효는,

첫째, 어버이를 공경하여 높이고,

둘째, 어버이를 욕되게 하지 않으며,

셋째, 어버이를 모실 때 몸과 마음을 편안하게 하여 드리는 일이다.

다음의 글들은 예기에 기록된 글이다.

◉ 무릇 남의 자식이 되어 부모를 섬기는 예는 겨울에는 따뜻하게 해 드리고, 여름에는 서늘하게 해 드린다. 밤에는 자리를 펴서 편안히 쉬게 해 드리고, 아침에는 문안한다. 벗 사이에서는 언제나 친목을 도모해서 다투지 않는다. 부모의 마음을 편안케 하기 위해서이다.

◉ 사람의 자식 된 자는 나갈 때 반드시 부모에게 가는 곳을 알려야 한다. 돌아왔을 때에는 반드시 부모를 뵙고 인사를 드리되, 그 안부를 눈여겨본다.

◉ 효자는 어두운 곳에서 일에 종사하지 않으며, 위태로운 곳에 오르지 않는다. 어두운 곳에서 일에 종사하면 남의 의심을 받기 쉽고, 위태로운 곳에 오르면 몸을 다치기 쉽기 때문이다.

◉ 부모가 병중에 있을 때 관자(冠者 : 머리에 관을 쓴 자, 즉 20세 이상인 사람)는 머리를 빗질하지 않고, 길을 걸을 때는 달리지 않는다. 농담의 말을 하지 않고, 가무(歌舞)를 삼간다. 고기를 먹어도 입맛을 변하기에 이르지 않고, 술을 마셔도 용모를 변하기에 이르지 않는다. 웃어도 잇몸을 드러내기에 이르지 않고, 성내도 욕하기에 이르지 않는다. 부모의 병이 나으면, 다시 평상시로 돌아간다.

◉ 아들이 어버이를 섬김에 있어 세 번 간해서(부모님에게 허물이 있을 경우) 듣지 않을 때에는, 눈물을 흘리며 이를 따른다.

◉ 부모에게 허물이 있을 때에는, 먼저 마음을 잔잔히 하고, 얼굴빛을 부드럽게 하라. 그런 후 부드러운 목소리로 간해야만 한다. 만일 받아들이지 않을 때에는 일어나서 공손히 절하고 물러나와 계속 효성을 다하라. 부모의 기분이 풀려 기뻐할 때를 기다렸다가 다시 간해야 한다. 왜냐하면 부모에게 죄가 생김을 방치하는 것은 효자의 도리가 아니기 때문이다. 부모의 허물은 은근하고 끈기 있게 간하도록 하라. 이때 부모가 성내고 기뻐하지 않아 자기의 종아리를 때려 피가 흐를지라도 원망하거나 미워하지 말라. 달게 받고 묵묵히 일어나서 계속 효성으로 대하라.

3) 유교에서 말하는 불효.

공자의 가르침을 받은 증자는 효행으로 유명한데, 그는 '다섯 가지 불효(五不孝)'를 다음과 같이 말했다.

- 집에 있지 않고 함부로 나돌아 다니는 버릇.
- 나라에 충성하지 못하는 것.
- 어른들을 공경하지 않는 태도.
- 벗으로부터 신의를 잃어버리는 태도.
- 전쟁터에서 용맹스러움을 발휘하지 못하는 행위.

맹자는 공자의 '인(仁)'사상을 발전시켜 성선설(性善說)을 주장하였는데, 보기 드문 효자였다던 맹자가 말한 다섯 가지의 불효는 다음과 같다.

- 게을러서 부모님 받드는 일을 소홀하게 하는 것
- 도박과 술을 좋아하여 부모님 받드는 일을 소홀하게 하는 것
- 돈에 너무 눈이 어둡고, 제 아내와 제 자식만을 위하고 부모님을 외면하는 것
- 눈과 귀의 만족에만 급급하여 부모님을 욕되게 하는 것
- 싸움질을 좋아하거나 성질이 나빠 부모님을 근심되게 하는 것

공자가 생각한 효행(孝行)

가정의 근본은 부모다. 과연 무엇을 어떻게 하는 것이 효행인지 동서고금을 통해 수많은 위대한 사람들이 효행에 관해 의미심장한 정의를 내리고 있지만, 그리고 또 효행의 개념도 시대와 형편에 따라 변화한다고 믿는 사람들이 있지만, BC 552~BC 479년에 살았던 그리고 사후 100년 만에 성인(聖人)으로 추앙받은 공자(孔子)의 해석은 참으로 탁월하다.

공자는 먼저 어버이가 살아계실 때는 그 뜻을 살피고 세상을 떠나시면 그 행적을 살펴 몸소 따라야 한다고 강조했다. 3년 상

(喪)을 치르는 것은 그래서 생겨났다. 허지만 뭔가 아쉬운 대목이 남는 다고 여겨지는 우리들에게 공자의 명쾌한 가르침은 눈을 번쩍 뜨게 만든다.

어버이를 섬기되 (어버이의)허물이 있거든 간곡히 그것을 간(諫)하고 받아들이지 않으면 더욱 공경하되 그 뜻을 버리지 말며 괴로움이 따라도 원망해서는 안 된다(事 父母 幾諫 見志不從 又敬不違 勞而不怨). 2천 5백여 년 전에 설파한 공자의 이 말이 오늘에 이르기까지, 그리고 동서양을 막론하고 귀감이 되고 공감이 되는 깊고 오묘한 뜻은 실로 놀랍다.

부모를 따르고 섬기라. 그러나 부모라고 꼭 완벽하지는 않다. 그래서 부모의 허물이 발견되면 부드럽고 간곡히 권고하고 진언하라(幾諫)고 말하고 있다. 그럼에도 불구하고 부모가 자식의 말을 받아들이지 않는다면 어떻게 할 것인가. 따르고 섬기라는 가르침의 측면에서만 언뜻 보면 그 뜻을 굽힐 수밖에 없는 것처럼 보이지만 그렇지 않다. 공자는 그 뜻을 버리지 말라고 분명히 밝히고 있다(又敬不違). 그렇다면 부모와 자식 간의 의견충돌은 불가피 한 노릇이다. 그 같은 상황은 원하든 원하지 안 하든 간에 어버이와 자식 간에서 가장 많이 나타나는 사실임도 부인 할 수 없는 일이다. 그리고 인간관계에서 그보다 더 아픈 갈등구조도 없다. 그때를 염려해서 공자는 자식들에게 잊지 않고 당부한다. 충돌로 자식들에게 괴로움이 따라도 결코 (부모를) 원망하지 말라. 바로 이것이 효행이란 공자의 가르침이다. 그 뜻을 헤아려 보면 그리고 실천하다보면 놀라운 해석이다.

제사를 통해 조상을 기억하면서 내 존재를 인식하고 자식을 잘 키워 나를 기억하게 함으로써 나를 영원한 존재로 재생산하려는 게 바로 유교가 갖고 있는 종교성이며 이를 이어주는 매개체가 바로 효다. 유교에서의 효는 단순한 세속 규범이 아니라 엄숙한 종교적 명령이며, 효의 본질은 부모를 포함한 나의 선대를 '기억' 하고 '재현' 하는데 있다고 말한다.

현대사회에 유교적 가치를 접합시킬 여지는 충분하다면서 현대적 의미로 재해석된 효가 사회적으로 확산된다면 양적 경제 성장은 물론 질적인 인간됨까지 적절히 담보될 것이라고 했다. 유교에서의 효는 단순한 세속 규범이 아니라 엄숙한 종교적 명령이다. 그리고 효의 본질은 부모를 포함한 나의 선대를 '기억(remember)' 하고 '재현(represent)' 하는데 있다고 한다.

2. 불교와 효행.

불교가 인도, 중국을 거쳐 우리나라에 전래되면서 특히 조선시대에 이르러 가장 쟁점의 하나로 떠오른 것은 바로 효(孝)에 관한 문제였다. 특히 유교적인 가르침이 사회 전반적인 이데올로기로 큰 영향력을 미치고 있을 때, 출가하여 깨달음을 얻으라는 불가의 가르침은 도저히 함께 공존할 수 없는 것처럼 여겨지기도 했다. 그러나 우린 민족은 그런 시대에서조차 불교라는 거대한 물줄기를 가두어 두거나 부인하지 않았다. 오히려 하나의 고리, 하나의 인과(因果)로 '불교와 효도'라는 명제가 이어져 있고, 부처님 가르침의 가장 근본이라는 적극적인 자세로 해명하기에 이른 것이다. 통칭하여 효경(孝經)이라 불리는 [부모은중경] [목건련경] [우란분경]은 바로 그러한 불교적인 효도(孝道)의 정신과 당위성에 대해 설하고 있다.

통칭하여 효경이라 이름 하는 [부모은중경] [목건련경] [우란분경] 은 바로 그러한 불교적인 효도의 정신과 당위성에 대해 설하고 있다. 재가신도나 출가 수행자를 막론하고, 자식으로서 효도를 실천할 때만 그는 참다운 부처님의 가르침을 받들 수 있다는 게 이런 효경을 뒷받침하는 사상이다. 목건련경, 우란분경은 출가 수행자들이 부모를 어떻게 섬겨야 하는가 하는 문제에 대해 언급하고 있다.

또 부모은중경은 대부분 어머님의 은혜를 강조한 것이 특징이며 사람으로 태어나 왜 부모에게 효도해야 하는가에 대한 답을 차근차근 불교적인 관점에서 해명해 놓은 경전이다. 부모은중경은 모두 10장으로 나뉘어져 있다. 첫 장은, 부처님께서 길을 가시다가 한 무더기의 뼈를 보시고 오체투지하여 예배하시는 장면으로부터 시작된다. 전생의 조상이거나 여러 대에 걸친 부모일 것이므로 예배 하노라는 부처님의 말씀은 다음 장, 잉태의 순간에서부터 세상을 떠나는 마지막까지 자식걱정을 떨쳐 버리지 못하는 가없는 부모님의 은혜와 사랑에 대한 이야기로 이어지고 있다.

부모은중경은 조선 초기부터 삽화를 곁들인 판본이 유행했는데, 한글이 세종대왕에 의해 창제되고 나서는 언해본 출판도 성행했다. 지금 남아 있는 판본 중에는 정조임금이 펴낸 한문,

한글이 병기된 용주사(龍珠寺)본이 유명하다. 더욱이 이 판본은, 조선시대 손꼽히는 화가의 한 사람인 김홍도의 그림이 곁들여져, 당시 사람들의 부모은중경에 대한 관심을 짐작할 수 있게 한다. 목건련경, 우란분경은, 출가수행자인 목건련이 자신의 어머니가 생전의 악업으로 인해 모진 지옥고(苦)에서 비원(悲願)에 대해 부처님은, 음력 7월 15월, 우란분 법식을 갖추어 공양하라고 말씀하시고 있다. 우리나라 민속 절기의 하나인 백중이 바로 우란분 공양을 하기 위해 사람들이 부처님을 찾던 날이다. 음력 7월 15일, 우란분 공양을 올리면 현세의 부모와 칠세(七世)의 모든 조상들의 혼백이 지옥고를 벗어나 평안하리라는 믿음과 약속이 이 경전에 밝혀져 있다.

부모는 나의 근본이며 내가 있게 된 뿌리이기 때문에 그 은혜를 갚는 일이야말로 수행의 기본이며, 부처님의 자비롭고 올바른 가르침을 행동으로 옮기는 최상의 방법이 효도하는 길이라 했다.

효에 대한 불교의 여러 경전들 가르침을 보면,

첫째, 정성을 다하여 부모님을 받들어야 하며

둘째, 음식이나 의복을 잘 해드림에 게을리 하지 말아야 하고

셋째, 부모의 말씀과 명령을 어기지 말아야 하며

넷째, "부모님이 잘못 생각하고 계실 때는 고개 숙여 바로잡아 드리는 것이 효도의 길이다."라고 하셨다. 또한 "부

모님을 극진히 모시면 현세에서도 복을 받고 사후에는 극락에 갈 수 있다." 라고 되어 있다.

용주사 주지 정호스님 인터뷰

효(孝)란, 온라인상에서 용돈을 아버지·어머니 통장계좌로 이체, 송금하듯이 스스로가 공덕을 지어 부모님에게 전하는 것입니다. 용주사 주지 정호스님은 "불교의 윤회사상은 생이 끝나 죽음 후에도 계속 이어진다."며 "내가 지은 공덕 또한 윤회하듯 이 생에서 전생으로, 나에게서 남으로 전해져 그 가치가 이어진다."며 이 같이 밝혔다.

정호스님은 "불교에서 가족은 8천~1만생의 인연이 중첩되면서 이뤄진 소중한 관계"라며 "이처럼 어려운 인연으로 맺어진 아버지·어머니를 위해 자식이 공덕을 쌓으면 돌아가신 후에라도 그 공덕이 전해져 부모님이 좋은 곳으로 가게 된다."고 효 실천의 당위성을 강조했다.

또 "효는 인의예지신과 함께 유교의 대표적 사상으로 간주되지만 불교야말로 효를 으뜸의 가치로 여긴다."며 "불교의 효는 부모와 자식 관계가 과거 무수히 중첩된 인연으로 만난 사이라는 인식에서 출발하기 때문에 그 인연의 깊이만큼 부모와 자식이 서로를 아끼고 사랑할 수밖에 없는 것이라고 설명했다. 그는 "윤회 속에서 부모가 자식을 낳아 기르며, 스스로가 지은 업을 자식들의 공덕으로 해소, 다음 생에 다시 만날 수 있다"며 "효는 과거와 미래를 연결시켜주는 끈이기도 하다"고 말했다.

특히 정호스님은 "효는 건전한 가족문화를 유지하는 아주 효과적인 방법"이라고 강조한다. 그는 "아파트문화와 핵가족화로 부모와 자식 간의 관계가 단절되면서 자녀들이 성장과정에서 덕성을 이루지 못해 이해와 배려의 마음씨 훈련을 할 기회를 잃고 있다"며 "나와 남이 함께 존재한다는 사실을 현실 관계에서 체험하는 게 중요하다"고 훈련의 중요성을 역설했다.

마지막으로 "공덕을 쌓는 것은 참선이나 수행처럼 어려운 과정이 아니다"스스로 건강하고, 동기간에 우애하고 이웃에게 친절하며 사회에 공헌하는 것. 그 자체가 부모를 행복하게 만들기 때문에 효를 행한다는 것은 이생을 위해서나 다음 생을 위해서나 그 효용이 매우 큰 만큼 항상 힘써야 한다.

1) 부모님께 효행을 닦는 공덕.

부처님께서 왕사성(王舍城) 깃자꾸따산(靈鷲山)에서 장자들에게 말씀하셨다. 부모의 은혜란 아버지의 자은(慈恩)이요, 어머니의 비은(悲恩)이다. 아버지의 은혜는 산처럼 높고 어머니의 은혜는 바다처럼 깊다. 내가 이 세상에 한 겁[一劫] 동안이나 머물면서 부모님의 은혜를 설한다 하더라도 다할 수가 없다. 내가 부모의 은혜에 대하여 설한 것은 마치 파리가 바다 물을 마신 것과 같을 뿐이다. 대지가 무겁다고 하지만 어머니의 은혜는 그보다 더 무겁고, 태산이 높다고 하지만 어머니의 은혜는 그보다 더 높다. 그러나 역시 이상으로 보고 있는 것은 곧 '깨달음[覺]'을 통해 일체중생을 건지는 것을 대효(大孝)로 보고 있다.

어머니 살아 계심이 최고의 부자요 어머니 돌아가심이 가난이다. 어떤 사람이 정성을 다해 붓다인 나에게 공양하고, 또 한 사람은 부지런히 부모님께 효행(孝行)을 닦는다면 이 두 사람의 복덕(福德)은 다르지 않아서 삼세(三世)에 걸쳐 한량없는 복을 누리게 되느니라.

자식들에게 효도받기 위해 효도하는 것은 아니지만 내가 지은 행위에 대한 결과는 어김없이 돌아온다. 이것이 바로 인과의 법칙이다. 스스로 실천한 수행의 업은 선한 과보를 가져오는 것처럼 효도 역시 이러한 진리와 마찬가지이다. 스스로 행한 효행은 반드시 선한 과보를 가져오고, 스스로 행한 불효는 반드시 악한 과보를 낳을 것이다. 이런 면에서 효도는 수행의 근본이 되는 것이다. 나아가 참된 효행은 모든 중생을 부모님으로 받아들이고 효도하는 마음으로 받드는 것이다. 이것을 바로 보살의 효행이라고 할 수 있을 것이다. 효행이나 수행은 실천하는 것이니 효도란 이론이나 생각으로 그쳐서는 안 되며 끝없는 실천행이 뒷받침 되어야 한다.

부처님의 생애를 통해서 본다면 부처님이 부왕과 부인, 자식 및 국왕의 영광스러운 자리를 버리고 출가해서 수도했다는 것만을 보아서 너무 염세적이고 비인간적인 것이라 한다. 그러나 그것은 인간을 위해 세울 수 있는 최고의 윤리를 건설하고자 함이요, 결코 인륜을 파괴하고자 한 것이 아니었다.

또 세간적인 효행뿐만 아니라 출세간적인 효행을 누구보다도 먼저 실천한 분이 부처님이시다. 깨달음을 얻고 명실공이 '석

가족의 성스러운 어른' 이 된 부처님은 곧 그의 몸을 이루게 해주신 부왕 정반왕이 계신 고향으로 가 설법을 베풀어 삼보에 귀의하도록 했다. 또한 부처님은 부왕이 돌아가신 뒤 장례식에 나아가 직접 향로를 받쳐 들고 장의행렬에 동참하시기도 했다. 이 몸을 낳아주신 부모의 은혜 및 효행의 가르침은 후세에 [부모은중경]이란 경전으로도 이어져, 오늘날까지 돌아가신 부모를 위해 추선공양(追善供養)을 하였다.

불교의 효사상은 연기법에 의한 은혜를 알고 은혜를 갚는 사상이 그 근원이라고 보고, 불교의 효를 다섯 가지로 요약하였다.

첫째, 지은 · 보은 사상이다. 즉 나의 생명을 있게 한 일체 중생의 은혜를 알아서 그 은혜를 갚는다.

둘째, 불교의 효의 중심은 일심을 회복하는 것이다.

셋째, 금세에 국한하지 않고 삼세(三世)를 관통하여야 한다.

넷째, 보살의 이타정신으로 일체 중생이 모두 모든 악을 짓지 않고, 뭇 선을 받들어 행하여 결국에는 삶의 도리를 완수하여 부처가 되게 하는 것이다.

불교에서는 효를 가장 높은 도덕률이라고 가르치고 있다. `대승본생지관경(大乘本生地觀經)'에서는 "아버님 은혜 높기 태산과 같고, 어머님 은혜 그 깊이 바다와 같다" 고 하였고, `부모은중경(父母恩重經)'에서는 "세상에 태어난 은혜 중 낳아주고 길러준 부모의 은혜는 하늘보다 높고 바다보다 깊으며 그 무엇보다도 소중하다" 고 가르치고 있고, "부모님의 은덕은 한량없고 끝이 없건만, 자식들이 그 은혜를 갚기는 고사하고 불효의 죄가 이루 다 말할 수 없다. 온몸이 가루가 되도록 부모님을 모셔도 그 은혜를 갚기는 어렵다. 부모님의 은혜를 갚으려거든, 부모님을 위하여 죄와 허물을 참회하고, 부모님을 위하여 삼보를 공경하고, 부모님을 위하여 몸과 마음을 청정히 하며, 부모님을 위하여 보시를 하고 복을 닦아야 한다." 고 설하고 있다.

또 [인욕경]에는 "선의 최상은 효도보다 큰 것이 없고, 악의 최상은 불효보다 큰 것이 없다." 고 하였다. 이 세상 어느 누가 부모님의 은혜를 저버리고 불효자가 되려고 하겠나마는 효도를 다하지 못하는 것이 안타까울 따름이다. 또한 부처님은 "부모가 있으므로 우주의 근본이 되는 이 몸이 있으며, 사람의 도리가 있으니, 이 모두가 부모의 은혜이다. 부모가 살아계실 때 지성으로 봉양하고 부모가 세상을 떠난 후에 영가를 잘 천도하여 왕생극락을 발원해야 한다." 고 〈삼세인과경〉을 통해 말씀하였다.

[범망경](梵網經)은 불도 수행에 힘쓰는 사람이 다 같이 지켜야 하는 대승계(大乘戒)의 제 1경으로 상권에서는 보살의 심지(心地)가 전개되어 가는 모양을, 하권에서는 대승계를 설하고 있는 책인데 이곳에는 '지극한 효심이야말로 대자대비(大慈大悲)하는 보살의 정신'이란 말이 있다. '자비(慈悲)'는 불교 사상의 핵심을 나타내는 용어로써 '자(慈)'의 원어는 산스크리트(범어)에서의 '마이트리'이며, 이는 '미트라(友)'라는 말에서 연유한 것이다. 이로 미루어 '자'는 특정의 인간에 대한 것이 아닌 모든 인간에게 대해서 최고의 우정을 갖는 것을 뜻함을 알 수 있다. 또한 '비(悲)'의 원어는 산스크리트의 '칼나'인데, '신음'이란 뜻이다. 따라

서 '자비'는 타인과 함께 최고의 우정과 고통을 나눈다는 뜻이다. 또 범망경에서는 팔복전(八福田)을 설명하는데 복전이란 곡식을 일구는 터전인 밭과 같이 우리가 복을 일구어내는 터전이라는 뜻이다. 밭을 일구어 곡식을 마련하는 것처럼, 복전의 대상에게 공양함으로써 복을 마련한다는 것이다. 팔복전이란 부처님과 성인과 스님과 화상과 아사리와 아버지와 어머니와 마지막으로 병고에 신음하는 환자를 가리킨다.

[십상경]에서는 "여섯 가지 공경하는 법이 있으니 불(佛), 법(法), 승(僧), 계(戒), 정(定), 부모(父母)를 공경하는 법(六敬法)이니라" 고 설하고 있다. 이들 경전들에서 공통되는 것은 부모에 대한 공경과 봉양이 가장 높게 받드는 불법승 삼보에 대한 공경과 봉양과 동일하게 다루어지고 있는 점이다.

[관무량수경](觀無量壽經)에는 누구나 극락세계에 왕생코자 하면, 먼저 마땅히 부모를 효양하며 사장(師長)을 봉사하고, 자심(慈心)으로써 살생하지 말 것이며 십선업(十善業)을 닦아야 한다. 정토에 왕생하는 인을 닦는데 효도가 으뜸이라고 강조하고 있다.

[선생경](先生經)은 육방예경(六方禮經)이라고도 하는데, 선생경과 육방예경은 '싱갈라숫탄타' 라는 팔리경전을 번역한 것이다. 이 경전에서는 부모님을 섬기는 다섯 가지 방법으로 자식으로서 어떻게 효를 실천할 수 있는가를 설하였는데, 첫째는 나를 키워준 부모님을 봉양해야 하고, 두 번째는 부모에게 해야 하는 자식으로서의 의무를 다해야 하며, 셋째는 결혼하여 자식을 낳는

것으로 부모님의 뒤를 확실히 이어야 하고, 넷째는 유산과 유언을 따르고 순종해야 하며, 다섯째는 돌아가신 부모님을 위해서 마땅히 추선(追善)의 공양을 베풀어야 한다고 제시하고 있다. 이렇게 부모에게 효순하고 공경하기를 극진히 한다면 복을 받게 된다는 것을 모든 성인들이 강조한 것은 효성이 바로 만복의 원천이기 때문이다. 부처님께서는 살아계신 부모님을 제도하는 것으로 효행의 완성을 실천하였다.

[불설시가라월육방예경](佛說尸迦羅越六方禮經)에서 붇다는 싱갈가(尸迦羅越, 善生)라는 젊은이에게 자식은 부모를 다섯 가지로 섬겨야 한다고 역설하였다.

첫째는 살림살이 할 생각을 하는 것이요,

둘째는 일찍 일어나 식사를 맡은 사람에게 지시하여 제때에 식사를 하게 하는 것이요,

셋째는 부모의 걱정을 끼쳐드리지 않는 것이요,

넷째는 언제나 부모의 은혜를 생각하는 것이요,

다섯째는 부모가 병환이 나시면 곧 염려하여 의사를 불러다 치료해 드리는 것이다.

또 나란히 부모 역시도 자식을 돌보아야 할 다섯 가지 의무에 대해 언급하고 있다.

첫째는 언제나 나쁜 것을 버리고 좋은 것을 하도록 하는 것이요,

둘째는 학업을 가르쳐 닦게 하는 것이요,

셋째는 경전과 계율을 지니게 하는 것이요,

넷째는 일찍 장가들이는 것이요,

다섯째는 재산을 맡겨주는 것이다.

이 경전은 부모와 자식 사이에도 마땅히 섬기고 따르는 윤리가 있어야 됨을 강조하고 있다. 이를 우리는 쌍무적 윤리 혹은 수평적 윤리라고 부를 수 있다. 이 경전이 무사하는 메시지는 부모와 자식도 동등한 인간의 입장에서 서로 섬기고 따라야 하는 수평적, 쌍무적 윤리이다. 이 점은 유교의 상하(上下), 존비(尊卑) 이분에 입각한 수직적 윤리와 차별된다. 이와 비슷한 내용은 [장아함경](長阿含經)의 [선생경](善生經), [중아함경](中阿含經)의 [선생경](善生經), [불설선생자경](佛說善生子經) 등에서 보이고 있다.

부모님의 은혜는 부처님의 은혜와 동등하고, 부모님을 섬기는 데서 오는 과보는 불보살님을 섬기는 데서 오는 과보와 동등하다. 부처님께 예경하듯, 하느님께 예배하듯 부모님을 섬기고 부모님께 효도를 베푼다면 이 세상의 모든 선행의 으뜸이 된다. 부모님이야말로 지금의 나를 있게 한 뿌리이며, 근원적인 인연이기 때문이다.

부모님이나 부부, 자식처럼 나와 가까운 인연은 곧 내 안의 업이 투영된 관계라고 볼 수 있다. 그들 속에서 나를 볼 수 있어야 한다. 그들과 나와의 관계는 곧 내 안의 업을 녹이는 공부이기도 하고, 나 자신을 성장시켜가는 마음공부의 생생한 현장이다. 업장소멸의 열린 장이 바로 가족이요 부모다. 그렇기에 부모에 대한 효도야말로 우주적인 순리를 따르는 수행이요 자비의 시작이다. 그러나 부모님과의 관계가 바르지 못하다면 그 첫 단추가 나머지 사회생활의 모든 단추를 흐트러지게 만든다. 가족과의 관계 그 기초 위에서 모든 타인들과의 인연이 성숙되어 가는 것이다. 특히 효도는 모든 자비와 지혜의 첫 단추와도 같다. 그래서 부모님을 공경하는 것은 곧 부처님을 공경하는 것과 같다고 하는 것이다.

특히 부모님처럼 가장 가까운 인연을 소중하게 간직할 수 있어야 한다. 가장 가까운 인연이야말로 내 업의 드러난 것이니, 부모님과의 관계가 껄끄럽고 아름답지 못하다면 그것은 부모님과의 닦아야 할 업이 많은 연유이다. 부모님을 잘 섬기고, 부모님께 효도하라. 그것이 업장소멸의 매우 빠른 길이고, 모든 공덕이 그로 인해 시작된다.

효는 만행(萬行)의 근본이라고 하였다. 자신을 낳아주고 길러주신 부모의 은혜를 모른다면 그는 이미 사람이라고 할 수 없다. 옛 사람들은 까마귀 같은 미물조차도 장성하면 늙은 어미를 위해 먹이를 물어주어 기른다면서 효행의 중요성을 강조했다. 효도를 하겠다는 마음의 성의가 '효성(孝誠)'이라면, 이 성의를 행동으로 옮긴 것이 '효행(孝行)'이다. 까마귀가 늙은 어미에게 먹이를 물어주었기에 우리가 그것을 칭송하는 것이다.

또 예로부터 효자 효녀를 국가에서 장려하고 이들의 선행을 길이 후세에 전한 것은 그만큼 효는 실천할 가치가 있고, 실천해야 할 의무이기 때문이었다.

2) **부모은중경**(父母恩重經).

이 경의 원래 이름은 [불설대보부모은중경]으로, 불교사상이 중국에서 전통적 유교사상과 결합되어 성립된 경이다. 예로부터 우리나라에서는 부모님의 여러 가지 은혜에 관한 삽화를 곁들인 판본이 많이 유통되었다. [부모은중경]은 효행의 지침서이다. 본문에서는 부모를 위하여 백 천 개의 칼과 창으로 자기의 몸을 쑤시기를 백 천 겁 동안 계속한다고 하더라도 부모의 깊은 은혜를 갚지 못한다고 경고한다. 다만 보답하는 길은 부모를 위해 [부모은중경]을 서사(書寫)하며, 부처님 전에 공양을 올리고 부모를 위해 죄업과 허물을 참회하는 불교의 회향을 통해 가능하다는 것이다.

유교와 달리 윤회(輪回)를 말하는 불교의 입장은 일체중생이 다 과거세의 내 부모이고 형제라는 것이다. 이 한 몸이 태어나기까지 얼마나 많은 인연과 은혜가 있었는지를 알아야 한다. 가정에서 효도로 보살도를 실천하고, 그것이 사회로 국가로 퍼져 나가게 해야 된다는 말이다.

연기적인 관계 속에서 서로에게 감사하고 용서하는 자비의 정신이 부모의 한량없이 크고 깊은 은혜에 보답하는 효행의 근원이다. 나만 존재한다는 아집과 아만을 버릴 때 부모에 대한 경외심과 공경심이 우러나는 까닭이다. 어찌 보면 정조대왕이 〈부모은중경〉의 판본을 만들어 용주사에 봉안한 것도 이러한 불교적 효행에서 시작되었는지 모른다.

[부모은중경]은 그 내용이 짧은 경전이므로 누구나 쉽게 독송할 수 있고 자신의 효행을 비추어 볼 수 있는 거울이다. 출가의 정신은 적극적인 효의 실천이지만 수행이 따르지 못하면 더 큰 불효의 그림자가 따른다. 그래서 출가 수행자는 불교적인 자각으로 효의 윤리를 새롭게 정립하지 않으면 안 된다. 불교에서는 효의 범위를 가족에 국한하지 않고 일체중생을 그 대상으로 하고 있다. 이는 혈육지정의 효도에 집착하지 않고 중생 구제하는 대승적인 효를 지향하라는 뜻이다. 부모은중경이 사람으로 태어나 왜 부모에게 효도해야 하는가, 그 물음에 대한 답을 차근차근 불교적인 관점에서 해명해 놓은 경전이라면 목건련경, 우란분경은 출가수행자들이 부모를 어떻게 섬겨야 하는가 하는 문제에 대해 언급하고 있다. 부모은중경은 유교가 위세를 떨치던 조선시대에 오히려 더욱 널리 읽히던 대중적인 경전이었다.

부모은중경에는 여자가 아들을 낳고 딸을 기르는 데 있어, 자식을 낳을 때마다 엉긴 피를 서 말 석 되나 흘리고, 여덟 섬 너 말이나 되는 젖을 먹여야 된다고 되어 있는데, 이 말씀을 들은 아난이란 제자는 부처님께 어떻게 어머니의 은덕을 보답해야 하느냐고 여쭙는다. 이에 대해 부처님께서는 '똑똑히 들으라.'는 말을 한 후에, 한 생명의 성장과정을 자세히 말씀하셨다고 한다. 그 중 해산달에 대해서는 다음과 같이 설명하고 있다.

"어머니가 잉태하여 열 달이 되면 바야흐로 아기를 낳게 된다. 만약에 효순한 자식이면 주먹을 받들 듯 합장하여 낳게 되므로 어머니의 몸은 상하지 않는다. 만약에 오역(五逆 : 지옥에 떨어지는 원인이 되는 다섯 자기 큰 잘못을 말하는데, 소승 불교와 대승 불교의 오역은 각각 다르다. 소승의 오역은 아버지를 죽임, 어머니를 죽임, 아라한을 죽임, 중의 화합을 깨뜨림, 부처의 몸에 상처를 입히는 것이고, 대승의 오역은 그 중 하나에 소승의 오역을 포함시키고 있다)의 자식이면 어머니의 아기집을 찢어놓는다. 손으로는 어머니의 염통이나 간을 움켜잡고, 발로는 어머니의 엉덩이뼈를 밟아 버티어 어머니로 하여금 마치 천 개의 칼로 배를 휘젓고, 만 개의 송곳으로 가슴을 쑤시는 것만 같은 고통을 느끼게 한다. 이와 같이 고통을 겪으시고 이 몸을 얻게 하셨으면서도 아직도 열 가지의 은혜가 있다."

부모은중경에서 강조하는 10가지 은혜.

첫째, 뱃속에 품고 잘 보호해주시는 은혜,
둘째, 해산을 하면서 그 고통을 이겨내시는 은혜,
셋째, 자식을 낳고는 그때까지의 고통을 모두 잊어버리시는 은혜,
넷째, 자신의 몸을 축내면서도 젖을 먹여 기르시는 은혜,
다섯째, 진자리 마른자리를 가려주시는 은혜,
여섯째, 손발이 닳도록 깨끗하게 씻어주시는 은혜,
일곱째, 쓴 것은 삼키고 단 것은 뱉어 먹이시는 은혜,

여덟째, 자식을 위해 나쁜 일도 마다하지 않고 기꺼이 하시는 은혜,
아홉째, 자식이 먼 길을 떠나면 줄곧 걱정해주시는 은혜,
열 번째, 끝까지 불쌍히 여기고 사랑해주시는 은혜.

이것은 마치 유마거사가 중생이 앓기 때문에 나도 앓는다고 한 보살정신과도 통하는 것으로, 바로 이러한 부모의 마음이 곧 부처님의 마음이요 보살의 마음인 것이다.

또한 "가령 어떤 사람이 있어, 그 왼쪽 어깨에 아버지를 메고 그 오른쪽에 어머니를 메고서 살갗이 닳아 뼈에 이르고 뼈가 패어 골수에 이르도록 수미산(須彌山 : 고대 불교의 우주관에 있어서 세계의 중앙에 솟아 있다는 상상의 산으로 높이는 8만 유순-1유순은 40리-에 달함)을 돌더라도 부모의 깊은 은혜는 다 갚지를 못한다."고 말하고 있는데, 이렇듯 부모가 베푼 은혜가 막중한 것임을 깨닫도록 하여 효심이 스스로 우러나도록 하고 있다.

3) 불교에서 말하는 불효.

불교의 자비란 인간의 근원적인 마음을 내는 것이므로 세상 모든 사람들에게 차별을 낼 수 없는 것이다. 자(慈)란 자애롭기 한이 없는 마음이요, 비(悲)란 고난을 구제하는 마음이다. 이러한 자비는 부모에게, 형제에게, 이웃에게 동포에게 골고루 같이 사는 마음으로 전달된다. 불교는 인생의 현실을 연기적 관계로 파악한다. 즉, 어떤 존재나 현상도 독립적이고 불변하는 실체가 있는 것이 아니라 상호 의존관계에 있다고 말한다. 특히 부모와

자식의 관계는 자비를 바탕으로 피와 살을 나누고 생명을 나눌 때 이루어진다. 그래서 효는 생명의 근원에서 이루어져 나오는 사랑이고 자비이다. 효의 의미를 깨닫지 못하고는 사람을 사랑할 수는 없다. 따라서 불교의 출가 전통을 불효라 인식하는 사람도 있지만, 진정한 자기완성이야 말로 지극한 효심의 발로이다.

[아함경]에는 효에는 세 가지가 있다. 의식을 제공함은 하품(下品)의 효양(孝養)이요, 어버이의 마음을 기쁘게 함은 중품(中品)의 효양이며, 부모님의 공덕을 여러 부처님께 회향함을 상품(上品)의 효양이라 한다. 또 부모은중경에는 물질적인 공양을 하고도 삼보(三寶: 佛 · 法 · 僧)를 믿게 하지 못하면 아직도 불효를 하고 있는 것이다.

[삼세인과경]은 효경과는 조금 다르지만 선업선과(善業善果), 악업악과(惡業惡果)라는 부처님의 기본적인 가르침에 의거해, 인연의 도리가 얼마나 추호의 어긋남 없이 이 땅에서 그대로 이루어지는가를 설하고 있다. 이 책에 모인 이런 경전들은 소박한 인간의 길을 불교적인 관점에서 해명하고 있다. 결론에서 아비지옥에 떨어진 불효자는 천신도 그를 구해낼 수 없다고 함으로써 불효가 얼마나 큰 죄임을 강조하였다. 예로부터 우리나라에서는 부모님의 여러 가지 은혜에 관한 삽화를 곁들인 판본이 많이 유통되었는데 이 경에서 부모의 은혜는 한량없이 커서 왼쪽 어깨와 오른쪽 어깨에 각각 아버지와 어머니를 업고 가죽이 닳아서 뼈가 드러나고 골수에 이르도록 수미산을 백 천 번 돌더라도 그 은혜를 다 갚을 수 없다고 말한다.

[부모은중경]에서는 불효한 자식은 죽으면 '아비 무간지옥(阿鼻 無間地獄)' 에 떨어지고, 효도한 자식은 온갖 고통에서 벗어나 천상계의 행복을 누린다고 하고 있다. 아비 무간지옥은 불교에서 말하는 대지옥의 하나로 세로 넓이가 팔만 유순이나 되고 사방에 무쇠성으로 둘려 있는데, 그 주위가 다시 그물로 둘러싸여 있다고 한다. 대지옥의 바닥은 기름이 펄펄 끓는 붉은 무쇠로 되어 있으며, 모진 불이 훨훨 타올라 맹렬한 불길이 번개처럼 번쩍이고 여기에서 끓는 구리와 무쇠 물을 죄인의 입에 부어 넣을 뿐 아니라 무쇠로 된 뱀과 구리로 된 개가 항상 연기와 불길을 내뿜는다. 그 연기와 불길에 죄인이 볶아지고, 지져지고, 구워지고, 삶아져서 이루 말할 수 없는 고통을 받는다 한다. 또한, 무쇠 채찍과 무쇠방망이, 무쇠 칼과 창이 폭우처럼 공중에서 쏟아져 쉴 새 없이 죄인들을 고통스럽게 만드는데, 이런 형벌이 여러 겁(劫; 劫波; kalpa : 시간의 단위로 가장 길고 영원하며, 무한한 시간, 측정할 수 없는 시간, 즉 몇 억년이나 되는 극대한 시간) 동안 계속되며, 하루에도 천 번은 살아나고 죽게 된다고 한다.

3. 기독교와 효행.

성경의 말씀을 한마디로 표현하자면 하나님 아버지의 말씀에 따라 그의 아들 예수그리스도가 아버지의 뜻을 따른다는 것이다. 성경의 유대 민족은 중동의 사막과 초원을 떠돌며 오랫동안 유목생활을 하다가 기원전 1500년 경 메소포타미아 고원에서 시리아 팔레스티나 지방으로 이주해온 아라믹(alamic) 족이다.

기원전 1450년 경 그들 중 일부가 요셉이라는 사람에 인도되어 이집트로 갔으며 그곳에서 노예와 같은 고생을 하며 살다가 기원전 1230년 경 지도자 모세의 인도에 따라 그곳을 탈출하여 시나이반도와 아라비아 사막을 방랑하는 고통스러운 나날이 계속되었다.

이에 사람들이 신앙심이 약해지고 도덕이 타락하여 우상을 세우고 문란해지자 모세는 하나님께 기도하여 종족의 단결과 정신적 타락을 방지하기 위하여 하나님으로부터 10계명을 받아 개혁을 단행하게 된다. 이 십계명 가운데 하나님이 인간에게 첫 번째로 이것을 지키면 축복을 주시겠다며 약속 있는 축복의 계명으로 내리신 명이 바로 "내 부모를 공경하라" 이다.

성경에는 효에 대한 많은 언급이 있다. 잠언 23장 25절 26절을 보면 "네 부모를 즐겁게 하라 내 아들아 네 마음을 내게 주며 네 눈으로 내 길을 즐거워할지어다." 라고 기록되어 있으며 성경 에배소 6장 2절 3절에는 『네 아버지와 어머니를 공경하라, 이것이 약속되어 있는 첫 계명이니 이는 네가 잘되고 이 땅에서 장수하리라』 라고 하셨다. 기독교인은 무엇보다 부모를 공경함에 열심이어야 하며 그래야 하나님의 축복을 받을 수 있다(출20:12절, 엡6:2-3절).

부모님은 우리에게 생명을 주신 분이다. 이 세상에 있는 모든 것을 주고도 생명은 살 수 없는 것이다. 이 생명을 준 부모를 공경하지 아니하고 인간이 무슨 선행을 하겠는가? 우리는 부모님을 공경할 때 마치 하나님을 공경하듯이 해야 한다. 잠언 23장 25절에는 "네 부모를 즐겁게 하며 너를 낳은 어미를 기쁘게 하라." 라고 하였고, 골로새 3장 20절에는 "자녀들아, 모든 일에 부모에게 순종하라. 이는 주안에서 기쁘게 하는 것이니라." 라고 하셨다. 여기에서 『모든 일』에 부모에게 순종하리라는 말을 특히 명심해야 할 것이다. 부모는 하나님의 영감으로 자식을 사랑하므로 자식이 부모의 말을 들어 이롭지 않은 것이 없기 때문이다.

또한 레위기 19장 23절을 보면 『백발이 성성한 어른 앞에서는 일어서고, 나이 많은 노인을 공경하라, 너의 하나님을 경외하여라. 나는 야훼이다』라고 하시면서 부모와 함께 어른을 공경해야 함을 강조함으로써 부모를 공경하는 것이 사회적 질서의 근본임을 밝혔다. 더욱이 효에 관하여서는 하나님께서 저주의 말까지 남기셨다. 잠언서에는 "너를 낳아준 부모를 공경하지 않으면 저 골짜기 독수리에게 쪼이리니 그는 정령 죽으리라." 라고 하였다. 이렇게 하나님은 십계명과 성경 여러 곳에서 효도할 것을 밝히고 있다.

1) 성경적 효의 개념.

'성경적 효' 라는 용어는 하나님 아버지의 말씀으로서 성경에 함축된 하나님 아버지 섬김과 부모 공경의 효 정신 및 실천을 총칭하는 은유적 표현이다. 그러면 '기독교의 효'가 아니라 왜 '성경적 효' 용어를 강조하는가? 그것은 효 문제에 관한한 역사적으로 기독교에 대한 부정적 인식이 있어 왔고, 또한 성경을 하나님의 말씀으로 믿는 종교는 기독교 이외에도 있으며, 나아가 인류의 보편적 가치나 고유 전통윤리로서 효의 보편성을 염두에 둔 것이다.

성경적 효 연구의 세계적 선각자인 최성규 목사에 의하면, 하나님을 아버지로 인식하여 전체로서 성경은 단순히 '하나님의 말씀'이 아니라, '하나님 아버지의 말씀'으로 보고, 하나님 아버지의 명령에 순종하고 하나님 아버지의 약속을 믿는 것이 바로 성경적 효이다. 즉 성경적 효란, '아버지이신 하나님의 말씀인 성경대로 사는 것이다'라고 할 수 있다. 하나님의 말씀 속에는 "네 부모를 공경하라"는 하나님의 절대 명령이 포함되어 있다. 이는 부모나 인간이 요구하는 것 보다 더 강력한 부모와 어린이를 포함한 모든 인간이 마땅히 따라야 할 하나님의 불변적인 효의 명령인 것이다.

그리고 성경적 효는 부모공경에만 국한하지 않는다. 하나님 아버지께 효도한다는 것은 성경에 기록된 하나님 아버지의 말씀에 순종한다는 것이다. 성경 전체로 하나님 아버지 말씀은 크게 7가지 실천신앙으로 정리된다. 그것을 최성규 목사는 성경적 효의 7대 사명이라 하였다. 즉, ① 하나님 아버지 섬김, ② 부모 어른 스승 공경, ③ 어린이 청소년 사랑, ④ 가족사랑, ⑤ 나라사랑, ⑥ 자연사랑 환경보호, ⑦ 이웃사랑 인류봉사 까지를 포함하는 확장된 개념의 성경적 효를 강조한다.

김시우교수는 성경적 효를 제 5(부모공경)계명과 전통적인 효 사상을 감안하여 간단히 '하나님을 경외하고 부모님을 사랑(愛)하며 공경(敬)하여 섬기는(事) 것이다'라고 정의한다. 이는 신구약 전체 성경의 가르침의 요약이요, 공자도 효경에서 어버이를 섬김에 애경(愛敬)을 다해야 한다고 했다.

일찍이 유대인의 쉐마(shema) 교육과 효도 교육을 체계적으로 연구 소개한 현용수교수는 성경적 효를 정의하여 '하나님의 성도(말씀 맡은 자)가 하나님을 공경하고 하나님 안에서 부모를 공경하며 하나님이 창조하신 모든 생명들과 자연, 즉 인간을 사랑하고, 자연을 사랑하고 가꾸어 하늘의 평화가 이 땅에서도 이루어질 수 있게 하는 정신과 행위' 라 하였다.

구약성경의 전문 신학자인 우택주교수는 성경적 효는 '하나님과 인간 사이의 근본적 관계 속에서 인간에게 그 마땅한 의무의 실행을 촉구하는 성경적 정신' 이라고 정의하며 '하나님 섬김, 부모 공경, 이웃 사랑, 나라 사랑, 자연 보호, 세계 섬김' 이란 강령으로 요약된다고 하였다.

성경은 부모에 대한 효의 방법으로 '네 부모를 공경하라" 혹은 "경외하라" 라고 말한다. '공경하다' 란 히브리어로 「카베드(kabed ; piel형: '공경하다')」인데 그 어근 카브드에서 나온 말로 원뜻은 '무겁다' (be heavy, weighty, mass)이다. 사람의 내장 중 간장이 제일 무거운데 히브리말로 「카베드」라고 한다. "부모를 경외(敬畏)하라" (레 19:3)는 말씀에서 경외(敬畏)라는 말은 구약에서 비교적 많이 사용되는 단어이다.

성경적 효 연구를 선도하는 최성규 목사는 하나님을 아버지로 인식하여 전체로서 성경은 단순히 '하나님의 말씀' 이 아니라, '하나님 아버지의 말씀' 으로 보고, 하나님 아버지의 명령에 순종하고 하나님 아버지의 약속을 믿는 것이 바로 성경적 효이다. 즉 성경적 효란, '아버지이신 하나님의 말씀인 성경대로 사는 것이다' 라고 할 수 있다. 하나님의 말씀 속에는 "네 부모를 공경하라"는 하나님의 절대 명령이 포함되어 있다. 이는 부모나 인간이 요구하는 것 보다 더 강력한 부모와 어린이를 포함한 모든 인간이 마땅히 따라야 할 하나님의 불변적인 효의 명령인 것이다. 그리고 성경적 효는 부모공경에만 국한하지 않는다. 하나님 아버지께 효도한 다는 것은 성경에 기록된 하나님 아버지의 말씀에 순종한다는 것이다.

2) 탈무드를 통해 본 효.

성경이 가르치는 효 사상을 일찍이 실천한 민족은 유대민족이었다. 유대민족이 수천 년간이나 디아스포라(여러 차례의 국난의 위기를 겪으면서 세계 각지로 흩어져 살게 된 유대인들을 가리킴)의 어려움을 겪으면서 세계 각지로 흩어져 살게 된 유대인들을 가리킴)의 어려움을 겪으면서도 세계사적 큰 공헌을 각 분야에서 할 수 있었던 관건은 그들의 효의 실천이었다. 유대인들을 유대인답게 만드는 행동교본은 5천년 동안 뼈아픈 고난의 역사를 헤치고 오늘의 유대인을 있게 한 민족정신의 뿌리인 탈무드이다. 하나님에 대한 신앙이 곧 생활인 이들에게 효는 신앙생활 그 자체였다. 탈무드에 그려진 유대인들의 효사상은 과연 어떠한 것이었을까? 아래는 탈무드에 기록된 유대인들의 효에 대한 관심을 살 알게 해주는 이야기이다.

한 사내가 자기 아버지에게 닭을 잡아서 요리를 해드렸다. 그 아버지는 궁금하여 닭을 어디서 구해왔느냐고 아들에게 물었다. 그러나 아들은 그런 걱정 마시고 많이 잡수시라고 말했다. 또 물레방앗간에서 아버지를 도와 밀을 빻고 있던 한 사내는 나라에서 방아꾼을 불러 모으는 징집령이 내려졌을 때 아버지를 대신하여 그 징집에 나갔다.

이 두 가지 보기를 놓고 탈무드는 두 아들 중에서 어느 쪽이 천국에 가고 어느 쪽이 지옥에 떨어질 것인지에 대해 묻고 있다. 우선 탈무드의 질문에 천국에 가는 아들은 아버지를 대신하여 징집에 나간 아들이고 지옥에 가는 아들은 닭고기를 바친 아들이다. 그 이유로 징집된 아들은 방아꾼들이 좋지 않은 음식을 먹으며 힘든 일을 해야 한다는 것을 알고 아버지의 고생을 대신 짊어지기 위해 나선 효자라는 것이다. 반면 닭고기를 바친 아들은 비록 아버지께 맛있는 닭고기를 드렸지만 아버지의 물으심에 충분치 못한 대답을 함으로 지옥에 갈 불효를 저질렀다는 것이다. 말하자면 부모에 대한 순종의 부족인 것이다. 여기에 덧붙여 탈무드는 마음에서 진심으로 우러나오는 효가 아니라면 차라리 아버지를 징집 나가도록 하여 일하게 하는 편이 낫다고 가르치고 있다.

유대인들은 이처럼 효에 대한 행위보다 마음을 중요시 했다. 부모는 자녀의 어떠한 행위보다 부모를 존귀하게 여기며 부모의 뜻에 순종하는 자녀를 가장 기뻐할 것이기 때문이다. 즉 자녀의 효성스런 행위가 효의 중심이 아니요 부모를 기쁘게 하는 것, 즉 부모의 마음의 결과가 효의 중심이 되어야 한다는 것이다. 그렇기 때문에 유대인들은 의롭지 못한 방법으로 재산을 모아 부모를 잘 봉양하는 것은 효도도 아니라고 배운다. 부모가 진실로 원하는 것은 자녀로부터 섬김을 받아 자신의 육체가 편해지는 것이 아니라, 자신의 자녀가 가정에서 뿐만 아니라 사회에서도 훌륭한 사람이 되길 바라는 것이기 때문이다. 부모에게 있어 자녀 양육의 보람은 자녀의 훌륭한 성장이다. 이러한 부모의 마음을 읽어 순종하는 것이 진정한 효이다.

이처럼 유대인들의 효에 대한 정확한 이해는 결국 부모공경의 범위를 넘어 하나님에 대한 신앙과 국가에 대한 충효로까지 이어진다. 그렇기 때문에 유대인들의 효사상은 결국 5천년만의 수난의 역사 속에서도 하나님의 대한 신앙과 높은 정신문화를 지속할 수 있는 원동력이 되었고 또한 현재 전 세계 속에서 가장 우수한 민족으로 평가될 수 있는 근거를 제공할 수 있는 근거를 제공한 것이다.

유대인이 인간의 가치를 평가하는 기준은 무엇인가? 그들은 인간의 가치평가 기준 설정에서도 '부모 공경'을 우선적으로 강조한다. '부모 공경'의 질과 양은 유대인이 한 인간의 가치를 평가하는 기준이 된다. 히브리어로 '공경한다'는 의미의 '카바드(honor)'는 원래 '카브드'의 어근에서 나온 말로 '한 인간의 영적 도덕적 무게(spiritual and moral weight of a being)'란 뜻이 있다. 다시 말해 유대인은 인간의 가치를 어떻게 평가하느냐 하면, 한 인간이 얼마나 자신의 부모를 공경하느냐에 따라 영적, 도덕적 무게가 올라가고 내려간다고 여긴다. 따라서 '부모 공경'은 한 인간의 인격적 성숙과도 관계된다. 유대인은 '부모 공경'이란 다섯 째 계명을 한 인간이 인격적으로 얼마나 성숙했느냐를 재는 잣대로 사용한다.

유대인은 부모를 공경하지 않고 다른 사람을 사랑한다는 것은 가증한 것으로 본다. 그러므로 '부모 공경' 이야말로 인간다운 인간이 되는 첫 출발이 된다. 결론적으로 유대인의 생명 사랑 정신은 성경의 신본주의 사상에서 나왔다. 생명의 창조주이신 하나님을 사랑하는 열매가 이웃의 생명을 사랑하는 것이라면, 이웃을 사랑하기 위해서 하나님의 말씀을 받아야 한다. 그리고 하나님의 말씀을 받기 위하여 자녀는 부모를 공경해야 한다. 따라서 먼저 부모를 공경하는 자는 하나님과 스승과 부모를 사랑하는 자이다. 하나님과 스승과 부모를 사랑 하는 자는 인격적으로 도덕적으로 성숙하여 가족들과 이웃, 그리고 온 인류를 사랑하는 사람이다. 그러므로 성숙한 인간의 가치 평가는 부모 공경에서부터 시작되어야 한다.

'부모 공경' 은 왜 '약속 있는 첫 계명' 인가. 왜 유대인이었던 사도 바울은 다섯째 계명을 '약속 있는 첫 계명' (엡 6:2)이라고 강조하였을까? 이 말씀도 부모를 공경하는 자녀는 하나님 의 말씀을 받은 사람이라는 측면에서 해석해야 한다. 부모를 잘 공경하면 하나님의 말씀을 부모로부터 받고, 그 말씀을 잘 지켜 행하면 하나님의 언약에 따라 당연히 신명기 28장 1절 에서 14절까지 하나님께서 약속하신 축복, 들어와도 복을 받고 나와도 복 을 받을 것이며, 머리가 될망정 꼬리가 되지 않을 뿐만 아니라, 이 땅에서 잘되고 장수하는 축복을 받을 수 있다.

따라서 '부모 공경'의 다섯째 계명은 땅에서도 축복받을 수 있는 '약속 있는 첫 계명'(엡 6:2)이 된다. 또한 '부모 공경'을 잘 하는 사람들은 말씀을 받은 사람들이다. 말씀 받은 사람들은 선악 간에 분별력이 있는 사람들이다. 즉 죄와 구별된 거룩한 삶을 살고 있는 사람들이다. 말씀 받은 사람은 살인도, 간음도, 도적질도, 거짓 증거도 안한다. 그리고 남의 것도 탐하지 않는다. 이것은 말씀 맡은 자의 삶의 열매이다. 그러한 사람들은 인간다운 인간으로 볼 수 있다. 물론 '부모 공경'을 잘하는 사람은 술도 안 먹고 마약도 안하고 불량한 사람들과 사귀지도 않는다.

이와 반대로 "자기의 아비나 어미를 저주하는 자는 그 등불이 흑암 중에 꺼짐을 당한다."(잠 2:20). 그 이유 는 그가 하나님의 말씀을 못 받았기 때문이다. 얼마나 무서운 저수인가? '부모 공경'의 계명을 안 지킬 경우 살인죄보다도 더 무서운 죄를 범하는 이유가 여기에 있다. 성경이 말씀하시는 부모 공경은 우리가 하면 좋고 안 해도 괜찮은 것이 아니다.

3) 십계명과 성경적 효.

성경적 효가 무엇인가를 바로 알고 실현하려면 먼저 인간 삶의 역사성과 삶이 이루어지는 구체적 생활 현장에서의 인간의 관계와 상호작용을 알아야 한다. 더욱이 십계명(十誡命) 특히 제5(부모공경)계명 속에 포함되어 있는 성경적 효의 정체성을 알아보려면 먼저 하나님이 역사 속에 현현(顯現)한 고대 이스라엘의 역사와 십계명의 형성 배경과 내용이 중요하다.

① 하나님의 도덕법으로서 십계명

하나님의 법은 곧 하나님 자신의 계시인 것이다. 하나님께서는 대체로 자신의 법을 통해서 창조물을 통치하신다. 따라서 법은 하늘과 땅에서 그분의 바람을 수행하는 것이다. 법은 인간 존재의 전 영역에 절대적으로 필요하다. 자연법칙들은 육체의 삶을 주관하며, 사회적 법규들은 사회를 주관하고, 영적인 법칙들을 영적인 영역을 주관한다. 따라서 행정을 위해서는 법이 절대로 필요한 것과 마찬가지로, 이 땅을 주관하시는 하나님의 통치는 그분의 법을 통해서 이루어진다.

모세가 하나님으로부터 받은 율법은 크게 세 가지로 구분된다. 즉 도덕법과 시민법과 의식법이다. 하나님은 자신이 도덕적인 존재이시기 때문에 도덕 법칙을 통해 자신을 표현한다. 하나님의 도덕법은(Moral Law)은 영원불변한 것인데 십계명(Decalogue, 또는 Ten Commandments)을 말한다.

대요리 문답서 91-98에 의하면, 하나님은 자기에게 복종할 법규로서 사람에게 처음 나타내 보이신 것은 도덕상의 법칙이다. 이 도덕상의 법칙은 십계명에 요약되어 있다. 하나님의 법은 곧 도덕법이다. 그래서 성경이 "자유하게 하는 온전한 율법" (약 1:25), 곧 사람들이 영적인 삶과 윤리 도덕적으로 살아가는 데 필요한 기준이라고도 불리는 것이다. 인간은 모두 하나님의 형상으로 지으심을 받았으므로, 우리가 어떻게 서로에게 대하여야 하는가? 즉, 인간관계에 대한 원칙들도 역시 하나님으로부터 오며, 그것들이 바로 그분의 신성한 율법들인 것이다.

성서 윤리적으로 매스턴(T. B. Maston)은 "십계명은 전체로서 구약성서에 있는 도덕법이 요구하는 모든 사항의 집약"이라고 하였고, 보드맨(George D. Boardman)은 "십계명은 도덕의 기본 원칙이며, 윤리의 근원이며, 종교의 묘판" 이라고 말했다. 모세의 율법은 대체로 세 가지 형태의 법체계 즉 도덕법, 시민법, 의식법으로 나눈다. 이들이 다 그리스도의 속죄로 성취되었지만, 성취됨으로 그 기능이 정지되지 않는 법은 윤리법 혹은 도덕법이다.

② 하나님의 도덕법의 보편성

모세의 율법 중에 포함된 윤리법 혹은 도덕법으로서 십계명은 현대의 기독교인들과 비기독교도 들에게도 동일하게 적용되는 보편성이 있는가?

장로교의 성경적 기본 교리로 채택한 〈웨스트민스터 신앙고백서〉 5조는 도덕법은 신자에게나 불신자에게 영원토록 순종을 요구하는 구속력을 가진다고 하였다. 그것은 그기에 포함된 내용 때문에만 아니고 또한 그 율법을 주신 창조자 하나님의 권위 때문이다. 예수도 구약의 도덕법을 순종해야 할 우리의 책임을 어떤 방법으로도 폐지하지 않고 도리어 강화하였다. 또 6조에서도 신자나 일반 불신자들에게 생활의 규칙으로서 하나님의 뜻과 그들의 의무를 알려 주어 그들로 합당하게 살도록 지시하고 구속한다고 하였다. 요컨대 5-7조에서는 도덕법이 가진 영구하고 보편적인 구속력을 언급하고 있는 것이다. 따라서 제 5계명을 포함한 십계명은 도덕법으로서 모세시대나 오늘날에나 생활의 법칙과 규범으로 작용한다.

도덕법으로서 십계명은 신본주의의 것이니, 신성하고 존엄하다. 머레이(John Murray)교수는 십계명에서 열 가지 신성한 존엄성이 보호되었다고 강조한다. 특히 제 5계명은 부모의 존엄성(네 부모를 공경하라). 등 존엄성들이 보호되었다는 것이다.

4) 하나님의 대리 권자로 세우신 부모.

"누구든지 하나님을 사랑하노라 하고 그 형제를 미워하면 이는 거짓말하는 자니 보는 바 그 형제를 사랑하지 아니하는 자는 보지 못 하는 바 하나님을 사랑할 수 없느니라. 우리가 이 계명을 주께 받았나니 하나님을 사랑하는 자는 또한 그 형제를 사랑할 지니라"(요일4:20-21).

보이는 부모님을 이 땅에 보내주시고 구원받은 하나님의 자녀들에게 효도의 법을 지시하신다. 이것이 하나님이 만드신 지상 최대의 법이라는 것이다. 부모님의 사랑과 희생을 통하여 하나님 아버지의 사랑과 희생을 보여주신다. 바울은 이 계명을 약속이 있는 첫 계명이라고 말씀하시고 효도를 통해 하나님 공경하는 법을 훈련하신다.

"자녀들아 주 안에서 너희 부모에게 순종하라 이것이 옳으니라. 네 아버지와 어머니를 공경하라 이것은 약속이 있는 첫 계명이니 이로써 네가 잘되고 땅에서 장수하리라"(엡6:1-3)

부모가 하나님과 같이 여겨지는 위치 부모 공경은 우리의 근원을 기억하고 근원을 따라 올라가면 하나님께 이르게 된다.

하나님의 대리 권자로 주도적이고 희생적인 사랑 조건 없는 사랑으로 하나님의 사랑을 계시한다.

아르메니아 대지진 때의 이야기이다. 지진으로 건물이 무너져 내려 26세의 스잔나 페트로시안과 4살 된 딸 가야니가 건물 벽속에 갇혔다. 모녀를 기다리는 것은 오직 죽음의 공포 뿐 아이는 갈증과 굶주림에 지쳐 울부짖었다. 그 때 스잔나는 유리조각으로 손가락을 찔러 딸에게 자신의 피를 먹였다. 이들 모녀는 매몰된 시 14일 만에 극적으로 구출되있는데 어머니 스잔나는 손가락 열 개는 모두 피 범벅이 되었다. 이것이 바로 어머니의 희생과 사랑이다.

부모의 사랑을 깨닫기 시작하면서 진정한 인생, 철든 성숙한 인생이 시작되는 것이다. 부모를 공경하는 일은 하나님을 사랑하는 것과 같은 맥락에서 이루어지는 일이다. 성숙한 인간이라면서 부모를 공경하지 않는 것은 거짓이다. 우리 부모님의 사랑은 하나님의 사랑에 비견될 수 있는 유일한 것이다.

이처럼 숭고한 어버이의 사랑에 대한 대표적인 효행이 순종과 공경이다. 따라서 우선 자녀는 부모에게 순종(順從)해야 한다. 이것이 자녀의 마땅한 일이며 의지적인 행동이다. 부모는 하나님의 마음과 메시지를 전달하는 도구이다. 부모를 거스름이 하나님을 거스른 일이다. 부모의 말씀이 하나님의 말씀으로, 부모의 고통을 하나님의 고통으로, 부모의 눈물을 하나님의 눈물로, 부모의 징계를 하나님의 징계로 순종하는 하는 것이 옳다는 것이다.

또 자녀는 부모님을 공경(恭敬)하는 것이 효도이다. 공경은 내적인 태도로 마음으로 사랑하고 존경하면서 부모님을 존중히 여기는 것이다. 공경이란 부모님 살아 계시는 동안 육신을 편하게 해드리고 마음을 편하고 기쁘게 해드리며 영혼을 구원하여 소망을 가지고 생을 마감하도록 도와드리는 것이다. 이와 같은 효는 인격의 완성이요, 성숙한 사람의 첫 열매인 것이다.

하나님께 순종하고 공경하는 복과 같은 복을 주십니다. 땅에서 장수하는 생명에 관한 축복입니다. 땅에서 잘되는 것은 축복을 허락하십니다. 효도는 하나님의 기뻐하시는 자녀의 도리입니다(딤전5:4).

자식이 자기 부모를 공경하는 것은 당연한 일임에도 불구하고 자녀들이 세상을 살아가는 동안 심신의 건강과 평안과 행복 속에서 장수하게 될 것을 약속하셨다. 그것은 부모가 이 땅에 보내신 하나님 아버지의 사랑을 알게 하는 길이기 때문이다. 효도는 지상 최대의 하나님이 만드신 축복의 법이다. 하나님을 표현하고 나타내는 하나님의 법정신이 효도에 담겨있다.

Ⅴ. 효행(孝行)의 실천과 효행교육 방법

1. 효행(孝行)의 실천.

부모를 공경한다는 윤리관에는 고금(古今)에 차이가 있을 수 가 없으나 효의 실천 방법은 시대에 따라서 사회적인 윤리와 도덕적인 배경과 효의 가치관에 대한 인식의 차이가 있을 수 있다. 자녀가 부모를 기쁘게 하여 드리기 위하여 어떤 행위를 실천하려고 할 때 그 사고의 바탕은 바로 효심이라고 할 수 있으므로 그것이 어떻게 실천 되어야 참된 효도일까 하는 객관적인 판단은 그 자녀의 진실한 부모 공경의 효심이 그 사회의 일반적 효 사상과 맥을 같이하고 부모도 자녀의 효행을 기꺼이 받아들일 수 있어야 한다.

시대가 변하여도 인간이 평화롭게 존속하기 위해서는 가정의 평화가 있어야 하고, 그 바탕은 가정의 질서가 순리로 영위되어야 하는 것이며, 그것은 바로 효행으로 실천되는 것이다. 부모가 어린자녀를 사랑과 정성으로 키우고, 그 자녀는 장성하여 부모의 그러한 은덕을 잊지 않고 은혜에 보답한다면 사랑과 평화가 충만한 가정의 평화를 이루는 뿌리가 되는 것이며 그 실천에 효도하는 지극한 정성을 들인다면 그 모든 것이 효행이다.

효행의 근본은 부모를 즐겁게 하여드린다는 의미이므로 과거의 효행이나 현대의 효행이 다르지 않으며 단지 그 실천에 사용하는 기구는 시대에 따라서 달라질 수 있을 것이다. 전통 효행이 부모를 위하여 인간으로서의 육체적 물질적 극한적인 자기희생을 바치는 것이라면, 현대의 효행은 자기가 갖고 있는 물질적인 효율성을 부모를 위해서 사용하는 것이다. 또 외형상 효행이라고 하여도 당사자인 부모가 불편하다면 그것은 참된 효라고는 할 수 없으니 효행은 부모가 참되게 기쁨으로 받아들일 수 있는 행위가 돼야 하는 것이다.

자식으로서 삶을 받음에 성명(性命)과 혈육(血肉)은 모두 부모가 나누어 준 것이므로 호흡, 기운과 맥박이 서로 연이어져 있다. 이 몸은 내 사사로운 것이 아니고 부모가 끼쳐 준 기(氣)로 만들어진 것이다. 그러므로 「시경」에 "애달파라, 부모가 나를 낳아 기르시느라 수고로우셨네." 하였으니, 부모의 은혜를 무어라 이르랴! 어찌 감히 몸을 제 것으로 생각하고 부모에게 효도를 극진하게 하지 않겠는가? 사람이 늘 이러한 마음을 가질 수만 있다면 저절로 부모에 대한 정성이 생길 것이다.

小學(소학)에서는 효자가 부모를 섬기는 다섯 가지 방법을 설명하였는데 평소 모실 적에는 공경함을 다하고, 봉양함에는 즐겁게 해드리고, 병환에는 병 낫게 할 것을 근심하고, 상을 당함에는 어버이 잃은 슬픔을 다하고, 제사에는 엄숙함을 다하라고 했다. 바른 효행을 하려면 우선 부모님에 대한 감사의 마음과 공경의 태도로 부모님의 진정한 뜻을 파악할 수 있어야 하며 그 뜻은 학문적 지식보다는 의도나 가식 없는 맑은 눈을 가져야 핵심을 볼 수 있을 것이다. 이는 마치 기업의 CEO가 내부와 외부 고객의 욕구를 파악하여 효과적이고 효율적인 의사결정을 하는 것과도 비교할 수 있을 것이다.

曾子(증자)는 禮記(예기) 內篇(내편)에 효도의 방법으로 "효에는 세 가지가 있다. 제일 큰 효는 이비이에 대한 공경의 마음을 잃지 않는 것이고, 다음은 조상에 부끄러운 행위를 하지 않는 것이다. 셋째는 의식주로 어버이를 잘 부양하는 것이다." 라고 말하고 있다. 무릇 부모를 섬기는 자는 한 가지 일, 한 가지 행동이라도 감히 제 마음대로 하지 말고 반드시 명령을 받고서 행하여야 한다. 만일 당연히 할 만한 일을 부모가 허락하지 않으시면 반드시 자세히 말씀드려 승낙을 얻은 뒤에 행해야 하고, 만일 끝내 허락하지 않으실 경우 제 생각대로 하여서는 안 된다.

혹 부모의 뜻하신 바가 의(義)에 해로운 것이 아니면 당연히 말씀하기 전에 받아들여 조금도 어겨서는 안 되고, 이치에 해로운 일일 것 같으면 화평한 기색과 좋은 낯빛, 부드러운 음성으로 간언하되 반복하여 아뢰어서 꼭 들어 주시도록 하여야 한다. 부모에게 병환이 있으시면 마음은 우울해 하고 기색은 꺾여 다른 일은 버려둔 채 다만 의원을 데려오고 약을 짓기에만 힘쓰다가 병이 나으시면 평상으로 돌아가야 한다. 날마다 생활하는 중에 잠시라도 부모를 잊지 않아야 효자라고 할 것이다. 저들 몸가짐을 삼가지 않고 말을 함부로 하면서 유희로 날을 보내는 자는 다 부모를 잊은 자들이다.

세월은 물 흐르듯 하여 어버이 섬김도 오랠 수 없다. 그러므로 자식 된 자는 모름지기 정성을 다하고 힘을 다하여 마치 미치지 못할까 두려워하듯이 해야 한다. 우리는 우리 사회가 가지고 있는 경로효친의 정신은 우리 사회가 가진 소중한 자산이다. 경로효친의 정신은 변화된 여건 속에서 점점 소외되어 가는 노령세대를 보살피겠다는 우리의 마음자세가 결국 이 제도의 성패를 좌우하는 것이다.

효도 10훈(孝道十訓)

하나, 건강 하라.

옛말에 "신체발부(身體髮膚)는 부모에게서 받은 것이라 감히 훼상하지 않으니 효의 시작이니라."고 하였다. 부모님이 주신 육신을 건강하게 보존해 나가는 것이 자식 된 도리의 시작이다.

둘, 부모를 공대하라.

물질적인 봉양만이 효는 아니다. "부모를 공대하지 아니하고 봉양만 하는 경우는 제 집에 키우는 가축에게도 할 수 있는 일이다." 라고 공자님께서 말씀하셨다. 우리는 부모님을 공경하여 존댓말을 사용할 것이며 부모님 말씀을 거역하는 행위를 말아야 한다.

셋, 출필곡 반필면(出必告 反必面) - 드나들 때는 반드시 인사를 하라.

"집을 나갈 때는 어디에, 왜, 언제까지 다녀오겠다고 아뢰고, 다녀와서는 잘 다녀왔다고 얼굴을 뵙고 인사를 드리는 것이 부모를 공대하는 것이요. 걱정을 덜어 드리는 일이다."

넷, 밝은 얼굴과 공손한 말씨로 부모를 대하라.

옛말에 색난(色難)이라는 말이 있다. 부모님 앞에서 얼굴색을 밝게 가꾸기란 쉽지 않지만, 아프고, 짜증나고, 화나고, 슬픈 얼굴로 부모님을 대하는 것은 부모님께 걱정을 끼쳐드리는 일이다. 항시 맑고 밝으며 부드러운 얼굴과 말씨로 부모를 대하면 부모님께서 기뻐하실 것이다.

다섯, 자기 이름을 더럽히지 말라.

자기 이름의 성(姓)은 조상에서 나온 것이며, 이름은 부모께서 주신 것이니, 자기 이름을 더럽히는 것을 부모와 조상님을 욕되게 하는 짓이라 불효(不孝) 중에 불효(不孝)이다. 이름을 떨쳐 부모를 영화롭게 못할망정 욕되게는 하지 말라.

여섯, 거짓말로 부모를 속이지 말라.

거짓에서 불신이 생기면 이는 곧 가정불화의 시작이다. 거짓은 마약과 같아 자기도 모르는 사이에 자기를 망치는 병으로 이끈다. 항시 진실을 가까이 하여 밝은 가정을 만드는데 힘써라. 옛말에 "참되면 밝고, 밝으면 복되다(誠則明, 明則福)" 고 하였다.

일곱, 집안에서 스스로 할 수 있는 일을 찾아 부모의 수고를 덜어 드려라.

건강한 육신을 갖고 부모에게서 얻어먹기만 할 것인가? 옛말에 "하루 일을 하지 않으면 하루 먹지를 말라(一日不作 一日不食)" 는 말도 있듯이 제방은 스스로 치울 것이며, 부모의 일도 거들어 도와 드려라.

여덟, 형제간에 싸우지 말며 형을 공경하고 아우를 사랑하며 서로 화목 하라.

형제는 부모의 같은 배에서 나온 동포이다. 형을 공경하고 아우를 사랑하는 것은 곧 부모를 공경하고 사랑하는 길이다. 또한 한 배에서 나온 형제끼리 싸우는 일은 부모께 큰 슬픔을 드리는 일이다. 부모를 슬프게 하는 자는 불효자이다. 옛말에 "사람의 죄는 3천여가지이나 그 중 가장 큰 죄는 불효이니라."라고 하였다. 상경하애 하여 부모님께 화목의 기쁨을 드려라.

아홉, 부모님을 원망하거나 허물을 말하지 말라.

옛말에 "아버지는 아들의 덕을 자랑하지 말 것이며, 자식은 어버이의 허물을 말하지 아니할지니라."고 하였다. 자신의 처지를 부모 탓으로 돌리지 말 것이며, 비록 부모님의 허물이 있을지언정 원망하지 말며 공손히 아뢰고 남에게는 결코 말하지 말라.

열, 자기 하는 일에 충실하여 부모를 기쁘게 하라.

매사에 충실하면 이로써 출세할 것이다. 설령, 출세하여 이름을 세상에 떨치지는 못하더라도, 큰 효도가 될 것이다. 옛말에 "몸을 세워 이름을 떨치니 이로써 부모도 드러난다. 이것이 효의 마침이다."라고 하였다.

현대적인 효는 맹목적인 복종과 희생을 동반한 책임감으로서의 효행이 아니라 자기 표현적이고 부모 자녀 간 상호 협력적인 측면이 강조되고 있다.

또 사회제도와 형식에 집착성이 강해 타인과 사회에 대해 의식적이었던 효행이 지금은 일상 가운데 부모 모습을 그대로 답습하는 자연발생적이고 개인적인 모습으로 변했다. 이와 함께 남아 선호 사상과 장남으로부터의 효행 의존 방식이 친밀감 정도와 실리 위주로 분산되고 있다.

특히 애착과 집착이 강한 일방적, 의존적, 복종적인 부모 자녀 관계가 이제는 사랑과 관심이 중요시되고 친구처럼 대화를 나눌 수 있는 친애의 관계로 변화했다. 이러한 효의 시대적 변화에 따른 실천 방법은 우선 대상이 원하는 효에 대한 욕구를 정확하게 파악해야 한다.

부모님과 가까이에서 자주 대화하고 사랑과 관심을 갖고 보살펴 드리면서 부모님의 필요함(needs), 원함(wants), 바람(desires)을 찾아냄으로써 찾아가는 효도를 실천해야 한다. 부모님의 욕구를 찾아냈으면, 현재 자기가 할 수 있는 쉬운 것부터 기꺼운 마음으로 행한다. 부모님이 참여하는 쌍방적인 실천으로 자아실현자로서의 위상을 정립시켜드려야 한다. 또 자기 본분과 현실에 충실한 성실함과 자기 발전을 부모님의 뜻에 부합시키고 사회와 시대에서 요구하는 방향으로 살아야 한다.

특히 효를 어렵다고 생각하고 부담을 가지면 실천하기 어려운 법이니 우선 단계별로 실천해 보는 것이 바람직하다. 그 첫 단계는 외출 시 행선지 및 귀가 시간을 말씀드리는 등 부모님의 마음을 편하게 해 드리는 것이다. 두 번째 단계는 건강한 모습이나 학업성취 및 승진 등으로 부모님의 마음을 기쁘게 해드리는 것이다. 또 3단계는 부모님의 기대 이상으로 발전하여 자랑스러운 모습을 보여드린다거나 부모님의 건강상 위기 시 장기기증을 하는 등을 통하여 부모님께 감동을 드리는 것이다.

또 지속적이고 발전적인 효행을 위해서는 부모님의 직접적인 피드백과 자기평가를 통해 실천 방법상의 수정 · 보완과 시대적 요청을 반영해야 한다.

전통적인 효행의 주 대상이 자녀에게 편중돼 부모는 자녀에 대해 사회적 · 경제적으로 의존하고 집착된 삶을 살았으며, 이에 자녀는 부모에 대한 부담감 · 압박감으로 소외감, 자아상실감, 사회적 고립 등 역기능적 사회문제를 발생시키기도 했다. 그러나 이제 효의 실천은 개인(가족)뿐만 아니라 지역사회, 자원봉사자, 기업, 정부가 공동으로 실천하고 노력해야 한다. 부모 자녀 개인은 미래 삶을 책임감 있게 계획(life plan)해야 하고 국가에서도 복지 선진국에 진입하기 위한 노인연금제도, 노인 일자리 창출 사업 등 현실적이고 다각적인 노력이 필요하다. 이러한 효의 실천이야말로 긍정적인 '나비 효과' (Butterfly Effect)로 개인과 지역과 국가와 세계를 넘으며 사랑과, 화합과, 평화로 변화시키는 가장 큰 힘이 될 것이다.

진정한 효도란 부모님을 기쁘고 강건하게 해드리고 마음 아프지 않도록 편안하게 해드려서 자식 된 도리를 다하는 공경하는 마음과 자식의 지극한 정성이다. 이처럼 우리가 항상 효(孝 HYO)를 읽을 줄만 알았지 그 효를 행하지 못한 것은 이이의 말씀처럼 하지 못한다기보다는 어떻게 해야 할지를 제대로 몰랐기 때문인 것 같다.

효도에 대하여 옛날 공자의 제자 孟懿子(맹의자)가 효에 대하여 물으니 공자께서 道理(도리)에 어김이 없음이라고 했다. 인간 도리에 어긋남이 없이 행동하는 것이 효라는 것이다. 이 말을 論語(논어) 爲政篇(위정편)에 나온다.

효도를 실천하기 위한 덕목

1. 부모님을 진심으로 존경해야 합니다.
2. 부모님의 뜻을 따르고, 마음을 편안하게 해드려야 합니다.
3. 부모님을 정성껏 섬기고, 우애 있고 화목한 가정을 이루어야 합니다.
4. 자기 몸을 건강하게 유지하고 마음을 바르게 가져야 합니다.

5. 자신의 소질을 키우는 일에 최선을 다하여 미래의 꿈을 이루어야 합니다.
6. 웃어른을 공경하고 아랫사람을 사랑해야 합니다.
7. 예절 바른 행동을 해야 합니다.
8. 부모님을 욕되게 하지 않아야 합니다.
9. 부모님이 원하는 것을 해드려야 합니다.
10. 훌륭한 인물이 되어 후세에 이름을 남겨야 합니다.

효행의 실천은 권유할 수는 있지만 강요할 수 없는 자신의 마음에서 우러나는 참된 행동이다. 자녀로서 부모님을 어떻게 모셔야 할 것인지 살펴보면,

첫째는 정신적으로 부모님을 편안하게, 걱정하시지 않게 해 드려야 한다. 부모님을 소외시켜 드려서는 안 되고 무엇이든 이야기할 수 있는 자식이 되어야 한다.

둘째는 신체를 온전히 보존해서 부모님이 걱정하시지 않도록 하는 것이다. 술과 담배를 많이 하는 등 몸을 함부로 다루거나 시위현장에서 과격하게 몸싸움을 하거나, 옥상에서 뛰어내리는 등의 행위는 결코 해서는 안 된다.

셋째는 물질적인 효인데 최소한의 용돈은 보내드려야 한다. 현재 한국의 노인들은 대체로 5% 정도가 용돈을 자녀들로부터 받으신다고 한다.

넷째는 돌아가신 부모님의 유지를 받들어 모시고 남은 가족, 친지끼리 화목하게 지내는 일이다. 이를 양지(養志)의 효라

고 하는데, 이를테면 부모 제사를 모실 때도 진정으로 부모님이 원하시는 것이 무엇인지를 생각해보는 자세가 필요하다. 예컨대 제사음식을 장만할 때도 생전에 좋아하셨던 음식을 올려드리는 것이 진정한 효인 것이다.

부모님이 살아계실 때 해야 할 10가지 효행

효(孝)라는 것을 몇 가지로 정해서 할 수는 없는 일이나 품안의 자식인 것처럼 살아생전의 효도가 진정한 의미를 지닌다. 부모님 살아 계실 때 효도하지 아니하면 돌아가신 후에 반드시 후회한다.

1. 사랑한다는 고백을 자주 해라

아무리 들어도 싫증나지 않는 말은 사랑한다는 말이다. 사랑한다는 말처럼 달콤하고 따뜻한 말도 없다. 쑥스럽거든 편지라도 써라.

2. 늙음을 이해해야 한다.

자녀들이 부모에게 들을 수 있는 가장 큰 악담은 "너도 늙어봐라"임을 잊지 말아라. 어른은 한번 되고 아이는 두 번 된다는 이야기가 있다. 더구나 노인의 시기는 정답을 말하기보다 오답을 밀하지 않기 위해 애를 쓴다.

3. 웃음을 선물해라

보약을 지어 드리기보다 웃음을 한 보따리 선물하라. 기뻐서 웃은 것이 아니라 웃기 때문에 기뻐짐을 잊지 마라. 마음이 즐거운 자는 항상 잔치를 한다. 부모님에게 웃음의 잔칫상을 차려 드려라.

4. 용돈을 꼭 챙겨 드려라

유년기에는 좋은 부모가 있어야 하고 청년기에는 실력과 예쁜 외모가 있어야 한다. 중장년기에는 훌륭한 인격이 있어야 하고 노년에 필요한 것은 돈이다. 반드시 부모의 통장을 만들어 드려라.

5. 부모님에게도 일거리를 드려라

나이 들수록 설 자리가 필요하다. 할 일이 없다는 것처럼 비참한 일도 없다. 텃밭을 마련하게 하는 것도 좋은 일이다. 생의 의미를 발견할 수 있는 과제를 드려라. 가정 안에 부모 말고는 도무지 할 수 없는 일들을 찾아드려라.

6. 이야기를 자주 해 드려라

쓸데없는 이야기라도 자주 해 드려라. 그리고 하시는 말씀을 건성으로 듣지 말고 진지하게 잘 들어 주어야 한다. 노인네들이 가장 간절히 원하는 것은 말 상대자다.

7. 밝은 표정은 부모에게 가장 큰 선물이다

자신의 성격에 의해 형성되는 얼굴이야말로 그 어떤 경치보다 아름다운 것이다. 부모에게 밝은 낯빛으로 위로를 드려야 한다.

8. 작은 일도 상의하고 문안 인사를 잘 드려라

사소한 일이라도 자주 의논을 드려라. 또한 일단 집 문을 나서면 안부를 묻고, 집에 들어서면 부모를 찾으라. 정기적인 건강검진은 필수다.

9. 부모의 인생을 잘 정리해 드려라

죽음은 인생에 있어 피할 수 없는 통과의례다. 그러기에 또한 준비하고 죽는 죽음은 아름답다. 생애를 멋지게 정리해 드려라.

10. 가장 큰 효는 부모님의 방식을 인정해 드리는 일이다

"부모님 인생은 부모님의 것"임을 잊어서는 안 된다. 내 방식대로 효도하려고 들지 말라. 마음 편한 것이 가장 큰 효도가 된다. 나의 효도를 드러내기 위해 부모를 이용하지 말고 설사 불편하더라도 부모의 방식을 존중해 드려라.

우리는 돈이 있든 없든, 효도란 그저 부모님 자주 찾아뵙고, 자주 전화라도 드리는 것이라는 말을 자주 들어왔다. 그분들이 바라는 효도는 그냥 자주 얼굴을 보여주고 목소리를 자주 들려드리는 것이기 때문이다.

자녀들은 부모님을 자주 찾아뵙고 그렇지 못할 때는 전화라도 자주 드려서 소외감을 느끼지 않도록 해드리자 부모님은 식

사 대접도 중요 하지만 자식 손주들 얼굴보고 이야기 하고 자식 잘되는 것을 더 큰 보람으로 여기신다.

효도는 말로 하는 것이 아니라 오직 행실로서 몸에 익히는 데 참뜻이 있고, 머리로 하는 것이 아니라 오직 몸과 마음으로 실천하는 것이며, 하늘이 심어준 마음의 씨앗이니 효행은 부모가 길러준 마음의 향기이다.

또 자녀는 평소 집에서 자기 부모가 조부모나 이웃어른들에게 행하는 대로 배우게 되며, 자녀가 부모님에게 극진한 효성으로서 섬기면 심성이 곱고 사람 됨됨이가 원만하기 때문에 남에게 실수를 하지 않는다.

또한 어버이를 공경할 줄 알고 효도를 몸에 배인 자녀는 남에게도 공손하여 남으로부터 호감을 받게 되며, 부모가 극진히 효행을 하면 자식은 그 절반이라도 효자 노릇을 하게 된다.

효행은 '적소성대'라는 말 그대로 한 번에 대사(大事)를 치르는 것이 아니라 일상에서 조금씩 노력하며 이루어지는 것이다. 그리고 남들과 비교를 하며 효행을 행하는 것이 아니라 꾸준히 자기 자신의 노력으로 효행을 쌓아 가는 것이다. 많은 효행 상수상자들의 글을 읽어보면 하나 같이 어려움에 굴복하지 않고, 자기의 일 하나 하나부터 최선을 다했다는 것을 알 수 있다.

효도 십계명.

① 신앙생활을 하시도록 하자.
② 대답을 잘하고 말씀을 잘 들어 드리자.
③ 표정을 밝게 하고 웃음을 잃지 말자.
④ 궁금증을 풀어 드리자.
⑤ 자유롭게 쓰실 수 있는 용돈을 정기적으로 드리자.
⑥ 향토적인 음식을 해 드리자.
⑦ 외모를 아름답게 꾸며 드리자.
⑧ 일거리를 찾아드리자.
⑨ 친구를 자주 만나게 해 드리자.
⑩ 등을 긁어 드리고, 손, 발톱을 깎아 드리자.

2. 효행교육의 필요성.

인간교육은 곧 인격교육을 의미하는데 인격교육은 전인교육이며, 전인교육은 인성, 지적, 기능을 고루 갖춘 교육을 의미한다. 한마디로 인격교육은 올바른 인간교육이라 할 수 있다. 예로부터 효경에 공자께서 말씀하시길 '천지에서 받은 성품 중에서 사람이 가장 귀하고 사람의 행실 가운데 효도보다 더 큰 것이 없다.' 라고 효를 설명하였다.

지금까지 우리는 효를 부모에 대한 자녀로서의 의무나 책임감의 표현으로서 가르치고 생각하여 왔고 지금도 가정에서나 각 교육시설에서 효 교육하면 의례히 자녀가 부모를 공경하는 교육

정도로 생각하고 있다. 그러나 우리는 지금까지의 좁은 의미의 효행교육에서 벗어나 '나는 누구인가'를 발견하고 부모와의 이별, 아울러 미래의 나를 상상케 함으로 나의 정체성을 찾게 해 주는 효행교육을 실천하여야 한다.

인간의 능력 중에서 많은 부분은 다른 동물들에게서도 발견된다. 가시고기나 펭귄의 자식사랑은 눈물겹기로 소문나 있다. 고등동물에 이르면 동료애라든지 협동정신 같은 훨씬 높은 요소들도 발견된다. 그러나 늙은 부모를 봉양하는 행위만은 오직 인간에게서만 나타난다고 한다. 우리는 부모님의 살과 피를 나눠받아서 태어났으니 부모님은 우리에게 생명을 주신 셈이고, 자식인 애벌레가 성충으로 성장하도록 평생 동안 애정으로 돌보아 주셨다. 이제 껍질만 남아버렸음에도 부모는 자식에게 더 많은 것을 주지 못함을 안타까워하신다. 부모님은 자신의 행복을 뒤로 한 채 자식의 행복을 먼저 생각하시니 우리가 행복해야 부모님이 행복해 하신다.

효도에 대한 많은 가르침과 교훈이 있다. 명심보감에 보면 " 그 사람을 알려고 한다면 먼저 그 벗을 보고, 그 아비를 알려고 한다면 먼저 그 자식을 보라. 아비가 인자하면 자식이 효행 하느니라. 내가 어버이에게 효도를 하면 자식도 또한 내게 효도를 할 것이니 자신이 이미 효도를 하지 않으면 자식이 어찌 효도하게 되겠는가?" 중용에서는 "인(仁)이란 사람다움이니 어버이를 친근히 하는 것이 가장 큰 일이다. 의(義)란 마땅함이니 현명한 이를 존경하는 것이 가장 큰 일이다" 며 효도를 강조하고 있다.

논어에서는 "자식이 능히 부모의 마음으로 마음을 삼으면 효도할 것이다. 효도와 우애는 인(仁)을 이룩하는 근본인 것이다. 효성스럽고 자애로우면 충성스러워진다" 또 효경에서는 "효도하고 어질지 않은 사람이 없고 효도하고서 의롭지 않은 사람이 없으며, 효도하고서 예의가 없고 지혜가 없고 신용이 없는 자가 있을 수 없다고 하였다. 무릇 효도는 덕의 근본이다. 모든 가르침이 여기에서 시작되는 것이다.

효는 윤리적인 개념이지만 오늘날 효의 실천화, 생활화, 문화화를 강화해야한다는 시대적 요청이 형성되고 있다. 효 교육은 사람됨의 기본교육이고 인간학의 필수과목이므로 자녀들이 효를 모르는 것은 가르치지 않는 부모의 잘못이요 죄악이라고 할 수 있나. 따라서 자식에게 인성교육을 제대로 하지 않는 부모는 결국 사회적으로도 죄를 짓는 것이다. 부모는 자식을 위해 가슴으로 울면서 잘 되기를 바라고 최선을 다하지만 효심이 없는 자식은 그런 부모의 마음을 헤아리지 못한다. 부모의 깊은 마음의 충고를 받아들이지 않고 경험 부족과 미숙함으로 잘못된 판단을 하고 제멋대로 주장하며 반성하지 않을 뿐 아니라 도리어 노여워하고 끝까지 자신의 주장을 옳다고 착각한다. 자식을 위한 부모의 하늘같은 사랑과 걱정과 자식 잘 되기를 바라는 기원을 묵살되면 결국은 자신의 무한한 가능성을 포기하고 마는 결과가 된다.

효자는 어떤 경우에도 부모의 분부를 거역하지 않는다. 부모의 말에 잘 따르는 것이 성공의 비법이며 행복의 비법임을 가르쳐야 한다. 그래서 '효'를 만복의 근본이라고 한다. '효'를 가르치지 않으면 결국 부모는 서글픈 눈물을 흘리게 된다. 그러나 '효'를 잘 가르치면 그 자식은 크게 성공하고 행복해 지며 결국 자신도 평생 효도 받게 되고 가정의 행복은 물론사회의 등불이 되는 것이다. 그러나 깊이 생각해야 할 문제는 자식에게 '효'를 가르치는 것은 분명히 부모에게 책임이 있다는 것이다. 부모가 진정한 효도를 하면서 자식에게 가르쳐야 하는 것이다. 부모가 진실한 효도의 모습을 자식에게 보이며 자식을 효자로 키우는 것은 하늘의 명령과도 같은 것이다.

요즘 청소년들은 '효'를 가르치지 않아서 부모의 말을 따르지 않으며, 불손한 태도를 보이니 부모들이 자식에게 실망을 하게 되는 경우도 많다. 부모가 자식을 엄하게 훈계하지 않고 감싸며 기(氣)를 살려주어야 한다며 과잉보호하면 결국 그 자식은 부모의 가슴에 못을 박고 사회에도 피해를 끼치게 되는 것이다. 무릇 사람이 부모에게 당연히 효도하여야 함을 모르지는 않으나 효도하는 사람이 매우 드문 것은 부모의 은혜를 깊이 알지 못한 까닭이다. 문제는 송아지가 시간이 지나면서 자연스레 소가 되고 병아리도 닭이 되지만 핏덩이 아기는 방치하면 근본을 아는 어른이 되기 어렵고 올바른 사람 노릇을 하기 어렵게 되므로 사람은 사람에 의해 가르쳐지고 다듬어져야만 좀 더 참된 사람이 될 수 있다.

따라서 맹자(孟子)의 성선설(性善說)에 의하면 사람은 누구나 태어날 때 거울같이 맑고 어진 품성을 가지고 태어난다고 하였다. 그러나 살아가는 과정에 있어 각기 다른 가정환경으로 인한 변화는 물론 살기위한 수단으로 생존경쟁을 하다보면 부지부식 간에 사회 오류에 침해되어 윤리 도덕은 물론 인성마저 저버리는 사람이 허다하므로 공자님께서는 이 같은 사람들을 바른길로 인도하기 위한 수단으로 도를 펼쳤으니 그 도는 인(仁)이요. 인의 본질은 효심이라 하였다. 또 성무선무불선설(性無善無不善說)을 주장한 고자나 성악설(性惡說)을 주장한 순자도 역시 근본을 세우고 바른 성인으로 인성을 세우려면 교육이 절대적이라는 주장을 하였다.

"學文은 如逆水行舟하니 不進則 退니라." 라는 말은 학문이란 배가 물을 거슬러 올라가는 것과 같아서 나아가지 않으면 물러나게 된다는 의미이다.

'효' 도 이와 같아서 바른 성품과 훌륭한 인격을 배우지 못한 사람은 올바르게 성장하기 어렵다. 특히 '효' 는 사람의 근본을 배우는 가장 첫 번째 덕목으로 배움의 근간을 세우는 바탕이며, 인격의 완성이요, 성숙한 사람의 첫 열매이다. 또 효는 인간이 인간됨의 기본적인 행위로서 모든 교육의 시발점이다. 현재 우리나라 가정들의 총체적 위기와 학교교육이 붕괴되어 가는 현실을 볼 때 효는 한국의 가정과 학교를 바로 세우는 중요한 역할을 감당할 것이다.

3. 효행교육을 소홀히 하면

오늘날 아들이 부모를 폭행하는 일이 빈번하고, 이를 견디다 못한 부모가 아들을 죽이기까지 한다. 용돈 안준다고 멀쩡한 어머니를 정신병자 취급해 강제로 정신 병원에 구인하고, 학교에서 교사가 학생에게 얻어맞는 일도 다반사다. 중국이나 일본, 우리나라도 산업이 발달할수록 개인주의의 팽배와 금권만능으로 자녀를 덜 낳고 귀엽게만 키우다보니 인내심이나 공경심이 없어지고 다혈질이 되어 충동감에 일을 저지르게 만들었다. 우리나라도 이런 효 교육의 부재로 일어나는 참담한 현상이 외면할 수 없는 지경에 와 있다.

참다운 인간성 교육과 효에 대한 교육을 받지 못한 젊은이들은 아무런 죄의식도 없이 패륜아적인 행동을 학교와 사회 곳곳에서 벌이고 있다. 원조교제에 나서거나 성매매에 강제로 끌어들이고, 일진회같은 폭력 단체를 만들어 성인들 조직폭력배 이상으로 범죄에 가담하고, 왕따 시켜 자살에 이르도록 하며, 수능시험 점수가 기대에 못 미친다고 아파트에서 뛰어 내린다.

최근 어떤 사회단체에서 인간의 보편적 윤리 규범인 효에 대한 의식수준 조사를 실시한 결과 서구의 효 사상과 효행이 우리나라보다 앞서고 있다고 하였다. 이에 대한 근거로 서구의 나라들이 우리처럼 철저한 효 사상이 정립된 바는 없어도 가문에 대한 애착과 긍지는 우리와 비교할 바가 아니고 양식과 방법은 달라도 효 사상 또한 우리보다 앞서고 있다고 한다.

그것은 교육 자체가 인성을 중시하기 때문에 사람다운 사람을 만드는 것이 목적이다 보니 자연히 효 사상이 가미된 것이다. 무차별적인 우리 부모들의 자녀 사랑에 비하여 어렸을 때부터 공중도덕과 남을 배려하는 마음과 엄격한 예절교육을 하는 서구의 자녀 교육법이 우리의 효 사상을 앞지른 것이다. 서구의 가정 교육과 유아교육을 언급하는 것은 우리의 청소년들에 대한 엄격한 교육과 효 사상의 일깨움 없이 학교 진학이 우선이고 그들이 저지른 비행만을 꾸짖고 한탄하는 우리 사회의 무책임을 지적하기 위해서다. 오늘의 젊은 세대가 효를 모르고 있다면 그 책임은 정부와 학부모에게 있는 것이다.

가족은 인간이 만든 가장 오래된 제도이고 가장 오래 갈 제도이다. 가족은 인간사회의 가장 기본적 단위이고 가장 핵심적 단위이다. 사람이 사람인 것은 학교교육 사회교육 이전에 가정교육에 의해서이다. 그런데 지금 우리는 이 가정교육이 무교육 상태가 돼 있다. 가장 기본적인 것이 무너지고 가장 핵심적인 것이 분해되어 있다. 사실 우리나라는 일찍이 가장 모범적인 가정 교육을 가졌던 나라였고, 자식에게 종아리 매질을 가하며 가장 엄격한 교육을 실시하던 가정이었다. 엄부자모(嚴父慈母)를 언제나 되새길 만큼 사랑으로서의 도리를 가르쳤던 것이 우리의 가정교육이었으나 그것이 지금 사라져 버렸다. 이는 우리 부모들이 모두 부모로서의 진정한 역할을 포기했음을 뜻한다. 그래서 지금 패륜아가 잇따라 나오는 것은 그 부모에 그 자식인 셈이다.

참다운 인격체로 배양하기 위한 전인교육의 실태가 큰 성과를 거두지 못하고 있다. 이러한 현상의 원인은 우리사회의 학벌 지상주의 풍조에서 기인한 것이다. 우리의 교육이 지식과 기술의 전달일 뿐 참다운 인격을 형성하고 사회의 건전한 일원으로 살아갈 수 있도록 하는 제도화가 미흡해서다. 특히 효의 본질적 의미가 나날이 쇠퇴해 가는 것은 물질만능주의와 개인주의, 이기주의적 사고가 낳은 가치관의 혼란이 주된 요인이다. 성장기에 건전한 가치관을 함양하기 위해서는 일차적으로 가정의 부모들이 그 역할을 담당해야 하겠지만 이에 못지않게 지역사회나 학교, 정부에서 제도적인 효 교육이 중요하다. 그러나 올바른 효 교육이 이루어지지 않는다면 사회혼란 걷잡을 수 없을 것임은 불을 보듯 분명한 일이다.

4. 효행교육의 방법.

세계화 속의 인간교육은 유아기에서부터 기초가 이루어져야 하며 가정-학교-사회의 연대 속에 연계교육이 실천되어야 한다. 교육은 '세 살 버릇 여든까지 간다.' '내가 일평생을 살아가는데 가장 중요한 교육은 유치원에서 배웠다' 라는 말이 있듯이 오늘날 유아기는 기초, 기본을 배우고 가르치는 가장 중요한 교육시기이다.

2010년 05월 09일 영국의 일간 더 타임스에 따르면 미국 예일대 연구진은 인간이 생후 6개월부터 도덕적 판단을 하기 시작하며, 선악을 판별할 수 있는 능력을 태생적으로 갖고 있다는 내용의 보고서를 내놨다. 이 같은 결과는 인간은 ' 도덕적 백지상태' 로 태어나 부모와 사회로부터 도덕관념을 습득한다는 전통적인 생각과 완전히 반대되는 것이다.

사람의 행동 중에서 가장 소중한 효(孝)의 원리는 바로 사랑과 공경을 남에게 베푸는 것이나 오늘날 인륜을 저버리고 불효하는 사람들이 넘쳐나는 이유는 남을 공경하는 마음이 부족하기 때문일 것이다. 또 효 정신은 가족 간의 사랑과 인성에 뿌리를 두고 있어 청소년의 일탈을 방지하는 데 무엇보다 큰 힘을 발휘한다. 젊은 부모들이 올바른 효 사상을 가지고 있어야 자녀를 바르게 가르칠 수 있다.

효행교육 방법은 인간교육 이념구현에 의한 통합교육으로 실시되어야한다. 교육과정의 초기 개념은 문화유산을 학생들에게 전달하는 교과 교육과정이었다. 그 다음에는 '학교의 지도하에 학생들이 가지는 경험의 총체' 를 교육과정이라고 보았으며, 이것은 생활교육을 뒷받침하는 경험 교육과정의 개념이었다. 그 후 오늘날에는 두 가지의 개념이 두드러지게 나타나니, 그 하나는 학문중심 교육과정이며 다른 하나는 인간중심 교육과정이다.

인간중심 교육과정은 고도 산업사회에 따르는 인간성의 매몰, 비인간화 경향을 극복하기 위하여 인간성의 함양과 인간의 자아실현을 주장하고 있다.

요즘의 교육현장에서 과거의 전통적 효행지도방식으로는 설득력 있는 교육효과를 기대하기 어렵다. 교육은 재미가 있어야 하는데 홍미 없는 교육이 그들에게 효행교육을 멀리하게 한다. 교육과 오락을 합쳐서 에듀테인먼트라고 한다. 효행교육 또한 에듀테인먼트 방법으로 수업이 가능하다. 효행교육은 고루하고 지루한 학습이 결코 아니다. 얼마든지 교육프로그램을 연구하고 개발하면 배우는 아이들이나 그들을 지켜보는 부모나 교사들에게 신명을 일으키는 수업이 될 수 있다. 뿐만 아니라 효를 자연즉, 동 식물세계의 생태계와 연계하여 통합교육과정으로 효를 인식시켜 줌으로 아이들은 자연과 인간사회의 새로운 시각으로 홍미로운 수업을 이끌어 낼 수가 있다. 또 극단적인 환경 속에서도 행복의 씨앗을 키워서 오히려 조금 더 나은 여건의 사람들에게 행복을 일깨워 준 이태석신부님이나 닉 부이치치의 사례와 연계하여 효가 행복의 마중물의 역할을 한다는 설정도 효과적인 교육방법일 것이다. 그 뿐이 아니다. 효 주제토론학습을 통해 발표력, 사고력개발 형성과 함께 복합적이고 체계적인 학습의 전반적인 교육효과를 이룰 수가 있다.

이제 우리 사회도 보다 성숙하면서도 세계 속에서 경쟁력을 갖추려면 사회 저변에 사라져가고 있는 좋은 전통을 회복하기 위하여 효행에 관한 국민적인 캠페인이라도 벌여야 하는 것이 윗세대들의 책임이다. 특히 과거 선생님과 학생의 관계는 엄마 아빠가 자식을 대하듯 혼내고 사랑하는 관계였지만 요즘 청소년들은 자유와 인권을 강조하면서 조금의 체벌에도 인권침해를 언급하며 강한 적개심을 드러내 체벌금지법까지 불러왔다. 물론 학생의 인권과 자유를 존중하지만 이런 식의 체벌금지법은 교사 권위 약화되고 방만한 무질서를 가지고 올 수 있다.

동양고전과 효 실천 7대 요목.

① 경천애인, 경천이란 생명의 근원에 대한 경외와 존경이다.
② 부모·어른·스승 공경, 생명을 주신 은혜에 대한 감사와 보답이다.
③ 어린이·청소년·제자사랑, 부모의 자녀사랑은 본능적인 것이다.
④ 가족사랑, 가족을 사랑하고 이웃을 사랑하는 것이 효다.

⑤ 나라사랑, 나라와 민족은 하나이니 나라사랑은 민족이 하나 되는 것이다.
⑥ 자연 사랑과 환경보호, 자연은 창조주의 선물이요 인간 삶의 터전이다.
⑦ 이웃사랑과 인류봉사, 인류봉사는 모든 생명에 대한 사랑이다.

모든 사람들이 이러한 삶의 원리들을 실천할 때 가정이 살게 된다. 학교교육이 바르게 되고, 사회질서가 바로서고, 경제가 살게 되므로 결국 효가 살면 나라가 살게 되는 것이다. 이와 같은 효 정신은 고령사회의 전반적인 노인문제, 계층 간의 문제, 세대 간의 문제, 민족과 인종간의 문제, 이념과 종교 간의 문제를 해결할 수 있게 됨으로서 효를 살리는 것은 오늘날 위기의 인류를 살리는 분명한 대안이다.

효란 가정의 평화로운 건설의 기초가 되고 사회의 조화와 질서를 형성하는 예의 기초가 되며, 국가에 대한 충의 뿌리이다. 효는 덕의 근본이고, 인륜 질서의 근본이기 때문에, 효자 가문에서 충신이 나오게 되는 법이다. '근본이 서면 길과 방법이 저절로 생긴다.' 는 말처럼 인간 교육의 가장 중요한 것이 근본을 바로 설 수 있게 하는 효 교육이라는 사실을 이해하고 역사의 인식과 함께 바른 교육을 실시하여야 할 것이다. 그런데 많은 사람들은 효 교육을 논하면서 교육의 대상을 유아기 또는 청소년들로 국한지어 생각하는 경향이 있으나 그들을 가르치는 선생님의 역할을 해야 할 부모들 가운데 효의 본질과 의미를 바르게 이해하고 방법을 제대로 알고 있는가? 라는 질문에 긍정적인 대답을 할 사람이 얼마나 되는지 살펴볼 필요가 있다. 또 혹 준비가 부족한 상태에서 교육의 목적과 다르게 즉, 잘못 가르치면 더욱 수습하기 어려운 사태로 발전할 수 있음을 고려하여야 할 것이다.

특히 부모님의 내리사랑이 무조건적이고 본능적인 사랑이라면 자녀의 올리효도는 자연스러운 본능이 아니므로 효를 배우지 않더라도 당연이 효자가 되지는 않는다. 예를 들어 자녀가 기침을 하면 부모는 무조건 병원에 데려가지만 부모가 기침을 할 경우 자녀는 환절기라서 그렇다고 한다. 따라서 물을 얻기 위해서 펌프가 필요하듯이 효자가 되려면 효 교육이 꼭 필요한 것이다.

또 효 문화에서 중요한 점은 그것을 아는 데서 그쳐서는 안 되고, 일상생활에서 효행의 실천이 더욱 중요하다. 전통적인 효 교육은 밥상머리에서 어른들이 자손들에게 자연스럽게 인성교육을 훈육하였으나 오늘날 효 교육은 우선 어버이와 자식 간에 만남과 대화로부터 시작하는 부자자효(父慈子孝)의 실천이 바람직할 것이다. 부자(父慈)의 덕목으로는 수신, 모범, 책임, 정성, 희생, 인내, 엄격, 자애로움, 존중, 관심, 가르침, 관대, 믿은 등이 있고 자효(子孝)의 덕목으로는 감사, 수신, 봉양, 안락, 공경, 충간, 승지(뜻을 살펴 따름), 입신, 추모, 절제, 예의, 우주조화(순리) 등이 있다.

VI. 전통적 효행에서 배워야 할 효심

1. 과거의 효도.

1) 전통적 효 의식.

효도는 부모를 정성껏 잘 섬기는 도리로서 이는 부모님이 낳아 길러주신 은공에 대한 보납이나. 한마디로 부모님의 따뜻한 사랑을 자녀들이 효로써 보답한다는 부자자효(父慈子孝)를 말한다. 따라서 부모자녀는 사랑과 효로 이뤄진 쌍방향적 관계라 할 수 있다. 그런데 시대가 흐르면서 사랑과 효의 관계도 달라지고 있다.

옛날 중국 사람 王祥(왕상)은 그 어머니가 앓으면서 겨울에 잉어가 먹고 싶다고 하자, 옷을 벗고 강의 얼음을 깨고 들어가려 하였더니 두 마리의 잉어가 뛰어나왔다고 한다. 효자의 정성을 하늘이 알아 준 것이다. 중국 삼국 시대 오나라의 효자 孟宗(맹종)은 늙으신 어머니가 겨울에 竹筍(죽순)이 먹고 싶다고 하자, 맹종이 대숲에 가서 탄식을 하였더니 불현듯 죽순이 솟아났다고 한다. 또 老萊子(노래자)는 중국 사람으로 七旬(칠순)의 나이에도 때때옷을 입고 재롱을 부리면서 늙은 어버이를 즐겁게 했다는 옛날 효자들이다. 이 글은 小學(소학) 稽古(계고) 內篇(내편)에 나온다.

또 중국 원나라 때 곽거경(郭居敬)은 당송대에 널리 전해지던 여러 효도 이야기를 모아 '이십사효(二十四孝)' 란 아동도서를 펴내기도 했다. 그리고 청대 왕소(王素 · 1794~1877)는 이 이야기들을 바탕으로 그림을 그려 '이십사효도책(圖册)' 을 펴냈고, 근대에 들어서는 진소매(少梅 · 1909~1954)가 1938년에 '이십사효도(圖)' 를 펴내기도 하였다. 한편 현대 중국의 대문호이자 사상가인 노신(魯迅)은 '이십사효도' 의 일부 내용이 봉건적인 효도의 허위와 잔악성을 그대로 대변하고 있다며 강력하게 비판하기도 하였다.

中庸(중용) 제 17장에는 순임금은 큰 효자였다는 기록이 나와 있다. 중국의 전통적인 사상에 따르면 효의 극치는 天子(천자)라는 것이니 立身揚名(입신양명)도 훌륭한 효도라고 할 것이다. 또 舜(순)의 아버지는 순을 죽이려고 여러 가지 방법을 썼다는 이야기도 있다. 한번은 곡식 창고를 수리케 하고는 舜(순)이 지붕으로 올라가자 사다리를 내려 버린 뒤 창고에 불을 질렀으며, 우물을 파게하고 일이 끝나서 나오는 것을 위에서 흙으로 묻어버린 일도 있었다. 그러나 아들 舜(순)은 미리 이런 일이 있을 것을 짐작하고 달리 밖으로 나올 수 있는 길을 마련했다가 빠져나오는 등 그 때마다 기지를 발휘하여 살 수 있었다. 순은 자기를 해치려는 부모를 원망하지 않고 도리어 부모의 뜻을 기쁘게 하여 드리기 위해 노력하였다.

전통적인 효 사상은 장려되고 존중되어 앞으로 우리 민족의 혼으로 계승보전 되어야 할 훌륭한 정신적 소산이다. 우리나라가 '동방예의지국' 으로 칭송된 것은 전통적인 효 사상으로 다져진 우리의 생육과 신체보존, 공경과 양지, 봉양과 화순, 입신양명과 이현부모, 상제의 효행에서 비롯된 것이다.

공자 말씀에 다섯 가지 형벌의 종류가 삼천 가지나 되나 불효보다 더 큰 것은 없다고 했는데. 다섯 가지 형벌은 죄인의 얼굴에 글자를 새기는 墨刑(묵형), 죄인의 코를 베는 ?刑(의형), 죄인의 발을 깎는 削刑(삭형), 남자 죄인의 성기에 가하는 宮刑(궁형), 죄수를 죽이는 大?(대벽)이 있었다고 한다. 이 글은 小學(소학) 明倫(명륜) 內篇(내편)에 있다.

맹자는 離婁章句 下(이루장구 하)에 不孝(불효)가 셋이 있는데 주책없이 아첨하여 부모를 불의에 빠뜨리는 것이 하나요, 집이 가난하고 부모가 늙으셨어도 돈벌이를 하지 않는 것이 하나요, 장가들지 않아 아들 딸 낳지 않는 것이 하나인데, 그 중에 장가들지 않는 것이 가장 큰 불효라고 했다. 또한 세속에 불효자의 종류가 다섯 있는데 게으른 사람, 술 마시기를 좋아하는 사람, 자기 아내나 자식만 생각하는 사람, 욕심만 챙기는 사람, 다투기를 좋아하는 사람이라고 했다.

2) 과거의 왜곡된 효도.

전통적인 효 사상의 문제점으로 개인 이기주의, 수직적 인간관계와 타율성, 비합리성과 부도덕성으로 사적가치와 공적가치의 구분부족, 비합리적인 상중예법, 허례허식, 생명경시, 요행심리 등을 들 수 있다.

특히 위진시대는 온갖 신비주의가 판을 치던 현학(玄學)의 시대였다. 절체절명의 순간에 있는 사람에게 할고단지는 극약처방이었고, 맞고 틀리고의 판단여부에 관계없이 효자의 기본 도리가 되었다. 상식과 정상에서 벗어난 극단적 행위를 최고의 효행으로 칭송한 것이다.

또 전통적인 효행을 현대적 시각으로 보면 이해하기 어려운 측면들이 많이 있다. 옛날에는 부모의 사랑보다 자녀의 효가 일방적으로 강조되었다. 할고단지(割股斷指)나 3년 시묘살이와도 같은 자녀의 일방적 희생이 효자의 필수 항목이었던 것이다. 사실여부를 떠나 부자(父慈)없는 일방적 책무로서의 자효(子孝)만을 강조한 것이다. 오늘날 전통적 효행을 부담스럽게 여기는 풍토는 이 때문에 조성되었다. 또 구전된 효행설화 중에는 치료가 불가능한 병을 앓고 있는 노부모가 정성이 지극한 효자 덕분에 우연히 신비의 명약을 얻거나 명의를 만나 구하였다는 이야기도 적지 않다.

전통적인 과거의 효 의식은 지극한 정성으로 부모님을 봉양한다는 훌륭한 의미와 긍정적 역할에도 불구하고 많은 폐단과 역기능을 가져왔다. 시대의 변화에 따라 재해석이 필요하다.

첫째, 효의 의미가 수직적 상하관계로 자녀가 부모에 대해 일방적으로 희생을 강요하는 차별적인 형식주의의 전통으로 정착된 점으로 이는 민주주의의 인간 존중이나 평등의 이념과도 맞지 않는 잘못된 통치이념에서 비롯된 것으로 보인다.

둘째, 살아계신 부모보다 돌아가신 조상을 더 중시하는 등 형식적인 효가 문제이다. 지나친 장례문화나 제례문화는 한국인의 형식화된 '효'습성을 만들어 억지 효자를 강요하는 폐단을 낳았다.

셋째, 과거 우리 선조들에서는 효자로 간주하는 3대 효행 가운데 넓적다리 살을 잘라 구워 부모를 봉양했다는 식의 할고(割股)나 부모님께서 아프면 자기의 손가락을 잘라 태워서 재를 만든 다음 술이나 물에 타서 마시게 하였다는 단지(斷指)의 극단적이거나 비범한 행동을 가르치려는 전통적인 효행교육이 문제이다. 효경을 접하지 못한 사람이라 할지라도 효가 "신체발부, 수지부모, 불감훼상" 이라는 정도는 외우고 있는데 어떻게 할고단지를 효라 하겠는가? 몸의 온전한 보존, 곧 불감훼상(不敢毁傷)을 효라 하면서 자발적으로 몸을 훼손한, 과감훼상(果敢毁傷)도 효라 한다면 모순이 아닐 수 없다.

넷째 3년 상(喪)의 문제다. 누구나 인간이라면 태어나 적어도 3년은 부모의 절대적 보살핌을 받아야했기 때문에 그에 대한 은공을 생각해서 3년의 보상기간은 필요하다는 공자의 말씀에서 나왔다. 여기서 중요한 것은 3년이란 숫자보다 은공에 대한 감사, 곧 보은(報恩)하는 마음이 될 것이다.

다섯째는 상분(嘗糞)인데 이것은 부모님의 변을 먹어 건강을 점검하는 것이다. 이렇게 해서 탄생한 효자들은 나라에서 그의 집이나 마을에 효자문을 만들어 주거나 세금을 면제해 줬다.

이처럼 우리의 전통적 효행은 일방적이면서도 자기희생적, 비현실적 사연들이 많다. 효의 실천여부를 두고 인간과 짐승의 차이를 말했고, 모든 행위의 근본을 효라 하면서도 효가 부담이 될 수밖에 없었던 것이다.

고전소설의 주제가 '권선징악'이라니 얼마나 폭력적인가? 그 논리를 따르자면, 기껏 아비의 눈을 뜨게 하려고 열여섯 살짜리 소녀가 몸은 던지는 것이 '선(善)'이란다. '심청전'에서 '효' 이데올로기를 벗겨 내면 작품의 본질은 마을 사람들과 심 봉사가 공모한 '심청 살인 사건'이 된다. 마을 사람들은 심청의 죽음을 자발적인 희생으로 간주함으로써 효 이데올로기에서 근원적으로 파생되는 혼란과 무질서를 관리한다. 고전소설에서 도덕에 대한 이해는 그토록 얄팍하단 말인가? 가령 '장화홍련전'을 조선 후기 '가부장제의 폭압'이라는 맥락에서 보면 우리는 징벌당한 악의 현신 '계모'가 아닌, 철저한 가부장제의 피해자인 불쌍하고 힘없는 '후처'들을 만날 수 있다. '장화홍련전'은 그 원인을 사회제도 속에서 객관적으로 성찰하기보다는 '흉측한 계모'를 희생양으로 삼는 이기적인 서사적 메커니즘을 통해 해결했다[전(傳)을 범하다 중에서. 이정원].

3) 아름다운 효심과 효행의 전승(傳承).

四字小學(사자소학) 첫머리에 아버지께서 내 몸을 낳으셨고 어머니께서 내 몸을 길러 주셨으니 효도로 보답하라는 가르침이 있고, 童蒙先習(동몽선습)의 첫머리에도 오륜 중 부자유친을 강조하였으며, 부자유친의 방법은 父慈子孝(부자자효)라 하여 부모는 자식을 자애로 가르치고 자식은 부모를 효도로 섬기라고 말하고 있다. 擊蒙要訣(격몽요결)에서도 아버지께서 나를 낳으셨고 어머니께서 나를 길러 주셨으니 그 은덕을 갚고자 하나 하늘같이 높아 다함이 없다고 하였다.

또 실용주의 효자론(孝子論)의 다산은 "인간이 인간임을 가장 명확하게 증명해주는 일이 바로 부모에게 효도할 줄 안다는 것이다. 자기를 낳아서 길러주고 가르쳐주고, 하늘보다 더 높고 넓은 은혜를 부모에게서 입고도 부모를 효도로 모시지 못한다면 도대체 어디에서 인간됨이 나타날 수 있느냐" 고 하였다. 또 인간윤리의 가장 근간이 되는 부모를 제대로 섬기는 실용성(實用性)도 없으면서 고도의 학문논리를 논하는 것이 무슨 의미가 있느냐라는 것이 다산의 생각이었다. 투철한 윤리의식을 가슴 깊이 새겨 그것을 행동과 실천으로 옮기고, 고도의 학문세계도 완색할 수 있어야만 실용주의에도 부합하고 가치 있는 인간의 삶이 된다는 것이다.

전통적인 효가 아름다운 미풍양속으로 이어지지 않은 이유 중의 하나를 든다면 '올려 효도' 에 치우친 일방적인 효였기 때문일 것이다. 거꾸로 요즘의 세태에서 본다면 '내리 사랑' 에 치우친 일방적인 면을 지적하지 않을 수 없다. 이 두 가지 경우가 그 어느 것도 바람직하다고 볼 수 없다. 가족 구성원 간에 어느 한쪽에만 치우친 도리만 하고 있는 것이기 때문이다. 이런 상황에서는 아무리 같은 가족 구성원이라 할지라도 한편에서는 불만족이 생기게 됨으로 이는 오래 지속되거나 발전할 수 없는 것이다. 이제 이 시대에 맞는 올바른 효행자세라 한다면 가족 구성원 간에 어느 한쪽만을 위한 효(도리)가 아니라 상하좌우 모두를 위한 방안(도리)을 찾는 것이 바람직한 일이다. 즉 나를 중심으로 하여 나와 관계된 모든 구성원에게 도리를 다하는 내가 되면 되는 것이다.

중요한 것은 "달을 가리키면 달을 보아야지 손끝을 보면 손끝에 달이 있느냐" 시던 성철스님의 말씀처럼 전통적인 효 자체에 얽매이지 말고 그 속의 지극한 마음과 자세를 배우는 지혜가 필요할 것이다.

2. 과거의 효행.

부모에게 효도하고 공경하는 것은 동방 전통의 아름다운 미덕으로 역대의 어질고 현명한 군주들도 모두 효도를 제창했다. 집에서 부모에게 효도하고 공경하는 사람이라야 밖에 나와서도 어른을 공경할 수 있고, 직장에서 마음을 비우고 선배들에게 배울 수 있으며, 국가에 대해서도 진심으로 충성하고 봉사해 나라와 민족을 위해 헌신할 수 있기 때문이다.

효의 개념과 사례를 이용해 자녀와 백성을 교육하면 확실히 아주 좋은 효과를 볼 수 있다. 사람이 부모에게 효도하고 공경하는 것은 신(神)이 보기에도 아주 좋은 품성으로 칭찬하고 표창할 만한 일이다.

1) 지혜로운 임금님.

효(孝)자로 소문난 젊은이가 있었다. 어느 날 그는 어머니의 평생소원인 임금님을 뵙게 하기 위해 50리길을 어머니를 업고 개성까지 갔다. 신하들로부터 그 이야기를 전해들은 임금님은 그 젊은이가 기특하게 생각되어 그를 불러 그이 소원을 들어 어머니를 만나준 다음 그에게 금 100냥을 하사했다.

마침 욕심만 가득한 그 마을의 불효자(不孝子)가 이 이야기를 들었다. 그래서 그도 늙은 어머니를 업고는 개성까지 갔다. 신하들은 이번에도 임금님께 그 젊은이를 임금님께 인도한다. 그러면서 신하들은 "그 젊은이는 효(孝)자가 아니라 금 100냥이 욕심나서 효도(孝道)하는 척한다." 고 임금님께 아뢰며 그를 벌주도록 비난했다. 그러나 임금님은 그에게도 금 100냥을 주라고 명했다. 그러자 신하들은 그는 불효자(不孝子)이며 비굴한 놈이라고 만류했지만 임금님은 "효(孝)는 흉내만 내도 아름다운 것이니라." 라고 말씀하셨다.

위선이라도 선을 행하지 않는 것보다는 좋은 일이다. 위선이더라도 자꾸 좋은 일을 흉내를 내다보면 좋은 습관으로 바뀌게 되듯이 효(孝)도 하지 않는 것 보다는 자꾸 흉내를 내다보면 그 일이 보람 있는 일이며 자신을 뿌듯하게 만드는 일임을 알게 되고 기쁨을 얻게 된다.

품성은 인간이 타고난 소양을 바탕으로 교육과 학습 등 부단한 노력을 통해 정직, 배려, 자기조절 등과 같은 도덕적 덕목들을 내면화한 상태를 말한다. 이는 단기간에 형성될 수 있는 것이 아니기 때문에 가정, 학교, 사회에서는 어린 시절부터 건전한 품성을 지닌 청소년으로 자라날 수 있도록 관심을 가지고 올바른 방향을 잡아주어야 한다. 앞으로 전사회적으로 뜻을 모아 청소년들의 품성 함양에 힘을 쏟는다면, 우리 청소년들이 따스한 품성과 뛰어난 능력을 갖춘 세계화시대의 진정한 인재로 자라날 수 있을 것이다. 청소년의 무례한 언행이 아닌 청소년의 훈훈한 선행이 화제가 되기를 기대한다.

2) 곽거(郭巨)와 손순(孫順)의 효행.

후한(後漢) 사람으로 24효(孝) 가운데 한 사람. 아내와 품팔이를 하여 어머니를 봉양하였는데, 어머니가 음식을 손자에게 나누어주기를 좋아하자 어머니 몫이 줄어든다 하여 땅을 파고 아이를 묻어버리려 하였다. 그때 돌 뚜껑이 나와 열어보니 황금 한 솥이 담겨 있었다고 한다.

동한 시대 하남에 살았던 곽거(郭巨)는 너무 가난하여 구걸이나 머슴일로 연명했다. 곽거에게는 늙은 어머니와 아내, 세 살이 채 안 된 아들이 하나 있었는데 어머니는 손자를 매우 아껴 자신의 밥도 손자에게 주었다.

효자 곽거는 어머니께서 밥을 드실 수 있도록 자신의 아들을 땅에 묻기로 하고 먼 숲으로 떠났다. 아내도 남편의 의견에 동의했다. 이리하여 둘은 어린 것을 업고 뒷산으로 가서 땅을 파기 시작했다. 댓 자쯤 팠을까? 아! 이게 어찌된 일일까? 거기서는 눈이 부실 만큼 누런 황금으로 만든 커다란 솥이 하나 나오는 것이었다. 그 솥 위에는 이렇게 써 있었다. "이 솥은 하능링 효자 곽거에서 주는 것이니 관청에서도 빼앗지 못할 것이며, 더구나 다른 사람은 가지지 못하느니라." 아들을 묻기 위해 땅을 파던 곽거는 황금이 가득 든 솥단지를 발견하게 된다. 곽거는 기뻐하며 솥을 가지고 돌아와 어머니와 함께 행복하게 잘 살았다고 한다.

비슷한 이야기를 옛날 삼국유사(三國遺事) 권 5 손순매아(孫順埋兒- 손순이 아이를 묻다)란 부분이 있다.

경상북도 월성군 현곡면 남사동(月城郡 見谷面 南莎洞)에 속칭「북골」이라고 부르는 부락이 있다. 「북골」이란 대효 손순의 효성이 하늘에 통해 석종(石鐘)의 기적을 나타낸 데서 나온 이름이다. 지금 그 동리의 중앙에 수백 년의 연륜을 자랑하는 고목들이 있는 숲이 있고 그 가운데에 손순의 유허지가 있다. 여기에는 조선시대 말기의 학자이며 벼슬이 이조판사에 이른 허전(許傳)이 찬술한 비문이 적힌 비석이 있었으나 근래에 와서 파괴되고 말았다. 손순의 유허지는 효성을 길이 전하기 위해서 건립된 홍효사(弘孝寺)의 옛터이기도 하다.

신라 홍덕왕 때 서라벌 모량리에 사는 손순이라는 사람이 있었다. 손순의 아버지는 학산(鶴山), 어머니는 운오(運烏)라고 했다. 일찍 아버지를 여의고 아내와 함께 품을 팔아서 홀어머니를 모시고 한 아이를 키우며 내외가 가난하지만 착하고 행복하게 살았다. 내외는 매일 남의 집에 가서 일을 해 주고 얼마 안 되는 양식을 얻어다가 근근이 어머니를 봉양하였다.

늙은 어머니에 대한 효성만은 지극하여 두 사람은 끼니를 거르는 한이 있어도 어머니에게 맛있는 음식을 올리고 가난해서 밥도 때로는 못 먹는 표를 내지 않았다. 그런 두 부부에는 어린 아들이 하나 있었는데 매양 노모의 음식을 먹어 버리는 것이었다. 철이 없는 어린 것이라서 타일러도 알지를 못한다. 거기에다 노모도 손자가 귀여워서 몰래 드린 음식까지도 손자에게 줘 버리고는 배고픈 것까지도 참는 것이었다. 이런 사실을 안 손순은 일대결심을 하고 아내에게 상의 했다.

"우리가 넉넉하지 못하여 어머님을 봉양하기가 무척 어렵구려. 그러한 터에 저 녀석이 할머니의 몫을 날름날름 빼앗으니 걱정이오. 자식이야 다시 얻을 수가 있지마는 어머니는 한번 가시며 다시는 그만이 아니오. 아이가 철없이 매양 저모양이니 어머님의 굶주림이 얼마나 심하겠소. 아무리 생각해도 별 도리가 없으니 방법은 단 하나 밖에는 없을 것 같소. 아이를 묻어 버립시다. 그리고 어머님을 배부르게 하는 것 이것이 우선 효성의 첫째가 아니겠소!"

그의 아내도 "어머니를 배고프게 하고 어찌 사람의 도리를 할 수 있겠습니까? 자식을 버리는 한 이 있어도 지금의 우리 처지로서는 하는 수가 없지요."하고 남편의 제의를 받아 드렸다. 자식에 대한 부모의 마음이란 동서고금을 통해서 다를 바가 없다. 더 우리 하나뿐인 자식이 아닌가! 그런데도 "자식은 다시 낳을 수가 있지마는 어머님은 한번 가시면 그만이 아니냐"는 그 마음이었다. 두 사람은 아이를 묻어 버리기 위해 어머니 몰래 집을 나섰다. 아내는 무심히 잠든 아들을 등에다 업고 남편의 뒤를 따랐다. 두 사람은 흐르는 눈물을 삼키느라고 말도 한마디 건넬 수가 없었다. 묵묵히 걸어가는 두 사람의 모습… 이것은 그대로가 성인(聖人)이었다.

손순(孫順) 부부는 취향산(醉香山) 기슭에 구덩이를 팠다. 어린아이를 묻어 버리려는 생각에서였다. 그런데 이게 웬일인가? 땅을 파들어 가자 난데없는 큰 석종(石鐘)이 나왔다. 두 사람은 놀랍고 신기해서 석종을 숲의 나무 가지에 걸어놓고 두드려 보았다. 그랬더니 더욱 놀랍게도 마치 하늘에서 내려오는 것 같은 아름다운 소리가 은은하게 울려 나와서는 온 들판 위를 펴져나가는 것이었다. 두 사람은 뜻하지 않는 이 석종의 발견과 그 묘한 소리에 넋을 잃은 사람처럼 서로 바라보고 있었다. 한참 만에 아내가 입을 열었다.

"이 신기한 물건을 얻은 것은 이 아기의 복인가 싶습니다. 아이를 묻지 말고 돌아갑니다."

손순도 그러리라고 생각되어 아이를 업고 집으로 왔다. 그 들은 돌종을 집에다 달아놓고 두드렸다. 그 묘한 소리는 들을 넘고 강을 건너 대궐 깊은 곳 까지 흘러갔다. 당시의 임금님 홍덕왕도 그 종소리를 듣고는 지금까지 들어보지 못한 이상한 종소리라 신하들에게 명령했다. "서쪽의 교외에서 이상한 종소리가 들려오는데 호소하듯 하는 묘한 소리가 심상하지 않구나, 빨리 알아오도록 해라!"

임금의 사자는 소리 나는 곳을 찾아 순의 집에 이르러 모든 사실을 알게 되었다. 신하로부터 보고 받은 왕은 감격했다. "옛날에 한(漢)나라의 곽거(郭巨)가 아들을 묻다가 금솥을 얻었는데 이제 손순은 돌종을 얻었으니 지극한 효성을 하늘이 살핀 것이리라. 하늘도 효자를 살펴 석종을 내렸는데 과인이 어찌 그냥 있을 수 있겠는가? 효자 순에게 집 한 채를 주고 해마다 쌀 50석을 내려 편히 노모를 봉양토록 하라"고 영을 내렸다. 이래서 손순의 효성은 온 나라 사람들의 본보기가 되었다.

후에 손순은 어머니가 세상을 떠나자 자식 된 자가 그 도리를 다 할 것을 기원하며 예전에 얻은 집을 절로 삼아 홍효사(弘孝寺)라 명하고 석종을 모셔 두었다. 그러나 진성왕 때에 후백제의 횡포한 도둑이 그 마을에 쳐들어 온 후 종은 없어지고 절만 남았다. 그 종을 얻은 땅을 완호평(完乎坪)이라 했는데 지금은 잘못 전하여 지량평(枝良坪)이라고 한다. 그 후 다시 절마저 없어지고 지명만이 종동(鐘洞)이니 「북골」이니 하고 남아 있다. 설사 석종이 없어지고 홍효사란 절도 없어졌더라도 하늘도 감동한 그 효성은 '지성이면 감천이다.' 라는 말처럼 정성이 지극하면 하늘도 감동한다는 의미이리라.

3) 충무공 이순신의 효행.

성웅 이순신은 지금까지 나라에 대한 충성으로 널리 알려져 있지만 그 외에 어머니에 대해 효성이 지극했던 것으로 유명하다. 이순신의 난중일기 속에는 어머니에 대한 효심으로 가득 찬 대목이 곳곳에 눈에 띈다.

임진란이 일어났을 무렵 그의 어머니는 78세였고, 충무공 또한 50세를 넘어서 知天命(지천명)이었다. 충무공은 늘 어머니를 그리워하고 문안을 느렸으며, 어머니의 소식만 듣고도 반가와 하고 몇 날만 소식이 끊겨도 걱정하였다. 이러한 그의 효심은 난중일기 곳곳에 배어 있다. 갑오년 정월 12일 일기에는 다음과 같이 적혀 있다. "아침을 먹은 뒤 어머님께 하직 인사를 드리니 노모께서는 '잘 가거라. 가서 나라의 욕됨을 크게 씻어라' 하시며 두 번 세 번 거듭 타이르시며 위로하셨다."

그리고 병신년 윤 8월 12일, 일기에는 "하루 종일 노를 저어 밤중에 어머님을 아 뵈니 백발이 부수수한 채 나를 보고 놀라 일어나 앉으시는데 기력이 흐려져 몇 날을 더 보존하시기가 어려울 지경이었다. 눈물을 머금고 서로 붙들고 앉아 그 마음을 즐겁게 풀어 드리기 위하여 장년의 시름을 잊고 소년의 모습으로 어머니를 위로하였다." 라고 기록되어 있다. 이 같은 효성을 다하는 것도 잠시였다. 왜군들의 침범이 계속되자, 기력이 조금 회복된 어머니를 모셔두고 다시 임지로 떠났다.

1593년 삼도수군통제사가 되었을 무렵 노환의 어머니에게 효성을 다하지 못함을 안타깝게 생각하던 이순신은 어머님을 잠시 뵙고자 진주에 있던 도체찰사 이원익에게 휴가를 청하였다. "자식이 아침에 나가 돌아오지 않아도 어버이는 문 밖에서 기다린다고 하거늘 하물며 찾아뵙지 못한 지 3년이 지났으니 얼마나 안타까이 기다리겠습니까?" 요즘 인편에 들으니 노환이 날로 심하여 여생이 얼마 남지 않으신 것 같습니다. 죽기 전에 자식 얼굴을 다시 한번 보는 것이 소원이라고 하신답니다. 아, 다른 사람들이 들어도 눈물을 흘리겠거늘 자식 된 심정이야 어찌 말로 다 표현할 수 있겠습니까?" 이처럼 어머니에 대한 충무공의 효성은 남달리 지극하였다.

4월 11일의 일기에는 이렇게 적혀 있다. "새벽꿈이 몹시도 뒤숭숭하였다. 병드신 어머니를 생각하니 마음이 괴롭고 눈물이 흐른다."

충무공은 종 순화를 보내어 어머님의 안부를 자세히 알아오도록 하였다. 그때 충무공의 다른 가족은 고향에 있었지만 어머니만은 순천에 와 계시도록 해 두었다. 가까운 곳에 어머니를 모시고 자주 찾아뵙기 위해서였다.

13일 아침 해정을 향하는 길에 종 순화가 "대 부인께서는 고향 아산으로 돌아오시는 도중 별세하셨다 합니다." 고 전하자 이순신은 통곡하였다.

"불초자의 옥사 때문에 병환이 나시더니 기어이 돌아가셨구나."

이순신은 슬픔과 원통한 마음을 가누지 못한 채 게바위라는 나룻터로 달려 나갔다. 영구를 실은 배가 이미 당도해 있었다. "자식 된 도리로서 임종을 지키기는커녕 죄를 받아 옥중에 있었으니 불효를 더한 것이 아니옵니까?" 하고 통곡하며 영구를 모시고 고향에 이르니 이순신은 가슴이 더욱 메어 왔다.

다음날 4월 17일 금부서리 이수영이 곧 길을 떠나기를 재촉해 왔다. 하늘도 통곡하는지 그날 종일 비가 내렸다. 어머니의 장례도 치르지 못하고 임지로 떠나야 했다. 이순신은 종가 선묘에 고하고 비장한 마음으로 백의종군의 길에 올랐다. 이러한 광경을 본 이웃과 백성들은 군민 할 것 없이 통곡하며 이순신과 함께 슬픔을 같이 하였다.

어머니에 대한 충무공의 이러한 효성은 나라에 대한 충성으로 이어졌고 위태로운 왜구의 침범 앞에서 목숨을 다하여 싸우고 장렬한 순국을 맞은 것도 부모에 대한 효성의 바탕이 있었기 때문이리라.

이 시대의 오륜구도에서는 부자관계를 인간이 사랑으로 맺어진 기본적 관계로 보았으며 이를 婦(부), 형제, 이웃으로 확대하여 첫째는 자가 완성, 둘째는 부모공양을 통하여, 셋째 사회안정에 기여하게 된다는 내용을 담고 있었다. 다시 말해 효의 자연스런 확대가 충에 이르는 것이며, 국가는 家(가)의 확대이고 효자 없는 곳에는 충신이 있을 수 없다는 내용이다.

4) **정조대왕의 효행.**

정조는 사도세자의 둘째 아드님이다. 그는 그의 아버님이 억울하게 돌아가신 것을 철천지한으로 여겨 등극하자 곧 당시의 간신들을 처벌하였다. 먼저 구선복을 잡아서 목을 베고 홍인한을 비롯한 그의 외가 일족에게 모조리 사약을 내리려고 하자 당시 그의 어머니 홍대비가 병풍 뒤에서 "상감 상감 우리 아버님 봉사할 사람 하나만 남겨주시오."

이렇게 애걸하는 까닭에 홍낙인 만을 살려주었고, 홍봉한은 외조부라 사약을 내리지 않았던 터이다. 또한 화완옹주는 서인으로 내쳐서 그 할머니 최씨 산소인 소녕원에 가서 재직(齋直)의 밥을 얻어먹다가 거기서 세상을 떠나고 말았다.

한편 당시 예조판서로 있던 정홍순을 불렀다. 정조의 생각에 온 조정이 그의 아버지 사도세자를 우습게 여겨 수의 범절을 소홀히 하였으리라 생각하여 그 책임자를 불러 문책코자 하였던 것이다. 이것을 미리 짐작했던 정홍순은 세자의 시체를 염습 입관할 때에 극상품의 비단으로 염습을 하고 그 포목마다 조금씩 베어서 예조에 간수했었다. 정홍순은 정조가 부르자 그 비단 조각이 든 궤를 소매에 넣고 나갔던 것이다. 정조는 과연 수의 절차를 하문하였다. 정홍순이 궤를 열어 보여 드렸다. 궤에 있는 수의 조각은 모두가 비단이었던 것이다. 이것을 본 정조는 눈물을 흘리면서 "경은 진정으로 충신이로다." 이렇게 칭송하고 정홍순에게 정승의 자리를 제수하였다.

다음에 왕은 양주에 있던 사도세자의 산소를 수원으로 옮겨 이장하고 석물(石物)을 어느 왕릉보다도 훌륭하게 만들었으며 달마다 원소에 거동을 하였고, 또한 경모궁을 세워 세자의 사당으로 하였다. 대궐 안에 있는 월근문은 당시 왕이 거동하던 기념문인 것이다. 이뿐이 아니라 왕은 애처롭게 돌아가신 사도세자를 사모하여 항상 눈물로 베개를 적시었다. 뒤에 세자 묘를 현륭원이라 이름하고 왕이 한강을 건너 원소로 갈 때에 길이 더디다 하여 지지대(遲遲臺)라는 이름이 붙여졌다.

한번은 원소에 송충이가 만연하여 솔잎을 좀먹으므로 왕은 송충이 몇 마리를 잡아오라 하여 삼키며, "네가 아무리 미물인 벌레이기로서니 친산의 솔잎을 긁어 먹을 수가 있느냐? 차라리 내 오장을 먹으라." 하는 것이었다.

좌우의 군신들이 대경실색하였으나 정조의 효심에 머리를 조아렸다.

그날부터 솔개와 까마귀가 무수히 덤벼 송충이를 잡아먹었다고 한다. 정조는 무참히 돌아가신 그의 아버지 사도세자에 대하여 무한히 슬퍼하였으며 또 효도를 아끼지 않았던 것이다.

5) 하늘이 낸 효자 유언겸의 효행.

유언겸은 관향이 창원으로 연산군 2년(1495)에 천안시 풍세면 공사동에서 출생하여 명종 8년(1553)에 서거하였다. 하늘이 낸 효자로 수령과 관찰사의 장계로 천거되어 용담, 인제, 신계,

문화의 4개 군수를 역임하면서 선정을 베풀어 청백리로 존경을 받았다. 유언겸의 자는 겸지요, 어려서 부친을 여의고 고단하게 자랐으나 어려서부터 예를 닦는데 노력하였다. 장상한 후 어려서 아버지 상을 당하여 초종범절을 예대로 못 모신 것이 한이 되어 성인이 된 후 추상 3년을 입었다.

추상이지만 애통하는 정경이 초상과 다름이 없었다. 공이 추상을 입으매 초기에는 인근 선비들이 진심을 의심하였으나 3년의 세월동안 예대로 준수하니 모두 진정에서 우러나는 효행이라고 인정하였다. 그리고 공은 가정형편이 몹시 빈곤하여 가옥이 황폐하여 지붕이 골이 나고 벽이 허물어져 비바람조차 가리기 어려웠으며 옷과 음식에 궁함을 감추지 못했었다. 그러나 모친을 모시는 데는 온갖 노력을 다하여 따뜻한 옷과 구미에 맞는 음식으로 봉양하였다. 공의 아내는 절구질과 물 긷는 천한 일을 도맡아 가계를 도왔으며 공은 농사일을 직접 해서 생계를 도왔다. 이렇게 어려운 가운데에서도 선비의 본심을 지켜 학문의 길도 게을리 하지 않았으니 어진 소문이 인근에 자자하였다. 이렇게 지극한 효성도 그 모친의 생명을 영원하게 하지는 못하여 마침내 모친상을 당하였다. 모친상에 초종범절을 한결같이 예문에 좇아 시행하였으며 3년 동안 시묘를 살았다. 이 시묘살이 삼 년 동안 한 번도 집에 들른 일이 없었다.

여막에서 샘이 멀어 물을 길어 오기에 매우 힘이 들었는데, 하루는 여막 부엌에서 물이 용출하였다. 이 물은 맑고 깨끗하여 식수와 용수에 넉넉하였다. 이 사실을 안 이웃사람들은 모두 지극한 효성이 하늘을 감동시킨 것이라 하여 공을 한층 더 추앙하기에 이르렀다. 또한 산막이 매우 적적하였는데 난데없이 큰 호랑이 두 마리가 나타나서 여막 가까이 접근하는지라 공도 두렵지 않을 수 없었다. 그러나 시묘 중에 달아날 수 없어 두 호랑이의 접근에 개의치 않고 '예기'를 읽고 있었다. 두 호랑이는 여막 앞에 쪼그리고 앉아 좀처럼 적의를 나타내지 않았다. 처음에 이렇게 다녀간 호랑이가 다음부터는 여막 앞에서 같이 생활하게 되었다.

마을 사람들이 혼비백산할 노릇이지만 이미 여막 호랑이의 소문을 들어 아는지라 무슨 조짐인지 가만히 있었다. 그 후 이상하게도 이 마을에는 앓아누운 이들이 모두 일어나고 새 환자가 발생하지 않아 유언겸이 다음 달에 제사를 지낼 수 있었다. 이런 기적 같은 사실을 확인한 고을 원님은 감사에게 보고하고 감사는 조정에 장계를 올렸다. 조선왕조실록 중종 35년 2월조에 보면 「충청도 관찰사 허자에게 서장을 내리노라. 효는 백가지 행동의 근원인데 언겸의 성효가 하늘을 감동시켜서 동물까지 감동하였도다. 또한 복상 제절의 의례대로 행했으니 뛰어난 효행은 아름답다. 마땅히 포상을 내리고 적당한 직품을 제수 하노라. 정문을 세우고 향에서 의복 일습과 쌀 닷 섬을 사급하여 격려하도록 하라」 하는 답변을 내렸다.

유언겸은 문화현령으로 재직 중에 졸지에 서거하고 말았다. 공의 부고를 들은 명종은 「유언겸은 진실로 효자인데 죽었구나」 하며 처참한 기색을 띄었다 한다. 이것으로 유언겸의 효성이 임금을 얼마나 감동시켰는지 짐작할 수 있게 한다(효행교육자료 琴波 金銀基).

6) 勿害孝子(물해효자) 문익점의 효행.

경상남도에 산청이라는 곳에 효자리(孝子里)라 새겨진 비가 보존돼 있는 효자각이 있다. 산청에서 태어난 문익점은 나라에는 충신이요, 부모에게는 효자로 널리 알려져 있다.

원나라에 사신으로 갔다가 목화 씨앗을 가져 온 문익점은 아버지가 돌아가시자 무덤 옆에 움막을 짓고 3년 동안 무덤을 지켰다. 아침 · 저녁 문안 인사를 드리고 무덤의 잡초를 뽑았으며, 밤에 늑대가 내려오거나 호랑이가 울어대도 무덤 곁을 떠나지 않았다. 그 무렵 왜구가 쳐들어와 나라를 유린했다. 그들은 닥치는 대로 인명을 살상하고 재물 · 가축을 약탈했다.

산청 고을 사람들도 왜구를 피해 피란길에 올라야 했다. 그러나 그때 어머니가 돌아가시어 문익점은 또 다시 어머니의 무덤을 지켜야 할 형편이었다. 이윽고 살기등등하게 마을에 쳐들어온 왜구의 우두머리는 잠시 걸음을 멈추고 문익점이 엎드려 울고 있는 무덤 곁으로 다가갔다.

“냉큼 일어나라.” 왜구가 소리를 질렀다.

“너희들은 부모님도 안 계시느냐? 돌아가신 어머니 산소를 지키는 일에 웬 참견이냐.” 문익점은 오히려 더 호통을 쳤다.

“뭐라고? 돌아가신 어머니 산소를 지켜? 우리 일본에서는 듣지도 보지도 못한 일이다.” 왜구의 우두머리가 고개를 갸우뚱했다.

"그렇다. 우리 고려인들은 부모님이 돌아가시면 3년간 산소를 돌보아드리는 시묘살이를 한다. 내 목숨을 내놓는 한이 있어도 어머니 산소에서 한 발짝도 물러설 수 없다." "뭣이라고?"

왜구가 칼을 뽑아 들었다. 이때 왜구의 우두머리가 앞으로 나서며

"잠깐! 고려에 이렇게 효성이 지극한 효자가 있다니. 부모님께 효도하지 못한 내 자신이 부끄럽다."

문익점의 효성에 크게 감동한 왜구의 우두머리는 왜구들을 이끌고 그 자리를 물러갔다. 그리고 마을의 나뭇가지에 `이 마을에는 효자가 있으니 해치지 말라(勿害孝子)' 라는 글을 써서 달아 놓고 갔다.

문익점의 효성이 왜구의 마음까지도 움직이게 한 것이다. 고려 우왕 9년(1383년)에 이를 사직(社稷)의 본보기로 삼기 위해 문익점과 같은 효자가 태어난 동리를 효자리(孝子里)라 명명하고 아울러 효자비까지 내렸다.

7) 눈알을 빼준 신휴의 효행.

조선 태종 임금 때 경상북도 경산 땅에 신휴(申休)라는 아이가 살고 있었다. 휴의 아버지는 높은 벼슬자리에 있었는데, 몹쓸 간신들 때문에 서해 바나의 강화도로 귀양을 갔다. 일찍 어미니를 여의고 마음씨 고약한 계모 밑에서 눈치 밥을 먹어온 휴는, 아버지가 귀양살이를 하는 10년 동안 계모로부터 더욱 심한 학

대와 설움을 받았다. 어느 날, 계모가 휴를 불러서 이렇게 말했다. "얘, 휴야. 강화도에 계신 아버지가 병을 얻어 매우 위독하시단다. 사람의 눈알을 먹으면 낫는다는데 어디서 사람의 눈알을 구하지?" 계모의 말은 끔찍했다. "어머니, 제 눈을 뽑아드리겠습니다."

계모의 검은 속을 헤아리지 못한 휴는 이렇게 대답했습니다. 그리고는 선뜻 자신의 한쪽 눈알을 뽑아 계모에게 주었다. 며칠 후, 계모는 또 아버지의 거짓 편지를 보여주며 휴에게 말했다.

"아버지가 네 눈알을 드시고 많이 좋아지셨다는구나. 눈알을 하나만 더 드시면 완쾌되겠다는데 어쩌면 좋겠느냐?" 그러자 휴는 또 선뜻 나섰다.

"걱정 마세요, 어머니. 아버님을 위한 일인데 무슨 일은 못하겠어요. 제 한쪽 눈을 마저 뽑아 드리겠습니다."

휴는 이제 완전한 장님이 되었다. 그러자 계모의 학대와 구박은 더욱 심해졌다. 앞을 못 보는 휴는 퉁소를 불며 날을 보냈다. 이런 휴를 계모는 사립문 밖으로 내 쫓았다. 쫓겨난 휴는 강화도로 가기 위해 무작정 길을 떠났다. 그리운 아버지를 만나기 위해서였다. 퉁소 한 곡조씩 불어 주고 밥을 얻어먹으며 강화도를 향해 북쪽으로 북쪽으로 올라갔다. 어느 가을밤이었다. 잠 잘 곳도 없는 떠돌이 휴는 어느 마을 어귀의 바위에 홀로 앉아 퉁소를 불면서 먼 하늘 밑의 아버지를 그리워했다.

휴의 퉁소 소리는 휘영청 달 밝은 가을 밤 하늘에 은은히 울려 퍼졌다. 그 소리는 몹시도 슬프게 들렸다. 마침 심참의란 사람이 그 퉁소 소리를 듣고 휴에게로 다가왔다. 휴에게서 사정 이야기를 다 듣고 난 심참의는 휴를 자기 집으로 데리고 갔다. 그리고는 며칠 묵게 한 다음 노자까지 주며 가는 길을 일러주었다. 그러나 휴는 얼마 못 가서 도둑을 만나 심참의에게 얻은 돈을 몽땅 털렸다. 또 다시 찬이슬을 맞으며 자야 했다. 퉁소를 불어 주고 밥을 얻어먹어야만 했다.

어느덧 10년 세월이 흘렀다. 귀양살이에서 풀려난 휴의 아버지는 날이 저물어 어느 객주 집에 머물게 되었다. 그 동안 그리웠던 아내와 자식 생각에 잠을 이루지 못하고 몸을 뒤척였다. 그런데 어디선가 애를 끊을 듯한 퉁소 소리가 들려왔다. 아버지는 그 퉁소 소리에 끌려 밖으로 나왔다. 웬 장님이 달빛 아래에 앉아서 퉁소를 불고 있었다.

"애야, 도대체 어디 사는 누구 길래 그렇게도 슬프게 퉁소를 부느냐?"

하고, 아버지가 물었다.

"저는 경상도 경산 땅에 사는 신휴라는 사람인데 아버지는 강화도로...."

"아니, 뭐라고? 네가 신휴라고? 세상에 이럴 수가 .... 네가 내 아들 신휴란 말이냐?"

아버지와 아들은 부둥켜안고 한동안 울었다.

그 동안의 이야기를 들은 아버지는 모든 것이 계모의 소행임을 알았다. 아버지는 아들의 효심보다도 아내에 대한 미움으로 피가 끓었다. 집으로 돌아온 아버지는 못된 아내를 벌하고, 아들인 휴의 효행을 알리기 위해서 잔치를 벌였다.

"나쁜 아내를 만난 죄로 아들을 이 지경으로 만들었으니 어찌 양반이라 하겠소. 이제부터 나를 상놈 취급해도 달게 받겠소. 그리고 이 고약하고 악한 아내를 죽여 우리 가문의 때를 씻겠소."

아버지는 흥분해서 사람들에게 소리쳤다. 그러자 휴가 아버지에게 매달리며 어머니(계모)를 살려 달라고 애걸하였다. 휴의 착한 마음에 감동한 아버지는 계모를 살려주며 그 눈알을 어떻게 했느냐고 물었다. 계모는 장롱 속에 감춰 두었던 눈알을 가져왔다. 상자를 열어 보니 휴의 눈알이 썩지도 않은 채 빛을 띠고 있었다. 이 광경을 본 사람들은 모두 눈물을 흘렸다. 아버지는 쏟아지는 눈물을 받아 눈알을 깨끗하게 씻고는 다시 휴의 눈에 넣어 주었다. 참으로 이상한 기적이 일어났다. 휴가 다시 광명을 되찾았다.

부모를 위해 자식이 희생하는 효행의 길은 보통 사람이면 하기 힘든 일이다. 손끝 발끝 하나도 아니고 두 눈을 뺐다는 지극한 효심은 참으로 큰 감동을 주고 있다. 효는 이처럼 우리의 마음을 깨끗하게 정화시켜 준다(효행교육자료 琴波 金銀基).

VII. 오늘날의 효행

1. 우리민족의 고귀한 정신문화 효행.

효(孝)를 하려는 마음과 그것을 실행하면 심성(心性)이 착해지고 부모님을 기쁘게 하려는 마음과 가족애 그리고 그 가족을 지키려면 나라가 있어야 하겠기에 국가에 충성 하는 것이다. 효의 기본정신은 변함이 없지만 지금은 옛날의 효의 표본인 3년 시묘살이, 식량을 축내는 자식 생매장하기, 할고단지(割股斷指, 허벅지 살을 베고 손가락을 잘라서 부모님께 효도 하는 것)는 지금의 현실 에서는 맞지 않는다고 볼 수 있다.

예로부터 유교의 근본가르침에서 부자자효(父慈子孝)라 말했다. 부모는 자녀를 사랑으로 보살피고 자녀는 부모에게 효도한다는 뜻이다. 효도 이전에 자애가 우선함을 말한다. 부모님의 사랑에 대한 보답이 효란 것이다. 이렇듯 부모의 사랑과 자녀의 효는 뗄 수 없는 관계이고 어느 한쪽만을 강조하거나 중요하다고 할 수 없는 쌍방적 관계란 것이다. 따라서 현대의 핵가족 중심에 맞는 핵가족 상호이익을 추구하는 합리성이 기본이 되어야 할 것이다. 효 교육은 가정과 학교, 사회가 연계하여 수행하여야 하며 가정에서 부모와 자녀의 역할수행과 친애를, 학교에서는 인간애를 체험할 수 있도록 하는 인성교육의 실천을 중심으로 하되 학생들의 발달단계에 맞도록 사회에서는 인본주의를 바탕으로 하는 사회적 덕목으로 자리 잡을 수 있도록 해야 할 것이다.

효는 우리 민족이 간직해 온 훌륭한 정신문화다. 효는 21세기 정신문화를 선도할 고귀한 정신과 실천 덕목이다. 효는 5,000년 우리민족의 힘의 원천이었으며, 가족과 사회와 나라를 살리는 원동력이었다. 효는 가장 한국적이며, 가장 세계적인 문화인 것이다.

부모의 설움

중국 상하이 한 구(區)의 부녀연맹이 올해 초 지역 신혼부부를 조사했더니 200쌍이 '부모 부양 각서'를 썼다고 했다. 중국이 1978년 '한 집 한 자녀'정책을 시작한 뒤 집집마다 귀하게 자란 '샤오황디(小皇帝)'들이 결혼하면서 양가 부모를 모시고 살기로 약속하는 새로운 풍속도라고 한다. 1994년 싱가포르 고촉통 총리는 부모를 모시지 않는 자녀를 처벌하는 부모부양법을 만들면서 대국민 연설에서 "자식들을 버릇없이 가르쳐 가정의 가치를 파괴하고 있다"고 했다. 미국의 여러 주(州)도 자녀가 부모 부양을 책임지게 하는 법을 갖고 있다. 34개 주는 부모를 부양하는 자녀에게 세금을 공제해주거나 '부양 수당'을 지급한다.

마을마다 있던 우리 향약(鄕約)은 1조 1항부터 효를 내세웠다. '맛있고 진귀한 음식은 맨 먼저 부모에게 바치고 옳고 그름을 떠나 부모의 명을 따라야 한다.' 양반이 어기면 동구 밖이나 저자에 죄목을 쓴 팻말을 목에 걸고 서있게 했고 상민은 태 40대를 쳤다. 우리는 효도 법을 만들자는 논의만 무성하더니 효도교육을 강화하는 '효행'을 '장려하는 법'을 제정한 걸로 그쳤다.

통계청이 발표한 '2008년 사회조사'에서 '부모는 자녀 등 가족이 부양해야 한다.'는 응답이 40.7%로 2년 전 63.4%보다 크게 떨어졌다. '가족 · 정부 · 사회가 함께 돌봐야 한다.'는 2년 전 26.4%에서 43.6%로 크게 늘어났다. '모든 자녀가 공동 부양해야 한다.'가 58.6%에 이르러 '장남 부양' 17.3%를 압도했다. '부모 스스로 책임져야 한다.'도 11.9%나 됐다.

요즘은 결혼한 자녀는 분가해 나가고 미혼의 막내가 부모를 모시는 경우가 늘었다. 자녀와 함께 살지 않는 노인도 61.8%나 된다. 65세 이상 노인이 500만 명을 넘어 인구의 10.3%나 되는데 노인 복지 예산은 2조 619억원으로 예산의 1.2%밖에 안 된다. 미국 20%, 일본 14%보다 턱없이 적다. 이런 세태 속에서 부모의 설움은 깊어간다(조선일보.2008.11.28).

현대사회는 합리주의와 능률 위주의 경쟁사회이기 때문에 비인간성, 대중성, 익명성 등의 특징을 지닌다. 가족의 정서적 기능이 강조되어 있는 현대사회에서 효는 가족구성원 상호간에 정과 사랑의 원천이 되어야 할 것이다.

효에 대한 현대적 해석은 부모 · 자식의 원초석 사랑을 기초로 형성되는 가정윤리로부터 이웃과 사회, 국가와 자연으로 확대해 조화를 이루게 하는 보편적 · 이타적 가치다. 그래서 효에 대한 영문 표기도 Filial piety, 또는 Filial duty보다는 발음 그대로인 효(HYO, Harmony of the Young & Old)로 쓰며 자식 세대와 부모 세대의 하모니를 뜻하는 글자다.

복원해야 할 효 문화의 본질은 상호공경의 정신문화인 것이다. 전래의 효 개념은 공경 받는 쪽이 상대에 대해 훨씬 더 많은 배려를 했다. '공경'은 자발적으로 우러나는 마음이 있어야 하며, 강요로 성립되는 것이 아니다.

'나이 먹은 이들에게 공경을 바치는 것은 당연하다' 는 식의 윽박지름은 어느 누구에게도 울림을 주지 못했다. 노인들은 자신의 완고한 고집에서 벗어나 젊은이들을 이해하는 한편 배려하는 마음의 상호존중 개념을 인식해야 하며, 젊은이들은 '나이 먹은 이' 가 아닌 '완성된 인격' 의 소유자로서 어르신을 대하는 방법을 배워야 한다. 대대적인 캠페인을 벌여서라도 세대 간 이해의 장을 마련해야 할 시점이 됐다. 문제는 어르신들과 젊은 세대가 함께 어우러지는 문화를 만들어 자연스레 동화되도록 해야 한다는 점이다. 그러기 위해서는 우선 어린이들에게 정신적인 효의 본질에 대해 교육하고, 어르신들도 세대통합의 마음을 심어줄 수 있는 어르신 교육을 병행해야 한다. 세대 간 장벽을 허물어 허심탄회하게 이해하는 분위기를 만들어 젊은이들로부터 마음의 공경을 받는 것이 중요한 때가 됐다.

21세기가 필요로 하는 현대적이고 합리적인 효란 다음과 같아야 한다.

첫째, 규범적인 것이 아니라 가치적인 것이어야 한다. 전통적인 효는 신분적 지배와 관계가 있으며 사회적인 압력을 통한 강력한 통제를 전제로 했다. 하지만 자유와 평등, 박애의 가치가 중시되는 근대사회에서는 강압적 · 규제적 효도는 저항감을 불러일으킨다. 따라서 자유롭고 평등한 관계에서 효도는 자녀가 부모에게 바치는 의무적 규제가 아니라 사랑의 감정으로 표현되는 가치적인 것으로 의식의 전환이 이루어져야 한다.

둘째, 현내적인 효도는 인간소외를 극복하는 방법의 일환이 되어야 한다. 정서적 박탈감과 불안감, 소외감을 갖는 현대인들에게 심리적으로 안주할 수 있는 위안의 장소가 되도록 부모와의 애정을 교환하는 방식이 되어야 한다.

셋째, 현대적인 효도는 가족체계에서의 역할 개념으로 받아들여야 한다. 가정은 물질 면에서 생활공동체이며 정신 · 정서면에서 감정공동체를 이루므로 지위와 역할 분화가 있게 마련이다. 최근의 핵가족화 경향으로 부모와 별거하는 가족이 늘어나고 있지만 거주형태가 분리된다고 해서 감정적인 결합이 소멸되는 것은 아니다. 많은 인간관계 중에서 부모 · 자녀의 감정적 유대는 가장 강력한 영속적 관계이며 자녀가 부모에게 행하는 정서적 역할이 바로 효도인 것이다.

넷째, 인간의 생활구조는 전근대적 사회나 현대적 사회나 모두 같은 틀 속에서 이루어진다고 보아야 한다. 따라서 전통적인 효와 현대적인 효가 질적으로 다른 것으로 보아서는 안 되며 사회구조의 차이에서 오는 표현 방식의 차이라고 보아야 한다.

즉, 효 사상은 우리의 도덕적 관념을 형성시킨 문화적 배경이므로 전통적 효 사상이 지닌 역기능적인 요인을 제거하고 효에 바탕한 가족주의와 평등주의적 이념을 함께 수용할 때 21세기 우리 사회가 직면한 문제에 좀더 쉽게 접근할 수 있을 것이다(주간조선 [1770호] 2003.09.11).

장병 중에 효자 많다.

장병들 중에는 효행을 몸소 실천하는 전우가 많이 있다. 간경화로 투병 중인 부친을 위해 8시간30분에 걸친 대수술을 통해 자신의 장기 70%를 이식한 육군 52사단 독수리부대의 한태승 이병(국방일보 · 2월10일자), 신부전증으로 투병 중인 어머니를 위해 자신의 신장을 이식한 공군 2방공포병여단 이현일 하사(국방일보 · 11월23일자), 그리고 투병 중인 어머니의 병세가 악화되자 주저하지 않고 자신의 간을 이식한 해군6전단 소속 최병규 병장(국방일보 · 12월3일자) 등 많은 사례가 있다.

또 육군 2150부대 강지호 상병은 이름도 모르는 혈액암 환자에게 골수를 기증하기도 했다(국방일보 · 11월25일자). 또한 간부전증으로 투병 중인 어머니에게 간을 이식한 탁지훈 일병(17사단), 간경화로 투병 중인 아버지를 위해 간의 일부를 떼어준 김상학 중사(2군수지원사) 등 주변의 많은 전우가 군 복무 중에도 효행을 몸소 실천하고 있었다. 이처럼 효(孝)를 행동으로 몸소 실천한 장병들은 일일이 열거하기 힘들 정도다(국방부 정훈공보관실).

2. 오늘날의 효행사례.

1) 모친에 살점 떼어준 임세환선생의 효행.

과거 경제적으로 어렵던 시절에 병환으로 고생하시는 부모님께서 쾌차하시기를 기대한 효자가 있어 할고(割股) 단지(斷指)라는 말이 있었다. 고기 살 돈은 없고 고기를 드시면 나으실 것이란 말을 듣고 자신의 손가락을 잘라 그 피를 누워계신 부모님을 입에 떨어트려 회복하셨다는 이야기나 허벅지 살을 베어 구워드린 효자의 사례가 이야기로 전해오고 있다. 그러나 최근에도 자신의 살을 베어 어머니에게 이식, 어머니를 구한 효자 임세환(1938~1968)이 있었고 그의 동상이 고향인 충북 영동군 영동읍 이수공원에 세워졌다(연합뉴스 2010. 11. 23).

영동지역 원로 · 유림으로 구성된 임세환효행상 건립추진위원회(회장 정시래 영동향교 전교)는 22일 지역 기관 · 단체장과 후손 등 100여명이 참석한 가운데 임씨 효행상을 제막했다. 효행상은 임씨가 무릎을 꿇은 채 어머니의 발을 씻겨주는 형상으로 부모에 대한 공경심을 표현했다.

자신의 살점을 떼어 사경을 헤매는 어머니를 구한 효자 임세환(1938~1968) 효행상이 22일 충북 영동 이수공원에 세워졌다. 이날 효행상이 건립된 것은 임씨의 지극한 효행 때문이다. 임씨는 영동중학교 3학년이던 1954년 보리방아를 찧던 어머니가 방앗간 기계에 옷이 말려들면서 하반신이 으스러지는 끔찍한 사고를 당하자 자신의 양쪽 허벅지 살을 떼어 어머니를 구했다. 동생 두환(71)씨가 전하는 당시 상황은 "당시 영동읍내 구세군병원에서 사경을 헤매던 어머니를 살리려면 많은 혈액과 살을 이식하는 수술을 해야 한다는 말을 들은 형이 망설임도 없이 수술대에 올랐다" 며 그때는 마취기술이 발달하지 않은 때여서 형의 팔과 다리를 침대에 묶어놓은 채로 어머니에게 이식할 허벅지 살을 떼어냈다" 고 회고했다.

이 수술로 한 달 이상 병원신세를 진 임씨는 수술 후유증으로 악성빈혈을 앓기 시작했다. 하지만 어려운 여건에서도 악착같이 공부해 서울대 문리사대를 거쳐 어머니께 못 다한 효도를 하기 위해 고향인 영동초교 교사로 부임했다. 고향에 돌아와 가정까지 꾸리고 잠시 행복했던 그는 서른 한 살 나던 1968년 고질병인 빈혈이 악화돼 쓰러진 뒤 끝내 일어서지 못하고 짧은 생을 마감했다. 그 뒤 사람들의 머릿속에서 점차 잊혀지던 그의 효행은 2년 전 이 지역 유림들을 중심으로 효자비 건립위원회가 구성되면서 빛을 보기 시작했다.

효심에 감동받은 영동군은 지난해 임씨를 대신해 동생에게 효자상을 주고 8천만 원의 동상 건립비도 지원했다. 정시래 영동향교 전교는 "임세환 선생의 효행이 반세기 만에 빛을 보게 돼 다행"이라며 "점차 각박해지는 세태에 경종을 울리는 계기가 되기 바란다"고 말했다.

2) 금강산 지게 효자(이군익씨)의 효행.

최근 중국의 한 언론이 인천의 이군익씨(42·농협 인천본부)의 효행을 전국에 방송했다. 이씨는 노령의 아버지 이선주씨(92)를 지게에 태워 중국 타이산(泰山)에 올라 '지게 효자'로 한동안 화제가 됐다. 타이산에 오른 이후 아버지의 기력이 좋아지자 전국 유람을 결심했다.

"중학교 다닐 적에 집에 처음으로 전기가 들어왔지요. 충남 서산 빈농에서 자랐습니다. 7남매의 막내인 저까지 대학 공부를 시키시느라고 평생 허리 한 번 못 피신 아버지십니다. "8만여 남으개 암자가 있다던디…." 듣자마자 마음속으로 '예 아버지, 금강산 아니라 그 할아버지라도 모시고 가겠습니다.' 다짐했지요."

이씨의 지게 효행은 지난 6월 아버지의 금강산 관광 때 시작됐다. 다리가 불편한 아버지를 어떻게 금강산 구경을 시켜 드릴까 궁리 끝에 동대문시장을 샅샅이 뒤져 등받이가 부착된 알루미늄 지게를 구해 의자를 만들었다. 그리고 아버지를 지게에 태우고 금강산에 올랐다. 이후 덕유산을 올랐다.

아흔을 넘긴 아버지를 지게에 태워 금강산 유람을 다녀온 아들. 혼자서 오르기도 힘들다는 금강산을 아버지를 모시고, 그것도 지게에 태워 관광을 다녀온 이군익(42)씨. 이 씨는 아버지를 지게에 모시고 금강산을 오르는 사진이 한 언론사의 독자투고란에 실리면서 인터넷상에서 유명인사가 됐다.

지게 효행이 인터넷을 통해 알려지면서 중국에서 호텔을 운영하는 권혁범씨(47)가 이씨 가족을 초청해 타이산 지게 효행이 이뤄진 것이다. 당시 중국언론들도 이씨의 지게 산행을 다뤘으나 이씨는 "아버지를 지게에 태우고 산에 한번 올라갔다 왔다고 효도라고 생각하진 않는다."고 말했다. 지난해 2월, 어머니가 78세 나이로 돌아가신 이후 아버지만큼은 오랫동안 곁에 모시고 싶다는 것이 이씨의 작은 소망이다. 늦둥이로 아버지를 모시고 산다는 것이 큰 행복이다. 이씨는 지난달 인천시로부터 '2006년 자랑스런 인천시민상'을 받기도 했다(경향신문 2006.11.30).

지난 봄, 아버지 이선주(92) 씨가 독립기념관 나들이 길에 언뜻 금강산 얘기를 꺼내셨다. 한 해 전 어머니를 먼저 떠나보내신 아버지가 적적해 하실까 싶어 한창 산으로 들로 모시고 다니던 때다.

6월 아버님 생신에 즈음해 금강산 여행을 보내드리자고 형제들과 의견을 모았다. 그러나 노환으로 거동이 불편하신 아버지가 산에 오르시는 건 불가능한 일, 산길이니 휠체어도 무용지물일 터였다.

"어떻게 하면 아버지께서 금강산 절경을 마음껏 눈에 담으실 수 있을까, 며칠 밤을 고민했습니다. 아버지를 등에 업고 가면 될 것 같은데, 기력이 쇠진하시니 아들을 단단히 붙드시지 못할 일이걱정이고… 그런데 번뜩 산에서 나무하던 생각이 나는 겁니다."

불현듯 어릴 적 지게지고 산에 올라 나무하던 기억이 떠올랐다. '아' 지게에 아버지 의자를 만들면 되겠구나. 나무 지게는 무게 때문에 여행 내내 지기 어려울 듯했다. 그래서 생각해 낸 것이 가볍고 강한 알루미늄 지게이다. 수일을 헤맨 끝에 지인의 도움으로 간신히 등산용 지게에 특수용접을 해 금강산 유람을 위한 '아버지 전용 지게'가 탄생했다. 지게 지느라 온 몸 피멍이 들었지만 "아버지 좋아하시니 기쁘기만 해." 라고 즐거워한다.

"북측 안내원이 지게를 보고 정색을 하며 뭐냐고 묻는 겁니다. 아버님 모실 지게라고 했더니 연세를 묻더군요. 아흔 둘에 아들 등에 업혀 금강산 가신다고 했더니 호탕하게 웃으면서 "하하하 통과 하시라요!" 그럽디다.

지게와 그 위에 앉으신 아버지 덕분에 여행 내내 이 씨 일행은 단연 스타였다. 초여름 날씨에 혼자 걷기도 험한 산길을 아버지와 한 몸이 되어 오르는 이 씨를 보며, 연배 높은 관광객들은 이 씨 일행을 만날 때마다 다가와 어깨를 두드려주며 격려했다. 함께 금강산에 오른 큰 누나 이춘익(62)씨와 형 이관익(55)씨도 흐르는 땀을 닦아주며 막내 동생의 효행에 힘을 보탰다. 그렇게 아버지를 업고 천선대로 귀면암으로, 구룡폭포로…. 이 씨는 부지런히 발걸음을 옮겼다. 아들에게 짐이 될까 한사코 업히기를 거부하시던 아버지도 "저기가면 뭐가 있다냐?" "아이고, 저게 그림이여 경치여." 질문에 감탄사를 연발하시며 어느덧 금강산 구경에 흠뻑 취하셨다.

지게 무게는 줄잡아 15kg이상. 아버지가 올라앉으시면 60kg이 넘는다. 이씨는 "산행이 이어지면서 무게를 이기지 못한 어깨와 팔이 뻣뻣하게 굳고, 허리가 끊어질 듯 아팠지만, 어린애 모양 좋아하시는 아버지를 보면서 얼마든지 견딜 수 있었다"고 말했다.

말귀 어두운 그의 노부(老父)는 불혹을 넘긴 아들을 두고 "우리 막내가 일곱 놈 중에 제일 이뻐. 제일 귀엽고 아버지라면 아주…."

"충남 서산서 평생 농사만 지어먹은 내가 아, 남한 땅 안 밟아 본디가 없고 금강산까지 구경했으니 갈 데도 없는 겨 인제." 라며 효심 깊은 아들 자랑에 입이 말랐다. 이 모습을 이씨의 아내 이 연희(39)씨도 시종 흐뭇한 눈길로 바라보았다.

중국 취푸(曲阜)에 사는 교포가 감동을 받고 이씨 가족을 초청했다. 취푸는 공자의 고향이자 공자사상의 성소(聖所)다. 이씨는 아버지를 지게에 지고 태산에 오르고 공자묘를 찾았다. '한국효자, 취푸에 오다.' 치루일보(齊魯日報)를 시작으로 방송사들이 앞 다퉈 보도했다. 이씨 부자 사진을 벽에 걸어두고 스스로를 닦는 징표로 삼겠다는 사람부터 '공자' 를 가르치는 공학관(孔學館) 교장까지 이씨를 만나러 왔다.

요즘 자식 따라 '관광' 갔다가 버림받거나, 요양시설에 맡겨진 뒤 자식들이 소식을 끊는 노인이 한둘 아니다. 고려장(高麗葬) 설화에서 노쇠한 부모를 깊은 산속에 내다 버리는 바로 그 도구가 지게였다. 그런 지게를 이군익씨는 효심의 상징으로 바꿔놓았다. 공자마을 사람까지 감동시킨 지게 효행은 자라나는 세대에 귀한 배움이 될 것이다.

3) 효성이 지극한 백범 김구 선생님.

백범의 어머니 곽씨는 글을 배우지 못한 일자무식이었다. 그러나 자식의 교육과 뒷바라지를 위해서 온갖 희생을 달게 감수했다. 백범이 105인 사건으로 옥에 갇혔을 때 그 어머니는, "나는 네가 경기 감사를 한 것보다 더 기쁘게 생각한다." 면서 아들에게 용기를 심어 주었다. 어머니의 이런 말이 백범에게 큰 힘이 되었음은 두말할 나위가 없다. 또한 곽씨는 백범이 나라 일에만 전념할 수 있도록 세심한 배려를 아끼지 않았다.

9년 만에 아들을 만난 자리에서 했다는 다음의 말에서 그녀의 정신세계를 느낄 수 있다. "나는 이제부터 너라고 아니하고 자네라고 하겠네. 또 말로 책할지언정 회초리로 자네를 때리지는 않겠네. 이유는, 듣건대 자네가 군관 학교를 설립하고 청년들을 교육한다니, 남의 사표(師表)가 된 모양이라, 그 체면을 보아주자는 것일세." 자식이 걷는 길을 한없는 자랑으로 여겼던 어머니, 격려와 용기를 아끼지 않았고 꾸짖을 때는 엄하게 꾸짖었던 어머니가 있었기에 백범이라는 인물이 존재할 수 있었던 것이다.

아버지의 병세는 상당히 위중했다. 나는 정성껏 시중들었으나 병세는 전혀 차도가 없었다. 우리 집이 워낙 궁벽한 산촌이고 매우 가난했기 때문에 이름난 의사를 부른다거나 좋은 명약을 쓸 처지는 못 되었다. 나는 문득 까마득한 지난날을 생각했다. 예전 할머니께서 돌아가시기 전에 아버지께서 단지(斷指)하셨던 일이 머리에 생생하게 떠올랐다.

"그렇다! 단지를 하면 소생하실 지도 모른다."

나는 단지를 하려고 부엌으로 갔다. 그러나 다시 생각해 보니 어머니께서 마음 아파하실 것 같았다. 그래서 생각을 바꾸어 할고(割股)를 결심했다. 다음날 나는 어머니께서 안 계신 때를 틈타 왼쪽 허벅지에서 살점 한 점을 베어냈다. 아찔한 아픔이 전신으로 퍼지면서 붉은 피가 받쳐놓은 사기그릇에 쏟아졌다. 그 피를 아버지의 입에 흘려 넣어드리고, 살은 불에 구워서 약이라고 하여 잡수시게 하였다. 그러나 시원한 효험이 없었다. 나는 피와 살의 분량이 적기 때문에 효험이 없다고 생각했다.

"좀 더 많은 살을 떼어 내자!"

나는 이를 악물고 칼을 잡았다. 살을 떼어낼 때의 아픔을 생각하니 온몸에 소름이 돋고 겁이 났다. 먼저보다 천백 배의 용기를 내어 살을 베기는 베었지만 그것을 떼어내자니 견딜 수 없을 정도로 아팠다. 그래서 허벅지의 살을 썰어놓기만 했을 뿐, 조금도 떼어 내지 못했다. 그리고 썰어놓은 허벅지를 보면서 이렇게 탄식했다.

"아아, 단지나 할고는 진정한 효자가 할 수 있는 일이로다. 나와 같은 불효자가 어찌 효자가 되겠는가!"

- 백범의 자서전 〈내가 원하는 우리나라〉 중에서

4) 효녀가수 현숙에게 효를 묻다.

"지금 바로 부모님께 전화하세요."

치매와 뇌졸중으로 누워 지낸 양친을 10년 넘게 모시면서도 '효녀 가수' 현숙은 미소를 잃지 않았다. 그녀는 "밝고 긍정적인 성격도 부모님께서 주신 선물" 이라고 말했다. 어릴 적 정현숙은 판검사가 되고 싶었으나 김제여고 2학년 때 그 꿈이 '가수'로 바뀌었다. 정현숙은 1978년 가수가 되겠다며 무작정 상경했다. 펄펄 뛰는 아버지 몰래 어머니는 딸에게 돈 1만원, 쌀 한 말, 김치 한 통을 쥐어줬다.

정현숙은 뚝섬에 있는 친구 언니네 집에 머물면서 청계천 오아시스 레코드로 출퇴근하며 노래 연습을 했다. 차비를 아끼려 청계천에서 뚝섬 집까지 걸어 다녔고 밥은 굶기 일쑤였으나 그녀는 데뷔곡 '정말로'가 대박을 치며 '정말로' 가수가 됐다. 그로부터 82년까지 3년은 연속 10대 가수가 되었고 현숙의 전성시대였다. 그러나 뒷바라지를 위해 상경한 어머니가 90년 중풍에 걸리더니 이듬해 아버지마저 치매 증세를 보였다. 17년에 걸친 현숙의 부모 뒷바라지가 시작된 것이다. 1991년 파출소에서 연락이 왔다. "어떤 분이 현숙씨 아버지라고 하는데 맞으면 모셔가라"는 것이었다. '우리 딸이 가수 한다'며 좋아하던 아버지는 그날 이후 딸을 알아보지 못하는 경우가 잦아졌다. "밥 달라"고 고함을 지르고 수발드는 딸의 머리채를 잡아당기기도 했다.

"간병인은 안 쓰고 제가 집에서 돌봐 드렸어요. 낮에 두 분만 둘 수 없어서 차에 모시고 다녔어요. 공연할 때는 제일 앞자리에 돗자리 펴고 자리 봐드렸죠. '엄마, 여기가 한강이에요. 아빠, 여기가 여의도 방송국이야' 하고 알려드렸어요."

여섯 형제가 돌아가며 부모님을 지켰지만, 밤 수발은 그녀의 몫이었다. "낮에는 돈 벌러 다니고 밤에는 부모님 안아드리고 기저귀 갈아드렸죠." 그 세월을 현숙은 어떻게 견뎠을까. "속상해서 집 앞에 앉아 혼자 운적도 많아요. 아파서 변기 붙잡고 쓰러진 적도 있었어요. 그래도 억지로 일어나 찬물에 밥 말아 먹으면서 버텼어요. 죽을힘을 다해 살았어요."

1996년 아버지가 세상을 뜨자 현숙은 마지막으로 남은 어머니에게 더 매달렸다. 어머니의 코에 꽂고 있던 호스가 빠져 병원으로 달려가거나, 감기가 심해져 응급실로 뛰어가는 일도 있었지만 그녀는 "데뷔 초기에는 가난해서 제대로 못 해드리고 돈 벌었을 때는 부모님께서 편찮으셔서 잘해드리지 못했던 일이 너무 후회됐다"고 했다. 딸의 보살핌에도 불구하고 어머니는 작년 6월 한양대 중환자실에 입원한 지 한 달 만에 세상을 떠났다. "중환자실 입원하시기 직전까지도 압구정동의 한 미용실에 모시고 가 머리 잘라 드렸어요. 자존심 강한 우리 엄마가 남한테 덥수룩한 머리 보여주기 얼마나 싫어할까 싶어서요. 제일 좋은 미용실에서 제일 예쁘게 해드리고 싶었어요."

세상은 언제부터인가 현숙을 '효녀 가수'라 불렀다. "자주 두 분을 모시고 산책하러 다녀서 동네 사람들이 다 알았어요. 부모님께서 걸음이 불편하셔서 제가 양쪽에서 부축해서 다녔죠. 그러다 방송에도 나가게 되고 '효행 연예인'으로 국민포장을 받았어요."

양친의 불편한 모습을 감추고 싶지 않았느냐는 질문에 그는 "원래 어머니께서 집에서 빈대떡만 몇 장 부쳐도 윗집 아랫집 다 나눠주던 분이라 이웃들이 이미 알고 있었다"고 했다. "저는 '효녀 가수'라는 말이 듣기 싫었어요. 아무리 늦게 귀가해도 새벽 6시에 일어나서 메이크업하고 연습했어요. 부모님을 위해서라도 열심히 살아야겠다는 생각에 앨범도 부지런히 냈어요. 지금까지 낸 앨범이 28장이에요."

현숙은 씻겨드릴 때마다 아기처럼 좋아하시던 부모 모습이 떠올라 몇 년 전 한 대에 4,500만원인 목욕 차량을 사서 고향 김제에 기증했다. 지금은 그녀가 기증한 목욕 차량 4대가 김제, 울릉도, 경상도, 충남 청양을 달린다. 더 많은 곳에 목욕 차량을 보내기 위해 현숙은 한 달에 400만원 정도 저축한다. 들쭉날쭉한 수입 때문에 때로는 마이너스통장에서 꺼내 보탠 적도 있다. 그녀는 대한치매학회가 위촉한 '치매홍보대사'와 효지도사 교육원이 위촉한 '효 홍보대사' 로도 활동 중이다.

"저는 지금도 아빠가 쓰던 숟가락으로 밥 먹어요. 부모님이 절 지켜주는 거 같아요. 돈 많이 벌어서 많이 도와주는 게 꿈이에요. '돈 벌어서 효도해야지'라고 하지 마세요. 지금 전화 한 통 드리는 게 효도예요."

현숙씨의 삶에서 볼 수 있듯이 부모님의 남다른 사랑과 정성은 결혼을 포기하면서까지 부모님을 봉양하는 효심을 낳게 한 것이다. 현숙씨가 보여주고 있는 효, 즉 형제간의 우애를 유지함으로써 부모님께 걱정 끼쳐드리지 않고, 공연 갈 때나 돌아와서 소외감을 느끼지 않도록 무엇이든 이야기하는 모습에서 진정한 효가 어떤 것인가를 느낄 수 있으며, 또한 효라는 것이 멀리 있는 것이 아니라 아주 가까이에 있는 것임을 알 수 있다.

현숙, 연예인 첫 '효열비' 국민 효녀가수 인증

효녀가수 현숙이 국내 연예인 최초의 '효열비'를 통해 국내 대표적인 효녀임을 재확인했다. 현숙효열비추진위원회는 6일 오후 전북 김제시 부량면 아리랑문학관에서 현숙과 유인촌 문화관광부 장관, 이건식 김제시장을 비롯한 농료 연예인 등이 참석한 가운데 '현숙 효열비 제막식'을 가졌다. 이 자리에서 현숙은 "정성을 다해 부모를 모시지 못한 죄스러움이 남아있는데 효열비를 세우고 축하행사까지 해줘 감사하다"며 "우리나라 어르신들이 행복한 그날까지 나눔의 삶을 실천하고 싶다"고 밝혔다.

현숙은 중풍과 치매로 고생하던 아버지를 7년 동안 극진히 보살피고 지병을 앓던 어머니도 14년간 정성스레 간호해 왔다. 이에 지난 1996년 효행 연예인으로 국민포장을 받았고, 2001년과 2007년엔 효령대상 효행부문상과 전북애향대상을 수상했다. 또한 지난해에는 삼성효행상 특별상을 수상하는 등 효에 관해서는 최고의 연예인으로 각광받았다(스포츠조선. 2010.10.07).

5) 자전거 수레 '관광차' 로 대륙 종단한 왕이민씨의 효행

중국 78세 아들 왕이민씨, 인력거에 어머니 태우고 3년 대륙종단

중국 일주 여행이 평생소원인 100세의 노모(老母)를 인력거에 태우고 어머니의 마지막 소원을 위해 중국 대륙을 종단한 70대의 아들. 중국에서는 2000년부터 만 3년 동안 노모를 태운 삼륜차의 페달을 밟으며 중국 전역을 돈 왕이민(王一民 · 78) 노인의 '대륙 종단 효도 관광' 을 21세기 들어 최고의 효행으로 손꼽는다. '한 가정 한 자녀' 정책으로 효(孝)의 의미가 퇴색되고 있는 가운데 중국 대륙을 감동시킨 왕 노인의 효행은 노모가 세상을 떠나 여행이 끝난 후에도 그 여운은 계속되고 있다.

여행은 2000년 5월 고향인 헤이룽장(黑龍江)성 하얼빈에서 시작됐다. 중국 동북 지역의 벌목장에서 일하다 퇴직한 왕 노인은 어머니에게 중국 일주를 권유한다. 평생 하얼빈을 벗어난 적이 없는 어머니는 먼 바깥세상을 구경하고 싶어 했지만 거동이 불편해 집 밖을 나서지 못했다. 이름이 우후이전(吳惠珍 · 당시 98세)인 왕 노인의 어머니는 오랫동안 6층 아파트에서 지냈고, 혼자서는 1층으로 내려가지 못해 작은 창문을 통해 바깥세상을 동경했다. 어머니는 아들의 제의를 흔쾌히 받아들였다. "살 날도 얼마 남지 않았는데 여행이나 해 보자." 어머니는 자신의 수의를 챙겼다.

왕 노인의 자녀들이 극구 말렸지만 그에게는 어머니의 소원을 들어드리는 게 더 중요했다. 칠순의 아들은 자전거에 어머니가 탈 삼륜 수레를 매달아 '효도 관광차' 를 만들었다. 담요 · 주방

기구 등을 실은 삼륜차는 무게가 250kg에 달했다. 삼륜차 뒤에는 '노년석양호 특별만차(老年夕陽號 特別慢車·특별히 천천히 달리는 차)' 라는 이름도 붙였다. 2000년 5월 1일 평생 저금해 모은 4만 위안(600만원)과 왕 노인의 자녀들이 마련해 준 3000위안을 들고 페달을 밟기 시작했다. 여행을 시작한 모자(母子)는 오전 8~9시 식사를 하고, 오후가 되면 여관에 들어가 휴식을 취했다. 날씨가 좋은 날에는 삼륜차에서 자고 왕 노인은 직접 식사를 지어 봉양했다. 2003년 12월 고향인 하얼빈으로 돌아오기 전까지 두 노인은 감기 한 번 걸리지 않았다.

하얼빈에서 시작된 첫 번째 여정은 선양(瀋陽)·베이징(北京)·상하이(上海)·푸저우(福州) 등을 거쳐 하이난다오(海南島)에 이르는 남진(南進)이었다. 하루 45km를 여행하는 대장정이었다. 노모의 100세 생신도 하이난다오에서 맞았다. 노모가 꼽은 가장 아름다운 지역은 중국의 대표적 관광지인 항저우(杭州)였다. 저장(浙江)성에서 가파른 산길을 오를 때에는 왕 노인이 수레에 나일론 밧줄을 매달아 어깨에 걸고 끌어야 했다. 어머니는 언론과의 인터뷰에서 "(여행 중) 만난 가장 좋은 사람은 바로 내 아들" 이라고 말했다. 노모는 "더 이상 소원이 없다" 고 말했다. 아들 왕이민씨는 "내가 무슨 큰일을 했다고 생각하지 않는다." 라며 "노인에게 가장 중요한 것은 따뜻한 체온이라는 사실을 깨달았다" 고 말했다.

왕 노인은 주민들에게 뜨거운 환영과 따뜻한 도움을 받았다. 한 번은 하루 20위안(3000원)짜리 여관방에 묵었는데, 어머니의 컨디션이 좋지 않자 여관 주인은 두 말 안 하고 두 모자를

80위안짜리 방으로 옮겨줬으며 약까지 지어다줬다. 지난해 5월 산둥(山東)성 지난(濟南)에 도착했을 때에는 복권발행 센터가 1000위안(15만원)을 들여 하루 40㎞를 달릴 수 있는 오토바이 엔진을 달아줬다. 모자는 지난해 7월 베이징에 입성했다. 이때까지 여행한 거리만 2만㎞. 중국 전역의 24개 성(省) · 시(市)를 거쳤다. 그동안 타이어를 6차례, 의자를 3차례 갈았다. 여행 기간 왕 노인은 들르는 지역마다 관공서나 언론사를 방문해 기념 도장과 격려사인 600여개를 받았는데, 왕 노인은 "기네스북 기록 신청을 할 것" 이라고 말했다.

왕 씨는 여행에서 어머니의 투정을 겪을 때마다 오히려 자신을 책망했으며 안절부절못했다. 여행의 본질은 어머니를 위한 것이니 어머니 마음을 상하게 하는 자신을 용납하지 못했던 것이다. 하지만 티베트로 가는 길은 생각보다 험난했고 2년여의 여행은 백한 살이 된 어머니를 지치게 했다. 아들은 어머니에게 알리지 않은 채 헤이룽장 성으로 자전거수레를 돌린다. 어머니는 뒤늦게 아들의 결정을 알지만 이해해 준다.

"너와 세상 구경하는 동안이 내 인생에서 가장 행복했던 순간이다. 기쁘게 눈감을 수 있을 것 같다."

왕 씨의 어머니가 세상을 떠나기 전 남긴 말이다. 이 말을 들은 왕 씨도 행복한 사람이다. 그는 무엇이 효인지는 모르지만 어떻게 하는 것이 불효인지는 알아 불효하지 않겠다는 생각으로 어머니를 대했다고 한다.

왕 노인은 예정대로라면 올 3월 어머니와 중국의 서부 지역인 티베트 여행에 나설 계획이었다. 티베트의 기후 여건을 고려하면 여행하기에는 3월이 가장 좋다고 생각했기 때문이지만 어머니의 건강이 나빠졌고, 지난해 12월 초 왕 노인은 어머니의 간병을 위해 고향인 하얼빈에 도착했다. 어머니는 병원에 입원해서도 "내 병이 나으면 티베트에 같이 가자" 고 말했다. 하지만 노모는 12월 30일 세상을 떠났다. 왕 노인은 "어머니의 유골을 티베트에 뿌릴 것" 이라고 말했다. 티베트에 가고 싶다는 어머니의 마지막 소원을 들어드리겠다는 아들의 다짐이었다.

6) **"괜찮아요, 아빠" 신지애의 효행.**

신지애가 한국과 세계의 골프역사를 쓰기 시작했다. 24일 '골프 여제'로 불리는 로레나 오초아(멕시코)에 단 1점차로 미 LPGA '올해의 선수상'은 뺏겼지만, 데뷔 첫해 신인상 · 상금왕과 다승 공동 선두를 차지하는 기염을 토했다. 이는 신지애가 LPGA 투어의 새 역사를 써 갈 것임을 예고하는 것이다. 신지애는 초등학교 6학년 때 154cm로 키가 반에서 두 번째로 컸다고 한다. 아버지 신제섭씨는 "그때 이후로 2cm밖에 크지 않은 게 어렸을 때 체력훈련을 심하게 한 탓이 아닌가 싶어 딸에게 미안한 마음도 든다"고 했다.

신지애는 광주 두암초등학교 4학년 때 잠깐 양궁을 배웠지만 개척교회 목사인 아버지를 따라 5학년 때 전남 영광의 홍농

서초등학교로 전학 가면서 골프와 인연을 맺었다. 목사가 되기 전 그의 아버지는 골프 마니아였다. 박세리가 1998년 US여자오픈에서 '맨발의 기적'을 일군 뒤, 전국에 숱한 '골프 대디'와 '세리키즈'가 생겨나던 때였다. 신지애는 아쉽게 올해의 선수상을 놓친 뒤 숙소로 돌아오는 차 안에서 눈물을 흘렸다고 했다.

"못해요"를 몰랐던 아이 작은 신지애의 손은 온통 굳은살이고, 마디가 울퉁불퉁하다. 골프를 시작한 중학 시절 매일 완력기를 한 손마다 400번씩 조였고, 아령을 400번씩 들었다. 타이어를 100번씩 내려쳤고, 연습장 모래더미도 아이언으로 20번씩 내려쳤다. 이건 몸 풀기에 불과했다. 연습장 앞의 20층 아파트를 매일 뛰어 오르내렸다. 하루에 7차례 왕복하면 꼬박 1시간이 걸렸다고 한다. 신제섭씨는 "다른 아이 같으면 요령을 부렸을 텐데 지애는 '못해요'라는 말을 한 번도 한 적이 없다"고 했다. 신지애는 또 박세리가 무덤 옆에서 '담력 훈련'을 했다는 이야기를 듣고, 중학교 시절 한밤에 공동묘지를 오르내리기도 했다.

요령을 모르는 신지애에게 행운이 찾아왔다. 중학교 2학년 때 무안 CC에서 몇 시간이고 퍼팅 연습을 하던 신지애를 지켜본 골프장 사장이 무료로 연습 라운드를 할 수 있게 해줬다. 돈이 없어 라운딩이 부담스러웠던 그에게는 엄청난 도움이었다. 신지애는 초등학교와 중학교 시절 장타로 알려졌다. 한 일간지가 "한국에 로라 데이비스가 탄생했다"는 기사를 실을 정도였다.

신지애는 어머니와 함께 교통사고를 당해 중상을 입은 여동생 지원과 남동생 지훈이를 간병하면서 운동을 계속했다. 지원이는 서울대 물리학과에 수시 합격했고, 목소리가 좋은 지훈이는 학교 합창반으로 활동하고 있다. 2003년 11월 어머니와 두 동생을 태우고 목포로 가던 승용차가 트럭과 충돌하면서 모든 게 바뀌었다. 신제섭씨가 "지애 엄마 장례를 치르고 나니 남은 돈은 1900만원이 전부였다"고 말할 정도로 경제 형편도 어려웠다.

신지애의 여동생 지원과 남동생 지훈은 어머니가 돌아간 후 1년 이상 병원에 입원해야 했다. 신지애는 엄마 역할까지 아빠와 나눠 맡아야 했나. 두 동생을 간병하면서 골프 연습도 했고 대회에도 나갔다. 어머니와 두 동생을 위해 한 타 한 타에 모든 걸 걸면서 그의 골프는 만들어져갔다. '독종 승부사'는 이렇게 탄생했고, 어머니가 돌아가신 지 4개월 만에 신지애는 전국대회 첫 우승을 했다. 어려운 환경에서 자란 신지애의 여동생 지원은 올해 서울대학교 물리학과에 수시 합격했다. 신지애는 "경기가 없을 때 동생들을 차에 태워 학교에 보내주고 함께 외식하고 노래방에 갈 때가 가장 행복하다"라고 말한다(조선일보. 2009.11.24).

7) 김영희씨 아들 하인즈 워드의 효심.

"나를 지탱하는 힘은 어머니"
'검은 얼굴의 아름다운 한국인' 하인스 워드.

혼혈인. 그의 인생에 숙명처럼 씌워진 굴레였으나 그는 마침내 한국의 3만5000명의 혼혈인들에게 희망이 됐다. 우리 사회에 다인종·다문화의 공존이라는 새로운 화두를 던졌다. 가히 '하인스 워드' 강풍이 불고 갔다. 단지 혼혈인이라는 이유만으로 한국과 미국 사회로부터 버림받았던 청년 하인스 워드(Hines Ward · 30 · 피츠버그 스틸러스). 어머니와 함께한 그의 짧은 한국 방문은 인종 편견에 대한 우리 사회의 철저한 반성을 이끌어 냈다. 각종 교과서에 문화의 포용성을 포함키로 했고, 국제결혼 가정에 대한 차별 금지, 혼혈인과 혼혈인 가족 지원법도 제정키로 했다.

검은색 정장에 흰색 와이셔츠 차림의 하인스 워드는 우리 주변에서 늘 보던 친구 같은 '한국사람' 이었다. 간간이 눈시울을 붉히곤 하는 여린 청년이기도 했다. '살인미소' 라 불리는 웃음 뒤에는 천진난만함까지 묻어 나왔다. 하지만 이런 모습의 그에게는 매사에 '확고한' 철학이 있었고 그것은 역시 오늘의 그를 있게 한 원동력으로 느껴졌다. 다른 모든 것은 제쳐 두고 한국 사회에 혼혈인에 대한 인식을 바꿔 놓겠다는 그의 생각은 너무나 확고했고 그것은 곧 자신의 성장 과정과 무엇보다 어머니에 대한 그의 무한한 효에서 기인한다. "어렸을 때는 한국인으로 태어난 게 부끄러웠습니다. 흑인 친구들끼리 놀다가 어머니가 오면 도망가기도 했습니다. 흑인 친구들은 나를 한국계라고 놀렸습니다. 어느 날 어머니가 태워 주는 차를 타고 가는데 친구들이 손가락질하는 것을 봤습니다. 재빨리 시트 아래로 몸을 숨겼습니다." 하지만 그것은 새로운 계기가 됐다. 차에서 내리면서 어머니가 울고 있는 것을 보았고 그때부터 그의 생각이 바뀐 것이다. 부끄러웠던 어머니가 자랑스러운 어머니로 변하는 순간이었다. 그때부터 모든 것이 달라졌다.

"놀림을 받아도 '그래 나는 한국인' 이라고 굳게 마음을 먹었습니다. 어머니에게서 신뢰의 가치 · 정직, 그리고 사랑을 배웠습니다. 제 인생은 어머니의 인생과 비슷합니다. 처음에는 마음대로 안 되지만 꾸준히 노력하면 결국에는 잘 풀린다는 것입니다." 지금은 하나의 신앙처럼 돼 버린 어머니에 대한 사랑. 흔히 효라는 이름으로 그의 어머니 사랑을 이야기하고 있는데, 그가 어머니에게서 받은 사랑은 우리 한국 사람이면 누구나 공감하는 것이었다.

"인생에서 흔들릴 때마다 지탱해 준 것이 바로 어머니의 일하는 모습이었습니다. 절대로 포기하지 않는 근성과 집념 · 승부욕 · 노력 · 성실함을 배웠습니다. 어머니는 저의 전부입니다. 이 세상 전부와도 바꿀 수 없습니다. 제게 베풀어 준 모든 것을 평생 되돌려 드릴 수 없을 것입니다. 늘 동기를 부여했고 포기라는 것을 몰랐습니다. 항상 겸손하라고 하셨습니다. 대접받기를 원하는 만큼 남을 대하라는 사랑도 가르쳐 주셨습니다. 좋지 않은 일을 많이 겪었지만 그것이 어머니의 정신을 꺾지는 못했습니다."

그런 그는 이번 방문에서 혼혈인이라는 이유로 한국인들로부터 받았던 '버림' 을 오히려 넓은 가슴으로 보듬었다. 내달 펄벅재단과 함께 혼혈 아동 재단(가칭 Helping Hands Foundation) 설립을 위해 다시 한국에 온다. 한국의 혼혈인들이 '보통의 한국사람' 으로 살아가게 하는 것, 그의 필생의 사업이 된 것이다. 그런 차원에서 혼혈인들이 군대에서 우리 젊은이들과 함께 어울려 나라를 지키는 것도 아주 중요한 일이다.

한국 사회는 매우 훌륭한 사회입니다. 꾸준히 더 나은 사회로 발전하고 있습니다. 혼혈인들이 군에서 복무할 수 있다고 하더라도 아직까지 정서상 어려운 것으로 알고 있습니다. 국제 사회는 빠른 속도로 변화하고 있습니다. 한국은 훌륭한 나라지만 더 나은 나라가 되기 위해서는 인식의 변화도 빨라야 합니다. 어떤 사람이 1% 한국인이라고 하더라도 그를 한국인으로 수용해야 합니다. 그 사람의 피에 상관없이 사회가 혼혈인을 그 사회의 일부분으로 받아들일 수 있기를 기대합니다.

하인스 워드는 1976년 3월 8일 서울 종로구에서 주한미군 하인스 워드 시니어와 김영희 씨 사이 출생하였고, 생후 14개월 만에 미국으로 이주하였으나 부모 이혼으로 루이지애나 주 할아버지 집에서 성장하였다. 초등학교 2학년(8세) 때부터 조지아 주 애틀랜타에서 어머니와 생활하였고, 포레스트파크 고교 시절 야구 · 풋볼 선수, 1995년부터 조지아대 풋볼선수로 활약하였다.

2005년 11월, 펜실베니아 주 워싱턴 명예시장, 2006년 2월 5일 제40회 슈퍼볼(NFL 결승) MVP(최우수 선수) 선정, 2006년 4월 5일 서울시 명예시민이 되었다(국방일보. 2006.04.17).

8) 사병 월급으로 부모님 해외여행. 허혁 병장의 효행.

현역 육군 병장이 군 복무 중 틈틈이 모은 월급으로 부모님에게 해외여행을 보내 드린 효행의 주인공은 평소 예의바른 품행과 뛰어난 업무능력으로 중대장을 비롯한 여러 간부와 주변 전우들에게 많은 신뢰와 인정을 받고 있는 육군 제 23보병사단 수색대대 소속 허혁 병장이다. 허 병장은 이등병이던 2005년 7월 대대 차원에서 병사들의 자율적인 저축습관을 갖도록 하기 위해 개인 적금통장을 개설하자 가입한 뒤 매달 월급 중 3만-4만원과 분기마다 지급되는 위험수당 등을 자신의 통장에 꾸준히 모아 2006년 12월 만기가 돼 102만원을 받았다. 사회에서는 몇 푼 안 되는 쉽게 모을 수도 있는 돈일 수 있지만 군대에서는 그것도 뭐든지 먹고 싶다는 이등병 시절부터 아끼고 아껴 모은 허 병장의 적금에 대하여 군대를 갔다 온 사람들은 그 값어치를 평가하기 어렵다고 입을 모은다.

허 병장은 작년 12월 말 포상휴가 때 이 돈을 부모님께 '해외여행을 다녀오시라' 며 전했고, 처음에는 아들이 힘들게 모은 돈이라며 사양하던 부모님도 아들의 깊은 뜻을 이해하고 중국으로 어느 때보다 뜻 깊은 여행을 다녀왔다. 이러한 효행은 허 병장의 휴가 복귀 후 부모님이 아들에게 감동한 사연을 육군 본부 인터넷 홈페이지 '칭찬합시다.' 게시판에 올리게 되면서 뒤늦게 알려졌다.

허 병장의 부모는 "힘들게 모은 돈으로 쉽게 쓰는 것 같아 처음에는 사양했는데, 이번에 남자는 군대를 갔다 와야 한다는 말을 실감했다"며 "아들을 효자와 훌륭한 대한의 남아로 성장할 수 있도록 관심과 노력을 기울여 준 23사단 수색대대 장병들께 다시 한 번 감사드린다."고 말했다. 또 "자식들을 위해 애쓰시고 정작 부모님은 자신들을 위한 여행 한 번 제대로 다녀오시지 못한 것이 마음에 걸렸는데 군 생활을 통해 모은 돈으로 부모님의 해외여행을 보내드릴 수 있게 돼 마음 뿌듯하다"며 "이런 여건을 만들어 준 부대와 전우들에게 감사하다"고 말했다.

Ⅸ. 안타까운 불효자들

1 불효와 동방 불효 지국.

불효의 씨앗은 부모님을 무시하고 남의 부모와 비교하며 부모를 원망하는 마음에서 비롯되는 것이다. 불효 가운데 대표적인 불효는 자신의 목숨을 스스로 끊는 것과 사회적으로 용납되지 않는 범죄를 저질러 부모님의 억장이 무너지게 하는 것이다. 그러나 패륜아가 속출하는 것은 자식 잘못도 학교 잘못도 아니고, 오로지 그 자식을 낳은 부모의 잘못이다. 적어도 우리의 경우 국가도 사회도 그 패륜아에 대해선 책임이 없다. 오직 부모에게 책임이 있을 뿐이다. 자식이 패륜아인 것은 그 부모의 자업자득이다. 자식에게는 돈만 대면된다고 생각하는 그 부모에 대한 천벌이고 경종이다.

사서 중의 맹자(孟子)에는 세속에서 말하는 다섯 가지 불효(不孝)가 있다.

사지(四肢)를 게을리 하여 부모의 공양을 돌보지 않음이 그 첫째 불효요,

노름과 술 마시기를 좋아하여 부모를 돌보지 않음이 그 둘째 불효요,

재물을 좋아하여 처자만을 사랑하여 부모를 돌보지 않음이 그 셋째 불효요,

귀와 눈의 욕구를 채우느라고 부모를 욕되게 함이 그 넷째 불효요,

용맹을 좋아하여 싸우고 화내어 부모를 불안케 함이 그 다섯째 불효이니라.

옛날 고고학을 보면 오형지속(五刑之屬)이 삼천(三千)이로되 이죄(而罪)가 막대어불효(莫大於不孝)니라. 라는 말이 있다. 오형에 속하는 죄가 삼천 가지지만 그 중에서 불효보다 큰 죄는 없다 하는 말이 있다. 사람이 짓는 죄의 종류가 3천 가지인데 그 3천 가지나 되는 죄 중에 가장 큰 죄가 불효라는 말이다. 그건 옛날이나 지금이나 다 똑같다. 효도라 하는 것은 모든 행실 중에서 으뜸이 된다. 가정에서 효도를 못 하는 사람은 절대로 국가에 충성을 못 하는 것이다. 또 제 가정에서 아버지 어머니에게 잘 하는 것만이 효도가 아니고 가정을 잘 섬기는 것도 조상에 대한 효도다.

조선시대에는 가뭄 · 홍수 같은 천재지변이나 왕실의 주요 인물이 병에 걸려도 사면령을 내렸다. 억울하게 옥에 갇힌 사람의 원한이 하늘에 닿아 재변(災變)이 발생한다는 생각 때문이다. 이 때 대역 · 살인 · 강도 · 강간이 아니면서도 사면에서 무조건 제외되는 죄가 있었다. 조부모나 부모에 대한 '구매(毆罵: 구타하

고 꾸짖는 것)' 였다고 한다. 부모 구타는 목을 베는 참형(斬刑)에 해당했다. 얼마 전 '한국의 폭력 무감 실태' 라는 한 방송사의 연속기획 보도에 따르면 매 맞는 부모가 급증하고 있는 것으로 나타났다.

오늘날의 불효사례를 보면, 아들에게 전 재산을 빼앗기고 필리핀에 버려진 80대 노부부의 얘기에 시청자들이 격분했다. 2007년 10월 9일 방송된 SBS '긴급출동! SOS 24에서는 '해외판 고려장, 버려진 노부모'란 제목으로 노부부의 기막힌 사연을 소개했다. 2007년 2월 필리핀에서 사업을 하던 아들이 귀국해 부모님에게 관광을 시켜드리겠다며 필리핀으로 모시고 가 자신의 집에서 한 달여 동안 극진히 모셨고, 한국에 있는 전 재산을 정리해 필리핀에서 함께 살 것을 제안했다. 노부부는 아들의 말만 믿고 전 재산을 아들에게 맡긴 채 필리핀으로 향했다. 그런데 필리핀에 도착한지 사흘 만에 아들은 돌변했고 재산을 돌려주지 않는 것은 물론 말도 통하지 않는 필리핀 현지에서 부모님을 내쫓았다(SBS '긴급출동! SOS. 2007.10.09).

2010년 기준으로 부모님을 제주도나 외국에 유기(현대판 고려장)하는 사례가 연간 800건이 발생하였고, 심지어 살해하는 패륜범죄도 2010년 연간 66건으로 나타났다.

예전부터 우리나라를 칭하던 '동방예의지국' 이란 표현은 호랑이 담배 피우던 시절의 이야기가 되어버린 듯하다. 아버지 심봉사의 눈을 뜨게 하기 위해 공양미 300석에 인당수에 뛰어 들었던 심청이 이야기나 한겨울에도 딸기가 먹고 싶다는 병상의 어머니를 위해 산을 찾아 헤맸다는 효자 이야기 등도 말 그대로 옛날이야기일 뿐인가 보다. 연예인 가운데 건실한 이미지의 탤런트 이훈은 어린 시절 살림살이 팔아서 가출하였었고, 아버지께서 삭발까지 하실 정도로 속 썩였던 것을 방송을 통해서 사죄하였다. 또 이경실은 남편과의 이혼으로 어머니 마음을 아프게 했던 것이 크게 마음에 걸렸던지 '이혼은 가장 큰 불효' 라고 외치며 눈물을 흘린 바 있다. 우리나라의 경우 부모 자식 간 유대 관계가 유일하게 부모의 재산에 좌우되는 것으로 밝혀져 충격을 준다. 친족 간 황금만능주의가 팽배한 것은 자업자득인지도 모르겠다.

요즘 효의식이 붕괴된 원인은 핵가족의 확산과 위계질서의 붕괴 그리고 이기주의가 팽배한 때문이다. 또 물질만능의 시대 도덕성과 가치관의 혼란에 따라 정신문화가 설자리를 잃었고 아름다운 전통문화가 단절되었으며 승자독식의 시대에 살아가기에 너무 바쁜 현대생활도 한몫을 하고 있기 때문이다.

또한 경로효친 의식의 저하나 이혼증가 등 가족의 붕괴와 학교질서와 교실의 붕괴, 그리고 각종 사회병리현상과 국가의 무질서가 한몫을 하고 있다.

2. 불효의 시대별 변화.

조선의 '경국대전' 의 십악(十惡)은 사형 죄였다. 모반(謀反) · 모대역(謀大逆) · 모반(謀叛) · 악역(惡逆) · 부도(不道) · 대불경(大不敬) · 불효(不孝) · 불목(不睦) · 불의(不義) · 내란(內亂)

이 십악이다. 모반(謀反)은 사직을 어지럽힌 내란죄(內亂罪)이고, 모반(謀叛)은 조국을 배신한 외환죄(外患罪)이다. 십악의 내란죄는 동성(同姓) 5촌 이내의 친척과 부모나 조부의 첩(妾)과 화간(和姦)한 것이다. 모대역은 '당률(唐律)' 주석에 "종묘와 능(陵)과 궁궐을 파헤치는 것" 이라고 적고 있다. 임진왜란 후 조선이 선릉(宣陵)·정릉(靖陵) 도굴범 인도를 국교 재개 조건으로 내걸었던 이유나 일제강점기 전까지 무덤 도굴이 없었던 이유를 알 수 있다. '대명률직해(大明律直解)' 는 악역(惡逆)을 조부모·조모·처조부모·조모 구타나 살해라고 적고 있는데 백부·숙부·고모·이모·외조부모·남편 살해도 여기 해당한다. 부도는 죽여야 할 죄가 없는 사람 셋을 살해했거나 시신을 토막 내거나 산 사람의 신체 일부를 베어낸 죄이다. 대불경은 왕실의 제사 물건이나 임금의 물건을 훔치거나 임금에게 올릴 약을 잘못 조제하는 행위이다(조선일보. 2007.09.19).

불효는 조부모·조모·시조부모·시부모를 고소·고발·악담하거나 부모가 생존해 있는데 호적을 옮기거나 재산을 따로 나누거나 봉양 능력이 있으면서 봉양하지 않는 죄이고, 불목은 동성(同姓) 8촌 이내의 친족 살해나 팔아먹는 행위, 남편이나 동성 4촌 이내의 집안 어른이나 동성 5촌 이내 부모 항렬의 존속(尊屬)을 구타하거나 고발하는 죄이다. 불의(不義)는 백성이 지방관을, 병사가 직속상관을, 제자가 스승을 살해한 죄이다. 십악은 가을의 추분(秋分)까지 기다리지 않고 바로 죽였으며(不待時), 사면에서도 제외되었다. 유가(儒家)의 삼강오륜(三綱五倫) 준수가 목적이었으나 처벌은 법가(法家)식이었다.

〈대명률직해〉의 십악 중 불효에 관한 것은 다음과 같다.

◆ 부모나 조부모를 고소하거나 고발하는 행위.

◆ 부모나 조부모에게 악담하는 행위.

◆ 호적을 옮기는 행위.

◆ 재산을 분할하는 행위.

◆ 부모나 조부모를 봉양하지 않는 행위.

◆ 상중(喪中)에 혼인하는 행위.

◆ 상중에 풍악을 즐기는 행위.

◆ 상기(喪期)안에 상복을 벗는 행위.

◆ 상을 당한 사실을 사람들에게 알리지 않는 행위.

◆ 거짓으로 발상(發喪)하는 행위.

'효와 불효 모습'은 시대에 따라 분명히 변해 왔다. 옛날의 효, 그러니까 효도의 첫 단계는 '멀리 있는 효자 없다' 이 한 마디에 압축돼 있다. 효의 근본을 소위 스킨십(Skinship)에 두고 있는 것이다. 가장 본능적인 효이다. 부모가 자식을 품안에 안고 핥아주고 어루만지며 키웠듯이 자식의 효도도 그런 식이었다. 부모님 가까이서 팔다리 주물러 드리고 잠자리 봐드리고 조석 수발 들어드리고…. 이렇게 피부를 마주 비비면서 보살펴드리는 것이 바로 효도의 근본이자 시작이었다.

율곡이 정의한 5가지 불효

① 게을러 자기 직분을 소홀히 하고 부모봉양과 가족부양을 소홀히 하는 것.
② 음주나 잡기가 지나쳐서 부모봉양과 가족부양을 소홀히 하는 것.
③ 지나친 욕심이나 자기 처지만을 소중히 하여 부모와 형제를 소홀히 하는 것.
④ 자기의 눈과 귀의 만족을 채우기 위하여 부모를 욕되게 하는 것.
⑤ 거친 마음으로 싸움을 좋아하여 부모와 가족에게 근심걱정을 끼치는 일.

1950년대와 60년대 불효는 부모에게 일방적 희생만을 강요하는 불효였다. 이 시대의 부모는 자식을 위해 논밭 팔고 밥을 굶으면서까지 자식을 공부시켜야 했고, 자식은 부모에게 비록 본의는 아니지만 희생을 강요하는 꼴이 됐다. 그리고 이런 부모 희생을 보상하는 방법은 자식의 출세였다. 그러나 이 불효는 또 다른 불효를 잉태하고 있었다. 우리 부모들은 당신들의 희생에 어떤 보상을 바래서가 아니라 당신들이 자식을 안아 키웠듯이 나중엔 자식이 부모들 돌봐야 하고 그것이 부모들의 보람이자 행복이라고 믿어 왔다. 그런데 공부시킨 자식이 다시 부모 품으로 돌아오는 회귀율이 점점 낮아지고 60~70년대부터는 '서울에 간 자식은 아예 서울서 눌러 살아'버린다. '부모와 자식은 가까이 있어야 한다.'는 '효'의 기본마저 무너지기 시작한 것이다. 부모 자식 간 스킨십이 단절되는 원천적 불효가 시작된 것이다.

그 다음에 온 불효가 '마음의 단절'이었다. 이 단절을 물질 만능주의가 가져온 것이지만 따지고 보면 '효도관의 변화'이다. 바로 필자가 신파극 '불효자는 웁니다.'에서 나타내고자 했던 불효….물질적으로 풍요하게 해드리면 그걸로 '효도 제대로 하는 것'이라고 믿는 그런 불효이다. 출세한 자식들은 몸은 떨어져 있으나 물질적 만족을 부모에게 안겨줌으로써 '떨어져 있는 불효'를 스스로 달랬다. 이 시대는 그래도 자식들이 매달 돈이나마 꼬박꼬박 보낼 정도의 애정은 갖고 있었고 부모에 대한 책임감 같은 게 남아 있었다는 증거이다. 그러나 지금은 형편이 또 달라졌다.

지금 이 시대의 불효는 불효라고 말할 수조차 없는 '효의 마비' 상태이다. 무엇이 효고 무엇이 불효인지 그 판단조차 서지 않을뿐더러 그걸 생각하는 것조차 잊어버린 지 오래이다. 자식은 부모와 떨어져 있는 게 하나도 이상하지 않음은 물론 매달 생활비를 보내야 하는 최소한의 의무조차도 모르는 형편이다. 지금의 자식들에겐 '그저 학교 꼬박 꼬박 잘 가고 사고 안치는 게 효도요, 일흔이 넘어서는 부모에게 손 안 벌리는 것만도 큰 효도다'라는 새로운 효도관이 이미 자리 잡았다. 효의 기준이 변해버린 것이다.

하지만 세월이 변했다고 부모 자식 간 촌수가 변하는 건 아니고 세월이 아무리 변해도 변하지 않는 건 '부모 마음'이다. 부모 마음이 세월 따라 변하는 거라면 자식들도 변명의 여지가 있겠지만 이렇게 부모 자식 간에 변한 건 아무 것도 없는데 오직 자식 마음만이 시대에 따라 변했다는 건 이미 도리에 벗어난 것이다.

'효는 마음과 행동이 함께해야 한다.'고 한다. 그러나 지금 시대에 행동까지 부모 맘에 쏙 들도록 하라는 건 무리한 주문일지 모른다. 부모들이 그걸 바라지도 않을 것이다. 다만 자식들의 '마음'만은 항상 부모 곁에 놔두는 최소한의 '효'는 반드시 가슴에 품고 살아야 한다.

3. 안타까운 불효 사례.

1) 3번아, 잘 있어라. 6번은 간다!

어느 농촌에 노부부가 살고 있었다. 노부부는 동네 사람들에게 서울 사는 아들 내외 자랑, 공주같이 예쁜 손녀 자랑하면서, 아주 행복하게 살고 있었다. 하나 밖에 없는 아들을 일찍 서울로 유학 보내고, 두 부부는 고생하며 학비를 조달하여 대학 졸업시키고, 지금은 재벌 회사 과장까지 승진하여 강남 아파트에서 명문대학 나온 우아한 아내와 잘 살고 있는 아들이 이 부부에겐 크나큰 자랑이었다. 또한 아들은 여간 효자가 아니어서, 추석이나 설에는 거의 빠지지 않고 제 식구들을 데리고 고향으로 와서 명절을 보내고 올라가곤 했었다. 그래서 우아한 며느리와 공주

같은 손녀딸을 볼 때마다 노부부는 동네 사람들에게 늘 으쓱대는 기분을 느끼곤 하였다. 아들 내외는 고향에 내려올 때마다,

"아버님 어머님 시골에서 이렇게 고생하지 마시고 저희와 함께 서울로 가시지요. 저희가 잘 모시겠습니다."

하고 말했답니다. 그럴 때마다 부모님은

"아니다. 우리 같은 늙은이가 살면 얼마나 더 산다고, 서울이 다 무에야. 그냥 이렇게 살다가 고향 땅에 묻힐란다."

하고 사양했더란다. 그렇게 말하면서도 노부부는 언젠가는 서울의 강남에 있는 아파트에서 아들 덕택에 호사하는 자신들의 모습을 상상하며 흐뭇해하는 상상을 하셨다. 그러다가 노부부 중 할멈이 먼저 세상을 뜨게 되었다. 상을 치르는 내내 아들 내외가 어찌나 애통하게 엉엉 우는지 동네 사람들도 모두 가슴이 찡하였다. 초상을 치르고 나자 아들 내외는 또다시 간곡하게 청하였다.

"아버님, 이제 어머님도 가시었으니 어쩌시렵니까? 고향 집 정리하시고 서울로 올라가시어 저희와 함께 사시도록 하시지요. 저희가 잘 모시겠습니다."

할멈도 떠나간 이제, 그도 그럴 것이다 싶어 노인은 몇 날을 생각하다가 결심을 하였다. 논밭과 야산 등 모든 가산을 정리하고 서울로 올라갔다. 가산을 정리한 돈은 아들 내외에게 주어 32평 아파트에서 42평 아파트로 옮기고, 노인의 서울 생활은 처음엔 그런대로 평안하였다. 그즈음 아들은 과장에서 부장으로 승

진할 때도 되었고, 회사 일이 워낙 바쁘기도 하였으므로 매일을 새벽에 출근하였다가 밤 12시가 넘어서야 퇴근하는 일과가 몇 달이고 계속되고 있었다. 그러던 어느 날, 아들이 모처럼 일찍 퇴근하여 집에 돌아와 보니 집안이 썰렁하니 비어 있더래요. 다들 어디 갔나? 하던 차에 식탁 위에 있는 아내의 메모를 보았더래요.

여보 우린 모처럼 외식하러 나가요. 식사 안하고 퇴근하였다면 전기밥솥에 밥 있고, 냉장고 뒤져 반찬 찾아 드세요. 좀 늦을지도 몰라요.

가족을 기다리는 동안 냉장고 속을 뒤져 맥주를 찾아서 마시고 있자니 현관 쪽이 시끌벅적 해지며 나갔던 식구들이 돌아오는 기척을 느꼈습니다.

아, 그런데 들어오는 걸 보니, 아내와 딸, 둘만 보이는 게 아니겠어요?

"왜 둘만이지?" "둘 만이라니? 여기 밍키도 있잖아?"

아내는 강아지를 남편의 눈앞에 들어 보이며 활짝 웃었다.

"아니, 아버지는?" "오잉? 아버님 집에 안 계셔? 어디 노인정이라도 가셔서 놀고 계신가?"

"아버지께서는 매일 이렇게 늦게 들어오시나?"

남편이 약간 걱정스런 얼굴로 묻자,

"웅, 으응……" 아내는 더듬거렸다.

사실 아내는 평소에 노인이 몇 시에 나가서 몇 시에 들어오는지 도통 생각이 안 난다. 왜냐하면 아내는 노인에 대해 전혀 관심이 없었기 때문이다. 아들은 노인이 들어오실 때까지 자지 않고 기다리기로 작정하고 서재의 책상 앞에 앉았다. 아내는 벌써 잠들었나 보다. 그 때 아들은 책상 한 켠에 정성들여 접혀진 쪽지를 발견하였다. 볼펜으로 꾸~욱 꾹 눌러쓴 글씨… 무슨 한이라도 맺힌 듯이 종이가 찢어지도록 꾹꾹 눌러쓴 글씨, 아버지의 필적이 틀림없었다.

"잘 있거라. 3번아. 6번은 간다."

자정도 넘어 밤은 깊어만 간다. 노인은 아직도 돌아오지 않고 있다. 아들은 머리를 쥐어짜고 생각에 잠긴다.

'잘 있거라. 3번아. 6번은 간다?' '이것이 무슨 뜻일까?'

이 시간까지 아버지가 귀가 안 하신 걸 보면 가출하신 것이 틀림없는 것 같은데, 한데, 왜, 왜, 왜?

아들은 아버지의 방에 들어가 보았다. 평소에 햇볕이 잘 드는 방이 아니어서 그런지 자정 넘은 오밤중이긴 하지만 왠지 우중충하다는 느낌이 드는 방이었다. 이쪽 벽에서 저쪽 벽으로 빨랫줄이 처져 있었다. 빨랫줄에는 양말 세 켤레, 팬티 두장과 런닝셔츠 두 벌이 걸려 있었다. 아마 아버지 것이겠지요. 방 한 켠에는 어린 딸의 옷장이 놓여져 있었다. 어린 딸이 이제 그만 지겨워한다고, 옷장을 더 예쁜 것으로 바꿔 주고 나서 아마 이 헌 옷장을 아버지 몫으로 돌린 모양이다.

옷장 위에는 어머니의 사진이 놓여 있다. 참으로 착하디 착한얼굴이다. 상(喪) 치를 때 영정으로 사용하던 사진이다. 그리고 방구석에 소반이 있었다. 소반 위에는 멸치볶음, 쇠고기 장조림, 신 김치 등 뚜껑 있는 보시기가 몇 개 있었고, 마시다가 반병 정도 남아 있는 소주병이 있었다.

'아아~~, 아버지…아들도 있고, 며느리도 있고, 손녀딸도 있는데 아버지는 그 동안 이 골방에서 홀로 식사를 하고 계셨던가요?'

'아아, 아버지, 며느리도 있고, 세탁기도 있는데… 아버지는 팬티와 런닝을 손수 빨고 이 방에서 손수 말리고 계셨던가요?'

아들은 무언가 자신의 가슴을 후벼 파고 싶은 자괴감에 눈물을 흘렸다. 날이 뿌옇게 밝아오자, 아들은 아파트 주변을 샅샅이 뒤지며 혹시나 노인이 어디선가 밤을 지새운 흔적이 있는지 살펴보았다. 그리고 파출소에 가서는 노인의 가출을 신고하였다. 고향의 이장 어른에게도 전화를 걸어 보았다. 그러나 아버지의 흔적은 찾을 길이 없었다.

'3번아, 잘 있거라. 6번은 간다.'

이 암호를 우선 풀어야 아버지를 찾을 수 있을 것 같은 마음에 아들은 조바심을 쳤다. 직장 동료, 상사, 대학 동창 등 현명하다는 사람은 다 찾아 이 암호를 풀려고 노력했으나 아무도 그 암호를 푸는 사람이 없었다. 몇 날 며칠이 지났다. 아들은 이제 부장 진급이고 뭐고 아무 생각 없고, 오로지 아버지 생각만 하였다.

어느 날 저녁, 술 한 잔에 애잔한 마음 달래고, 쓸쓸히 퇴근하는 길이었다.

"자네, 김 아무개 영감 자제가 아니던가?"

아파트 입구에서 어떤 영감님이 아들을 불러 세웠습니다.

"아, 예…그런데 어르신은 누구십니까?"

"응, 난 김 영감 친굴세. 근데 요즘 왜 김 영감이 안 뵈네? 그리고 자넨 왜 그리 안색이 안 좋은가?"

그래서 아들은 약간 창피하긴 했지만, 아버지께서 가출한 얘기를 간단히 들려주었다. 그리고 그 영감님에게 이제는 유서가 되다시피 한 그 암호문을 내밀며 이게 도대체 무슨 뜻인가 물어 보았다. 영감님은 그 쪽지를 한동안 보더니 돌려주며 말했다.

"흐으, 자네 이것이 무슨 뜻인지 모르겠다구? 이 사람아, 김 영감이 늘 얘기하곤 했지….

우리 집에서는 며느리가 제일 위고, 두 번째는 손녀딸이고 3번이 아들이라고 했지. 4번은 강아지 밍키고, 5번은 가정부라 했네. 그리고 김영감 자신은 아무 짝에도 쓸모없는 6번이라 하고는 한숨짓곤 했지. 그렇게 쉬운 것도 자네는 풀지 못하나? 에잉… "

"아흐흐흐흑…" 아들은 그만 눈물을 주루룩 흘리고 말았다.

'아, 아버지 죄송합니다. 어찌 아버지가 6번입니까? 1번, 아니 0번이지요.'

돌아서는 아들의 등 뒤로 영감님이 한 마디 했다.

"고향엔 면목 없고 창피해서 아니 가셨을 거여. 집 근처에도 없을 거고, 내일부터 서울역 지하철부터 찾아보자구. 내 함께 가줌세."

2) 딸에게 사기당한 70대 노부부.

어느 70대 노부부가 자기 딸한테 사기당한 이야기다. 큰 딸과 작은 딸이 캐나다에 살고 있는데 큰 딸이 아버지 어머니에게 캐나다가 너무 살기 좋다면서 집을 팔아 정리해서 오시면 잘 모시겠다고 하도 그래서 이 두 노부부는 딸 말을 듣고 집을 정리하고 돈을 들고 캐나다로 날아갔다. 사위와 딸은 처음에는 어찌나 잘하는지 아무 의심도 하지 않았다. 그런데 몇 일 후 이민 수속 밟아준다면서 돈을 요구하면서 부터 요리조리 여차여차 결국은 돈을 다 빼앗았다. 돈을 훌친 큰 딸이 그때부터 얼굴 싹 바꾸고 어머니 아버지를 구박하기 시작했다. 결국은 부모는 쫓겨나서 길거리로 나섰다.

둘째 딸한테 전화를 했다. 작은 딸 역시 내가 이민 수속 밟아주겠다면서 목걸이, 팔찌, 비행기 삯까지 결국은 다 빼앗았다. 할 수 없이 두 부부는 거리에 깡통을 주워 겨우 생계를 유지했다. 그래서 한인협회에 가서 도움을 요청했다. 한인협회에서 한국 SBS방송에 그것이 알고 싶다 프로에 신고하자 SBS PD들이 케나다로 날아왔다. 피디들이 딸의 아파트를 찾아가서 문을 두드렸다. 그때 날씨가 추워서 밖에는 눈이 소복이 쌓여있었다. 추운데 들어가서 이야기 합시다 하니 아버지가 절대 안 된다고 안 들어가셨다.

집안에는 손자가 있었는데 할아버지를 보고도 들어오시라고 하지도 않고 자기 엄마한테 전화를 하더니 절대 집에 들이지 말라는 것인지 끝내 들어가지 못했다. 그러니 PD는 수소문 끝에 딸을 잡았다. 잡아도 법적으로 처리할 근거가 없었다. 결국은 아버지는 그 PD를 따라서 한국에 오게 되었다. 한국에 와서 이질한테 몇 일 있다가 쉼터라는 국가기관에 한 달간 임시로 있게 되었다. 그곳에 가보니 자기와 같은 처지로 와 있는 부부가 있었다. 그 부부는 아들과 며느리가 부모를 꼬여 필리핀으로 오면 살기가 좋다고 하도 오라고 해서 집을 팔아 갔는데, 돈만 다 빼앗기고 한국에 돌아와 갈 곳이 없어 그곳에 있다고 했다. 이것을 보면 이런 사건이 한사람 두 사람이 아니라는 것이다. 쉼터에는 한 달밖에 있을 수가 없다 한 달 후에는 맨손으로 집도 없이 나가야된다는 것이다. 세상에 이럴 수가! 어떻게 이럴 수가!

우리나라도 아닌 말도 통하지 않는 법도 다른 외국까지 불러서 쫓겨 내다니 따진다고 언성을 높인다고 경찰에 신고해서 잡아가고 접근 금지명령내리고 딸은 캐나다에서도 부자동네 아파트에서 버젓이 살고 있다니 그 아버지가 딸이 어릴 때 매일 자가용 태워서 수영 데리고 다닐 정도로 아버지가 딸을 사랑으로 키웠다. 그런데 어떻게 이럴 수가 .....

3) 부모를 갈라놓은 자식들.

우리 부부는 조그마한 만두 가게를 하고 있다. 손님 중에 할아버지와 할머니는 매주 수요일 오후 3시면 어김없이 우리 만두 가게에 나타났다. 대개는 할아버지가 먼저 와서 기다리지만 비가 온다거나 눈이 온다거나 날씨가 궂은 날이면 할머니가 먼저 와서 구석자리에 앉아 출입문을 바라보며 초조하게 할아버지를 기다리 곤 했다. 두 노인은 별말 없이 서로를 마주 보다가 생각난 듯 상대방에게 황급히 만두를 권하다가 눈이 마주치면 슬픈 영화를 보고 있는 것처럼 눈물이 고이기도 했다.

대체 저 두 분은 어떤 사이일까? 나는 만두를 빚고 있는 아내에게 속삭였다. 서로를 걱정하는 마음이 그대로 드러나는 따뜻한 눈빛이 두 노인이 아주 특별한 관계라는 걸 말하는 것 같았다. 그날따라 할머니는 눈물을 자주 닦으며 어깨를 들먹거리다가 만두를 그대로 놓은 채 자리에서 일어났다. 할아버지는 돈을 지불하고 할머니의 어깨를 감싸 안고 나갔다. 그런데 다음 주도 그 다음 주도 할머니 할아버지는 우리 만두 가게에 나타나지 않았다. 시간이 지날수록 두 노인에 대한 생각이 잊혀갔다. 그런데 두 달이 지난 어느 수요일 날, 정확히 3시에 할아버지가 나타나셨다. 좀 마르고 초췌해 보였지만 영락없이 그 할아버지였다. "오랜만에 오셨네요." 할아버지는 아무 말 없이 조금 웃어 보였다.

"할머니도 곧 오시겠지요?" 할아버지는 고개를 가로 저으며, "못 와. 하늘나라에 갔어." 그러면서 말해 주었다.

두 분은 부부인데 며느리들끼리 싸웠다. 큰 며느리가 "다 같은 며느리인데 나만 부모를 모실 수가 없다"고 강경하게 나오는 바람에 공평하게 양쪽 집에서 할아버지, 할머니를 한 분씩 모시기로 했단다. 그래서 두 분은 일주일에 한 번씩 견우와 직녀처럼 서로 만난 거란다. 그러다가 할머니가 먼저 돌아가셨단다.

"이제 나만 죽으면 돼. 우리는 또 다시 천국에선 같이 살 수 있겠지." 할아버지는 중얼거리며 창밖으로 시선을 던졌다. 할아버지 뺨에는 눈물이 주르륵 흐르고 있었다.

너무나 슬픈 이야기이다. 오늘날 많은 할아버지 할머니들이 아들 딸 며느리의 구박을 받으며 한스러운 외로운 삶을 살고 있다는 소식을 듣는다. 동방예의지국이란 예부터의 명성이 사라진지 오래다. 한탄스러운 일이다.

4) 아버지! 죄송합니다.

불가에서는 현세에서 옷깃을 한 번 스치는 것도 전생에 천 겁의 연분이 있었기 때문이라고 하였거늘, 그렇다면 부모님과의 인연은 전생에 몇 억겁의 인연이 있어서였을까요. 그런데도 내 가슴에 각인된 불효의 죄스러움이 너무 커 속죄하는 마음으로 이 글을 씁니다. 내 땅이라고는 한 뼘도 없는 가난한 소작농의 셋째 딸로 태어난 제가 남편과의 결혼을 며칠 앞두고 식구들이 모인 자리에서, 차마 입에 담지 못할 말로 부모님의 가슴에 처음으로 피멍을 들게 했습니다.

"엄마, 아빠! 딱 한 번만 부탁드릴게요. 결혼식장에서만큼은 큰아버지 손잡고 들어가게 해주세요." "철썩!"

채 말이 끝나기도 전에 옆에 있던 오빠한테 뺨까지 얻어맞았지만 저는 막무가내였습니다. 그렇잖아도 친정의 넉넉하지 못한 형편 때문에 부유한 시댁에 행여나 흉잡힐까봐 잔뜩 주눅 들어 있었는데 꼽추 등을 하신 아버지의 손을 잡고 많은 하객들 앞에 선다는 것은 정말 생각하기도 싫었습니다.

"걱정 말 그래이. 요즈음 허리가 하루가 다르게 아파오니, 내 그날은 식장에도 못 갈 것 같구나. 그러니 마음 아파하지 말고 그렇게 하그라."

행여나 시집가는 딸이 마음에 상처라도 입을까봐 거짓말까지 하신 아버지!

상아빛 순결한 웨딩드레스를 입고 하객들의 축하를 받으며 큰아버지 손을 잡고 행진을 하는 순간부터 북받쳐 오르기 시작한 오열로 결혼식 내내 눈물범벅이 되고 말았습니다. 덩그러니 방에 홀로 남아 쓴 소주잔을 기울이고 계실 아버지를 떠올리며 다시는 아버지를 배반하지 않겠다고 다짐을 했건만, 저는 또다시 용서받지 못할 불효를 저지르고 말았습니다.

허니문 베이비를 가져 시집가자마자 심한 입덧으로 고생을 하면서도 어려운 시어머니께는 감히 내색도 제대로 못하고 늦은 밤 친정집에 전화로 고통을 하소연 하곤 했었죠. 잔정 많은 남편이 사다주는 음식들은 냄새만 맡아도 구역질이 났고, 친정어머니께서 투박한 손으로 무쳐주시던 겉절이와 텁텁한 청국장이 먹고 싫어 흉내도 냈지만 실패의 연속이었습니다. 그러던 어느 햇볕 따스한 일요일 오후, 화사하게 치장한 채 시어른들을 모시고 바깥나들이 하기 위해 승용차에 몸을 싣고 골목 어귀를 빠져나갈 무렵 제 눈을 의심하고 말았습니다. 얼굴을 잔뜩 숙인 채 꼽추 등에 보자기를 들고 건너편 슈퍼에서 두리번거리는 한 노인네는 분명 나의 아버지 같았습니다.

"아버지 - - - ."

'한 번도 와본 적이 없으신데 설마 - -.' 하면서 아버지가 아니길 간절히 바랐습니다. 그러나 저녁 무렵, 피곤한 몸을 이끌고 집에 도착한 후 담배를 사러 나갔던 남편이 슈퍼 아줌마가 전해 주더라며 조그만 보따리를 내밀었습니다.

"야야! 너거 어미가 올라카다가 일 나가서 못 오고 내가 대신 가지고 왔대이. 하나는 청국장이고 하나는 거쩔이(겉절이)다. 배곯지 말고 마싯게(맛있게) 먹그래이."

맞춤법도 틀리게 어렵사리 쓰셨을 쪽지를 보면서 사돈에게 흠 잡힐까봐 들어오지도 않고 전해만 주고 가실 생각이었음을 짐작하고도 남았습니다.

"장인어른도 참! 여기까지 오셔서 왜 그냥 가셨지."

남편도 미안해하는 눈치였습니다. 버스를 세 번이나 갈아타야만 올 수 있는 길을, 언젠가 한 번 들른 적이 있는 큰언니한테 묻고 또 물어서 찾아오셨던 아버지! 딸네집이 눈앞이면서도 물 한모 금 얻어 마시지 못하고 쓸쓸히 발길을 돌렸을 아버지를 생각하면 지금도 눈가에 이슬이 맺힙니다.

시집가서 자식을 낳아봐야 부모 마음 반이나마 깨닫는다고 했던가요. 늦게 철이 든 저는 이제야 그 의미를 알 것 같습니다. 하지만 한 번 뱉은 말은 주워 담을 수 없듯이 한 번 저지른 불효는 그 어떤 효도로도 깨끗이 치유될 수 없는지 날이 갈수록 한스러워집니다. 더군다나 얼마 전에 남편 직장 때문에 분가를 해서 친정과는 3백 킬로나 떨어진 곳에 살고 있으니 느는 건 눈물뿐이랍니다. 오늘처럼 이렇게 부슬부슬 가랑비라도 내리는 날엔 사진첩을 벗 삼아 뒤적이다가 아버지 없는 결혼사진을 대할 때면 황량한 바람이 붑니다. 아버지! 정말 죄송합니다. 지난날의 불효자식이 이제야 철이 들었나 봅니다.

5) 민망한 동방예의지국.

친아버지를 살해한 뒤 시신을 19개월간 집안 장롱에 숨겨온 30대가 경찰에 검거됐다. 중학교를 중퇴한 정모(36)씨는 나이트클럽 웨이터, 용접공 생활을 했지만 돈을 모으지 못했다. 동거녀와 열었던 족발집이 망하면서 사채는 눈덩이처럼 불었고, 월세도 밀리기 시작했다. 지난 8월 30일 오후 5시 30분. 정씨는 부산 사하구 하단동에 있는 어머니 이모(63)씨 집을 찾아갔다. 시장에 가려고 문밖을 나선 어머니와 돈을 '달라, 못 준다' 실랑이를 벌였다. 정씨는 아들이 아닌 강도로 돌변했다. 품에서 길이 20㎝짜리 과도를 꺼내 어머니 이씨의 가슴 앞으로 갖다 댔다. 어머니는 집 안에 있는 작은딸에게 "이놈이 칼 들고 설친다. 신고하라"고 소리쳤다. 달아났던 정씨는 창원에 있는 원룸에서 잡혔고 범행을 시인했다. 정씨의 '패륜(悖倫)'은 이게 처음은 아니었다. 부산 강서경찰서 김상원 경위는 "2007년 정씨가 칼로 어머니 이씨 팔을 베어서 1년간 교도소에 갔다 왔다"고 말했다. 출소를 한 2008년 10월엔 가족이 사는 동네를 지나다 여동생 정모(33)씨가 라면을 먹고 있는 것을 보고 라면국물을 엎어 화상을 입혔다. 1년 전 재판에 증인으로 나와 자신에게 불리한 증언을 했다는 이유에서다. 가족을 상대로 한 범행은 이뿐이 아니다. 작년 11월엔 누나인 정모(43)씨를 주먹과 발로 때린 뒤 현금 20만원을 갖고 도망쳤고, 아버지에게 과도를 휘두르다 잡혀 집행유예를 받았다. 경찰은 "정씨는 친족(親族)을 대상으로 한 전과만 따져도 3범"이라고 했다(연합뉴스 2010.09.27).

또 존속(尊屬 · 부모 또는 그와 같은 항렬에 있는 사이의 친족)을 상대로 범행을 저지르는 '존속범죄'가 끊이지 않는다. 존속범죄엔 존속폭행 · 존속폭력 · 존속상해를 포함해 모든 범죄가 다 포함되지만 존속살인을 제외하고는 얼마나 일어나고 있는지 정확하게 파악하기 어렵다.

한국은 다른 나라에 비해 전체 살인사건에서 존속살해가 차지하는 비율이 다소 높다. 강원지방경찰청에 따르면 전체 살인사건에서 존속살인이 차지하는 비율은 미국이 2%, 영국 1%, 프랑스 2.8%인 반면, 한국은 약 5% 전후다. 이유는 "존속살해에서 아들이 어머니를 살해하는 비율을 보면 답이 나온다"고 했다. 외국에 비해 부모 · 자식이 함께하는 시간이 많은 우리나라에서 양육(養育)을 담당하는 어머니가 가장 쉽게 희생된다는 것이다.

또 경기도 포천에선 고교 1학년 학생인 최모(16)군이 "담배 피우는 것을 아버지에게 말하겠다"고 말한 어머니를 칼로 살해했다. 이를 말리던 70대 할아버지도 최군 손에 살해됐다. 행동통제력이 약한 10대의 범죄는 더 잔혹한 경향을 갖는다.

정신분열로 인한 존속살해의 비중이 점차 높아져 가고 있는 게 추세라고 한다. 정신질환을 갖고 있는 사람이 주로 접하는 사람은 가족이고 이들이 유일한 인간관계인데, 이 사이가 틀어지면서 사고가 생기는 것이라고 했다.

추석 같은 명절이나 가족들이 많이 모이는 때, 재산 분쟁이나 묵혀온 앙금이 폭발하면서 폭행이나 살인까지 일어나는 확률이 높아진다."고 한다.

6) 불효자 박한상 사건.

유학비용으로 보내주신 돈을 도박으로 탕진하고 빚까지 져 아버님으로부터 심한 꾸지람을 들었다. 13일 귀국 후 '호적을 파가라' '너는 아무 일도 못하는 놈이다' 라는 말을 자주 해 감정이 쌓여 있었다. 부모만 없으면 재산을 차지할 수 있다는 생각에 범행을 저질렀다."

1994년 5월 19일 0시 10분 서울 강남구 삼성동 집 안방에서 부모가 잠든 것을 확인한 큰아들 박한상(당시 23세). 그는 옷을 모두 벗은 뒤 등산용 칼을 들고 들어가 아버지와 어머니를 수십 차례 찔러 무자비하게 살해했다. 그리고 방에 불을 질렀다. 한약업을 하는 부모의 100억 원대 재산을 가로챌 생각이었다. 그를

'패륜(悖倫) 범죄' 의 구렁텅이로 몰고 간 것은 제대로 적응하지 못한 미국 유학생활이었다. '부잣집 아들' 박한상은 한 지방 대학 재학 중이던 1993년 8월 부모를 졸라 미국 유학길에 올랐다.

미국 로스앤젤레스 근교 한 어학원에 8개월 과정 영어연수 프로그램을 등록했지만 별 흥미를 느끼지 못했다. 준비 안 된 유학이었기 때문이다. 어학원에 나가는 대신 아파트에 틀어박혀 폭력 비디오를 즐겼다. 학교 주변 도박장에서 심심풀이로 포커와 블랙잭을 하다가 라스베이거스까지 원정도박을 갔다. 도박장에서 2만 3000달러(당시 기준으로 약 2000만 원)를 잃었다. 그래도 손을 떼지 못했다. 아버지를 졸라 타낸 승용차 구입비 1만 8000달러마저 도박으로 날렸다. 돈이 더 필요하자 몰래 귀국해 은행에서 신용카드를 만들었다. 그러곤 사채업자에게 '카드 깡' 해서 받은 200여만 원을 호텔나이트클럽에서 썼다. 그는 완전범죄를 꿈꿨다. 물증을 잡지 못한 초기엔 경찰 수사가 미궁에 빠질 뻔했다. 하지만 그의 팔목 화상을 치료한 서울 강남 병원의 한 간호사가 "얼굴과 머리카락에 피가 묻어 있었다" 고 한 제보는 결정적이었다.

경찰이 국립과학수사연구소 감정 결과와 정황 증거를 들이대자 그는 5월 26일 새벽 범행 일체를 자백하고 눈물을 흘렸다. 서울고등법원은 1995년 4월 공주치료감호소에 박한상의 정신감정을 의뢰한 결과 정상으로 판정됐다. 1심과 2심에서 사형선고를 받은 그는 무죄를 주장하며 대법원에 상고했다. 대법원은 사형을 선고한 원심을 1995년 8월 25일 확정했지만 아직 사형은 집행되지 않았다.

7) 아이들을 괴물로 기르는 가정과 사회.

이제 열세 살 된 중학교 2년생이 집에 불을 질러 부모와 동생 등 일가족 4명을 살해한 참으로 경악할 만한 사건이 발생했다. 범행 동기는 "공부하라"며 자주 학대하던 아버지에 대한 분노와 복수심이었다. 경찰은 아이가 아버지에게 뺨을 맞고 골프채에 배를 찔리는 등 모욕적 대우를 받고 오랫동안 억눌려온 분노가 폭발, 우발적으로 범행한 것으로 파악하고 있다.

중학생이 예술고등학교 진학을 반대하는 아버지가 공부하라며 폭행한 데 앙심을 품고 집 안에 휘발유 뿌려 불을 질러 잠자던 일가족 4명이 사망했다.

2010년 10월 21일 오전 3시 35분 서울 성동구 하왕십리동 한 아파트 13층에서 불길이 치솟았다. 150여㎡(46평) 아파트 전체를 태운 불은 소방관 80여명에 의해 24분 만에 꺼졌다. 이 사고로 이모(13)군을 제외한 아버지(46)와 어머니 최모(38)씨, 여동생(9)과 할머니 박모(71)씨 등 가족 4명이 현장에서 숨졌다. 주민들은 화재 당시 집에 없던 아들 이군이라도 살아남아 다행이라고 생각했지만, 경찰조사 결과 이군은 사건 발생 4시간여 만에 가족을 살해한 혐의로 경찰에 체포됐다. 이군은 "아버지만 없으면 행복이 찾아올 것이라고 생각해 사고 전날(19일) 범행 준비를 했다"고 말했다. 이군은 "학교 과학 시간 준비물"이라며 인근 주유소에서 휘발유 8.5L를 사서 배낭에 담아 집으로 옮겼다. 다음날 새벽 이군은 아버지가 자던 큰방에서부터 부엌, 거실, 현관 입구까지 휘발유를 뿌리고 불을 붙였다.

이군은 도망치면서 엘리베이터 CC(폐쇄회로)TV에 찍히지 않기 위해 계단을 이용했다. 휘발유 냄새가 가득했던 잠바는 노숙자에게 벗어줬다. 1시간 30분 동안 주위를 배회하다 사이렌 소리가 들리고 주민들의 대피모습에 상황이 궁금해 집으로 돌아갔다. 이군은 자기 집에 불이 났다는 경비원 말을 듣고 "우리 엄마"라고 외치며 주민들 앞에서 울부짖었다고 한다. "어디 갔었느냐"고 주민들이 묻자 "홍대 앞에 갔었다"고 태연히 대답했다는 것이다.

"아버지만 없다면 행복할 것 같았다"던 아이는 엄청난 죄의식으로 인해 아마 평생 행복할 수 없는 삶을 살 것이다. 그렇지 않아도 최근 극단적인 존속범죄가 무섭게 늘어나는 상황이다.

소통 없는 가정, 출구 없는 교육시스템이 책임의식과 도덕성을 갖추지 못한 정서미숙 상태의 청소년들을 만들어내는 것이다. 더욱이 우리사회는 급격한 외형적 성장을 겪으면서 기성세대와 자라나는 청소년 사이의 인식차가 유례없이 벌어져 있다. 언제든 터질 수 있는 폭탄들이 도처에 넘쳐난다는 얘기다. 이런 문제에 관한 한 즉각적으로 유효한 처방이란 없다. 부모와 자녀 세대 간에 이해의 폭을 넓히는 공동참여 교육프로그램을 활성화하고, 학교와 지역사회에 청소년의 정신적 출구를 만들어주는 것이 그나마 방법일 것이다. 결국 모두가 문제의 심각성에 대한 인식을 공유하는 것이 출발점이다.

마 무 리

효란 우리 민족이 지켜온 아름답고 숭고한 전통으로 웃어른들이 살아 계시는 동안 정성을 다 하고 돌아가신 후에도 그 분들의 은혜를 잊지 않고 도리를 다 하는 것을 말한다. 효는 가정·사회·국가의 질서 체계로 발전되는 모든 행실의 근원이다. 그래서 우리 조상들은 이를 사회의 가장 크고 가치 있는 덕목으로 여기며 일생 동안 이를 지키기 위해 노력해 왔다. 또 효는 가정에서 뿐만이 아니라 사회적 교화의 기능을 수행하며 천하의 질서를 바로잡아 왔다.

효경(孝經)에는 "효는 하늘의 법도이며, 땅의 의리이고, 백성의 행실이다. 하늘과 땅의 법도가 있으니, 백성은 그것을 본받아야 한다." 라고 강조하고 있다. 따라서 효는 영원히 변하거나 소멸하는 일이 없이 인류의 생존이 계속되는 한 모든 도덕의 기본과 규범이 되는 것이다. 또 "어버이를 사랑하는 사람은 남을 미워할 수 없다" 라고 하였고 또 그 어버이를 사랑하지 않고 다른 사람을 사랑하는 것을 패덕(悖德)이라 하였으며, 그 어버이를 공경하지 않고 다른 사람을 공경하는 것을 패례(悖禮)라고 하였다. 따라서 남을 사랑할 수 있는 것은 효자만이 할 수 있는 특권이기도 하다. 효행의 요체는 부모님의 의식주에 불편함이 없도록 애경의 마음으로 나눔, 베풂, 섬김을 실천하는 것이니 가족 간의 효의 실천과 습성화가 현대 사회의 이웃 사랑과 인류 봉사로 확장 적용될 수 있다.

현 시점은 "효" 정신으로 인간이 바로 서야 할 중요한 시점이며, 다행히 우리 민족은 어느 민족보다 효라는 진취적이고 역동적인 보편주의를 표방한 아름답고 슬기로운 민족이다. 세계의 모든 나라 사람들이 부모를 공경하는 효 정신을 가지고 있으나 우리 민족처럼 삶 속에 구체적으로 녹아 있는 나라는 없다. 나라 곳곳에 효자비가 1,000개가 넘는 나라도 우리나라뿐이며 효자동, 효자로, 효도 섬 등의 지명을 가지고 있는 나라도 우리 민족뿐이다. 또한 온 국민이 "효"를 최선의 덕목으로 믿는 나라도 우리나라뿐이다.

우리는 교육의 아름다움을 설명할 때 지적향기가 배어 있고, 도덕적 품격으로 가득 차며, 건강한 아름다움이 충만한 전인교육을 지향한다고 하지만 우리의 부실한 가정교육, 학교교육, 그리고 사회교육이 우리 아이들을 병들게 하고 우리사회를 절망케 한다. 우리는 더 이상 자기밖에 모르는 아이, 독선과 아집으로 무장한 교양 없고 예의 없는 아이로 가르치지 말고 위대한 사회를 만들기 위해서는 인성교육과 지혜교육을 근간으로 참교육을 실현하여야 한다. 이제 자유와 정의, 인내와 상호협조를 바탕으로 하는 위대한 사회에 대한 이념과 가치를 교육과정에 합치시켜야만 교육은 꿈이고 비전이며 그 자체로서 최고의 선(善)이라 할 수 있다.

경제규모가 세계 13위이고, 올림픽과 월드컵, 그리고 G20 정상회의를 훌륭하게 치렀다고 해서 다 일류국가 · 선진국민이 되는 것은 아니다. 전철이나 쇼핑센터나 식당이나 공공장소에서 여러 인종을 대하다 보면 경험적 통계가 나온다. 공공장소에서 유난히 목소리가 큰 인종, 예의나 공중도덕이 없는 민족, 남을 배려하지 않는 인종 가운데 한국인이 포함된다고 한다.

한국의 공중도덕 수준이 과거 보다는 향상되고 있으나 아직도 길에 담배꽁초를 던지고, 가래침을 뱉고, 새치기를 하는 한국인들이 많다. 친절이나 배려만큼 사람의 마음을 사로잡는 힘도 드물다. 형식적이고 가식적이라고 해도, 친절한 것이 친절하지 않는 것 보다 몇 백배 바람직하다. 인사 잘하고 친절하면 인생의 반은 성공이라고 말하는 분도 있다. 그만큼 상대에게 신경을 쓰고 배려를 하는 것이 성공적인 인생을 사는데 중요하다.

우리가 살고 있는 현대 사회는 날로 지적 정보와 실용적 학문만이 중요시하면서 '인간됨' 보다는 '누가 더 뛰어난가?' 에만 중점을 두다보니 인성교육을 소홀히 하게 되었다. 그러다 보니 인간성과 도덕성이 실종된 채 가치관의 혼란과 이기적인 욕망만을 추구하는 삭막한 세상이 되어 가고 있다. 오늘의 인류 사회는 산업의 발전으로 생활의 편리함과 물질적인 풍요는 얻었는지 몰라도 전쟁과 살인 등 인간들의 정신세계는 극도로 빈곤해졌으며 끝내는 삶의 터전인 자연과 환경을 파괴를 자초하고 있는 듯하다.

누구나 어릴 때부터 부모님께 효도해야 한다는 말을 들으며 성장하지만 우리 주위에서 막상 늙은 부모님을 정성껏 봉양하는 사람을 만나기는 쉽지 않다. 부모는 선천적으로 자식을 사랑하고 자기를 희생하면서 자식을 먹이고 기르며 교육시킨다. 또 자식의 성공이 자기의 성공이라고 생각하는 한국 부모의 교육열은 유별나다. 그런데 요즈음 황금만능주의가 팽배하면서 돈 때문에 자식이 부모를 배반하고, 심지어 죽이는 사태가 벌어지고 있다. 낳아주고 길러주고 교육시켜 준 은공은 갚을 수 없을지언정 오히려 부모를 해치는 것은 패륜아이고 천륜을 어긴 인간 이하의 짓이다.

물질만능과 성공 지상주의로 인간의 심성은 끝없이 타락해 가고 있으며 사회 질서는 더욱더 문란해 가고 있고 집단과 개인의 이기주의는 테러, 마약, 종교의 갈등, 인종분규 등 극악한 사회악을 낳았고 파괴된 자연과 환경은 지구촌 곳곳에 홍수와 가뭄, 폭풍과 해일, 이상 기온 등의 심각한 이변들을 속출케 하고 있다. 이러한 현대문명의 역기능적 장애는 인류 전반을 크게 위협하며 가히 인류 종말의 징후로 나타나고 있다. 이러한 말세를 구제하는 길은 결국 인간들의 도덕성 회복 여하에 달려 있고 그 도덕성 회복의 바람직한 길은 "효"로부터 시작되고 교화될 수 있다. 더욱이 현대의 학교교육은 인성교육의 중요성을 절감하고 있으나 인성교육을 강력히 추진하지 못하는 것은 '내 자식만은 일류학교에 들어가야 하니 입시과목에나 신경 써라.' 는 식의 사회적 요구를 외면할 수 없었기 때문이다. 인성교육의 핵심은 효에 바당을 두어야 한다.

최근 세계 100세인 연구의 권위자이자 미국 노인의학연구소장이기도 한 레오나드 푼 박사가 국내의 전문 학자들과 순창을 찾아 실상을 직접 확인하고 조사를 통해 이곳이 세계에서 빼 놓을 수 없는 장수 마을임을 확인 해줬다. 푼 박사는 순창 노인들의 건강 장수 비결은 가장 한국적이고 윤리적 토양이 바탕이 된 가족부양시스템, 즉 자녀들의 효행에서 비롯되고 있음을 알아냈다. 그는 이에 큰 감명과 함께 그 분야로의 새로운 연구의 지평을 열게 됐다. 좋은 약으로 건강을 보 한다는 약보(藥補), 좋은 음식으로 건강을 챙긴다는 식보(食補), 더 나아가 운동으로 지켜야 한다는 행보(行補)에 자녀들의 효성이 제일이라는 효보(孝補)를 새롭게 제시하기에 이른 것이다. 레오나드 푼 박사팀이 순창 백세장수비결 연구의 새 지평을 연 것은 사회적으로나 국가적으로 획기적인 수확이다. 현 세대들에겐 효행의 가치성을 새롭게 인식 할 수 있게 되었으며 나라에게는 그동안 방치하다 시피 했던 효 중심의 도덕 윤리교육의 중요성을 각성케 된 계기가 되었기 때문이다.

미래학자들이 하나같이 앞으로 세상은 동양의 정신사상이 이끌어갈 것이라고 예견하였고, 알버트 아인슈타인은 수행의 종교인 불교에 미래의 희망이 있다고 하였다. 수행을 바탕으로 한 진정한 효심이야말로 인류의 미래를 밝힐 것이라 해도 과언이 아니다. 또 세계의 석학들은 21세기의 화두를 인간성과 도덕성 회복으로 삼았다. 또 인간성과 도덕성 회복은 개인과 가족이 잘 되고, 민족이 잘되고 나라가 부강하고 세계평화가 다가온다는 효(孝)를 실천하는데 있다. 그 구체적인 효행은 개개인의 문제가 아니고, 우리 이웃, 사회, 국가, 인류의 문제이다. 모든 이들을 과거, 현재, 미래의 어버이로 보고 존경하며 효도하며 사는 세상이 바로 우리가 그토록 원하는 천당이고 극락인 것이다.

피상적으로 보면 세상을 움직이는 힘은 물질문명, 기계나 전자장치 또는 사람들의 물리적인 힘을 에너지원으로 하여 움직이는 것 같다. 그러나 그 이면에는 마음의 힘, 지혜의 힘 같은 보이지 않는 위대한 힘이 있다. 세상을 지배하는 힘은 어떤 기능이 아니라 그 모든 기능을 다룰 수 있는 지혜에 있다. 눈에 보이지 않는 지혜가 세상을 이기는 힘이고, 누가 더 지혜로우냐가 세상을 얼마나 잘 살아가느냐의 척도이다.

전 세계가 경제위기로 혼란을 겪고 있는 지금 우리에게 가장 필요한 것은 '도덕'이며, 미래 한국의 기초도 도덕적 원칙, 개인적 자율, 상호주의 등 도덕적 패러다임을 중심으로 구축되어야 한다. 이를 실현하려면 한국 사회가 그 동안 소홀했던 사회적 근간을 바로 잡기 위하여 '예의와 도덕 르네상스'를 전개하여야 하고 그 중심에 효행이 위치해야 할 것이다. 그럼에도 불구하고 타고르가 노래하고 토인비가 높이 평가한 도덕성과 예절을 우리 스스로 버리는 현실은 참으로 안타까운 일이다. 지금 흐려져 가는 우리나라의 정신적 기력인 민족정기를 살리려면 이스라엘 국민들이 2,000년 가까이 염원하던 시오니즘(나라 찾기 운동)을 실현한 것을 참고할 필요가 있다.

이제 현대사회에서 인간에 대한 신뢰의 회복과 사랑의 실천을 위한 근본적은 치료제는 효(孝)문화의 확산이 특효약이 될 수 있을 것이다. 우선 가장 기본적인 효는 부모에게 관심을 갖는 것이다. 자식이 부모님께 관심을 갖지 않으면 그 부모는 불행한 부모이며 연로하시거나 몸이 불편한 부모님의 슬픔은 말 할 수 없을 것이다. 연로하신 부모께 관심을 가지고 효도하면 무엇보다 행복해지고 효도하는 아들을 얻을 수 있을 것이니 이는 자신의 노후를 위한 복덕을 하늘에 쌓는 셈이다.

효(孝, HYO)는 우리 민족이 간직해온 훌륭한 정신문화유산이다. 효는 수 천 년 우리 민족의 힘의 원천이었으며 수많은 외침에도 역사를 지켜온 얼이며, 가정과 사회와 나라를 살리는 원동력이었다. 그러나 현대와 같은 다원화 사회, 자유민주주의 사회에서 세대 간의 조화와 화합의 차원에서 남녀양성 평등사상과 부자자효(父慈子孝)의 쌍무호혜적 원칙 위에 새로운 패러다임의 효(孝, HYO : Harmony of Young & Old) 정신을 구축하는 것이 바람직하다. 효는 무엇보다 인간이 가정에서부터 배우고 실천해야할 할 가치요 윤리이다.

새로운 패러다임의 효(孝, HYO) 교육을 통한 남녀노소의 효심을 함양 내면화하고 효행을 습관화 하면 인성교육이 바로 되어 훌륭한 인격형성으로 인생에서 행복과 성공을 누리고, 나아가 가정 화목, 학교 교육이 바르게 되고, 가정과 사회에서 패륜 및 생명경시 예방, 노사화합, 사회 안정, 국민통합, 지구촌 세계 인류의 평화를 얻을 수 있으니 효가 살면 나라가 살고, 모두가 산다. 효를 하면 모두가 행복하다. 따라서 21 세기 효(孝, HYO)는 인류의 희망이다.

효 세계화 운동은 인간성과 도덕성 회복의 정점이니 70년대 우리나라에서 희망의 기폭제였던 새마을운동처럼 거국적인 효(孝)마을 운동에 동참해야 할 것이다. 또 효는 종교와 이념과 시공을 넘는 3통 화합의 원동력이라고 설명한다. 기독교, 불교, 천주교 어느 종교든 효 문화를 부정하는 종교는 없고 사회주의를 포함한 어느 정치체제도 효 문화를 부정하는 체제는 없으며 과거와 현재 그리고 어떠한 상황에서도 효의 가치를 소홀히 여기는 나라는 없다. 이는 효(孝, HYO)가 만능적인 해결책은 아닐지라도 효는 인간이 느낄 수 있는 가장 자연스럽고 능동적인 사랑의 체험인 동시에 인간존중을 향한 첫걸음이기 때문이다.

특히, 부모와 자식 간의 섬김과 사랑의 관계는 확장되어 형제간에 우애를 낳고, 같은 핏줄 간에 진한 동족애를 느껴 화목하게 하며, 남의 부모와 어른도 존경하게 하고, 사회도 같은 공동체로 살아가야 할 이웃으로 여겨 화합하게 만든다. 더 넓게는 모든 인류에게 협동과 화평을 꾀하게 한다. 이런 효의 확대를 '예기'에서는 '내 몸은 부모가 주신 몸이므로, 평소 거처함에 씩씩하지 못하면 효가 아니요, 불경하면 효가 아니요, 친구 사이에 신의가 없으면 효가 아니요, 전쟁에 나가서 용맹이 없으면 효가 아니다.' 라고 하였다. 특히 가정이 바로 서기 위해서는 조상에 대한 뿌리를 알고 자기를 존재하게 해 주신 부모에 대한 절대적인 감사의 마음을 가져야 하는데 이는 곧 자기가 살고 있는 사회와 국가에 대한 감사의 정신으로 이어질 수 있을 것이다. 그래서 부모에 대한 사랑인 효(孝)는 사회 · 국가에 대한 사랑인 충(忠)으로 이어지는 것이다.

전통적으로 효의 민족으로서 동방예의지국이었던 우리나라도 최근에 와서 선조들의 아름다운 정신문화유산인 효를 가정이나 학교에서 잘 가르치지 않고 입시위주의 지식몰입 교육에만 치중하였다. 그 결과 가정과 학교에서 교육에 대한 열의는 대단하지만 교육의 진정한 목적인 사람됨의 인격교육은 실종되고, 공·사교육비는 증가하지만 생명경시 풍조가 만연하여 더 이상 방치하기가 어려운 지경에 이르렀다. 그러나 다행이도 여야 국회의원의 반대표 없이 국회를 통과한 '효행장려 및 지원에 관한 법률' (법률 제 8610호)이 2008년 8월 4일부로 발효 시행에 들어갔다. 이 법의 제정은 우리 사회에 윤리도덕과 정신문화면에서 새로운 희망을 던져준 역사적인 사건이다.

최근의 우리사회를 보면 자신들의 욕심을 위하여 조금도 양보하지 않는 것을 당연시 하는 분위기가 더욱 견고해 지는 분위기이고 양보와 선행은 어리석은 행위로 보편화 되는 느낌이다. 이들의 눈으로 보면 아름다운 효행을 실천하며 향기로운 삶을 사는 효자 효부의 상생의 지혜는 보잘 것 없는 행위인지 모른다. 또 어려운 사람들에게 봉사하는 빌게이츠나 자신의 재산 대부분을 기부한 워렌버핏 그리고 수단의 슈바이처 이태석신부는 바보인지 모른다.

그러나 이러한 가치관의 혼란과 정의의 실종을 해결할 수 있는 대안, 그리고 갈등과 분열과 투쟁 일변도의 우리의 사회를 화합과 협동과 평화로 이끌어 상생의 지혜를 모아야 할 시점에서 최상의 선택은 도덕성과 인간성의 회복일 것이다. 그리고 그 핵심가치를 지탱할 기둥으로서 행복을 이끄는 마중물과 같은 역할을 하는 최고의 가치는 효(孝, HYO)가 되어야 할 것이다. 나아가 효의 범위를 국가 또는 인류 차원으로 확대하여 남녀노소가 한데 어울리는 화목한 공동체를 의미하는 효 피플(HYO People)을 구상하는 것도 효과적인 대안이 될 수 있을 것이다.

2011년 3월 11일 발생한 대지진과 쓰나미로 인한 고통을 이겨내려는 일본인들에게 아낌없는 인류애적인 후원을 보낸 일제 강점기 최고의 희생자들인 위안부 할머니들의 지원은 참으로 숭고하고 위대하나. 이러한 범인류적 상생의 지혜 또한 우리가 추구하여야 할 효(孝, HYO)운동의 아름다운 모습이다.

"꿈과 희망을 송두리째 빼앗기고도 평생의 원망과 한(恨)을 숭고한 사랑으로 승화시킨 대한민국 할머님들이여!"

"사랑합니다." 그리고 그 위대한 영혼을 "존경합니다."

[참고문헌]

고재학. 부모라면 유대인처럼. 예담 발행. 2010.

김시우. 새롭게 조명되는 성경적 효.

김종두. 자녀들아 부모를 사랑하자. 학문사. 1998.

「忠孝禮」의 리더십. 월간 충효. 1999.

김광기 외. 대한민국은 도덕적인가? 동아시아 펴냄. 2009.

김태형. 불안 증폭 사회 위즈덤하우스 펴냄. 2010.

데보라 노빌 지음. 0.3초의 기적 감사의 힘. 위즈덤하우스. 2008.

도메 다쿠오 지음. 지금 애덤 스미스를 다시 읽는다. 동아시아 펴냄. 2010.

마이클 샌델 지음. 안진환 · 이수경 옮김. 왜 도덕인가? 한국경제. 2010.

문용린. 행복한 도덕학교. 주니어김영사. 2010.

벤 뒤프레 지음. 이정우 옮김. 철학과 함께하는 50일. 북 로드. 2010.

서일성. 실천 효도개론. 도서출판 글로벌. 2010.

성산효대학원대학교/한국효지도사 교육원. 효가족, 효나라, 효세상. 성산서원. 2009.

쓰지 신이치 지음. 장석진 옮김. 행복의 경제학. 서해문집 펴냄. 2009.

알랭 드 보통 지음. 정영목 옮김. 불안. 도서출판 이레. 2005.

오원균. 오원균의 효 사랑. 삼성문화사. 2008.

조지 베일런트 지음. 이덕남 옮김. 행복의 조건. 프런티어 펴냄. 2010.

지센린 지음. 허유영 옮김. 다 지나간다. 추수밭 펴냄. 2009.

최복현. 간절한 한 마디. 소울 펴냄. 2009.

프리츠 리만 지음, 전영애 역음. 불안의 심리. 문예출판사 펴냄. 2007.

월간 리더피아. 2008. 5. 31.

여성동아[466호] 2002.10.01. 인성이 형성되는 세살이 적기, 예절교육.

중앙선데이[169호] 2010.06.06. 깨진 유리창 같은 관행.

주간동아[특집호] 2003.02.27. 애완견 천국' 허와 실.

주간동아[759호] 2010.10.25. '행복' 이란 도대체 무엇이란 말인가?

주간동아[769호] 2011.01.03. '착한 중독' 신바람 피가 뛰고 있다.

주간조선[1770호] 2003.09.11. 21세기 불효는?

주간조선[1823호] 2004.09.30. 노인에게 중요한 것은 따뜻한 체온.

시사지널[1105호] 2010.12.22. "인류 행복, '규형 조정' 에 달렸다"

동아일보. 1994.05.19. 부모 살해 '박한상 사건'

국민일보. 2000.09.04. 학교 가정 2중 예법…'상대 존중'부터 길러야

국민일보. 2000.09.25. 공공장소에서 바른 언행 키우려면…

중앙일보, 2003.05.06. 孝/가성윤리 왜, 효인가?

조선일보. 2003.08.27. 가정 살리기 국가가 나서야

국방일보, 2003.10.16. 가족의식은 인간의식.

국방일보. 2004.05.08. 가정은 사람을 살린다.

한국경제. 2005.12.01. [천자칼럼] 버릇없는 아이들.

국방일보. 2006.04.17. 하인즈 워드의 효심.

조선일보. 2006.05.08. 孝와 忠. 이덕일.

중앙일보. 2006.08.25. 우리시대의 참다운 효자.

경향신문. 2006.11.30. 금강산 지게 효자(이군익씨).

연합뉴스. 2006.10.03. '가족'하면 떠오르는 단어 들.

조선일보. 2007.09.19. 조선의 사형죄. 이덕일

연합뉴스. 2007.01.14. 사병 월급으로 부모님 해외여행, '효도'

조선일보. 2007.05.27. 아버지에 대한 생각

경향신문. 2007.12.13. 동방 '불효' 지국.

국제신문. 2008.06.25. 인륜과 패륜.

노년시대신문, 2008.10.03. 노인학대범 절반 이상이 '아들'

조선일보. 2008.11.28. [만물상] 부모의 설움.

조선일보. 2009.07.11. [주경철의 히스토리아] 행복(幸福)

경향신문. 2009.10.20. '낮은 목소리' 로 설명해 주세요, 왜 지켜야 하는지

조선일보. 2009.09.11. 행복의 가격은 얼마일까요?

조선일보. 2009.11.24. 20층 왕복달리기 7번 하고도 "괜찮아요 아빠"

매일경제신문. 2010.01.06. 웃음의 건강학

조선일보. 2010.02.01. [서울 컨센서스 10大 전략] 정신자본을 중시해야

뉴데일리. 2010.02.22. 아름다운 당신은 아름다운 나라

수원일보. 2010.05.11. 사람과 사람의 사귐 '예절'

매일경제. 2010.07.15. [세상읽기] `한국사회 구하기` 나설 때

뉴스천지. 2010.09.02. '東方禮義之國' 이 어쩌다 · · · 기본 예의도 안 지켜

연합뉴스. 2010.09.27. 민망한 '동방예의지국'… 존속 살인 많다.

조선일보. 2010.09.30. [세상읽기] 대한민국과 나는 공정한가?

세계일보. 2010.10.07. 공공예절 캠페인 사례

경인일보. 2010.10.18. 효의 본산 근원을 향한 효행, 깨달음의 끝과 시작

뉴데일리. 2010.11.04. 韓 中 日의 '품위' 랭킹.

조선일보. 2010.10.25. 아이들을 괴물로 기르는 가정과 사회

조선일보. 2010.11.05. 한국, UNDP '행복지수' 12위로 14계단 껑충

브레이크뉴스. 2010.12.17. 한국, 부러운 민족국가로 살아남아야

제주일보. 2010.12.20. 속태, 악태, 추태.

매일신문. 2010.12.30. 꾸준히 배워 자연스럽게 몸에 배도록

조선일보. 2011.01.01. 한국 소득 증가세는 세계 최고, 삶 만족은 최저
조선일보. 2011.01.03. [조선데스크] '논어' 읽었으면 실천을
조선일보. 2011.01.05. 청소년 73%가 매일 입에 욕 달고 살아
조선일보. 2011.01.07. 2011 한국인이여 행복 하라. 돈과 행복
조선일보. 2011.01.08. [이인식의 멋진 과학] 적정 '혈중행복농도'는
조선일보. 2011.01.14. [2011년 한국인이여 행복하라] 중년과 행복
조선일보. 2011.01.17. [2011년 한국인이여 행복하라] 가족과 행복
조선일보. 2011.01.17. 인간의 행복은 '사이(between)'에서 나온다.
조선일보. 2011.01.20. 왜 한국인은 행복해하지 않는가?
조선일보. 2011.03.05. 복지충족 28위, 국민행복 29위… 최하위권
인터넷 국방일보 http://kookbang.dema.mil.kr
SBS. 2007.10.10. '긴급출동! SOS. 필리핀 고려장, 시청사 '경악'
행복한 경영이야기 http://www.happyceo.co.kr
어린왕자의 아침편지 amourchoi@hanmail.net
한국문화상품연구소 http://www.seri.org/forum
고도원의 아침편지. http://www.godowon.com
좋은 글. http://www.joungul.co.kr
효행시인 이성우 문학카페 http://cafe.daum.net/lodem1214
효가 있는 곳에 아름다움이 있다! http://cafe.daum.net/TCP62
해주오씨(昌寧 宗親會) http://cafe.daum.net/2009oh
효도명리학회 http://cafe.daum.net/hyodo5050
삼효운동본부 http://cafe.daum.net/hyodo5050555
효도제일 1일1효. http://blog.daum.net/56keumpa

■ 修空 유성은(庾聖銀)

[학력 및 경력]

충청북도 옥천 출생.
한남대학교 경영학과 경영학사 / 경영학 석사 / 경영학 박사.
우송대학교 관광경영학과 초빙교수.
한남대학교, 충남대학교, 대덕대학, 거제대학 출강.
우송대학교 경영대학원. 외식산업 CEO과정 지도교수.
한국직업능력개발원. 직업능력개발훈련기관 평가팀장.
인성과 경영의 MBA. 「동행」 정수학당 학장.
효지도사 - 한국 효지도사 교육원.
다음카페「正修學堂(정수학당)」(http://cafe.daum.net/js-sch00l)운영자.

[연구 실적]

자전거 이용증대를 위한 마케팅전략 - 경영학석사 학위논문.
중소 제조기업의 환경경영 관행(EMS), 애로점에 관한 연구 - 한국중소기업학회.
기업 윤리수준 결정 요인에 관한 연구 - 한국외식산업학회.
기업의 윤리수준이 경영성과에 미치는 영향 - 경영학박사 학위논문.
〈저서〉 기업 윤리와 경영성과 - (주)한국학술정보. 2007.
〈저서〉 지성인들의 세상보기 - 비즈프레스. 2010.
e-mail : yousungeun99@naver.com

■ 오원균(吳元均)

[학력 및 경력]

충남대학교 및 교육대학원 졸업
한양대학교 대학원 : 공학박사
미국 N.C.S.U. 연수
성산 효 대학원 대학교 명예효학박사
대전광역시 효(孝)문화지원센터 원장
대전광역시 뉴 효실천운동본부 대표회장
(사) 한국효행 수상자 효도회 중앙회장
충남대학교 총동창회장

[수상 및 저서]

효자상수상 : 대한노인회
삼성효행특별상 : 삼성복지재단
〈저서〉 오원균의 효사랑(재판발행)
〈저서〉 선생님이 신명나면 공교육 바로서요
〈저서〉 스승존경, 제자사랑(7호)

효행 은(所) 행복의 마중물

초판 인쇄 2011년 4월 15일
초판 발행 2011년 4월 20일

저 자 修空 유성은(庾聖銀) 오원균(吳元均)
발행처 비즈프레스
발행인 추일재

출판등록 제324-2006-0044호
주 소 서울시 강동구 천호 359-23
문 의 (02) 309-5356
E-mail bizpress@hanmail.net

ISBN 978-89-92730-53-6 (03320)